KB117145

세계사 신박한 정리

세계사 신박한 정리

1판 1쇄 발행 2022. 12. 9.
1판 2쇄 발행 2023. 3. 10.

지은이 박영규

발행인 고세규
편집 박익비·이한경 | 디자인 윤석진 | 마케팅 백선미 | 홍보 박은경
발행처 김영사
등록 1979년 5월 17일(제406-2003-036호)
주소 경기도 파주시 문발로 197(문발동) 우편번호 10881
전화 마케팅부 031)955-3100, 편집부 031)955-3200 | 팩스 031)955-3111

저작권자 ⓒ박영규, 2022
이 책은 저작권법에 의해 보호를 받는 저작물이므로
저자와 출판사의 허락 없이 내용의 일부를 인용하거나 발췌하는 것을 금합니다.

값은 뒤표지에 있습니다.
ISBN 978-89-349-4342-6 03900

홈페이지 www.gimmyoung.com   블로그 blog.naver.com/gybook
인스타그램 instagram.com/gimmyoung   이메일 bestbook@gimmyoung.com

좋은 독자가 좋은 책을 만듭니다.
김영사는 독자 여러분의 의견에 항상 귀 기울이고 있습니다.

세계사

한 권으로
정리한
6,000년 인류사

박영규 지음

김영사

신박한 정리

차례

반쪽짜리 세계사를
극복하는 계기가 되길 바라며

역사는 인류의 생존 무기로 고안된 것이다

지구상의 모든 생명체에게 주어진 가장 중요한 소임은 생존이다. 그 때문에 모든 생명체는 생존 활동을 할 수밖에 없으며, 인류 역시 예외가 아니다.

인류는 호랑이나 사자, 코끼리 같은 강력한 경쟁자를 모두 물리치고 지구 생태계의 절대 강자로 군림했다. 인류가 절대 강자로 군림한 이유는 단 하나, 지식을 축적하고 전달할 수 있는 능력을 소유한 덕분이었다. 지식을 축적하고 전달하는 일을 우리는 '학문'이라고 부른다. 학문은 인류가 생존을 위해 개발한 가장 강력한 무기이다. 그중 가장 근원이 되는 것은 인류의 생존 활동에 관한 학문일 테다. 말하자면 '생존 활동에 관한 모든 것'을 다루는 학문이라고 할 수 있다. 이를 흔히 '경제'라고 한다. 또 경제를 조정하기 위한 모든 행위를 '정치'라고 한다. 그리고 경제와 정치를 포함해 인류의 생존 활동에 관한 모든 기록을 '역사'라고 한다.

인류가 역사를 남기는 이유는 생존 방법을 축적하고 전달하여 생존 능력을 향상시키기 위함이다. 그런 까닭에 역사 역시 인류가 고안한 생존 무기 중 하나일 수밖에 없다.

역사는 자연산이 아니다

사과는 둥글다. 그렇다면 네모난 사과는 없을까? 있다. 아니, 만들 수 있다. 사각 틀에 넣어 키우면 네모난 사과를 생산할 수 있는 까닭이다. 인간의 손을 거치면 네모난 사과뿐 아니라 삼각형이나 오각형도 가능하다. 이렇듯 자연은 사람의 손을 거치면 어떤 모양으로든 변모할 수 있다. 그렇다면 우리가 알고 있는 인류 역사는 둥근 사과일까, 네모난 사과일까? 다시 말해서 자연산일까, 아닐까? 정답은 네모난 사과, 즉 자연산이 아닌 인공 제품이다.

우리가 알고 있는 역사는 만들어진 역사다. 그것도 뚜렷한 목적을 가지고 세밀하게 가공된 인위적인 생산품이다. 하지만 대다수 사람들은 세계사를 자연산으로 착각하고 받아들인다. 또 그 착각을 절대 착각이 아니라고 우기기도 한다. 그만큼 인간의 가공 실력이 우수하고 교묘한 셈이다.

역사는 기록되는 순간부터 왜곡된다

역사가 자연산이 아니라 인공 제품이라는 것은 역사를 구성하는 요소를 알면 쉽게 확인할 수 있다. 이를 알기 위해서는 먼저 역사가 무엇인지 알아야 한다. 역사란 무엇인가? 사실, 이 물음은 역사책을 읽기 전에 우리가 가장 먼저 해야 할 생각이다.

역사란 무엇인가? 역사에 대한 사전적 정의는 다음과 같다.

역사는 인류의 삶 자체, 또는 그것에 관련된 기록이다.

하지만 삶은 시간과 공간에 한정되는 까닭에 결코 그대로 전달될 수 없다. 인류가 남길 수 있는 것은 삶 자체가 아니라 삶에 관련된 기록이다. 그런데 기록은 삶을 사실 그대로 담지 못한다. 삶의 일부, 그것도 기록한 사람의 눈에 보이는 것만 남길 수 있다. 기록자가 자신의 생각까지 보태기 십상이다. 거기서 끝나지 않는다. 기록자가 자신의 생각은 물론이고 자신의 현실과 연관시키거나 현실의 삶에 유리한 방향으로 기록할 가능성도 높다. 더구나 이권이 개입되어 있다면 좀 더 세밀하게 가공하여 자신의 이권을 획득하는 수단으로 삼으려 할 것이다.

이렇듯 역사는 기록되는 순간에 이미 기록자에 의해 가공된다. 물론 가공된 기록이더라도 일부는 과거의 객관적 사실을 담기 마련이다. 이후 가공된 그 기록은 역사가의 사료로 활용되며, 다시 여러 차례 가공 과정을 거친다. 또 역사가는 자신의 역사관은 물론이고 현재 자신의 상황과 처지, 또는 자신이 속한 집단의 이해관계에 따라 다시 가공한다.

이 과정을 이해한다면 역사 기록은 다음 세 가지 요소로 구성될 수 있음을 받아들여야 한다.

❶ 과거의 객관적 사실 ❷ 현재와의 연계성 ❸ 역사가의 시각

우리에게 제공되는 역사는 이렇듯 세밀한 가공 과정을 거친 것이다. 이는 마치 조리 과정을 거쳐 제공되는 음식과 같다. 그 음식 속에서 재료의 순수한 맛을 찾아내기가 쉽지 않듯 우리에게 제공된 역사에서 순수하고 객관적인 사실을 찾아내기 힘들다. 역사에 기록되는 순간 이미 왜곡되기 때문이다.

우리가 아는 세계사는 승자 중심의 역사다

그렇다면 우리에게 제공된 역사는 누가 만든 것인가? 우리가 먹는 역사라는 요리를 만든 요리사는 도대체 누구인가? 그들의 실체를 알기 위해서는 앞에서 언급한 역사 기록의 3요소가 지닌 문제점을 분석해볼 필요가 있다.

역사 기록의 3요소는 모두 나름의 문제를 안고 있다. 첫 번째 요소인 과거의 객관적 사실은 모두 기록과 유물에 의존하는데, 기록은 왜곡되었을 소지가 많고 유물은 새로운 유물의 등장에 따라 새로운 해석을 낳을 여지가 많다. 두 번째 요소인 현재와의 연계성 문제에서는 관련된 국가 또는 집단의 이해관계 때문에 객관성이 결여되거나 사료가 은폐될 가능성이 높다. 세 번째 요소인 역사가의 시각에는 주관이나 개인 또는 역사가가 속한 국가의 이해관계가 개입될 소지가 크다.

사실, 현재 우리가 배우고 익힌 역사는 이 세 가지 문제를 고스란히 안고 있다. 과거에 일어난 객관적 사실이란 것이 알고 보면 승자 입장에서 쓴 것이거나 승자의 이익을 대변하기 위한 것이 많고, 현재와 관련된 기록 또한 승자에게 유리한 면을 위주로 기술되어 있으며, 역사가의 관점 역시 승자 중심의 시각이 대부분이다. 이런 까닭에 현재 우리가 알고 있는 역사는 승자 중심의 역사관에 따른 것일 수밖에 없다.

세계사의 시대 구분법은 서양 중심으로 만들어졌다

이런 승자 중심의 역사관은 세계사의 시대 구분법에도 고스란히 반영되어 있다. 400만 년의 인류 역사는 흔히 '원시-고대-중세-근세-근대-현대' 등으로 구분한다. 이런 시대 구분법은 18세기 이후 승자의 자리를 굳힌 유럽인의 역사관에서 비롯되었다.

유럽인은 르네상스 시기에 역사를 고대, 중세, 근대의 삼분법으로 나누었는데, 삼분법에서는 고대 사회의 특징을 노예제로, 중세 사회의 특징을 봉건제로 정의했다. 이후 국가 개념이 없던 원시시대와 현대, 그리고 중세와 근대 사이에 근세가 추가됨으로써 일반적으로 앞에 제시한 여섯 단계의 구분법을 사용하게 되었다.

그런데 이러한 시대 구분법은 유럽 중심의 서양 문화권에만 적용될 뿐, 아시아 문화권에는 적용될 수 없다. 이 구분에 따른다면 노예제가 19세기까지 이어지는 아시아 문화권에서는 19세기도 고대에 속하게 된다. 거기다 봉건제를 시행한 적이 없었기 때문에 중세는 아예 존재하지도 않는다. 근세의 개념 또한 동양사에 적용하기에는 무리가 있는 부분이 많다. 그럼에도 현재 세계사는 유럽사 중심의 시대 구분법을 사용하고 있고, 결과적으로 동양사를 서양사의 틀에 억지로 구겨 넣은 격이 되고 말았다.

인류 역사의 시대 구분법은 곧 역사 읽기의 틀이다. 그 틀이 서양사에 한정되면 역사관 역시 서양의 시각에 한정되고 만다. 그런 까닭에 현재 우리가 알고 있는 세계사는 서양의 틀에 갇힌 것일 수밖에 없다.

동서양을 아우르는 '시대 구분법'이 필요하다

이런 시대 구분법의 한계를 극복하기 위해 인류 역사를 생존 도구의 재료를 기준 삼아 '석기시대 – 청동기시대 – 철기시대' 등으로 구분하기도 한다. 이런 방식의 시대 구분은 대개 고고학에서 사용한 것인데, 현재 역사학에서도 흔히 사용한다. 하지만 도구의 재료를 기준으로 나누는 방식의 시대 구분은 역사를 제대로 이해하는 데 매우 방해가 된다. 예컨대 석기시대만 하더라도 구석기와 중석기, 신석기 등으로 다시 세분화되고, 구석기시대를 다시 전기, 중기, 후기로 나눈다. 그 기준도 애매하다. 특히 역사의 근간이 되는 경제와 정치에 대해 제대로 해석할 수 없다. 단지 도구를 만드는 재료에 기준을 두다 보니 정작 중요한 정치와 경제를 간과하게 되는 것이다.

그렇다면 동서양을 모두 아우르면서 동시에 역사를 보다 심층적으로 이해할 수 있는 시대 구분법은 없는 것일까? 이런 고민 끝에 탄생한 것이 경제활동 중심의 시대 구분법이다.

인류 경제활동의 발전 단계를 보면 문명이 발생하기 전에는 모두 채집, 즉 자연에 있는 것을 수집하는 데 의존한 경제였다. 이 시대에는 경작이라는 것이 없었고, 산업이라는 것이 존재하지 않은 산업제로시대였다. 당시 인류는 오직 자연에서의 채집을 중심으로 모든 먹거리를 구했다. 물론 수렵이나 어로도 일부 이루어졌지만 대다수는 채집에 의존했다. 인류는 지구에 출현한 이후 무려 400만 년이나 이런 시대를 지속했다. 흔히 구석기시대로 불리는 시기가 바로 이에 해당한다.

인류가 채집을 경제활동의 중심에서 밀어낸 것은 경작을 시작하면서부터였다. 이른바 '신석기 혁명'으로 불리는 농업의 등장이 바로 채집시대를 종결시킨 것이다. 이 시대는 BC 8000년부터 시작되어 19세기까지 약 1만 년 동안 지속되었다. 이 시기에는 드디어 산업이 등장했고, 도시와 국가, 그리고 문명이 출현했다. 국가의 형태는 군주제였으며, 주된 경제활동은 농업이었다. 이른바 농업시대인 1차산업시대였다. 물론 농업시대에도 일부 지역에서는 채집 중심의 경제활동이 이뤄지고 있었지만, 전체 인류 경제의 중심은 농업으로 이동한 상태였다.

하지만 18세기 이후 유럽에서 산업혁명이 일어나면서 인류의 경제활동 중심은 공업으로 옮겨 간다. 물론 농업이 사라진 것은 아니다. 경제의 중심이 농업에서 공업으로 이동했다는 뜻이다. 이 시대는 산업혁명 이후 약 200년 동안 지속되었다. 공업시대이자 2차산업시대였다.

공업시대가 지속되는 가운데, 인류는 대량생산 시스템을 갖추었고, 이로 인해 수요보다 상품 공급량이 지나치게 늘어나는 현상을 겪는다. 이 여파로 이른바 경제 대공황이 일어났는데, 이후 생산 중심의 경제가 매매 중심의 경제로 전환되었다. 생산량 확대보다 시장 개척과 이윤 확대가 더 중요해진 것이다. 이는 경제의 중심이 공업에서 상업으로 이동했음을 의미한다. 이 시대는 이른바 컨베이어시스템이 개발된 20세기 초에 시작되어 현재까지 이어지고 있다. 상업시대이자 3차산업시대이다.

상업시대는 현재까지 지속되고 있지만 퍼스널 컴퓨터가 대중화된 20세기 말부터 선진국을 중심으로 새로운 경제 흐름이 나타나기 시작했다. 이른바 지식정보산업이 인류 경제의 중심으로 자리매김하고 있는 것이다. 컴퓨터·반도체·통신 기기를 비롯한 하드웨어 산업, 소프트웨어 산업, 정보처리업, 정보 통신업 등 컴퓨터와 직간접으로 관련된 정보 기술IT 산업 등 지식산업이 경제를 선도하게 되었다. 지식시대이자 4차산업시대의 시작을 알린 것이다. 따라서 경제활동을 중심으로 본 인류 역사의 시대 구분법은 다음 다섯 단계로 정리된다.

채집시대(산업제로시대) → 농업시대(1차산업시대) → 공업시대(2차산업시대) → 상업시대(3차산업시대) → 지식시대(4차산업시대)

이 책은 이 다섯 단계의 시대 구분법에 따라 서술했다. 또 유럽의 역사 서술에서는 농업시대 안에서 다시 고대와 중세, 근대라는 기존 시대 구분법에 의한 서술도 곁들였으니, 이 개념에 익숙한 독자 대중도 시대를 이해하는 데 전혀 무리가 없을 것이다.

유럽, 중동, 인도, 중국의 역사를 균등하게 담아내다

인류 문명은 농업의 시작과 함께 태동했으며, 지역에 상관없이 인류 문명의 발원지는 공통적으로 거대 하천 주변, 그것도 평야가 넓게 형성된 하류 지역이었다. 그런 까닭에 인류의 문명은 유프라테스강과 티그리스강 사이에 형성된 평야 지대인 메소포타미아와 나일강, 인더스강, 황허강 주변에서 본격화되었다. 이 4대 문명은 유럽과 중동, 인도, 중국의 역사를 낳았고, 네 지역의 역사를 중심으로 인류 역사가 전개되었다.

하지만 시중에 나와 있는 대다수의 세계사 서적은 유럽사와 중국사 위주로 서술되어 있으며, 유럽사를 다룰 때도 서유럽 중심으로 다루고 있다. 그런 까닭에 유럽의 중세사는 서유럽에 편중되어 있고, 동시대인 동로마의 역사는 거의 다루지 않는다. 동아시아사 또한 중국만 다루고 있고, 일본과 한국은 비중이 매우 적다. 설상가상으로 인류사를 이루는 네 개의 중심축 중에서 중동사와 인도사는 그야말로 수박 겉핥기식으로 기술하고 있다. 이로 인해 지금껏 우리는 서유럽과 중국에 편중된 반쪽자리 세계사를 접해왔던 것이다.

《세계사 신박한 정리》는 이런 편향적인 세계사의 틀을 과감히 무너뜨리고 유럽, 중동, 인도, 중국의 역사를 균등하게 다뤘을 뿐 아니라 가급적 이들의 주변까지도 담아내려고 노력했다. 이 책이 지금껏 알던 반쪽짜리 세계사를 극복하는 데 발판이 되길 바란다.

2022년 11월 일산 우거에서
박영규

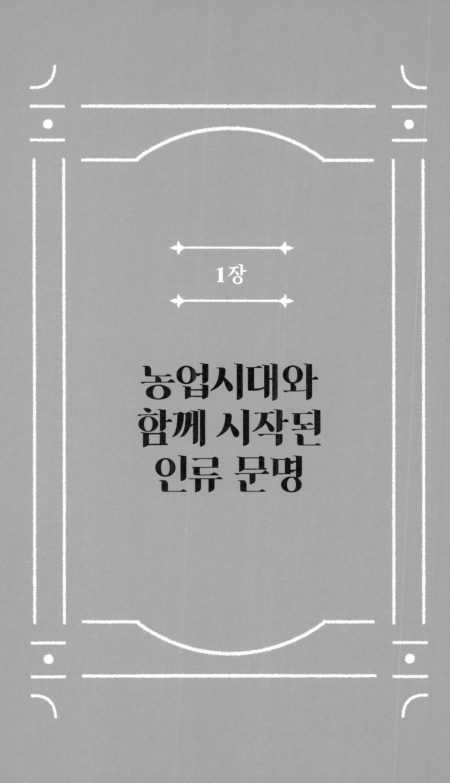

1장

농업시대와
함께 시작된
인류 문명

기록되지 못한 역사,
선사시대 400만 년

인류 문명이 시작된 농업시대를 살펴보기에 앞서 기록되지 못한 역사인 선사시대 400만 년에 대해 간단하게 살펴보자.

선사시대는 인류의 역사 중 가장 오랜 기간 지속되었지만, 가장 짧게 언급할 수밖에 없다. 역사는 근본적으로 기록의 산물인데, 문자를 발명하기 전인 까닭에 기록을 남기지 못한 이 시대는 역사의 범주에 들지 못했다. 그래서 이 시대를 뭉뚱그려 '역사 이전의 시대'라는 의미로 '선사시대'라 지칭한다.

선사시대는 원시시대, 또는 구석기시대로 불리기도 하는데, 경제활동 측면에서 보자면 자연에서 식량을 채집하는 것이 주류였다. 따라서 이 시대를 경제활동 측면에서는 채집시대라고 부를 수 있을 것이다.

선사시대 인류 경제활동의 토대는 생존을 위한 식량 확보였다.

인류는 이를 위해 처음엔 자연에만 의존했다. 그 과정에서 인간은 생존에 보다 유리한 잡식동물로 성장했다. 잡식동물은 생존경쟁에 있어서는 적어도 초식동물이나 육식동물보다 유리했다. 생존 가능성이 그들보다 높았기 때문이다.

잡식동물인 인간의 먹거리 확보는 초기엔 식물의 열매나 잎을 따는 채집을 중심으로 수렵과 어로 행위를 곁들이는 구조였다. 이런 채집시대는 인류가 출현한 이후 무려 400만 년 이상 지속되었다. 이 시대에는 이른바 산업이라는 것이 없었다. 산업이란 생존을 위한 필수품을 생산하는 일을 의미하는데, 채집시대의 인류는 모든 생필품을 자연에서 얻었을 뿐 인위적으로 생산하지 못했다. 따라서 채집시대는 다른 말로 '산업제로시대'라고 표현해도 좋을 것이다.

이 기간에도 인류는 도구를 사용하여 채집과 사냥의 능률을 높였다. 채집과 사냥 도구를 만드는 재료는 대개 자연에서 얻은 나무나 돌이었다. 하지만 당시 사용하던 석기는 그다지 발달하지 못했다. 농업이 시작되기 전이라 정교한 도구가 필요하지 않았기 때문이다. 그래서 이 기간은 대개 뗀석기를 사용하던 '구석기시대'와 일치한다.

채집시대의 인류는 주로 숲에서 생활했다. 숲이 채집과 수렵에 가장 유리한 곳이었기 때문이다. 따라서 이 시대 인간들의 생존 활동은 생존 터전인 숲을 방어하고 관리하거나 유지하는 행위에 한정되었다.

숲은 특성상 관리 지역을 넓히는 데 한계가 있었다. 그 때문에 당시 인류의 활동 지역은 거주지가 마련된 숲에 한정되었고, 그에 따라 활동 지역의 범위는 매우 좁은 편이었다. 전쟁도 숲을 두고 벌인 주도권 다툼 수준을 넘어서지 못했다. 따라서 이 시대의 사회는 큰 숲을 차지하여 부족을 형성한 일부 세력을 제외하고는 대개 씨족의 한계를 벗어나기 힘들었고, 형태도 기껏 마을 공동체에 불과했다.

당시에도 종교는 있었다. 신앙의 대상은 주로 숲에서 가장 힘 있는 존재로 여겨지는 동물이나 수령이 오래된 나무였다. 흔히 말하는 토테미즘이나 애니미즘에 한정된 신앙이었던 셈이다. 이러한 신앙은 제사 의식을 동반하는데, 제사를 주관하는 제사장이 정치를 주도했다. 따라서 정치 형태 측면에서는 종교와 정치가 분리되지 않은 제정일치의 신권정치, 즉 신정시대였다. 또 제사 의식에는 주문이나 음악, 무용 등의 요소가 가미되었는데, 이는 훗날 예술의 기초가 된다.

채집시대를 산 인류의 조상들

기록을 남기지 못한 채집시대 인류의 역사는 유골 화석과 유물로 남았다. 유골 화석과 유물 중 시간적으로 더 오래된 것은 화석이다. 화석을 통해 알려진 가장 오래된 인류는 오스트랄로피테쿠스류라고 불리는 그룹이다. 이 명칭은 라틴어로 '남쪽의 원숭이'란 뜻이다. 이들 그룹은 약 400만 년 전부터 100만 년 전까지 지구에서 가장 번성했던 인류다. 이들이 남긴 가장 오래된 화석은 발자국이다. 그리고 가장 완벽한 형태로 남아 있는 오스트랄로피테쿠스 화석은 루시라는 이름을 얻은 여인의 골격이다. 루시는 여느 유인원과 달리 직립보행을 했으며 도구를 사용했다.

　1974년에 아프리카 에티오피아의 아파르 지역에서 고인류학자 도널드 조핸슨이 이끄는 탐사 조사단에 의해 발견된 루시는 120cm의 키에 스무 살 남짓한 여인이었다. 그녀의 이름은 비틀스의 〈루시 인 더 스카이 위드 다이아몬드〉라는 노래에서 따왔다. 화석 탐구자들이 그녀를 발견한 것을 축하하고 있을 때, 누군가가 그 노래가 담긴 테이프를 튼 것에서 비롯되었다.

루시가 발견된 시기를 전후로 아프리카에서는 많은 오스트랄로피테쿠스 화석이 발견되었다. 덕분에 학자들은 오스트랄로피테쿠스의 키가 120~150cm 정도 된다는 것과 뇌 용량이 400~700cc 정도 된다는 것, 그리고 날씬하고 키가 작은 소형과 탄탄하고 키가 큰 대형을 중심으로 여섯 종류가 있다는 것을 파악했다. 하지만 아프리카 이외의 어느 지역에서도 오스트랄로피테쿠스 종류는 발견되지 않았고, 이들보다 오래된 화석도 발견되지 않았다. 그런 까닭에 인류의 탄생지를 아프리카로 여기고 최초의 인류를 오스트랄로피테쿠스라고 단정하게 된 것이다.

그런데 1964년에 아프리카 탄자니아 세렝게티 국립공원의 올두바이 협곡에서 오스트랄로피테쿠스와는 다른 인류가 발견되었다. 학자들은 그들에게 '재주 있는 인간'이라는 뜻의 호모하빌리스라는 명칭을 부여했다. 그들의 신장은 평균 130~150cm였으며 뇌 용량은 약 600~850cc였다. 이들은 약 250만 년 전에서 140만 년 전까지 살았으므로 오스트랄로피테쿠스보다 늦게 출현하여 동시대를 살다 갔으며, 오스트랄로피테쿠스보다 지능이 높았고, 보다 발전된 도구를 사용했다. 하지만 학자들은 이들을 현생인류의 직계 조상으로 보지 않았다.

현생인류의 직계 조상은 호모하빌리스 이후에 나타난 호모에렉투스다. '직립 인간'이라는 뜻을 지닌 이들은 170만 년 전부터

오스트랄로피테쿠스는 지금으로부터 약 400만~100만 년 전에 존재한 최초의 인류다. 이후 호모에렉투스, 호모사피엔스에 이어 현생인류인 호모사피엔스사피엔스에 이른 것으로 추정된다.

10만 년 전까지 존재했으며, 아프리카를 벗어난 최초의 인류다. 그들의 화석은 아프리카는 물론이고 중국, 유럽, 시베리아, 인도네시아 등지에서도 발견되었다. 이들의 두뇌 용량은 1,000cc 전후였으며, 다양한 형태의 석기를 사용하여 짐승을 사냥했고, 화덕을 사용하여 고기를 불에 익혀 먹었다.

호모에렉투스 다음으로 나타난 인류는 '지혜로운 사람'이라는 뜻의 호모사피엔스다. 호모사피엔스는 네안데르탈인과 크로마뇽인으로 구분된다.

네안데르탈인은 10만 년 전에서 3만 5,000년 전쯤에 아메리카 지역을 뺀 거의 전 세계에 퍼져 있던 인류인데, 1856년 독일 네안더 계곡의 한 동굴에서 화석이 처음 발견되어 '네안데르탈인'이라고 불리게 되었다. 이들은 도구나 불을 사용한 것은 물론이고 종교도 가지고 있었다. 하지만 3만 5,000년 전쯤에 모두 절멸하거나 사라졌다. 다만 현생인류의 유전자에 그들의 유전자가 포함되어 있는 것에 근거하여 사라지는 과정에서 현생인류와 결합되었을 것이라는 학설도 있다.

크로마뇽인은 3만 5,000년 전에서 1만 년 전에 살던 인류로 그들의 유골이 최초로 발견된 프랑스 남서쪽 크로마뇽 동굴에서 명칭이 유래되었다. 이들은 '호모사피엔스사피엔스'라고 부르는 현생인류와 거의 유사하다. 뇌 용량은 현대인보다 다소 큰 1,600cc 정도였는데, 골격이 단단하고 억세며, 키는 166~171cm였던 것으로 추정된다. 이들은 네안데르탈인보다 한층 발전된 도구를 사용했으며, 종교는 물론이고 예술성도 드러냈다. 그래서 동굴에 여러 종류의 벽화를 남기기도 했다.

인류의 채집시대는 이들 화석인류, 즉 오스트랄로피테쿠스로부터 시작하여 호모하빌리스, 호모에렉투스를 거쳐 네안데르탈인과 크로마뇽인으로 대변되는 호모사피엔스에 이르러 종결되었다. 이후의 현생인류 호모사피엔스사피엔스는 농사를 도입함으로써 농업시대를 전개하게 된다.

인류 문명의 발생과 결합, 그리고 확대

BC 8000년경부터 인류는 생존을 위한 먹거리 확보 전선에 새로운 길을 열었다. 자연을 대상으로 채집과 수렵에만 의존하던 인류는 씨를 뿌려 밭을 일구고 야생동물을 잡아 가축으로 길렀다. 농사와 목축이라는 새로운 방법으로 식량을 확보하기 시작한 것인데, 이러한 일들이 간석기(마제석기) 중심의 신석기시대에 일어났다고 하여 '신석기 혁명'이라고 부른다. 인류가 농업을 통하여 식량 확보에 혁명적인 전환기를 맞이했기 때문이다.

농업의 발달은 인류 문명에 엄청난 변화를 일으켰다. 가장 먼저 변한 것은 농사 도구였다. 농사를 짓기 시작한 인류는 작업의 효율성을 높이기 위해 농기구를 만들었고, 그 과정에서 도구는 한층 세밀하고 정교해졌다. 이후 농기구는 얼마간 석기에 의존하다가 이내 석기를 밀어내고 청동기를 거쳐 철기로 나아가게 된다.

농업의 발달 이후 인류는 자연스럽게 농토를 찾아 숲에서 나와 넓은 평야가 형성된 강 주변으로 몰려들었다. 이 때문에 큰 강 주변에는 도시가 형성되었고, 그 도시는 곧 인류 문명의 중심지가 되었다.

인류가 큰 강의 하류에 형성한 문명 중 가장 대표적인 것은 메소포타미아, 이집트, 인도, 중국 문명이었다. 이 문명들은 인류의 활발한 이동에 힘입어 영역을 확대하면서 서로 결합하는 과정을 거쳐 거대한 문명으로 발전한다.

문명의 결합과 확대는 인류의 이동에 힘입어 동서양 양쪽에서 동시다발적으로 이뤄졌다. 우선 서양과 중동의 문명 형성을 살펴보자면 이집트 문명과 메소포타미아 문명이 결합하여 서쪽으로는 그리스의 에게해 문명을 형성하고, 동쪽에선 페르시아 문명을 형성했다. 에게해 문명과 페르시아 문명은 다시 그리스와 로마에 의해 결합되어 지중해 문명으로 확대되었다. 이후 지중해 문명은 남쪽과 북쪽으로 확대되어 북아프리카 문명과 유럽 문명, 서아시아 문명을 형성했다. 따라서 서양 문명과 중동 문명은 기본적으로 지중해에 의존한 해양 문화를 중심으로 발달했음을 알 수 있다.

한편, 동양의 인도에서는 서부의 인더스 문명이 동쪽으로 이동하여 동부 갠지스 문명과 결합함으로써 인도 문명을 형성했고, 중국에서는 남부의 양쯔 문명과 중부의 황허 문명, 그리고 북부의 랴오허 문명과 결합하여 중국 문명을 형성했다. 이후 인더스 문명이 인도차이나를 타고 올라가 중국 문명과 결합했고, 중국 문명은 중앙아시아 유목민에게 전해진 후, 그들의 확장과 이동에

세계 4대 문명 발상지

의해 중동과 인도로 밀려들었다. 따라서 동양 문화는 중국과 인도 중심의 대륙 문화를 기반으로 발달했음을 알 수 있다.

이렇듯 인류 문명은 유라시아 대륙과 아프리카 북부 지역을 중심으로 발달했는데, 유라시아 대륙의 동쪽, 동아시아 지역의 문명은 시베리아를 타고 북동쪽으로 흘러가 아메리카 문명의 뿌리인 올메카 문명을 형성했다.

이러한 문명의 형성과 결합, 그리고 확대는 대개 메소포타미아 문명이 시작된 BC 8000년에서 올메카 문명이 형성된 BC 1500년 사이에 이뤄졌다.

메소포타미아 문명을
일군 사람들

최초의 통일국가 아카드왕국

인류 문명은 BC 8000년경에 농업의 시작과 함께 태동했는데, 그 첫 문명의 흔적은 티그리스강과 유프라테스강 사이에서 발견되었다. 이른바 메소포타미아 문명이다. 메소포타미아는 그리스어로 '사이'를 뜻하는 메소meso와 '강'을 뜻하는 포타미아potamia가 결합된 단어로 '강 사이에 있는 땅'이란 뜻이다.

메소포타미아 지역은 지금의 서아시아 지역인 터키, 이라크, 시리아, 쿠웨이트, 이란 등의 국가에 걸쳐 있는데, 이곳 평원에서 인류가 최초로 농사를 지은 흔적이 발견되었다. 그런 까닭에 메소포타미아 문명은 '인류 문명의 어머니'로 불린다.

메소포타미아에서 최초로 농사를 지은 사람들은 수메르인이었다. 그들은 강줄기 주변의 평원을 따라 촌락을 형성하고 농토를 개척한 끝에 여러 개의 도시국가를 형성했다.

수메르인들이 도시국가를 형성한 것은 BC 3500년경이었다. 이 시기에 수메르인들은 신석기시대를 벗어나 청동기를 사용하고 있었고, 동시에 강력한 청동 무기를 바탕으로 약육강식의 생존 전쟁을 벌였다. 다른 도시의 농토와 인력을 빼앗기 위한 전쟁은 1,200여 년 동안 지속되었고, 마침내 BC 2300년쯤에 북쪽의 강국 아카드왕국이 메소포타미아 지역을 통일하기에 이른다.

아카드왕국을 승자로 만든 인물은 사르곤왕이었다. 사르곤왕은 56년 동안 통치했는데, 그가 차지한 땅은 남쪽 페르시아만에서 북쪽 동지중해에 이르는 광활한 지역이었다. 마침내 메소포타미아 지역 최초의 통일 왕국을 건설한 셈이다.

아카드왕국은 사르곤이 메소포타미아 지역을 통일한 BC 2330년부터 약 100년 동안 유지되다가 사르곤의 손자인 제4대 왕 나람신에 이르러 북동쪽의 이란고원에서 일어난 구티족Gutians에 의해 몰락했다. 이후 아카드인은 약 100년 동안 식민지 생활을 하다가 BC 2100년경에 새로운 강자로 부상한 우르왕조에 의해 식민지에서 벗어났다. 하지만 우르왕조 역시 오래가지 못했다. 사방에서 이민족의 침입이 이어진 끝에 결국 100여 년 만에 셈족 계열의 아모리인에 의해 몰락했다. 이로써 메소포타미아 지역은 아모리인이 건설한 바빌로니아의 지배를 받았고, 수메르인과 아카드인의 시대는 종막을 고했다.

수메르인이 남긴 대표적인 문명은 지구라트, 쐐기문자, 60진

인류 최초의 문자인 쐐기문자는 메소포타미아를 중심으로 고대 오리엔트에서 사용되었고, 주로 신전에 바치는 물품을 기록했다.

법, 바퀴 등 네 가지다. 지구라트는 벽돌로 쌓아 올린 건축물인데, 하늘에 제사를 지내는 제단이다. 그리고 쐐기문자는 인류가 최초로 발명한 문자라는 점에서 의미가 남다르다. 점토판을 사용해 쐐기문자로 기록을 남겼는데, 이때 사용한 점토판은 불에 구워 후대까지 남았고, 그 내용을 해석한 끝에 수메르인의 생활상이 알려지게 된 것이다.

이 네 가지 외에 수메르인이 남긴 또 하나의 기념비적 기록물이 있다. 바로 길가메시 서사시다. 이 서사시는 수메르 남부에 자리하던 우르크의 왕 길가메시의 일대기를 노래하고 있는데, 고대 그리스의 시인 호메로스가 BC 8세기에 쓴 서사시보다 1,500년 정도 앞선 문학작품으로 평가된다.

이러한 수메르인의 문명은 바빌로니아에 전해져, 바빌로니아 문명 형성에 크게 기여했다.

함무라비법전을 남긴 바빌로니아왕국

바빌로니아는 메소포타미아 남동쪽에 위치한 도시 바빌론에서 유래한 이름이다. 바빌로니아 국민의 대다수는 수메르인과 아카 드인이었기에 바빌로니아 문명은 제2의 메소포타미아 문명으로 불린다.

메소포타미아 지역을 통일한 바빌로니아는 BC 1895년부터 1595년까지 300년 동안 유지되다가 히타이트에 멸망해 수백 년 동안 지배받았고, 이후 다시 아시리아의 지배를 받아야 했다. 이 렇듯 바빌로니아는 900년 동안 식민 상태로 지내다 BC 612년에 다시 왕조를 일으킨다. 이후 BC 6세기까지 왕조를 유지하다 페 르시아에 의해 멸망하게 된다. 그 때문에 초기 300년을 '고古바 빌로니아'라 부르고, BC 612년 이후 기간을 '신新바빌로니아'라 부른다.

바빌로니아가 가장 번성했던 시기는 6대 왕인 함무라비 치세 였다. 함무라비는 메소포타미아 지역의 패권을 완전히 장악했고, 그 영향력이 지중해까지 이르렀다. 또 법전을 만들어 중앙집권

현존하는 가장 오래된 법전인 함무라비법전은 함무라비왕 말기에 완성되었다. 피해자가 가해자에게 같은 수준의 손해를 입힐 수 있는 동해 보복 원칙과 신분에 따른 차별법을 적용한 것이 큰 특징이다.

국가를 이뤘는데, 그가 만든 법전이 바빌로니아 문명의 가장 기념비적인 유물인 함무라비법전이다. 함무라비법전은 높이 2.5m의 비석에 새겨진 채 지금까지 전해지고 있는데, 현재 프랑스 루브르 박물관에 보관되어 있다.

함무라비법전에는 경제법, 가족법, 형사법, 민법 등에 관한 282개의 판례법이 기록되어 있다. 이 중에는 '눈에는 눈, 이에는 이' 등 보복법 성격의 원시적인 잔재도 섞여 있다. 하지만 개인적인 복수나 약탈혼 등을 인정하지 않는 것으로 봐서 부족적 관습은 벗어난 수준이었다.

번성기였던 함무라비 치세가 끝나자, 바빌로니아는 중심을 잃고 세력이 약해져 이민족의 침입을 받기 시작했고 BC 1595년에 강력한 철기로 무장한 히타이트 왕 무르실리 1세에 의해 멸망하고 말았다. 이후 히타이트는 수백 년 동안 바빌로니아를 통치한다.

철기 문명을 일으킨 히타이트왕국

고바빌로니아 왕조를 무너뜨린 히타이트인은 원래 지금의 우크라이나 남부 지역인 아조프해에 살던 유목민이었다. 삶의 터전을 옮겨 다니던 그들은 BC 2000년 무렵에 지금의 터키 지역인 소아시아에 정착하여 세력을 확대했다. 이후 BC 1650년 무렵 강력한 통치자 라바르나왕이 히타이트왕국을 세웠고, 이후 하투실리 1세와 무르실리 1세의 동진 정책에 힘입어 BC 16세기 말에 메소포타미아 지역을 장악한다.

하지만 메소포타미아를 장악한 히타이트는 약 150년 동안 왕권 다툼으로 인한 내부 분열에 시달린다. 설상가상으로 흑해 연안에 살던 카쉬카족의 침략으로 국력이 크게 약화되었다. 다행히

BC 14세기에 수필룰리우마스 1세가 즉위하여 뛰어난 리더십을 발휘한 덕에 국력을 회복한다. 수필룰리우마스 1세는 약탈을 자행하던 북쪽의 카쉬카족을 물리치는 한편, 동진 정책을 수립하여 지금의 시리아 북쪽에 있던 미탄니왕국을 점령했다. 또 남서쪽으로도 세력을 확대하여 이집트 문명과 메소포타미아 문명을 연결하는 교통 요지인 가나안 지역을 차지하고 북아프리카의 강국 이집트를 위협하기까지 했다.

히타이트가 이렇듯 강국으로 부상할 수 있었던 것은 강력한 철기로 무장한 군대 덕분이었다. 히타이트는 BC 14세기에 이미 고품질의 강철을 만들어낼 만한 제련 기술을 갖췄고, 이를 바탕으로 철제 무기를 만들어 주변 국가들을 정벌했다. 심지어 당시로서는 최대 강국이었던 이집트도 히타이트의 철제 무기를 두려워할 정도였다. 그래서 히타이트 왕은 이집트의 람세스 3세에게 강철 단검을 보내 자신들의 무기가 얼마나 우수한지 자랑하기까지 했다. 이런 까닭에 이집트 여왕이 히타이트에 결혼 의사를 타진하는 일까지 있었다.

당시 히타이트는 강철 제련 기술을 국가 기밀로 삼아 일절 외부에 유출하지 않았다. 그 때문에 주변국들은 여전히 구리로 만든 동기 무기에 의존하는 상황이었다. 물론 이집트도 마찬가지였다. 그런 까닭에 히타이트는 철제 무기를 앞세워 호시탐탐 이집트를 공격할 기회를 엿보았다.

이에 위협을 느낀 이집트는 BC 1299년에 히타이트 정벌에 나섰다. 이집트의 강력한 군주 람세스 2세가 군대 2만을 이끌고 직접 히타이트 땅을 공략했다. 람세스 2세는 당시 히타이트 군대가 주둔하고 있던 카데시를 공격했는데, 이 과정에서 히타이트의 매복군에 허를 찔려 패퇴하는 지경에 처했다. 그러자 히타이트군은 그 여세를 몰아 이집트 군대를 일거에 궤멸시키려 했다. 히타이트군은 이 과정에서 이집트군을 얕보고 덤볐다가 오히려 역공을 당했고, 이후 달아나는 신세가 되고 말았다. 하지만 당시 람세스 2세의 군대는 히타이트군을 궤멸시킬 만한 여력이 없었고, 결국 카데시에서 철수하고 말았다.

이 카데시 전투 이후 히타이트는 더 이상 이집트 땅을 넘보지 않았고, 이집트 또한 히타이트를 공격하지 않았다. 카데시 전투는 히타이트의 팽창정책을 강화하던 무와탈리스왕 시절에 벌어졌는데, 무와탈리스가 죽고 그의 동생 하투실리스 3세가 즉위하면서 두 나라는 결혼 동맹을 맺고 평화를 유지했다. 하투실리스 3세가 이집트 왕 람세스 2세에게 딸을 시집보내면서 두 나라의 결속이 이뤄진 것이다.

이렇듯 당시에 가장 강력한 세력인 이집트와 평화를 유지하며 약 100년 동안 태평성대를 구가하던 히타이트는 전혀 예상치 못한 세력의 침략으로 갑자기 몰락한다. 히타이트는 BC 1200년 무렵부터 그리스 지역에서 지중해를 건너 밀려든 도리아인의 공격에 시달렸다. 도리아인의 공격은 10여 년에 걸쳐 지속되었는데, 히타이트의 마지막 왕 수필룰리우마스 2세는 끊임없이 밀려드는 해양 세력을 막지 못하고 BC 1190년에 수도 하투샤를 내주고 말았다. 이후 하투샤는 완전히 파괴되었고, 히타이트의 자랑거리이자 비밀스러운 자산이던 철기 제조술도 공개되어 주변국으로 퍼져나가고 말았다. 이로써 히타이트왕국의 460년 역사는 종막을 고했다.

새로운 지배자 아시리아왕국

히타이트에 이어 메소포타미아 지역의 패권을 장악한 세력은 아시리아였다. 아시리아는 BC 2500년 무렵에 메소포타미아 북부 지역의 티그리스강 상류에 있던 도시 아수르를 중심으로 세력을 형성하고 있었다. 하지만 아시리아가 하나의 왕국으로 통일된 것은 BC 19세기에 이르러서였다. 아시리아를 통일한 인물은 샤마시 아다드 1세였는데, 그가 정복한 땅은 북메소포타미아 전역에 이를 정도였다. 하지만 그의 아들 대에 이르러서는 바빌로니아의 함무라비에게 정복되어 완전히 세력을 잃었다.

이후 아시리아가 다시 일어난 것은 BC 14세기 중엽에 아슈르 우발리트 1세가 등장하면서부터였다. 당시 아시리아는 히타이트와 연합 세력을 형성하여 옛 영토인 북부 메소포타미아 땅 대부분을 장악했다. 하지만 그때만 해도 메소포타미아의 맹주는 히타이트였다. 그런데 히타이트가 BC 1190년에 몰락하면서 메소포타미아 지역은 한동안 엄청난 혼란을 겪었다. 서방에서 건너온 여러 족속이 활개를 쳤고, 동쪽에서도 산악족인 룰루비가 침입하여 약탈을 일삼았다. 그런 가운데 아시리아도 세력이 축소되어 영토가 티그리스강 유역에 한정되는 지경에 이르렀다.

200년 동안 지속된 이 혼란기를 종식시킨 인물은 BC 10세기에 왕위에 오른 아슈르 단 2세다. 그는 서쪽에서 밀려온 아람인과 동쪽의 산악족 룰루비를 진압하여 옛 영토를 되찾았다. 이후 왕위를 계승한 아다드 니라리 2세를 선두로 아시리아는 BC 9세기까지 대대적인 정복전쟁을 감행했고, 아다드 니라리의 손자 아슈르나시르팔 2세에 이르면 마침내 메소포타미아 전역을 통일한다. 또 그를 이어 왕위에 오른 샬마네세르 3세는 영토를 더욱 확대했다.

하지만 샬마네세르가 죽자, 아시리아는 다시 쇠락을 거듭하여 영토의 절반을 잃고 만다. 이런 상황에서 군사를 일으켜 왕위에 오른 티글라트 필레세르 3세는 다시 정벌 전쟁을 벌인 끝에 과거의 영토를 모두 회복하고 이집트 국경까지 세력을 확대하기에 이른다. 과거 히타이트의 영토를 모두 차지한 것이다.

이후로 아시리아는 샬마네세르 5세, 사르곤 2세, 센나케리브, 에사르하돈, 아슈르바니팔까지 BC 8세기부터 7세기까지 약 100년 동안 맹위를 떨친다.

아시리아의 영화는 거기까지였다. 아슈르바니팔이 죽고 사방에서 새로운 세력이 침입해 왔고, 아시아라는 동시다발적으로 공격해 온 적군들을 이겨내지 못하고 무너지기 시작했다. BC 614년 아슈르가 함락되었고, 2년 뒤인 BC 612년 니네베가 함락되었다. 그리고 3년 뒤인 BC 609년에 아시리아는 완전히 몰락했다.

신바빌로니아시대를 연 칼데아왕국

아시리아가 몰락하는 과정에서 바빌로니아가 다시 일어났다. 하지만 바빌로니아를 일으킨 세력은 옛날 바빌로니아의 주축이었던 아모리인이 아니라 아시리아를 몰락시킨 칼데아인이었다. 이 칼데아인이 일으킨 바빌로니아를 신바빌로니아 또는 칼데아왕국이라고 부른다.

칼데아왕국을 일으킨 인물은 나보폴라사르다. 그는 아시리아의 폭정에 대항하여 반란을 일으켰고, BC 612년에 아시리아에 저항하던 메디아인과 함께 마침내 아시리아를 멸망시키고 패권을 장악한다. 당시 나보폴라사르가 활동하던 중심지는 바빌론이었다. 그 때문에 그가 일으킨 칼데아왕국은 바빌론을 수도로 삼았다. 그런 까닭에 칼데아왕국을 신바빌로니아라고 부른다.

나보폴라사르가 바빌로니아를 다시 일으킨 후 그의 계승자 네부카드네자르 2세는 본격적으로 세력을 확대하여 페니키아를 정복하고 이집트를 공략했다.

하지만 칼데아왕국의 영화는 오래가지 못했다. 동쪽에서 새로운 세력이 일어나 위협해 왔기 때문이다. 칼데아왕국을 위협한 세력은 동방의 신흥 강자 페르시아였다. 페르시아의 왕 키루스는 군대를 이끌고 북부 메소포타미아를 공략했다. 이에 따라 칼데아왕국은 급격히 위축되었고, 그런 가운데 키루스에 이어 왕위에 오른 키루스 2세가 BC 539년에 대대적인 공격을 감행했다. 당시 칼데아의 왕 나보니두스는 아들 벨샤자르에게 군대를 맡기고 자신도 전선으로 나가 적극적으로 저항했지만 칼데아군은 패전하고 말았다. 그러자 나보니두스는 수도 바빌론으로 도주하여 방어 전략을 폈다.

이후 칼데아왕국은 당분간 유지되었지만, 다리우스 1세(재위 BC 522~486경)가 페르시아 왕이 된 뒤, 바빌론에 입성하여 칼데아의 왕권을 장악해버린다. 이로써 칼데아왕국은 역사 속으로 영영 사라지게 된다. 이후 메소포타미아 지역의 패권은 중동의 새로운 지배자 페르시아제국에 돌아간다.

이집트 문명을 일군
31개의 왕조

초기 왕조시대

고대이집트 문명은 메소포타미아 문명과 함께 인류 문명의 요람으로 불린다. 이집트Egypt라는 명칭은 아프리카 북부의 나일강 하류 지역을 지칭한다. 영어식 표현인 '이집트'는 그리스어 '에깁토스Aegyptos'에서 유래한 것이며, 에깁토스는 고대이집트어 '프타 신의 집'이란 뜻의 '후트 카 프타Hut Ka Ptah'를 가차한 것이다. '후트 카 프타'는 고대이집트 고왕국의 수도 '멤피스Memphis'를 가리킨다. 멤피스는 우주를 창조한 신의 이름이다. 그리고 이집트인이 멤피스를 숭배하면서 수도의 지명으로 쓰게 된 것이다. 멤피스로 불리던 그곳은 원래 '케메트Kemet'라고 불렸는데, 이 말은 '검은 땅'이라는 의미다. 검은 땅은 곧 나일강의 홍수로 형성된 범람원의 옥토를 지칭한다. 따라서 이집트라는 말은 '검은 땅', 즉 옥토를 의미한다고 할 수 있다. 그래서 이집트인은 지금도 자기 나라를 이집트라고 부르지 않고 검은 땅을 의미하는 케메트라고 부른다. 이는 마치 한국인들이 자국을 한국으로 부르지만, 영어로는 고려를 의미하는 '코리아Korea'라고 부르는 것과 같은 이치다.

북아프리카의 나일강을 중심으로 형성된 이집트 문명은 메소포타미아보다 2,000년 정도 늦은 BC 6000년경에 농업시대를 열었고, 이후 BC 332년에 그리스의 알렉산드로스왕에 의해 몰락할 때까지 무려 6,000년 동안 이어졌다.

이렇듯 6,000년이나 존재한 고대이집트 문명은 안정과 혼란을 거듭하며 크게 선왕조시대, 초기 왕조시대, 고왕국시대, 중왕국시대, 신왕국시대, 말기 왕조시대 등 여섯 시기로 구분된다. 선先왕조시대는 왕조 형성 이전의 시기를 일컫는데, 대략 농업시대로 들어선 BC 6000년경부터 왕조시대가 시작된 BC 3150년까지 약 2,900년 동안이다.

이 시기에는 농업이 시작된 이래 나일강을 중심으로 수많은 촌락이 형성되면서 씨족 또는 부족 세력이 형성되던 때였다. 이런 부족 도시가 세력 다툼을 지속하며 소국을 형성하고, 소국은 다시 소국 연맹 체제를 이뤘으며, 이어 마침내 왕이 지배하는 왕국이 형성되었다.

왕국이 형성된 후부터 초기 왕조시대가 시작된다. 이때 여러 소국 중 두각을 드러낸 것은 티니스, 나카다, 네케브 등 세 개 도시국가였다. 이 세 소국 중 가장 먼저 무너진 것은 나카다였다. 나카다가 붕괴된 이후로 이집트는 티니스와 네케브가 남북을 분할하여 지배했는데, 이 시기를 대개 상하왕국시대 또는 남북왕국시대라고 일컫는다. 남북왕국 중 최종 승자가 된 나라는 티니스다. 티니스의 왕 메네스가 남북을 통일함으로써 이집트는 마침내 하나의 왕국이 되었다. 이후로 초기 왕조시대가 전개된다(남북왕조를 통일한 인물을 나이메르왕이라고 주장하는 학자도 있고, 나이메르와 메네스가 동일 인물이라고 주장하는 학자도 있다).

초기 왕조시대는 메네스가 통일을 달성한 BC 3150년부터 BC 2686년까지 464년 동안 지속되었는데, 이 시기는 다시 제1왕조와 제2왕조로 구분된다(학자에 따라서는 초기 왕조시대를 BC 3400년에서 2980년까지로 설정하기도 한다).

제1왕조는 이집트를 최초로 통일한 메네스로부터 9대 네페르카에 이르기까지 약 200년 동안 존속했다. 지금의 카이로 부근인 멤피스를 수도로 삼은 제1왕조는 강력한 왕권을 구축하지는 못한 듯하다. 또 기록도 많이 남아 있지 않아 당시의 역사를 상세히 알 수도 없다. 다만 당시의 무덤에서 확인할 수 있는 사실은 순장 풍습이 있었다는 것과 황소를 섬기는 신앙이 있었다는 것 정도다.

제1왕조에서는 1년을 365일로 계산하는 역법을 사용했는데, 이는 BC 4241년부터 이집트 지역에서 사용하던 태양력에 의한 것이었다.

제1왕조에 이어 제2왕조가 이어졌는데, 제2왕조를 연 왕은 헤텝세켐위다. 그는 38년 동안 왕위에 있었는데, 이후로 여덟 명의 왕이 있었다. 하지만 이들 아홉 명 중 다섯 명만 제대로 이름이 확인되었다. 제2왕조 역시 200여 년 동안 유지되었는데, 구체적인 역사는 제대로 기록되지 않았다.

고왕국시대

이집트의 고왕국시대는 제3왕조부터 제6왕조까지의 기간을 일컫는데, BC 2686년부터 BC 2181년까지 약 500년 동안을 지칭한다.

고왕국의 시작점인 제3왕조를 연 인물은 제2왕조의 마지막 왕 카세켐위의 사위 사나크테다. 제3왕조를 이집트 고왕국의 시작점으로 보는 이유는 이때부터 피라미드가 나타나는 등 중앙집권적 행정 체계가 이뤄졌기 때문이다. 사나테크와 위대한 왕후로 불리던 카세켐위의 딸 네마타프 사이에서 태어난 조세르왕은 화려한 계단식 피라미드를 지었는데, 이는 세계 최초로 만든 완전한 형태의 석조 건축물로 알려져 있다. 이후 제3왕조는 세켐케트와 카바, 후니 등의 왕으로 이어지며 지속적으로 피라미드를 축조했다. 특히 후니왕 대에 만든 피라미드는 정방형 스타일이었는데, 이는 제4왕조로 이어지면서 피라미드 양식의 전형으로 남는다.

제3왕조 시절에 피라미드를 남길 수 있었던 것은 조세르왕 시절에 위대한 현인으로 불리던 임호테프 덕분이었다. 임호테프는 조세르 통치 기간에 살았던 사제로, 여러 학문에 두루 밝은 인물

기자의 쿠푸왕 피라미드는 피라미드 중 가장 규모가 크다.

이었다. 특히 의약과 건축에서 탁월한 능력을 발휘했고, 그 결과로 남은 것이 바로 최초의 피라미드였다.

후니왕 이후 왕위는 사위 스네프루에게 계승됨으로써 제4왕조가 시작된다. 제4왕조에 이르면 피라미드의 규모가 엄청나게 커진다. 제4왕조는 스네프루 이후 6대 셉세스카프까지 113년 동안 이어진다.

제4왕조 시절에 거대한 피라미드를 남기며 황금기를 구가할 수 있었던 것은 100여 년 동안 이민족의 침략이 거의 없는 평화시대였기 때문이다.

제4왕조의 그러한 영화는 6대 왕 메카우레의 사위 우세르카프에게 왕위가 계승됨으로써 제5왕조로 이어진다. 제5왕조는 9대에 걸쳐 155년 동안 지속되었다. 그리고 제5왕조의 마지막 왕 우나스가 사위 테티에게 왕위를 물려주면서 제6왕조가 시작되었다.

제6왕조는 BC 2345년부터 BC 2181년까지 지속되는데, 이 시기에 이르면 이집트 왕 파라오는 허수아비로 전락하고 귀족과 사제가 권력을 좌지우지한다. 심지어 제6왕조를 연 테티는 경호원에게 살해당했고, 이후의 왕들 중에는 이름만 등장하고 통치 과정은 기록되지 못하는 상황까지 초래되다가 결국 이집트 고왕국은 제6왕조를 끝으로 막을 내린다.

제6왕조 이후 이집트왕국은 엄청난 혼란기를 겪는다. 이 혼란기는 제7왕조에서 제11왕조 중반까지 이어지는데, 이 시대를 흔히 제1중간기라고 한다.

제1중간기는 BC 2181년부터 BC 2040년까지 141년 동안 지속된다. 이 세월 동안 왕조가 무려 다섯 번이나 바뀌는 파란이 일어난다. 제6왕조 말기부터 지방 귀족의 힘이 강해져 파라오를 무력화하는 바람에 왕권 다툼이 끊임없이 벌어진다. 심지어 제7왕조에서는 70일 동안에 재위한 왕이 무려 70명이나 될 정도였다. 또 제8왕조 20년 동안 왕이 17명이나 교체되는 상황이 이어진다. 이런 상황에서 제9왕조와 제10왕조를 거쳐 제11왕조에 이르면 나라가 두 동강 난 채 서로 다투는 지경에 이른다. 제10왕조와 제11왕조가 각기 다른 지역에 도읍을 정하고 나라를 둘로 나눠 다스리며 서로 전쟁을 치르는 양상이 전개된 것이다.

이러한 혼란상은 제11왕조의 멘투호테프 2세에 의해 종결된다. 멘투호테프 2세는 제11왕조의 6대 파라오였다. 그는 BC 2040년에 제10왕조를 정복하고 다시금 이집트를 하나의 나라로 통일하는 데 성공했다. 이후 이집트는 중왕국시대로 접어든다.

중왕국시대

중왕국시대는 제11왕조의 멘투호테프 2세에 의한 이집트 재통일 시점인 BC 2040년부터 제12왕조가 몰락하는 BC 1782년까지 258년 동안을 일컫는다. 이 시기를 중왕국이라고 부르는 것은 고왕조 이후 혼란기를 거쳐 다시 이집트가 통일 왕국을 유지하는 기간이기 때문이다.

중왕국시대를 연 제11왕조는 멘투호테프 2세에 이어 멘투호테프 3세와 4세까지 이어지다가 BC 1991년에 멘투호테프 4세가 당시 재상이던 아메넴히트에게 왕위를 내주면서 불과 50년도 되지 않아 막을 내린다. 일설에는 아메넴히트가 반란을 일으켜 왕위를 찬탈했다는 말도 있지만 명확한 기록은 남아 있지 않다.

어쨌든 제12왕조를 연 아메넴히트 1세는 29년 동안 왕위에 있었는데, 이후로 8대까지 왕위가 계승되다가 BC 1782년에 마지막 왕 소베크네프루에 이르러 몰락한다.

중왕국 시절엔 고왕국 시절처럼 파라오의 힘이 강력하지 않았다. 지역 영주 세력의 힘이 상대적으로 강화되었고, 그 때문에 파라오와 영주의 관계는 후대 유럽 중세시대의 봉건국가와 비슷한 양상을 띠었다. 이는 141년 동안의 혼란기가 가져다준 당연한 결과였다. 혼란기에 영주의 힘은 급속도로 성장했고, 그 때문에 국토를 재통일한 뒤에도 파라오의 힘은 한계를 보일 수밖에 없었던 것이다. 그런 상황에서도 이집트가 하나의 왕국을 유지한 것은 종교의 힘 덕분이었다. 고왕국 시절에 비해 중왕국 시절엔 종교의 힘이 훨씬 강화되었고, 그것은 신전의 규모를 키우고 사제의 힘을 강화하는 결과를 낳았다. 이는 훗날 유럽 중세시대에 교회의 규모가 커지고 기독교 성직자의 힘이 강화된 것과 유사하다. 그 때문에 중왕국시대를 고대이집트 왕국의 중세라고 부르기도 한다.

하지만 중왕국시대는 오래가지 못했다. 제12왕조가 몰락한 이후 이집트는 또 한 번의 엄청난 혼란기를 겪는다. 이러한 혼란기는 제13왕조부터 제17왕조까지 이어지는데, 이 시기를 제2중간기라고 한다. 제2중간기는 BC 1782년부터 BC 1570년까지 무려 212년 동안이나 지속된다.

이 시기엔 힉소스인의 침입에 시달리는 한편, 나라가 사분오열되어 왕정이 무너지고 혼란이 극단으로 치달았다. 그런 까닭에 이 시기에 대한 기록도 별로 남아 있지 않을뿐더러 왕 이름이나 왕조의 존속 기간도 정확하지 않다.

신왕국시대

신왕국시대는 고왕국시대의 영광을 다시 찾은 시기라고 할 수 있는데, 그 기간은 BC 1570년부터 BC 1070년까지 500년 동안이며, 제18왕조부터 제20왕조까지 이어진다.

신왕국시대를 연 인물은 제18왕조를 개창한 아흐모세 1세다. 그는 제17왕조의 마지막 파라오 카모세의 동생이다. 제18왕조는

1대 아흐모세에서 16대 호렘헤브까지 277년 동안 지속된다.

제18왕조의 파라오들에 대한 기록은 비교적 풍부한 편이다. 제18왕조를 개창한 아흐모세의 이름은 '달이 태어난다'는 뜻이다. 아흐모세에게 그런 이름을 지어준 아버지 세케넨레 타오 2세는 그가 일곱 살 때 살해되었으며, 그의 형 카모세 3세도 원인을 알 수 없는 죽음을 당했다. 당시 이집트는 힉소스의 지배를 받고 있었기 때문에 그들에게 살해되었을 가능성이 크다. 형이 죽은 후 왕위에 오른 아흐모세는 힉소스를 몰아내는 데 성공했고, 이어 국가 행정조직을 재정비하여 마침내 이집트를 재통일함으로써 신왕국시대를 열었다. 그는 약 25년 동안 왕위에 있으면서 국력을 강화하여 제18왕조의 토대를 닦았다.

이후 제18왕조는 6대 투트모세 3세에 이르러 세력을 크게 확대했다. 그는 어린 나이에 왕위에 올라 54년 동안 재위했고, 대규모 군사 원정을 통해 이집트의 영토를 크게 확장했다. 그는 재위 기간에 무려 17회의 원정을 단행했는데, 그 결과 서쪽으로는 지금의 리비아 지역, 동쪽으로는 히타이트와 아시리아, 가나안, 메소포타미아 지역에 이르기까지 광대한 지역을 차지했다. 그런 까닭에 그를 두고 '고대이집트의 나폴레옹'이라 부르기도 한다.

투트모세 3세에 이어 제18왕조의 영화를 이끌어낸 또 한 명의 왕은 아멘호테프 3세다. 그는 평민 출신 여인을 왕비로 받아들였고, 지금의 시리아와 팔레스타인 지역을 지배했다는 기록을 남겼다. 그런 까닭에 그가 왕위에 있을 때는 이집트의 세력을 두려워한 히타이트, 바빌로니아 등이 그에게 토산물을 바치며 고개를 숙였다고 전한다.

하지만 현대인에게 가장 익숙한 이름은 이들 두 왕이 아닌 투탕카멘이다. 투탕카멘은 14대 왕인데, 10세의 어린 나이에 왕위에 오른 후 말라리아에 걸려 18세의 젊은 나이로 죽었다. 그런 까닭에 특별한 치적을 남기지 못했는데, 그의 미라가 발견된 덕분에 가장 많이 알려지게 된 것이다.

제18왕조는 16대 호렘헤브를 끝으로 막을 내렸고, 이어서 들어선 제19왕조는 고대이집트왕국의 최전성기이자 신왕국시대의 황금기로 평가된다. 그 때문에 제19왕조를 연 람세스는 이집트 역사상 가장 위대한 이름으로 남았다.

제19왕조는 람세스 1세 이후로 8대 투스레트까지 108년 동안 지속된다. 제19왕조의 파라오 중 이집트 번영에 가장 크게 기여한 인물은 람세스 2세다. 람세스 2세는 26세에 즉위하여 90세까지 무려 64년 동안 왕위에 있었던 것으로 알려졌다.

람세스 2세 시절 이집트는 팔레스타인을 사이에 두고 히타이트와 세력 다툼을 벌였는데, 그는 BC 1274년에 벌어진 카데시 전투에 직접 출전하여 히타이트 왕 무와탈리스 2세에게 승전한 기록을 남겼다. 이후 이집트와 히타이트는 휴전협정을 맺고 50년 동안 평화를 유지한다.

람세스 2세는 히타이트 외에도 여러 주변 국가와 많은 전쟁을 치러 승리했고, 그에 따른 전승 기념비를 여럿 남겼다. 현재도 그중 일부가 남아 전해지고 있다.

람세스 2세 이후 제19왕조는 5대를 더 이어가다 BC 1185년에 막을 내리고 제20왕조가 이어진다. 제20왕조는 1대 세트나크테부터 12대 람세스까지 11명의 왕을 배출했으며 BC 1070년까지 115년 동안 지속되었다.

제20왕조의 왕 중 가장 많은 기록을 남긴 인물은 람세스 3세다. 그는 국력을 강화하기 위해 제일 먼저 군대 조직을 대대적으로 개편했다. 병역의무가 있는 남성을 등급별로 분류하여 군대 조직에 투입하는 한편, 이민족으로 구성된 용병을 상비군으로 삼아 외부 침략에 대비하는 구조였다. 당시 지중해의 해양 세력은 끊임없이 이집트를 공격해 왔고, 람세스 3세는 그들을 막기 위해 안간힘을 썼다. 그런 가운데 자식들끼리 계승권 다툼이 벌어져 반란으로 이어졌고, 람세스 3세는 그 와중에 몇 번의 암살 위기를 모면했지만 끝내 살해되고 말았다. 그의 부인과 아들이 보낸 자객의 칼날에 목이 달아난 것이다.

람세스 3세가 죽은 이후 아홉 명의 왕이 왕위를 이어갔지만 이집트 신왕국은 급속도로 쇠퇴의 길을 걸었다. 그들 아홉 명의 왕은 모두 위대한 이름 '람세스'를 그대로 사용했지만 그저 이름만 위대할 뿐이었다. 파라오의 힘은 점점 약해졌고, 국가 기강은 해를 거듭할수록 무너졌다. 그리고 마침내 BC 1070년에 이집트 신왕국은 람세스 12세를 끝으로 몰락하고 말았다.

신왕국은 몰락할 무렵 다시 남북으로 갈라졌다. 북쪽에는 리비아인이 세력을 구축하였고, 남쪽은 사제단이 장악하고 있었다. 이후 혼란기가 지속되었는데, 이 시기를 제3중간기라고 한다.

제3중간기는 BC 1070년부터 BC 665년까지 무려 400여 년 동안 지속되었다. 이 기간에 이집트 왕조는 제21왕조부터 제25왕조까지 다섯 왕조가 흥망성쇠를 거듭했다. 하지만 왕조는 유명무실한 시대였다. 왕실은 가까스로 명맥을 유지했지만 실질적인 지배 세력은 리비아인과 수단 지역의 누비아인이었다.

말기 왕조시대

이집트가 외부 세력의 지배를 벗어난 것은 제26왕조에 이르러서였다. 하지만 스스로 독립한 것은 아니었다. 아시리아의 원조 아래 가까스로 이민족을 몰아내고 형식적인 독립을 이룬 것이다.

BC 665년에 제26왕조를 일으킨 인물은 네카우 1세다. 하지만 그는 왕위에 오른 지 겨우 1년 만에 죽음을 맞이하고, 그의 뒤를 이어 왕위에 오른 프삼티크 1세가 54년 동안 재위하면서 그나마 나라는 안정을 되찾는다. 프삼티크는 국력을 강화하여 옛 영화를 되찾기 위해 다방면으로 노력했고, 어느덧 아시리아와 어깨를 견줄 정도가 되었다.

하지만 그 무렵 아시리아도 북방의 스키타이인이 침략해 붕괴되고 있었다. 스키타이인은 아시리아를 무너뜨리고 무서운 기세로 이집트를 위협했다. 프삼티크는 그들에게 선물 공세를 펼쳐 가까스로 전쟁을 막았다. 당시 프삼티크는 이미 노쇠한 몸으로 죽음을 앞두고 있었다.

BC 609년에 프삼티크가 죽고, 그의 아들 네카우 2세가 왕위를 이었다. 그는 아버지의 숙원 사업이던 고토 회복 정책을 계승하여 아시리아 땅으로 세력을 확대했다. 당시 아시리아는 몰락 직전에 있었기 때문에 무주공산이었다. 그는 시리아 땅까지 밀고 올라갔고, 한동안 기세를 떨쳤다. 하지만 그의 영화는 오래가지 못했다. 시리아에서 패권을 잡은 지 불과 2년 만에 새롭게 일어난 신바빌로니아에 패권을 내주고 말았다. 이후 이집트는 아시리아 지역에서 완전히 밀려나 팔레스타인 지역마저 신바빌로니아에 빼앗기고 퇴각해야만 했다.

이후로 이집트는 더 이상 기세를 떨치지 못했고, 네카우 2세는 죽을 때까지 이집트 땅 밖으로 나가지 못했다.

네카우 2세에 이어 왕위에 오른 프삼티크 2세는 동쪽 대신 남쪽으로 세력을 확장하려 했다. 남쪽에 새롭게 세워진 에티오피아왕국에 빼앗긴 누비아 땅을 회복하려 한 것이다. 그러나 프삼티크 2세의 공략은 누비아 땅을 회복하는 데는 실패했고, 에티오피아왕국을 위협하는 수준에 만족해야 했다.

프삼티크 2세 이후 제26왕조는 3대를 더 지속하다 7대 왕 프삼티크 3세를 끝으로 BC 525년에 막을 내렸다. 제26왕조를 무너뜨린 세력은 페르시아의 아케메네스왕조다.

페르시아는 이집트를 점령한 뒤 직접 통치하는데, 페르시아의 통치 기간 중 BC 525년부터 BC 404년까지 121년을 이집트 제27왕조라고 한다. 이 시기에 이집트를 통치한 페르시아제국의 황제는 이집트를 정벌한 캄비세스 2세를 시작으로 다리우스 1세, 아르타크세르크세스 1세, 다리우스 1세 등이다. 이 시기를 흔히 페르시아의 1차 점령기라고 한다.

페르시아 황제의 직접 통치 아래 이집트 내부에서는 왕조를 재건하기 위한 반란이 지속되고 있었다. 그 반란의 선두에 선 인물은 제28왕조를 개창한 아미르타이오스였다. 그는 제26왕조의 후예다. 그는 페르시아 황제 다리우스 2세 시절부터 반란을 일으켜 독자적인 세력을 형성했고, 다리우스 2세 말기인 BC 404년에는 이집트 독립에 성공하여 제28왕조를 일으킨다. 그래서 페르시아의 아르타크세르크세스 2세 시절 이집트 지역은 실질적으로 독립된 상태였다. 하지만 아미르타이오스의 이집트 지배는 불과 5년 만에 막을 내린다. 동시에 제28왕조가 함께 무너진다.

이후 이집트에는 제29왕조와 제30왕조가 들어서 왕국의 명맥을 이어간다. 제29왕조는 BC 399년에 일어나 네 명의 왕을 배출하고 19년 만인 BC 380년에 몰락했고, 제30왕조는 제29왕조를 전복시키고 일어난 왕조로 BC 380년에 개창하여 세 명의 왕을 배출하고 BC 343년에 몰락했다.

제30왕조를 몰락시킨 세력 역시 페르시아였다. 이후 이집트는 페르시아가 다시 지배하게 되는데, 이 시절을 제31왕조, 또는 페르시아 2차 점령기라고 부른다.

1차 점령기와 달리 2차 점령기는 매우 짧았다. 페르시아 황제 아르타크세르크세스 3세는 이집트를 재점령한 지 5년 만에 독살되었고, 그의 아들 아르타크세르크세스 4세 역시 즉위 2년 만에 살해되었다. 그리고 페르시아의 마지막 황제 다리우스 3세는 BC 332년에 그리스제국의 알렉산드로스 대왕에게 패전한 뒤부하에게 살해되었다. 페르시아는 그렇게 몰락했고, 이집트는 그리스의 지배를 받게 된다. 이렇게 이집트의 고대 왕국 3,000년 역사는 막을 내리고 말았다.

베일에 가려진 인더스 문명

드라비다인의 인더스 문명

메소포타미아 문명이나 이집트 문명처럼 인더스 문명의 발상지역시 거대 하천 지역이었다. 농업의 발달과 함께 인류 문명이 시작되었고, 농업이 거대 하천 주변의 평야에서 본격화되었기 때문에 강 주변이 문명의 발상지가 되는 것은 당연했다. 인더스강이인더스 문명의 발상지가 된 것도 바로 그런 이유였다.

인더스강 유역에서 최초로 발생한 문명은 메르가르 문명이었다. 메르가르는 BC 7000년에서 BC 3200년 사이에 있었던 신석기시대의 도시다. 지금의 파키스탄 발루치스탄주의 카치 평원에있는 이 도시의 사람들은 진흙으로 구운 벽돌집에 살았고, 보리와 밀, 대추야자를 경작했으며, 양과 염소 등 가축을 길렀다.

하지만 동기시대가 시작되면서 메르가르는 급격히 쇠퇴한다. 그리고 메르가르의 문명은 남쪽과 북쪽으로 전해져 새로운 두 도시에서 화려한 동기 문화를 꽃피운다. 그 두 도시는 바로 남쪽의 모헨조다로와 북쪽의 하라파다.

이들 두 고대 도시는 BC 2600년경에 건설되었는데, 당시로서는 최상급 문명을 형성하고 있었다. 집집마다 수세식 화장실과 휴지통을 사용했고, 이를 위한 배수 시설도 갖추고 있었다. 각 집의 배수 시설과 거리의 배수 시설이 연결되었고, 거리의 배수 시설은 다시 강과 연결되어 있었다. 말하자면 집 안에서 나온 오수가 거리의 배수 시설을 통해 강으로 빠져나가도록 설계된 계획 도시였던 것이다. 고대 도시 중 이 같은 배수 시설을 갖춘 계획도시는 극히 드물다. 모헨조다로가 당대 가장 과학적이고 고도화된 도시였음을 알 수 있다.

도시 가운데에는 거대한 공동 목욕 시설도 갖춰져 있었고, 곡식 저장 창고도 따로 건립되어 있었다. 거기다 세계 최초로 면화를 재배했으며, 밀과 보리를 주식으로 삼았다. 또 소, 양, 돼지 같은 가축을 길러 우유와 육류를 식량으로 삼았다. 이는 이 도시 사람들이 매우 풍족한 생활을 했음을 단적으로 보여주는 예다.

이곳 사람들의 직업도 다양했다. 대다수가 농민이었겠지만, 의사나 목수, 옹기장이, 대장장이, 어부 등이 있었다. 물론 이들에게도 계급이 있었다. 첫 번째 계급은 사제, 의사, 점성술사 등이었는데, 이들은 정치인 역할을 했다. 두 번째 계급은 무사였다. 그리고 세 번째 계급은 상인과 장인, 예술가였다. 마지막 네 번째

모헨조다로 유적에서 눈에 띄는 것은 대형 목욕탕으로, 종교의식에 사용된 것으로 추측된다.

계급은 가장 많은 숫자를 차지하고 있던 농부, 어부, 직물공이었으며, 마지막으로 최하층민이 하인이었다. 이들 사회 계급에서 눈에 띄는 것은 상인이 농부보다 상위 계층이었다는 점이다. 이는 곧 상업을 농업보다 중시했다는 뜻으로 당시 다른 지역과 교역량이 매우 많았음을 짐작하게 한다.

상업이 매우 발달했다는 것은 그들이 남긴 유물을 통해 쉽게 확인된다. 그곳에서 생산되지 않는 여러 물품이 대거 발견되었고, 원산지도 매우 다양했다. 서쪽으로는 메소포타미아와 페르시아, 북쪽으로는 중앙아시아, 남쪽으로는 남인도 지역 등 육로와 해로를 가리지 않고 다양한 지역과 교역했다는 뜻이다.

두 도시의 유적에서는 수레바퀴나 물레방아, 저울 같은 유물이 발견된다. 그들은 벽돌을 만들어 제방을 쌓고 성곽을 지어 외적을 방비했다. 문자도 만들어 사용했는데, 불행히도 그들이 남긴 문자는 아직 해독하지 못했다.

그들에게는 종교도 있었고, 제단도 있었으며, 성직자도 있었다. 하지만 메소포타미아나 이집트와 달리 그들은 예배당이나 사원을 따로 만들지 않았다. 이는 곧 자연 자체를 숭배하는 종교를 가지고 있었음을 짐작케 한다.

그러나 안타깝게도 인더스 문명을 형성한 사람들에 대한 세세한 기록은 아직까지 발견되지 않았다. 그런 까닭에 그들이 언제 몰락했는지 정확하게 알 수 없다. 다만 그들이 남긴 유적을 통해 BC 1700년경에 몰락했다는 사실 정도만 확인할 수 있을 뿐이다. 몰락한 원인에 대해서는 두 가지 설이 있다. 하나는 아리아인의 침략에 의한 몰락설이고, 다른 하나는 기후변화 또는 지진 같은 자연재해에 의한 몰락설이다. 하지만 모두 가설일 뿐 정확한 내막은 알 길이 없다.

아리아인의 베다 문명

인더스 문명이 몰락한 이후 인도는 베다시대를 맞이한다. 베다시대는 BC 1500년 무렵부터 BC 600년까지 900년 정도 지속되었다. 이 시기를 베다시대라고 하는 것은 남아 있는 유일한 문헌인 베다Vedas를 통해 당시의 생활상과 역사, 종교, 철학 등을 알 수 있기 때문이다.

베다 문명을 건설한 사람들은 아리아인으로 알려져 있다. 아리아인은 원래 중앙아시아에서 러시아 남부 지역에 이르는 광대한 지역에 살던 유목민이었다. 그들이 어떤 이유로 대이동을 시작했는지는 알 수 없지만 BC 2000년경에 대대적으로 이동했다. 그들은 유럽, 중동, 인도 등 세 지역으로 이동했다.

유럽으로 이동한 아리아인은 그리스인, 라틴인, 켈트족, 게르만족 등의 조상이 되었고, 중동으로 이동한 아리아인은 페르시아인의 조상이 되었다. 그리고 또 한 갈래의 아리아인은 우선 이란과 아프가니스탄 지역에 정착했다가 다시 BC 1500년 무렵에 인도 서북부로 들어왔다.

인도로 들어온 아리아인은 인더스 문명의 발생지인 인더스강 유역으로 밀려들었다. 이후 그들은 몇백 년 동안 정착 과정을 거치며 인더스 문명을 무너뜨리고 새로운 문명을 형성했는데, 그것이 곧 베다 문명이다.

베다시대는 전기와 후기로 구분한다. 전기 베다시대는 BC 1500년부터 약 500년 동안 인더스강 유역에서 지속되었다. 그런 까닭에 전기 베다 문명은 인더스 문명의 토대 위에 아리안의 전통과 문화를 결합한 형태였다.

아리아인이 인더스 지역으로 들어올 때는 이미 철기를 지니고 있었다. 그들은 강력한 철기의 힘으로 동기 문화에 머물던 원주민 드라비다인을 가차 없이 공격했다. 이후 찬란한 인더스 문명을 일궜던 드라비다인은 속수무책으로 무너졌고, 결국 인더스 지역은 아리아인의 세상이 되었다.

아리아인에게 영토를 빼앗긴 드라비다인의 상당수는 남쪽과 동쪽으로 이동했고, 그 후예들이 오늘날 인도 남부와 동북부의 산악 지역에 살고 있는 사람들이다.

아리아인들은 인더스 지역에 만족하지 않았다. BC 1000년경부터 그들은 인도 전역으로 영토를 확장했고, 이로 인해 후기 베다 문명이 형성되었다.

후기 베다시대는 문명의 중심지를 인더스 지역의 펀자브에서 동부의 갠지스강 지역으로 이동시켰다. 이후 갠지스 문명을 중심으로 BC 600년부터 약 400년 동안 후기 베다시대를 구가했다.

후기 베다시대에 본격적인 왕조 국가가 등장하고, 동시에 신분제도가 한층 강화되어 지금도 인도 사회에 지대한 영향을 끼치고 있는 카스트제도가 확립된다. 전기 베다시대만 하더라도 아리아인의 나라는 도시국가 수준에 머물렀지만 후기에 이르러 강력한 통치력을 지닌 왕국이 등장한다.

베다에 기록된 최초의 왕국은 쿠루왕국이다. 하지만 베다는 쿠루왕국의 역사를 세세하게 기록하지 않았다. 그저 몇몇 왕의 이름과 간단한 치적만 남겼을 뿐이다.

이렇듯 인도의 역사는 베다시대까지도 베일에 가려져 있었다. 그나마 인도의 역사가 제대로 기록되어 전하는 것은 베다시대가 종말을 맞은 이후인 BC 6세기부터였다.

후기 베다시대 말기에는 인도 대륙 전체가 한바탕 전국시대를 겪었다. 인도 대륙 전역에 형성된 수천 개의 소국이 전쟁을 거듭한 끝에 병합을 지속했고, 결과적으로 강력한 힘을 지닌 16개 나라가 패권을 다투는 시대가 전개된다. 이 시기를 16대국시대라고 하는데, 16대국 중 하나인 마가다왕국이 BC 6세기에 이르러 마침내 경쟁 국가들을 물리치고 지배국으로 우뚝 선다. 그나마 인도의 역사가 제대로 기록된 것은 바로 이 마가다왕국 이후다. 하지만 마가다왕국도 대제국으로 성장하지 못했다. 인도에서 대제국을 이루는 것은 마가다왕국의 여러 왕조 이후 인도 대륙 대부분을 통일한 마우리아제국이다.

베다와 힌두교

인더스 문명을 알기 위해서는 무엇보다 베다와 힌두교에 대해 알아야 한다. 이 두 가지가 곧 인더스 문명의 뿌리인 까닭이다.

베다는 '지혜' 또는 '지식'이라는 뜻을 지니고 있는데, 고대 인도의 신화와 종교, 철학을 망라한 문헌을 총칭한 것이다. 베다는 아리아인이 인더스 지역에 정착할 무렵인 BC 1500년경부터 형성되었고, 동시에 힌두교도 함께 성립했다. 따라서 베다와 힌두교는 불가분의 관계다. 그 때문에 힌두교는 베다 영역 내에서 함께 이해해야 한다.

베다 문헌은 삼히타, 브라마나, 아란야카, 우파니샤드, 수트라 등 다섯 부문으로 분류할 수 있다. 이 다섯 문헌은 다시 크게 슈루티śruti와 스므리티smṛti로 나뉜다. 슈루티는 '들은 것'이라는 뜻으로 신의 말씀을 담은 것이고, 스므리티는 '기억된 것'이라는 뜻으로 인간이 남긴 말이다. 다섯 문헌 중 수트라만 인간이 전한 말에 속하는 스므리티이고 나머지 네 부류는 모두 신이 남긴 말씀인 슈루티다.

다섯 종류의 베다 문헌 중 인더스 문명의 중심인 힌두교와 가장 밀접한 것은 삼히타다. 삼히타는 《리그베다》《야주르베다》《사마베다》《아타르바베다》등 네 종류로 이뤄져 있다. 이 네 개의 베다가 힌두교의 경전에 해당되는데, 그래서 특별히 이 네 종을 정경이라는 뜻의 '투리야'로 부른다. 그 때문에 대개 베다라고 하면 투리야를 의미한다.

투리야 중 《리그베다》는 신들에 대한 찬가, 《야주르베다》는 제사 양식과 제사에 필요한 문구, 《사마베다》는 제사에 필요한 노래, 《아타르바베다》는 복을 빌 때 사용하는 문구를 담고 있다. 말하자면 이 네 개의 베다로 이뤄진 투리야는 종교의식을 진행할 때 쓰는 경전인 셈이다.

그렇다면 삼히타 외의 나머지 베다 문헌에는 어떤 것들이 담겨 있을까? 우선 브라마나는 제사 의식 과정에 필요한 수행 방법을, 아란야카는 수련자를 위함 지침을, 우파니샤드는 힌두교의 이론과 사상을, 수트라는 스승들이 남긴 금언을 담고 있다. 따라서 힌두교의 사상적 배경을 이해하려면 우파니샤드의 내용을 파악해야 한다.

힌두교 사상의 정수, 우파니샤드

우파니샤드는 신이 직접 내린 말씀을 의미하는 슈루티에 속하지만, 사실은 스승이 제자에게 힌두 사상의 핵심을 가르친 내용이다. 우파니샤드라는 말도 '가까이 앉는다'는 의미인데, 이는 스승 가까이 앉아서 받은 가르침을 말한다. 따라서 우파니샤드야말로 힌두교의 핵심을 설명한 책이라고 할 수 있다. 그래서 우파니샤드를 '베다의 결론'이라는 뜻으로 베단타Vedanta라고도 부른다. 말하자면 우파니샤드만 이해하면 모든 베다와 힌두교의 본질을 이해할 수 있다는 뜻이다.

우파니샤드의 내용은 수백 년에 걸쳐 형성되었고, 분량도 수백 권이나 될 정도로 많지만 핵심 사상은 의외로 간단하다. 우주와 내가 하나라는 것이다. 이를 한자로는 '범아일여梵我一如'라고 한다. 우주에 해당하는 것을 '브라흐만'이라 하고 나에 해당하는 것을 '아트만'이라고 한다. 여기서 아트만이란 '나의 본체'를 의미하고 브라흐만은 '우주의 본체'를 의미한다. 따라서 둘 다 물질은 아니다. 모두 원리의 세계다. 브라흐만은 전체의 원리이고 아트만은 개체의 원리다. 둘은 원리의 세계에서 하나일 수밖에 없다. 힌두교와 힌두교에 뿌리를 두고 있는 불교는 이 두 개의 원리가 하나가 될 때 곧 깨달음에 이르고 윤회를 멈출 수 있다고 주장한다.

보이지 않는 만리장성, 카스트제도

베다와 힌두교가 인더스 문명의 뿌리라면, 인도 사회를 이루는 요체는 카스트제도다. 카스트제도는 후기 베다시대에 형성된 이래 현대에 이르러서도 인도 사회에 지대한 영향을 끼치는 신분 구조이기 때문이다.

카스트제도 이전 인도 사회는 신분을 피부 색깔로 나눴다. 피부가 흰 정복민과 피부가 검은 피정복민으로 이분화되어 있었는데, 이 제도를 '바르나'라고 했다. 하지만 세월이 흐르면서 신분은 좀 더 세분화되었고, 결과적으로 네 계층의 신분 구조를 갖춘 카스트제도로 변모했다.

사실 카스트제도라는 말은 순수 인도 말이 아니다. 원래 카스트caste는 포르투갈어로 '순결한' 혹은 '순수한'을 의미하는 '카스타casta'에서 유래했다. 그리고 18세기에 인도를 점령한 영국에 의해 영어식 표현인 카스트로 변한 것이다. 따라서 카스트제도라는 표현은 18세기 이후 영국인이 처음 사용했음을 알 수 있다.

어쨌든 18세기 이후 카스트제도는 인도의 신분 계층을 지칭하는 용어가 되었다. 카스트제도에서는 신분을 브라만, 크샤트리아, 바이샤, 수드라 등 네 계층으로 나눈다. 브라만은 종교 권력자인 승려이고, 크샤트리아는 정치권력자인 왕족과 귀족 및 무사 세력이다. 그리고 바이샤는 납세의 의무를 지닌 평민이고, 수드라는 노예를 비롯한 천민이다.

이렇듯 네 계층으로 신분이 나눠진 이후, 인도 사회에서는 모든 풍속의 영역에서 카스트의 범주를 벗어나지 못하게 되었다. 태어날 때부터 철저하게 신분에 구속되어야 했고, 그 때문에 신분 상승을 꾀할 기회조차 갖지 못했다. 심지어 결혼도 같은 카스트 내에서만 가능했다. 특히 시대적 약자인 여자는 자신보다 낮은 신분과 결혼하면 사회적으로 누리던 모든 권리를 박탈당해야 했다. 하지만 남자는 자신보다 신분이 낮은 여자와 결혼해도 무방했다. 더구나 일부다처제 사회였기 때문에 남자는 여러 계층의 여자와 동시에 혼인 관계를 유지할 수 있었다.

이러한 카스트제도는 베다시대에 확립되었지만, 베다시대 이후에도 지속되었고, 현대에 이르러서도 사라지지 않고 있다. 카스트제도는 그야말로 보이지 않는 신분의 만리장성이 되어 여전히 인도 사회를 네 계층으로 나눠놓고 있는 셈이다.

중국 문명과
하, 상, 주 삼대시대

신화로 남은 중국인의 시조, 삼황

메소포타미아와 마찬가지로 중국 대륙에서 농업시대가 시작된
것은 BC 8000년부터였다. 이후 황허강, 양쯔강 등 거대 강을 중
심으로 촌락이 형성되었고, BC 3000년 무렵부터 국가가 출현했
다. 하지만 초기 국가에 대한 기록이 거의 없기 때문에 당시 국가
들에 대한 구체적인 상황은 알 길이 없다. 다만 중국인은 신화를
통해 중국 문명이 삼황三皇에서 시작되었으며, 그들 삼황을 자신
들의 시조라고 믿는다.

　중국 신화에 따르면 삼황은 복희씨, 여와씨, 신농씨, 세 인물을
지칭한다. 이들 중 복희씨는 중국 민족의 시조로 알려져 있다. 신
화에 따르면 복희씨의 업적은 크게 세 가지인데, 첫째는 불을 일

으키는 방법을 알려준 것이고, 둘째는 팔괘八卦를 고안하여 보급한 것이며, 셋째는 새끼를 만들고 그물을 발명한 것이다.

삼황 중 두 번째 인물인 여와씨는 신화에서 천지를 창조하고 인간을 만든 여신으로 묘사되어 있다. 인간을 만드는 과정에서 그는 존귀한 인간과 비천한 인간을 구분했다고 하는데, 존귀한 인간은 황토를 빚어 만들고 비천한 인간은 노끈을 진흙에 묻혀 만들었다고 한다. 그는 사람을 만든 뒤에는 혼인 제도를 만들어 남자와 여자를 결합시킴으로써 인류의 존속을 가능하게 했다고 한다.

이런 복희와 여와의 전설은 중국의 여러 민족에게 퍼져 있는데, 대개 여와가 복희의 아내였다는 내용을 담고 있다. 또 일부 전설에서는 두 사람이 남매지간으로 등장하기도 한다.

삼황 중 세 번째 인물인 신농씨는 농업과 의학을 일으킨 인물로 전해진다. 그는 농사에 필요한 쟁기와 보습을 만들고 오곡(벼, 보리, 콩, 피, 기장)과 채소를 심고 길러 농업을 일으켰기 때문에 농신農神으로 불리기도 한다.

신농은 왕위에 있을 때 여러 가지 풀로 백성의 질병을 고치는 등 의사의 면모도 보였다고 한다. 또 태양을 시간의 기준으로 삼은 까닭에 태양신으로 인식되어 염제炎帝로 불리기도 했다. 전설에 의하면 그는 소의 머리에 사람의 몸뚱이를 한 형상이었다고 한다. 이는 그가 소를 이용하여 농사짓는 법을 보급했음을 상징한다.

염제는 비단 신화에만 등장하는 것이 아니라 사마천의 《사기》

에도 등장한다. 삼황 중 유일하게 역사서에 등장한 인물인 셈이다. 《사기》에 따르면 그는 재위 초기에는 농업을 발전시키고 의술을 일으켰으며, 시장을 만들어 백성들의 삶을 윤택하게 했다. 그러나 그가 늙어 노쇠해짐에 따라 세력은 약해지고 영향력도 줄어들었다. 이에 휘하의 제후들이 반기를 들어 조공을 거부하고 서로 세력을 다퉜으며, 이로 인해 백성들의 삶은 피폐해졌다. 하지만 염제는 그들을 정벌할 힘이 없었다. 이때 황제 헌원이 일어나 세력을 형성하고 곳곳에 난립한 제후들을 장악하여 복종토록 하니, 염제는 위기를 느껴 헌원을 공격했다. 염제와 헌원은 판천(지금의 하북성 탁록현)의 들판에서 싸웠고, 이 싸움에서 염제는 헌원에게 패하여 남쪽으로 물러간다.

염제의 죽음에 관해 《사기》는 구체적인 기록을 남기고 있지 않다. 다만 전설에 의하면 의약 발전에 몰두하던 그는 약초의 독성 여부를 알아보다가 단장초斷腸草라고 하는 독초를 잘못 맛보고 그 독으로 인해 창자가 끊어져 죽었다고 한다.

중국의 역사시대를 연 황제, 헌원

오제五帝란 삼황에 이어 출현한 다섯 명의 제왕을 일컫는데, 신화에서 신농씨를 물리치고 제왕의 자리에 오른 황제에서 시작하여 전욱, 제곡, 제요, 제순 등 다섯 명의 임금을 가리킨다. 이들에 대한 기록에도 신화나 전설적인 부분이 없지 않으나 한나라시대의 사관이던 사마천의 《사기》는 이들의 치세를 담은 '오제본기'에서 시작된다. 오제 때부터 명실공히 중국의 역사시대가 열린 셈이다.

오제시대가 정확하게 언제부터 시작되었는지는 불분명하다. 하지만 오제 중 네 번째 제왕인 요제가 왕위에 오른 때가 BC 2357년이라고 전해지고 있음을 감안하면, 황제의 시대는 적어도 BC 2400년을 전후하여 시작되었음을 알 수 있다.

오제 중 첫 번째 인물인 황제黃帝는 중국의 신화와 전설에 숱하게 등장한다. 하지만 《사기》의 저자 사마천은 허무맹랑한 이야기는 모두 생략하고 현실적인 내용 위주로 서술했다.

황제는 소전小典 부족 출신이며 성은 공손이고 이름은 헌원이다. 소전족은 지금의 하남성 일대에 살던 족속으로 곰을 섬기는 족속이라 하여 웅족熊族이라 부르기도 했다. 이런 연유로 황제를 웅씨로 칭하기도 한다.

헌원이 역사의 전면에 등장한 것은 당시 중원을 지배했던 신농씨 염제의 힘이 쇠락해져가던 때였다. 제후들은 신농씨에게 더 이상 조공을 바치지 않았고, 서로 다른 제후의 땅을 빼앗기 위해 혈안이 되어 있었다. 제후들의 잦은 전쟁으로 백성은 고통 속에서 허덕였고, 천하는 한바탕 피바람에 휩싸였다. 하지만 염제에게는 그들을 응징할 힘이 없었다.

그러자 헌원은 창과 방패를 앞세우고 신농씨의 이름으로 제후들을 응징했고, 급기야 신농씨까지 몰아내고 스스로 왕위에 올랐다. 하지만 헌원은 그것으로 만족하지 않았다. 그는 중원을 장악한 여세를 몰아 주변 부족을 하나둘 정복해나가기 시작했다. 그 과정에서 순종하지 않는 자가 있으면 가차 없이 군대를 몰아 정벌하고, 평정한 뒤에는 다시 군대를 몰아 다른 곳으로 향했다. 그가 정벌 전쟁을 통해 장악한 영토는 동쪽으로는 황허에 이르렀고, 남쪽으로 양쯔강에 이르렀으며, 서쪽으로는 감숙성에 이르고, 북쪽으로는 하북성에 이르렀다.

헌원이 죽은 뒤에 그를 황제黃帝라 칭했는데, 누런색을 의미하는 황黃은 곧 오행(五行: 水, 木, 火, 土, 金) 중 토土에 해당되므로 헌원이 토덕土德이 있는 제왕이라 하여 붙인 것이다. 일설엔 헌원의 재위 중 황룡이 나타났다고 하여 붙였다는 말도 있다.

왕도 정치의 상징, 요순시대

황제가 죽은 뒤 왕위는 손자 전욱에게 이어졌고, 전욱에 이어 고신이 왕위에 올랐는데, 그를 제곡이라고 칭한다. 제곡은 황제의 장남 청양의 손자였다. 제곡에 이어 왕위에 오른 인물이 그의 아들 방훈인데, 그가 곧 요임금(제요)이다. 원래 제곡이 죽은 뒤 태자 지가 왕위를 이었는데, 그가 정사를 제대로 처리하지 못하자 이복동생인 방훈이 지를 내쫓고 왕위에 올랐다. 이후 이른바 태평성대의 상징이 된 요순시대가 시작되었다.

요임금 방훈의 치적은 크게 세 가지다. 첫째는 역상(曆象, 해와 달과 별의 운행 법칙)과 윤법(윤년, 윤월, 윤일 등에 관한 계산법)을 정리하여 사람들로 하여금 세월의 흐름을 정확하게 알게 했고, 둘째는 치수에 성공하여 황허의 범람을 막았으며, 셋째는 왕위를 아들이 아닌 순임금에게 물려준 일이다.

방훈 휘하에서 역상을 맡은 신하는 희씨와 화씨였다. 그들은 동서남북에 배치되어 춘분과 추분, 동지와 하지를 정확하게 계산하였고, 1년을 366일로 잡아 3년에 한 번씩 윤달을 정해 사계절의 오차를 바로잡는 일을 했다.

방훈에게서 치수의 임무를 부여받은 사람은 곤과 중화였다. 방훈은 황하의 범람을 막고 치수에 성공하는 사람에게 왕위를 물려줄 생각이었다. 그래서 곤과 중화를 차례로 시험하였고, 결국 중화가 황허의 범람을 막는 데 성공하자, 그에게 왕위를 물려주었다.

방훈의 뒤를 이어 왕위에 오른 중화가 바로 순임금(제순)이다. 중화는 황제의 9세손인데, 어릴 때부터 총명하고 효성이 지극했으며, 덕망이 높은 인물이었다.

중화 휘하에는 우, 고요, 설, 후직, 백이, 기, 용, 수, 익, 팽조 등 10명의 뛰어난 신하가 있었다. 중화는 이들에게 치수와 농사, 형률, 건설, 산림, 음악, 학문, 예의 등등에 관한 임무를 부여했다.

중화는 3년마다 한 번씩 10명의 신하와 12주의 장관을 평가하였고, 세 번 살핀 결과를 가지고 벼슬을 강등시키거나 승진시켰다. 그 때문에 이들 22명은 최선을 다했고, 덕분에 나라는 태평성세를 구가했다.

중화는 이들의 능력을 면밀히 평가했는데, 그 결과 치수를 맡았던 우(禹, 하나라의 시조)가 가장 많은 공을 세웠다. 그 때문에 중화는 자신의 아들 상균을 제쳐놓고 우를 후계자로 지목하여 왕위를 넘겼다.

제순 중화가 아들에게 왕위를 넘겨주지 않고 덕과 지혜와 정치 능력을 고루 갖춘 우에게 계승케 함으로써 요임금이 초석을 다진 왕도 정치는 순임금에 이르러 완성된 셈이다. 후세에 이르러 요순시대를 태평성대와 왕도 정치의 모범으로 삼은 것은 바로 신하의 능력과 인품에 따라 직분을 주고, 인격과 정치 능력이 가장 탁월한 자에게 왕위를 계승했기 때문이다. 그러나 불행하게도 이런 이상적인 정치는 요순시대에만 실현되었을 뿐 그 이후로 어느 왕조에서도 제대로 이뤄지지 않았다.

중국 최초의 세습 국가, 하왕조

순임금이 우에게 왕위를 넘겨준 후 우가 개창한 나라가 하왕조다. 하왕조는 중국 역사상 최초의 세습 왕조를 일구었고, 이는 다시 상왕조와 주왕조로 이어져 삼대시대를 구가하게 된다.

하왕조는 BC 2190년경에 우왕이 개창한 이래 14대에 걸쳐서 17명의 왕을 배출하였으며, BC 1751년까지 약 440년간 유지된 나라다.

우왕이 세운 나라의 이름을 하夏라고 한 것은 그의 부족이 하후씨夏后氏인 까닭이다. 하지만 하후씨 역시 황제의 아들인 창의

에게서 비롯되었기에 하왕조의 뿌리도 황제임을 알 수 있다.

우왕이 죽은 뒤 왕위는 익이 이어받았다. 익은 관례대로 삼년상이 끝난 뒤 우왕의 아들 계에게 왕위를 양보하고 기산(箕山, 절강성 지역에 있는 산) 남쪽에 터전을 잡고 살았다. 그러나 제후들은 그를 알현하러 오지 않았다. 익은 제순을 오랫동안 섬겼으나 우왕을 섬긴 것은 몇 년밖에 되지 않았다. 그런 까닭에 제후들은 우왕의 아들인 계가 왕위를 잇는 것이 옳다고 판단하고 계를 천자로 받들었다. 이후 하왕조는 아들에게 왕위를 계승하는 관습을 이어가며 세습 왕조 체제를 구축했다.

계임금이 재위 9년 만에 죽자, 그의 아들 태강이 왕위에 올랐으나 정사는 뒷전이고 사냥이나 놀이에만 열중했다. 그 바람에 동이족이 세운 유궁국에 나라를 잃고 왕실은 망명 생활을 하기에 이르렀다.

태강이 죽은 다음 동생 중강이 망명 중에 왕위를 이었고, 그 뒤로 상과 소강이 왕위를 이어가다, 소강 대에 이르러 나라를 회복했다.

소강은 장성한 후 외가인 유잉씨에게 몸을 의탁하며 목축을 관장하는 일을 했다. 그러나 유궁국에서 소강이 살아 있음을 알고 잡으러 다녔고, 소강은 몸을 피해 제순의 족속인 유우씨의 땅으로 달아났다. 그는 그곳에서 유우씨의 요리사 노릇을 하며 지냈는데, 당시 유우씨 부락의 우두머리였던 우사의 두 딸을 아내로 맞이했다. 소강은 유우씨의 도움을 받아 유궁국을 공격하여 무너뜨리고 마침내 왕조를 다시 일으켰다.

소강에 이어 그의 아들 저가 왕위를 이었다. 저왕은 동이족이 활에 능한 것에 대응하기 위해 갑옷을 발명하여 유궁국을 무너뜨리는 데 큰 역할을 했다. 그는 즉위 후 유궁 세력을 완전히 동쪽으로 몰아냈다. 덕분에 저왕은 우왕에 버금가는 위대한 왕으로 추앙받기도 했다.

저왕 이후로 왕위는 괴, 망, 설, 불항, 경, 근, 공갑으로 이어졌다. 이들 중 경왕이 형인 불항에 이어 왕위를 이어받았을 뿐, 나머지는 모두 부자간의 계승이었다.

제14대 공갑왕은 매우 음란했고, 귀신 섬기기를 좋아했다. 그는 정사는 뒷전이고 늘 여자들에게 파묻혀 살았으며, 귀신을 위한 사당을 짓기에 여념이 없었다. 그 때문에 백성들의 삶은 곤궁해지고, 제후들은 그를 떠받들지 않았다. 이후 하왕조는 덕을 잃고 쇠퇴하기 시작했다.

공갑이 죽자, 아들 고가 왕위를 이었고, 고에 이어 발이 즉위했으며, 발에 이어 이계가 왕위에 올랐으니, 그가 바로 하왕조의 마지막 왕이자 폭군인 걸왕이다.

걸왕 이계는 왕위에 올라 백성을 힘으로 누르고 재물을 착취하여 호화스러운 궁중 생활을 하며 여색과 술에 젖어 지냈다. 그는 못을 파서 그곳에 술을 가득 채우고, 못 주변에 고기로 숲을 이루는 주지육림을 만들어 희희낙락하며 세월을 보냈다. 그 모습을 보다 못한 충신 관용봉이 직언을 하자, 그를 죽여버렸다.

이후 이계의 타락상이 극한으로 치닫고, 제후들은 그를 천자로 생각하지 않게 되었다. 그런 상황에서 곤오씨의 제후가 군대를 일으켜 혼란이 야기되자, 그 기회를 놓치지 않고 상나라의 제후 천을이 곤오씨를 정벌하고, 그 여세를 몰아 하왕조를 몰락시켜버렸다. 이로써 440여 년간 지속되던 하왕조는 완전히 몰락하고 중원은 천을이 세운 상나라가 지배하게 되었다.

역성혁명으로 일어난 상왕조

상왕조는 BC 1751년에 탕왕 천을이 하왕조를 무너뜨리고 세운 이래 BC 1111년까지 640년간 지속된 나라다. 탕왕을 시작으로 30명의 왕이 재위했으며, 개국 당시에는 국호가 상商이었으나, 제19대 반경왕에 이르러 BC 1383년에 은(殷, 하남성 안양) 땅으로 천도한 것에 근거하여 은왕조로 불렸다. 하지만 상족은 항상 자신들의 국호를 상이라고 불렀다. 《서경》에 기록된 은나라에 관한 기록도 '상서商書'라는 제목을 달고 있다. 그런 까닭에 상왕조를 '은상殷商'이라 부르기도 한다.

상왕조는 은 지역으로 천도한 것을 기준으로 대개 전기와 후기로 구분되며, 탕왕으로부터 제18대 양갑제까지를 전기, 반경제에서 제30대 제신(주왕)까지를 후기라 일컫는다.

하왕조가 이미 세습 왕조 체계를 확립한 까닭에 상왕조는 자연스럽게 세습 체계를 유지했다. 또 하왕조에 비해 왕조 체계가 보다 강력해지고, 제후에 대한 지배력도 한층 강화되었다. 거기다 화폐가 등장하면서 시장이 발달하고 경제구조는 큰 변혁을

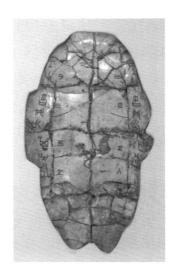

중국 고대 문자인 갑골문자는 한자의 원형으로 거북의 등딱지, 짐승의 뼈에 점괘를 새겨 넣는 용도로 사용되었다.

일궈냈다. 그러나 적자 계승 원칙이 깨지고 자주 형제 세습이 이뤄지면서 정치적 혼란을 겪기도 했다. 또 잦은 천도로 백성의 원망이 극대화되고, 시장이 안정을 찾지 못해 경제가 흔들리는 경우도 많았다.

하왕조는 지금까지 유물과 유적이 제대로 발굴되지 않은 것에 비해 상왕조는 은허殷墟가 발굴됨으로써 하왕조보다 풍부한 연구가 가능해졌다. 은허에서는 한자의 모태가 된 갑골문이 대거 발견되었는데, 이는 상왕조의 사회구조를 보다 심층적으로 파악하는 근거로 작용한다.

천을은 왕위에 13년 동안 있다가 죽었다. 그의 묘호를 '탕湯'이라 했는데, 이는 '덕이 넓고 넓어 천하를 덮는다'는 의미다.

탕왕에 이어 외병제가 즉위했으나 3년 만에 죽고, 그의 동생 중임제가 즉위했으나 4년 만에 죽었다. 이후 탕왕의 태자 태정의 아들 태갑제가 즉위했는데, 그는 학정을 일삼았다. 이에 재상 이윤이 태갑제를 동궁으로 내쫓고 자신이 섭정을 했다. 이윤은 3년 동안 태갑제를 교육시킨 후 복위시켰는데, 다행히 태갑제가 선정을 베푼 덕에 상왕조는 신망을 회복했다. 이렇듯 상왕조는 외병제에서 태갑제에 이르기까지 명재상 이윤 덕에 유지되었다.

이윤이 죽은 뒤에도 옥정, 태경, 소갑, 옹기, 태무에 이르기까지 이윤이 만든 국가 제도의 틀 아래 상왕조가 유지되었다. 또 태무제 시절에는 이윤의 아들 이척이 재상으로 기용되어 또 한번 상왕조의 중흥을 이끌었다. 당시의 중흥을 기리는 의미에서 태무제를 중종이라고 칭하기도 한다.

중종에 이어 중정, 외임, 하단갑 등으로 왕위가 이어지다 양갑제에 이르러 상왕조는 왕위 계승권 다툼으로 큰 혼란에 빠진다.

양갑제가 죽고 동생 반경이 즉위하여 은 땅으로 천도했다. 이때의 천도를 계기로 상왕조는 은왕조로도 불리게 된다. 은으로 천도한 반경제는 탕왕의 법령을 현실에 그대로 적용하고, 백성의 생업 보호를 최우선 정책으로 삼았다. 덕분에 큰 호응을 얻어 태평성세를 구가했다.

반경제가 죽자, 동신 소신이 즉위했다. 소신제는 정사를 제대로 돌보지 못해 백성의 원성이 높았고, 이는 곧 상왕조의 쇠락으로 이어졌다. 소신제에 이어 동생 소을이 즉위했고, 소을에 이어 아들 무정이 즉위했다.

무정제는 왕조의 부흥을 열망했지만, 마땅히 자신을 보좌해줄 인물을 찾지 못해 안타까워했다. 그러다 뛰어난 신하 부열과 조기를 등용하여 마침내 태평성세를 일궜다.

　이후로 상왕조는 조경, 조갑, 늠신, 경정, 무을, 태정, 을제 등으로 이어지면서 쇠락의 길을 걸었고, 급기야 신제 주왕에 이르러 몰락한다.

　신제는 왕위에 오르면서 세력을 크게 확대하고 영토를 넓혔으나 오만방자해진 그의 독단과 패륜으로 상왕조는 제후와 백성의 신망을 잃고 몰락을 맞이한다. 신제의 다른 명칭인 주왕紂王은 '의로움과 선함을 해친 왕'이라는 뜻이다. 주왕이라는 호칭이 의미하듯 신제는 전쟁과 학정을 일삼고 사람을 함부로 죽였으며, 덕 있는 인물을 감옥에 가두고 술과 색욕에 빠져 살았다. 그런 까닭에 그는 하왕조의 걸왕과 더불어 '하걸은주夏桀殷紂'로 통칭되며 폭군의 대명사로 불린다.

짧은 영화, 긴 혼란의 주왕조

주왕조는 무왕이 상왕조의 타락과 독단을 비판하며 주왕을 죽이고 천자의 자리에 오른 BC 1122년부터 BC 256년까지 866년 동안 지속된 나라로 개국 조 문왕을 포함하여 37명의 왕이 재위했다.

　주왕조는 문왕의 아들 무왕이 상왕조를 무너뜨리고 문왕의 도읍지인 풍경에서 호경으로 천도한 뒤 12대 유왕까지 호경시대를 열었다. 하지만 유왕이 견융족의 침입을 받아 죽고, 이어 즉위한 평왕이 융족의 침입을 피해 호경을 버리고 낙양으로 천도한다. 그 때문에 평왕이 낙양으로 천도한 때인 BC 770년을 기준으로 주왕조를 호경시대와 낙양시대로 구분하여 부르는데, 호경시대를 서주라 하고 낙양시대를 동주라 일컫는다.

서주시대는 무왕이 천하를 통일한 BC 1111년부터 BC 770년까지 341년 동안 지속되었으며, 동주시대는 낙양으로 천도한 BC 770년부터 주 왕실이 몰락한 BC 256년까지 514년간 지속된 셈이다.

주왕조를 세운 문왕 창은 서백으로 불리며 어진 사람을 좋아하고 재주 있는 사람을 대우했다. 덕분에 많은 제후와 인재가 창에게 몰려들었다. 그 무렵, 상 왕실의 주왕은 독단을 일삼으며 황음무도하여 제후들의 원망을 듣고 있었다. 이를 보다 못한 충신들이 간언하여 정사를 돌볼 것을 주청했지만, 주왕은 오히려 그들을 죽여버렸다. 그러자 많은 제후가 상 왕실을 등지고 서백을 섬겼다. 이후 서백과 주왕은 대립을 지속했고, 그런 가운데 서백이 죽었다.

서백이 죽자, 그의 아들 무왕이 왕위에 올라 태공망 여상을 재상으로 삼고 상왕조를 정벌하여 천자의 자리에 올랐다.

그러나 무왕의 영화는 오래가지 못했다. 천자에 오른 지 2년만에 그는 병으로 죽었고, 나이 어린 성왕이 왕위를 이어야 했다. 다행히 무왕의 아우 주공이 섭정을 하여 나라를 안정시키고 주왕조의 전성기를 일궜다. 성왕에 이어 왕위에 오른 강왕 또한 태평성세를 이어갔다. 그 때문에 성왕과 강왕의 정치를 하나로 묶어 성강지치成康之治라 부르고 후대 왕들에게 정치의 모범으로 삼게 했다.

성강지치의 영화는 소왕, 목왕시대에도 유지되었지만, 공왕 이후 빛을 잃기 시작하여 의왕, 효왕, 이왕을 거치며 쇠락의 길을 걸었고, 여왕의 학정과 선왕시대의 혼란을 겪은 후 유왕 대에 이르러 주 왕실은 유명무실한 존재로 전락한다. 유왕은 애첩 포사에게 빠져 정사를 제대로 돌보지 않았고, 그 바람에 융족의 침략을 받아 죽음으로써 주왕조는 몰락할 지경에 처하게 된다.

유왕이 죽자, 제후들이 왕비 신후에게 가서 원래 태자였던 의구를 데려와 옹립하니, 그가 곧 평왕이다. 평왕은 즉위하자 융족을 피해 낙읍으로 천도했고, 이로써 서주시대는 종막을 고하게 된다. 이후로 주 왕실은 힘을 잃어 제후들에게 의존하며 왕조를 유지하는데, 이 시기를 동주시대라 한다.

이미 완전히 힘을 상실한 상황에서 시작된 동주시대의 주 왕실은 호경시대에 비해 입지가 크게 약화되었고, 제후에 대한 지배력도 거의 상실했다. 왕은 그저 힘 있는 제후들의 명분이나 세워주는 유명무실한 존재로 전락했고, 왕실은 제후들의 눈치를 살피며 목숨을 연명하기에 급급한 시대였다. 그런 까닭에 주왕조의 통치는 서주시대에 한정될 수밖에 없었다. 동주시대의 실제 주인은 왕실이 아니라 패권을 장악한 제후들이었기 때문이다. 제후들의 쟁탈이 지속된 동주시대를 흔히 춘추전국시대라고 부른다.

천하 통일을 향한 각축전, 춘추전국시대

춘추전국시대란 공자가 지은 노나라 역사서 《춘추》와 유향이 저술한 것으로 알려진 《전국책》에 기록된 시대를 합쳐서 부르는 용어로 왕조로는 주왕조의 동주시대와 거의 일치한다.

동주시대는 주왕조 제13대 왕인 평왕이 호경에서 낙읍으로 천도한 BC 770년부터 주왕조가 망한 BC 256년까지 총 514년 동안이며, 이 기간에 25명의 왕이 재위했다. 하지만 춘추전국시대가 이 시기와 정확하게 일치하는 것은 아니다. 춘추시대는 노나라 은공 원년인 BC 722년부터 애공 14년인 BC 481년까지이고, 전국시대는 진晉나라가 한, 위, 조 세 나라로 분리된 BC 453년부터 진시황이 중국을 통일한 BC 221년까지다. 따라서 춘추전국시대는 동주시대보다 48년 늦게 시작되어 35년 늦게 종결되었음을 알 수 있다.

춘추시대와 전국시대의 가장 큰 차이점은 주 왕실에 대한 태도다. 춘추시대엔 힘 있는 제후들이 패권을 장악하면 스스로를 패자霸者로 칭하고 형식적이나마 주나라 왕실을 떠받드는 모양새를 취한 반면, 전국시대에 이르면 세력을 확대한 제후들이 스스로 왕이라 칭하고 주 왕실에 대해서도 섬기는 자세를 취하지 않았던 것이다.

주 왕실에 대한 이러한 태도 변화는 춘추시대와 전국시대의 상황 변화에 따른 것이다. 원래 서주시대에는 약 1,800개의 제후국이 난립했는데, 춘추시대에 이르면 약 100개로 합병된다. 이 과정에서 어떤 제후는 45개의 소국을 차지하기도 했다. 하지만 이때만 하더라도 아직까지 소국 연합적인 성격이 강했기 때문에 주 왕실의 영향력이 어느 정도 살아 있었다. 그런 가운데 10여 개의 나라가 정국에 영향을 끼쳤고, 다섯 개 나라가 패자의 지위를 이어갔다. 이 다섯 나라를 흔히 춘추오패春秋五霸라 한다.

그들 패자의 시대가 끝나고 전국시대가 도래하면서 소국은 거의 사라지고 7대 강국과 몇 개의 약소국만 남는 형태가 되었다. 이때 주나라는 약소국 중 하나로 취급되기에 이르렀다. 그런 상황에서 제후들은 자연스럽게 주 왕실을 천자의 나라로 섬기지 않게 되었고, 동시에 스스로를 왕이라 칭하게 된 것이다. 이때 세력이 강했던 일곱 나라를 전국칠웅戰國七雄이라 부른다.

이렇듯 오패칠웅이 판치는 가운데 주 왕실은 나름대로 주도권을 확보하며 천자의 위엄을 되찾기 위해 안간힘을 쓰지만 세월이 흐를수록 국운은 기울고 영향력은 약화된다.

그나마 오패의 시절인 춘추시대 초기엔 주나라 환왕이 제후국을 응징하기 위해 다른 제후국과 함께 군대를 동원하는 등 호기를 부리기도 했지만, 이때 정鄭나라에 대한 환왕의 응징이 실패로 돌아가면서 천자의 영향력이 크게 약화되었다. 이후 주나라는 제후에 의존하지 않고는 왕실조차 지켜내기 어려운 상황이 된다.

그런 가운데 서쪽의 융족과 동쪽의 동이족 세력이 성장하여 주왕조를 위협하는 바람에 제후에 대한 왕실의 의존도는 더욱 심화된다. 제나라의 환공은 이런 현실을 이용하여 '존왕양이(尊王攘夷, 왕실을 높이고 오랑캐를 물리침)'의 기치를 내걸고 세력을 확대하여 패자의 지위를 확보했다. 제나라 환공 이후 패자의 지위는 진晋나라 문공, 초나라 장왕, 송나라 양공, 진秦나라 목공 등으로 이어졌고, 이들 패자들은 천자의 권력을 대신했다.

오패의 시대가 끝나고 초, 조, 연, 진秦, 제, 한, 위로 대표되는 칠웅의 시대가 도래하면 주왕조의 몰골은 한층 더 초라해진다. 오패는 그나마 주왕조의 존엄성을 인정하여 왕실 보호에 힘을 쏟았지만, 칠웅은 그저 주 왕실을 경쟁국 중 하나이거나 정복 대상 정도로 치부했다. 주 왕실은 그런 칠웅의 눈치를 보며 가까스로 왕조를 유지하다가 전국시대 말기에는 축소될 대로 축소된 국토조차 동서로 분단되어 칠웅의 도마에 올라 칼질을 당하는 처지로 전락했다. 그리고 급기야 BC 256년에 패권을 장악했던 진秦에 병합됨으로써 주왕조는 완전히 몰락한다.

당시 칠웅의 나머지 6국은 주나라를 병합한 진나라의 강성에 두려움을 느낀 나머지 합종을 통하여 생존을 모색하는 처지였다. 하지만 진의 연횡책에 말려 합종책은 실패하였고, 이후 전국시대는 진의 독주 체제가 되었다. BC 230년에 한이 몰락한 것을 시작으로 조, 위, 초, 연, 제가 차례로 붕괴됨으로써 전국시대는 종막을 고하고, 마침내 중국 대륙은 진에 의해 통일되어 대제국을 이루게 되니, 때는 BC 221년이었다.

춘추전국시대를 풍미한 제자백가의 사상

춘추전국시대엔 수많은 사상가가 나타나 학문 집단을 형성했는데, 이를 제자백가諸子百家라 일컫는다. 흔히 중국 사상의 양대 조류를 유가와 도가라고 하지만 이들은 그저 수많은 사상가 집단 중 오직 두 개 학파에 불과했다.

제자백가에 대해 여러 사가가 분류를 시도했는데, 가장 먼저 그 일을 한 사람은 《사기》의 저자 사마천의 아버지 사마담이다. 사마담은 백가를 여섯 개의 중요 학파로 구분했는데, 나열하자면 음양가, 도가, 유가, 묵가, 법가, 명가 등이다.

음양가의 사상은 복희씨가 팔괘를 만들던 시절부터 이미 있던 사상이다. 이는 후대로 이어져 《황제내경》 같은 의학 서적의 핵심 내용이 될 정도로 중국인의 사상에 근간으로 작용했다. 이 사상의 핵심은 우주의 모든 현상이 음과 양의 결합과 상호작용을 통해 이뤄진다는 내용이다. 후에 음양설은 BC 3세기 인물인 추연에 의해 정리되었는데, 그가 남긴 글이 10만 어가 넘었다고 한다. 하지만 지금은 모두 망실되어 전하지 않는다.

도가의 사상은 중국 문명의 개조라고 할 수 있는 황제黃帝 시절부터 추구하던 것이다. 요순 시절엔 허유와 같은 인물이 대표적인 도가 사상가로 알려졌으며, 이후로 연숙, 상용 등을 거쳐 노자, 열자, 장자에 이르러 학문적으로 집대성되기에 이르렀다.

유가는 대개 공자학파라고 불린다. 하지만 공자 이전에도 유가는 존재했다. 실제 유가는 요, 순, 우, 탕, 문, 무 등 고대 제왕의 사상에 근원을 두고 있었다. 공자 이전에 이들의 사상은 하나의 고정된 틀을 이루지 못했는데, 공자가 이들의 사상을 집대성하여 수많은 제자를 길러 학파를 형성함으로써 하나의 학문 집단으로 자리매김하게 된 것이다. 유가에서 추구하는 것은 인간이 지켜야 할 삶의 도리다. 또 그 도리를 제대로 행하는 자를 군자君子라 명명하고, 그 군자의 행동 방식을 규정하여 본받는 것을 목적으로 하고 있다. 그러므로 유가의 학문은 한마디로 '군자학'이라고 할 수 있다.

묵가는 묵자의 지도 아래 형성된 학문 집단이다. 이들은 공자 학파와는 전혀 다른 길을 모색했다. 공자학파가 군자로 대변되는 귀족 집단을 위한 학문을 추구했다면, 묵가는 사회에서 소외받는 약자를 위한 학문을 추구한 사람들이다. 따라서 묵가는 오늘날의 사회복지주의와 유사한 면을 지니고 있다.

법가는 공손앙, 한비자 등에 의해 창안된 것으로 법을 모든 통치의 기반으로 삼아야 한다는 법치주의적 학문이다. 그 때문에 이들에게 가장 중요한 것은 현실적이고 긴요한 법을 법전에 담아 공평하게 시행하는 일이었다.

명가는 사물을 실實과 명名으로 구분하는 논리주의 학파라고 할 수 있으며, 서구의 아리스토텔레스 철학과 닮은 점이 많다. 명가는 혜시, 공손용 등으로 대표되는데, 이들은 철저한 논증으로 사물과 현상을 이해하고 논박하는 태도를 취한 것으로 유명했다.

육가 외에도 병법에 심취한 병가도 있고, 양주같이 철저한 자기중심적 쾌락주의자나 소진이나 장의같이 외교학을 형성한 유세가, 외교에 있어 명령의 중요성을 강조한 종횡가, 육가의 학문을 통합하여 국가를 다스리는 기본을 만들어야 한다고 주장한 잡가, 농업을 통해 백성의 삶을 풍요롭게 만들어야 한다고 주장한 농가, 거리에 떠도는 이야기를 통해 세상살이를 설명하려 한 소설가 등도 있다.

하지만 이들의 철학도 크게 보면 육가의 범주에 포함되어 있다. 또 육가 중에서도 학문으로서의 역할은 역시 도가, 유가, 묵가, 법가 등 네 집단에서 가장 두드러지게 나타났다. 이 네 집단 중 중국 역사에 가장 큰 영향을 끼친 것은 유가다.

유가의 학문을 흔히 유학이라고 하는데, 유학의 창시자 공자는 우주의 운행 원리를 도道라고 규정하고, 도를 알고 수양하는 사람을 군자君子라고 불렀는데, 군자란 곧 세상을 다스릴 능력을 갖춘 사람을 의미했다. 그런 군자보다 한 단계 높은 인격을 지닌 사람을 일컬어 공자는 성인聖人이라고 했다. 성인은 도를 완전히 인격으로 만들어 행동 자체가 도를 실현하는 경지에 이른 사람이다. 그 때문에 대개 군자의 단계에는 이를 수 있어도 성인이 될 수는 없다. 그래서 공자는 늘 군자가 되는 방법에 대해 말했다. 그의 가르침을 담은 《논어》는 군자가 되는 방도에 대해 써놓은 것이다. 그래서 공자의 학문을 '군자학'이라 부르기도 한다.

그렇다면 어떻게 하면 군자가 될 수 있는가? 이에 대해 공자는 인간은 도에 의해 네 가지 본성을 지니게 되는데, 수양을 통해 그 네 가지 본성을 제대로 실천하면 군자가 될 수 있다고 주장했다. 그 본성을 군자가 되는 네 가지 실마리라고 해서 '사단四端'이라 불렀다. 사단은 '인의예지仁義禮智'인데, 이 본성을 몸에 익히면 네 가지 덕스러운 마음이 생긴다고 했다. 그 마음은 다음과 같다.

인仁: 측은지심惻隱之心, 어려움에 처한 이를 긍휼히 여기는 마음
의義: 수오지심羞惡之心, 의롭고 착하지 못함을 미워하는 마음
예禮: 사양지심辭讓之心, 겸손하여 남에게 사양할 줄 아는 마음
지智: 시비지심是非之心, 옳고 그름을 판단할 줄 아는 마음

공자는 이 네 가지 중에서도 으뜸은 다른 사람을 불쌍하게 여기는 마음을 의미하는 '인仁'이라고 했다.

그런데 유학에서 사단 못지않게 중시하는 것이 또 있었다. 그것은 '효와 충'이다. 효란 곧 자신을 낳아준 부모를 섬기는 일이며, 충이란 곧 자신을 알아주는 주군을 섬기는 일이다. 공자는 이 효와 충을 인간의 근본 도리라고 가르쳤다. 공자가 강조한 것이 하나 더 있는데, 그것은 벗과 우정을 지키는 신(信, 믿음)이다.

따라서 유학의 핵심적인 가르침은 '인, 의, 예, 지, 신, 충, 효' 등 일곱 가지를 실천하라는 것이다. 이렇게 볼 때, 공자의 사상은 철저하게 인간의 윤리에 한정된 측면이 강하다. 말하자면 공자는 우주나 물질의 원리 같은 것보다는 사람의 행동 윤리에 편중된 가르침을 남긴 셈이다.

공자의 이런 사상은 BC 2세기에 이르면 한나라 학자 동중서 (BC 176~BC 104)에 의해 폭이 크게 확대된다. 동중서는 공자의 사상과 음양오행설 및 도가의 사상을 모두 결합하여 우주론을 갖

춘 유학으로 발전시킨다. 또 12세기 송나라시대엔 주희에 의해
성리학을 탄생시키고, 16세기 왕수인에 의해 양명학을 탄생시키
게 된다.

유럽 문명의 토대가 된 그리스 문명

그리스 문명의 요람, 크레타 문명

인류 최초의 문명으로 알려진 메소포타미아 문명과 이집트 문명은 그리스 문명을 탄생시키는 밑거름이 된다. 이 두 문명은 지중해로 흘러나와 하나로 결합한 뒤 보다 발전된 새로운 문명으로 재탄생한다. 그 새로운 문명은 그리스반도와 소아시아, 그리고 이집트로 둘러싸인 지중해의 작은 바다인 에게해 지역의 섬들에서 탄생했다. 특히 에게해 최대의 섬 크레타는 가장 먼저 문명을 일으켰다. 크레타에서 새로운 문명이 일어난 이유는 이곳이 이집트 문명과 메소포타미아 문명이 결합하여 에게해로 진입하는 길목에 있는 섬이었기 때문이다. 이 문명은 BC 3650년경부터 1170년경까지 약 2,500년 동안 지속되었다. 특히 BC 2700년부터 1400년까지 약 1,300년 동안 전성기를 구가했으며, 청동기시대의 이 화려한 문명을 흔히 크레타 문명 또는 미노스 문명, 미노아 문명이라 부른다.

크레타 문명은 20세기 초 영국의 고고학자 에번스가 발굴하기 전에는 인류에게 거의 알려지지 않았다. 에번스에 의해 크레타 문명이 알려지자, 유럽인은 비로소 유럽 문명의 뿌리인 그리스 문명이 크레타에서 비롯되었다는 것을 알게 되었다.

크레타뿐 아니라 에게해에 흩어져 있는 모든 섬은 한때 찬란한 문명을 일궜으나 유럽인은 무려 3,000년 동안이나 그 사실을 제대로 몰랐던 것이다. 그나마 에게해 문명의 흔적을 엿볼 수 있는 것은 고대 그리스인의 신화와 전설을 담은 《일리아스》와 《오디세이아》였다. 하지만 사람들은 이 호메로스의 대서사시를 단지 꾸며낸 이야기에 불과하다고 생각했다.

그런데 호메로스의 서사시가 역사적 사실에 근거한 이야기임을 굳게 믿은 사람이 있다. 그는 19세기 독일의 사업가 하인리히 슐리만이다. 슐리만은 소년 시절 호메로스의 이야기에서 가장 매력적인 트로이 전쟁 이야기를 읽고, 반드시 트로이를 발굴하겠다고 결심했다. 그리고 파란만장한 인생 역정을 겪은 끝에 사업가로 성공한 그는 1871년에 자신의 모든 재산을 쏟아부어 소아시아 북서부 연안의 히사를리크 언덕에서 드디어 트로이의 유물을 발굴하는 데 성공했다.

이런 성과에 고무된 슐리만은 호메로스의 서사시에 언급된 다른 성들을 발굴하기 위해 동분서주했고, 1876년에는 미케네, 그리고 1880년에는 오르코메노스, 1884년에는 티린스에서 유적을 발굴하는 데 성공했다. 그는 거기에 만족하지 않고 에게해 최대의 섬 크레타로 들어가 전설에 등장하는 크노소스 왕궁을 발굴하는 데 모든 노력을 기울였다. 그러나 그는 여러 악재로 크노소스 왕궁 발굴에 실패했다.

슐리만 이후 크노소스 왕궁 발굴에 나선 사람이 바로 앞에 언급한 영국의 고고학자 아서 에번스다. 그는 1900년부터 발굴 작업을 시작해 기어코 크노소스 왕궁의 존재를 세상에 드러냈다. 이후 당시까지 한낱 올리브 밭에 불과하던 케팔라 구릉지대는 그리스 문명의 요람으로 탈바꿈했고, 마침내 2,500여 년 동안 찬란한 청동기 문화를 일궜던 크레타 문명이 세상에 모습을 드러냈다.

에번스가 발굴한 크노소스 왕궁은 다행히 도굴 한번 되지 않은 채 화려한 모습을 있는 그대로 드러냈다. 전설 속에서 크레타를 지배했다고 전해지는 미노스왕의 미궁이 바로 크노소스 왕궁이었다.

발굴된 크노소스 왕궁은 180m^2 면적에 매우 복잡하게 설계된 건물이었다. 전설에 의하면 크노소스 왕궁은 괴물을 가둬놓기 위한 미로 건축물이었다. 그 괴물은 미노스의 왕비 파시파에와 수소 사이에서 태어난 미노타우로스였다. 미노타우로스는 머리는 소, 몸은 사람인 괴물이었다. 미노스는 미노타우로스를 가두기 위해 한번 들어가면 다시는 나올 수 없는 미로로 된 미궁을 만들었고, 그것이 바로 크노소스 왕궁인 것이다.

하지만 전설과 달리 크노소스 왕궁은 단순히 괴물을 가두기 위해 지은 것은 아니었다. 발굴 결과 크노소스 왕궁은 왕족의 거처와 업무 공간 및 행사장, 재판장, 접견장, 창고 등을 고루 갖춘 다용도의 복합 건물이었다.

그런데 크레타섬에서는 크노소스 왕궁 외에도 세 개의 궁궐이 더 발굴되었다. 이들 궁궐은 모두 크노소스 왕궁과 도로로 연결되어 유기적인 통치기관 역할을 했음을 보여준다.

크레타에서는 궁궐 이외에도 귀족이나 평민의 집도 발견되었다. 크레타섬이 단순히 왕족만의 터전이 아니라는 증거였다. 하지만 그들 왕족과 백성에 대한 기록은 발견되지 않았다. 그런 까닭에 크레타 문명에 어떤 역사가 녹아 있는지 알 수 있는 근거는 없다. 다만 탄소 연대 측정법을 통해 그들의 문명이 BC 1400년경에 모두 파괴되었음을 확인할 수 있었다.

크노소스 왕궁을 발굴한 에번스는 크레타 문명의 몰락이 지진에 의한 것이라고 주장했다. 하지만 학자 중에는 크레타 문명을 파괴한 것은 자연재해가 아니라 그리스 본토인의 침략이며, 그 침략자들은 미케네 문명을 일으킨 사람들일 것이라고 추측한다. 이는 크레타 문명 이후 에게해를 지배한 것이 바로 미케네 사람들이라는 사실에 근거한 것이다.

그리스 전역으로 뻗어나간 미케네 문명

미케네는 슐리만이 트로이 발굴을 감행한 지 4년 뒤인 1880년에 발굴 작업을 시작한 곳이다. 슐리만은 터키 정부와의 갈등으로 트로이 발굴을 끝까지 진행할 수 없었고, 그래서 택한 곳이 미케네였다.

미케네는 그리스반도 남단에 위치한 땅으로 트로이 전쟁 때 그리스 연합군 사령관 아가멤논의 성채가 있었다고 전해지는 곳이다. 슐리만이 발굴 작업을 시작할 당시 미케네는 그저 황량한 들판에 불과했다. 그러나 17세기 초에 이곳에서 황금 제품이 발견된 적이 있었고, 외눈박이 거인 키클롭스가 쌓았다고 전해지는 성곽의 일부가 남아 있었다. 슐리만은 그런 사실들에 희망을 품고 미케네 발굴을 시작했고, 기어코 미케네 문명의 실체를 확인하는 데 성공했다.

발굴 결과 미케네 문명은 BC 17세기에 일어나 BC 12세기까지 약 500년 동안 번성했다. 미케네 문명의 발달에 지대한 영향을 끼친 것은 역시 크레타 문명이었다. 미케네인은 크레타 문명을 한층 더 발전시킨 뒤, 주변 도시로 전파했다. 그래서 티린스, 필로스, 아테네, 테바이 등 여러 지역으로 문명을 확산시켰다. 그런 까닭에 미케네의 유물은 에게해의 섬들은 물론이고 지금의 터키 지역인 소아시아 해안 지역, 마케도니아, 키프로스 등에서도 찾아볼 수 있다.

학자들에 따르면 미케네는 왕족보다는 귀족 중심의 사회였다.

그들 귀족이 남긴 문화에는 크레타 문명의 흔적이 역력히 남아 있다. 그 때문에 학자 중 몇몇은 크레타를 지배하던 세력이 미케네로 이주했다고 주장하기도 한다.

크레타와 마찬가지로 미케네에서도 여러 궁궐이 발견되었다. 하지만 미케네의 궁궐은 크레타와 많이 달랐다. 크레타의 궁궐이 평지에 건축된 것과 달리 미케네의 궁궐은 언덕 위에 산성처럼 조성된 것이 가장 큰 차이라고 할 수 있다. 미케네는 나름의 독자적인 전통 위에 크레타의 문화를 혼합하여 새로운 문명을 만들어냈는데, 이런 미케네 문명은 그리스 문명의 토대를 이룬다.

하지만 미케네 문명의 역사는 밝혀진 것이 없다. 한때 화려한 문명을 자랑하며 500년을 구가한 미케네 문명은 BC 12세기에 갑자기 사라졌다. 이 무렵, 미케네의 여러 왕국이 일시에 붕괴되었는데, 원인은 화재와 파괴였다. 사실 미케네뿐 아니라 당시 그리스와 에게해, 그리고 소아시아 지역의 도시들, 심지어 이집트와 메소포타미아 지역에 이르는 도시들까지 모두 화재를 겪고 파괴되었다. 학자들은 이 파괴의 주범을 도리아인이라고 주장한다. 그리스 북방 민족인 도리아인은 이 무렵 대대적인 남진을 감행하여 정복 전쟁을 벌였다. 하지만 이후 그리스에 어떤 일이 일어났는지 확인할 수 있는 기록도 유물도 없다. 그 바람에 그리스에는 역사의 암흑시대가 이어진다. 그런 암흑기는 BC 1100년에서 800년까지 300년 동안 계속된다. 그리고 BC 8세기에 이르러 그리스에는 아테네, 스파르타 등 강력한 도시국가가 넘쳐나게 된다. 이른바 폴리스시대가 전개되는 것이다.

펠로폰네소스의 맹주, 스파르타

흔히 고대 그리스의 폴리스police라고 하면 '도시국가'로 번역하지만 사실 폴리스는 단순히 하나의 도시에 한정된 국가가 아니었다. 이를테면 아테네는 도시 주변을 둘러싸고 있는 아티카 전역을 지배한 국가였고, 스파르타 또한 펠로폰네소스반도 전체를 지배한 국가였기 때문이다. 또 그들 아테네의 폴리스들은 유럽 전역에 걸쳐 수백 개의 식민지를 건설하기까지 했다.

이런 폴리스들 중 가장 먼저 강력한 힘을 형성한 것은 스파르타다. 스파르타는 그리스 남쪽에 있는 펠로폰네소스반도의 에우로타스강 유역의 평야에 자리 잡은 도시였다. 이곳은 비옥한 평야를 끼고 있어 예로부터 다른 지역과 교류하지 않고도 자급자족이 가능했다. 이런 지형적인 이유 때문에 스파르타는 매우 폐쇄적이고 독특한 사회구조를 형성했다.

스파르타는 BC 1200년경에 남하한 도리아인이 100여 년에 걸쳐 원주민과 싸운 끝에 세운 국가다. 그런데 300년 동안의 암흑시대를 거친 후 스파르타는 숱한 내전을 겪으며 BC 7세기에 아주 강력한 국가로 재탄생하게 된다. 스파르타를 혼란에서 구해낸 인물은 리쿠르고스다. 그는 일련의 개혁을 실시하여 스파르타를 군인이 지배하는 강력한 군국주의 국가로 변모시켰는데, 이를 '리쿠르고스 체제'라고 부른다.

리쿠르고스 체제의 핵심은 '아고게agoge'라 불리는 스파르타식 교육이었다. 애국심과 강한 체력을 갖추는 것을 목표로 삼는 아고게는 국가가 모든 것을 주도하는 교육 시스템이었다. 아고게의 교과목은 극기훈련과 군사훈련을 중심으로 구성되었고, 여기에 시민으로서 갖춰야 할 기본 소양인 사냥, 춤, 노래 등이 포함되어 있었다.

스파르타의 시민이 되기 위해서는 신분을 막론하고 반드시 아고게를 거쳐야 했다. 아고게는 매우 혹독했고, 오랜 세월 지속되었다. 스파르타의 남자들은 어린 시절부터 서른이 될 때까지 집단 생활을 하며 아고게를 거쳐야 했는데, 이를 통과하지 못하면 사람 취급을 받지 못했다. 그래서 심지어 남자아이의 경우 어릴 때 신체검사를 해서 허약하다고 판단되면 산속에 내다 버렸다고 한다.

아고게를 거친 스파르타의 남자들은 시민이 되었고, 동시에 전사가 되었다. 이렇듯 스파르타의 모든 시민은 오로지 군사훈련과 전쟁에 전념하는 전사로 길러졌다. 심지어 여자들도 군사훈련은 필수였다.

이런 시민 신분의 군인들이 지배하는 사회에서 농사는 시민 외 사람들 몫이었다. 스파르타의 신분 구조는 크게 시민과 자유민, 농노 등으로 나뉘어 있었는데, 자유민은 페리오이코이라고 했고, 농노는 헤일로타이라고 했다. 이들 세 계층 중 수가 가장 많은 것은 헤일로타이였다.

농노인 헤일로타이는 스파르타인에게 패배한 포로 출신이었다. 이들은 모두 국가에 예속된 노예 신분이었으며, 시민이 그들을 살해해도 죄가 되지 않았다. 그런 까닭에 이들은 비참한 삶을 살 수밖에 없었다. 그들은 주로 농사를 담당했지만, 농사의 소산물은 모두 시민의 몫이었다.

이런 헤일로타이에 비해 자유민인 페리오이코이의 삶은 한결 나았다. 이들은 일종의 예비군 역할을 담당했고, 숙련된 기술을 갖춘 장인으로 일하거나 해외무역에 종사했다.

스파르타는 이러한 리쿠르고스 체제를 통해 강력한 군사력을 유지했으며, 이를 바탕으로 주변 지역을 장악하여 펠로폰네소스 반도의 지배자가 되었다.

민주주의의 요람, 아테네

스파르타가 군국주의 체제로 그리스의 맹주가 된 반면 아테네는 민주주의 체제로 스파르타 못지않은 강력한 세력을 형성했다.

아테네도 처음부터 민주주의 체제는 아니었다. BC 8세기 이전 까지만 해도 아테네 역시 주변 국가와 마찬가지로 왕정 국가였 다. 그런데 테세우스란 인물이 등장하여 아테네를 통일하고 왕정 을 무너뜨렸다고 한다. 이후 아테네는 행정관인 아르콘이 지배하 는 국가가 되면서 민주주의 체제가 되었다.

아테네의 민주주의는 직접민주주의 체제였다. 입법권과 행정 권은 참정권이 있는 유권자에 의해 결정되는 구조였다. 유권자 가 성인 남성 시민에 한정되긴 했지만 당시로선 획기적인 제도 였다. 당시 아테네 주민이 25만 명 정도 되었는데, 그중 유권자 수가 5만 명 정도였으니, 주민의 20%가 민주주의 체제의 유권

아테네의 아크로폴리스는 본래 신전이지만 평상시에는 정치, 경제, 사교의 중심지로 쓰였으며, 전시에는 요새로 사용되었다.

자였던 셈이다.

아테네는 이런 민주주의 제도를 기반으로 국가의 힘을 강화하여 주변으로 세력을 확대함으로써 스파르타가 차지한 펠로폰네소스 지역을 제외한 그리스 남부 지역 대다수가 속한 아티카 전역을 차지했다.

하지만 아테네 민주주의에도 위기가 닥쳤다. 정치를 주도하던 귀족과 부를 축적한 평민 사이에 갈등이 심해졌고, BC 7세기에는 킬론이라는 귀족이 아크로폴리스를 무력으로 점령하는 사건이 벌어졌다. 다행히 위기 앞에서 아테네 시민은 단결하여 킬론을 물리쳤지만, 그들은 또다시 킬론 같은 귀족이 나타날 수 있다는 불안감에 떨었고, 이를 방지하기 위해 드라콘 법을 제정했다.

드라콘 법은 아테네 역사상 최초로 제정된 성문법이었다. 그런데 드라콘 법은 사소한 범법자도 사형에 처하는 살벌한 면이 있었다. 그래서 '피로 쓰인 책'이라고 불리기도 했다. 그 때문에 BC 594년 아르콘에 선출된 솔론이 형법을 제외한 나머지 법을 모두 없애버린다. 이후 아테네는 페이시스트라토스가 쿠데타를 일으켜 스스로 참주에 올라 권력을 독점한다. 하지만 클레이스테네스가 나타나 BC 510년에 참주 정치를 청산하고 모든 시민에게 평등한 참정권을 부여함으로써 민주주의를 회복한다. 덕분에 아테네는 안정을 되찾고, 재도약의 발판을 마련하여 그리스 폴리스 연합체의 지배자가 된다.

그리스를 위협하는 페르시아제국

그런데 BC 492년에 그리스 폴리스 세력에 엄청난 위기가 닥친다. 중동을 통일한 페르시아제국과 전쟁을 벌인 것이다.

당시 그리스의 폴리스들은 소아시아 지역에 많은 식민지를 뒀는데, 페르시아가 소아시아로 진출하면서 그리스의 식민국을 차지했다. 당시 페르시아는 이집트를 정벌하고, 다시 발칸반도에 대한 원정을 단행하여 마케도니아왕국까지 정복한 상태였다. 이런 상황에서 BC 499년에 소아시아 밀레토스의 참주 아리스타고라스가 주도하여 이오니아 반란을 일으킨 뒤, 페르시아가 임명한 폭군들을 축출했다. 그러자 아테네를 비롯한 그리스 본토의 폴리스들이 반란군을 지원했다. 하지만 반란군은 강력한 페르시아 군대에 진압되었고, 이오니아는 다시 페르시아의 수중에 떨어졌다.

BC 492년에 이오니아 반란을 평정한 페르시아의 다리우스 1세는 페르시아제국 군사령관 마르도니우스에게 대군을 안겨 그리스 정벌에 나선다. 페르시아는 해군과 육군 수십만 명을 동원하여 대대적인 공격을 가했고, 그리스는 폴리스 연합군을 구성하여 강력하게 저항했다.

이후 그리스 폴리스 연합군과 페르시아의 전쟁은 무려 50년 동안이나 지속되었다. 그 과정에서 페르시아군은 폴리스 연합의 맹주 아테네 공략에 나섰다. 페르시아군은 아티카 동쪽의 마라톤 평야에 상륙하여 아테네로 진군했고, 아테네는 스파르타에 전령을 보내 지원군을 요청했다. 하지만 스파르타는 지원군을 보내지 않았고, 결국 아테네는 단독으로 마라톤 평야에서 페르시아군과 싸워야 했다. 이른바 마라톤 전쟁으로 불리는 이 싸움에서 아테네는 군사적 열세에도 기적적으로 승리했다. 당시 바다에서도 전쟁이 벌어지고 있었는데, 아테네의 해군은 페르시아의 함대를 격퇴하는 데 성공했다. 이 승전보를 가지고 아테네로 달려온 병사에 관한 전설에서 비롯된 것이 올림픽 종목인 마라톤의 유래가 되었다.

마라톤 전쟁 이후 10년 동안 양국은 정전 상태를 유지했다. 하지만 페르시아의 크세르크세스 황제는 BC 480년에 또다시 수십만 병력을 이끌고 그리스를 공격해 왔다. 그러자 이번에는 스파르타까지 합세하여 페르시아 대군에 저항했다. 하지만 그리스 연합군은 수적 열세를 극복하지 못하고 테르모필레 전투에서 패배했다. 그러자 페르시아군은 아테네로 직접 쳐들어갔는데, 그때 아테네 사람들은 살라미스섬으로 이주한 뒤였다. 이에 페르시아는 살라미스를 공격했지만, 오히려 아테네의 계략에 말려 패배하고 말았다. 이후 그리스 연합군은 대대적인 반격을 가해 페르시아군을 격퇴했다.

페르시아 군대는 이후로도 무려 30년이나 그리스에 머물며 전쟁을 지속했으나 그리스 연합군의 강력한 저항을 이겨내지 못하고 결국 패퇴하여 본국으로 돌아가야만 했다. 그러자 그리스는 아테네 해군을 주축으로 소아시아의 이오니아를 공격했다. 이후로 전쟁이 지속되다, BC 448년에 아테네 중심의 그리스 동맹국과 페르시아 황제 아르타크세르크세스 1세 사이에 칼리아스 평화조약이 체결되면서 마침내 종전을 맞이했다.

아테네와 스파르타의 쇠락

페르시아와 벌인 전쟁의 승전을 주도한 것은 아티카의 맹주 아테네였고, 당시 아테네를 이끌던 지도자는 페리클레스였다. 아테네 행정관이던 페리클레스는 페르시아제국과의 전쟁 중 페르시아의 재습격에 대비하기 위해 델로스동맹을 맺었다. BC 477년에 맺은 이 동맹에는 아테네를 맹주로 에게해와 이오니아 지역의 여러 폴리스가 가담했다. 가맹국은 모두 공부금이라는 이름의 군비 지원금을 냈고, 이 돈은 에게해 중앙에 위치한 델로스섬의 동맹 금고에 보관했다. 그런데 아테네는 이 동맹 금고의 자금을 마음대로 사용했다. 이 돈은 페르시아의 공격을 막는 데 써야 했지만 아테네는 자기 시민을 위한 자금으로 사용했다. 그뿐만 아니라 아테네는 델로스동맹을 발판으로 그리스 전역을 지배하려 했다. 심지어 스파르타가 맹주로 있던 펠로폰네소스 지역까지 장악하려 했다. 이에 스파르타는 불만을 품고 있었지만 내부 혼란 때문에 적극적으로 나서지 못했다. 당시 스파르타에서는 농노 계층인 헤일로타이가 반란을 일으켰는데, 스파르타는 반란을 제대로 진압하지 못했다. 그래서 동맹국과 아테네에 원군을 요청했고, 아테네는 4,000명의 군대를 파견했다. 이 과정에서 아테네군과 스파르타군 사이에 감정 대립이 생겼고, 거기다 펠로폰네소스 지역의 폴리스들 사이에 이해관계가 충돌했다. 물론 충돌의 중심에 아테네와 스파르타가 있었다.

두 나라의 대립은 결국 동맹 간의 대립으로 이어졌고, 결국 델로스동맹과 펠로폰네소스동맹의 전쟁으로 비화되었다. 제1차 펠로폰네소스 전쟁이 벌어진 것이다.

BC 460년에 시작된 이 전쟁은 15년이나 지속되었다. 하지만 승패는 쉽게 가려지지 않았고, 결국 BC 445년에 '30년 평화조약'을 맺으면서 전쟁은 끝이 났다.

그러나 양쪽 세력은 BC 431년에 평화조약을 깨고 다시 전쟁을 일으킨다. 두 번째 일어난 이 전쟁을 흔히 펠로폰네소스 전쟁이라고 일컫는데, 이 전쟁은 BC 404년까지 27년 동안이나 지속되었다. 그리고 이 전쟁에서 아테네는 스파르타에 항복하여 그리스의 맹주 자리를 내줘야 했다.

테바이의 짧은 영화와 그리스의 몰락

스파르타는 그리스의 지배자가 되었지만, 호시탐탐 패권을 노리던 테바이의 도전을 받아야 했다. 스파르타가 그리스의 패권을 장악한 지 얼마 되지 않아 반스파르타 연합이 형성되었고, 그 중심에 테바이가 있었다.

도시국가 중 하나인 테바이는 지금의 중앙그리스주 보이오티아의 중심지인 티바 지역에 위치했다. 테바이는 그리스신화에서 오이디푸스와 디오니소스 이야기가 전해지는 한편, 미케네 문명의 유적이 발견될 만큼 유서 깊은 도시다. 또 테바이는 아티카의 맹주 자리를 놓고 항상 아테네와 라이벌 관계에 있었고, 그 때문에 때때로 아테네와 충돌하기도 했다. 심지어 페르시아가 침공했을 때는 테바이 귀족들이 페르시아 군대에 가담하여 아테네가 이끌던 그리스 연합군을 공격하기도 했다.

아테네와 갈등을 겪던 테바이는 펠로폰네소스 전쟁 때는 스파르타와 동맹을 맺고 아테네와 대적하여 스파르타의 승리를 도왔다. 하지만 펠로폰네소스 전쟁이 끝난 뒤에는 스파르타와 결별했을 뿐 아니라 반스파르타 연합의 핵심이 되었다. 이후 스파르타와 반스파르타 연합 사이에 갈등이 심화되어 결국 BC 395년에 코린토스 전쟁이 발발했다.

코린토스 전쟁은 테바이, 아르고스, 코린토스, 아테네 등 반스파르타 연합과 스파르타가 이끌고 있던 펠로폰네소스동맹의 대결이었다. 이 전쟁은 육지와 바다에서 동시에 전개되었다. 스파르타는 육상전에서 거의 승리를 거뒀지만, 해전에서는 참패를 면치 못했다. 당시 페르시아 해군이 스파르타에 가담했는데, 이는 스파르타가 해전에 참패한 결정적인 요인이었다.

스파르타의 해전 참패로 가장 큰 이익을 본 것은 아테네였다. 아테네는 펠로폰네소스 전쟁 이전의 힘을 거의 회복했는데, 이를 불안하게 여긴 페르시아는 갑자기 노선을 변경하여 스파르타와 손을 잡았다. 그러자 두려움을 느낀 반스파르타 연합은 BC 387년에 안탈키다스 평화조약을 맺고 전쟁을 끝냈다. 안탈키다스 평화조약으로 페르시아는 이오니아 지역의 지배권을 확립했고, 스파르타는 그리스의 패권을 확립했다. 또 그리스의 폴리스들은 모두 완전한 자치국이 되었는데, 이는 테바이의 영향력을 약화했다. 심지어 테바이는 스파르타 군대의 지배를 받는 지경에 이르렀다.

하지만 BC 379년에 테바이의 정치가이자 군인 펠로피다스와 에파메이논다스는 시민 궐기대회를 열어 스파르타 군대를 추방하는 데 성공했다. 이후 테바이는 민주정치를 표방하고 스파르타와 대립했다. 테바이와 스파르타가 여러 차례 군사 충돌을 일으키는 가운데, BC 371년에 에파메이논다스가 이끄는 테바이 군대는 레우크트라 전투에서 승리하여 스파르타를 궁지로 몰았다. 승기를 잡은 에파메이논다스는 펠로폰네소스반도로 진군하여 스파르

타의 노예를 해방시켰다. 이 때문에 경제 기반을 상실한 스파르타
는 급격히 쇠락했고, 테바이는 마침내 그리스의 패권을 차지했다.

　테바이는 스파르타 대신 그리스의 지배자가 되자, 그리스 북부
지역으로 세력을 확대하기 위해 테살리아와 마케도니아를 정벌
하며 위세를 떨쳤다. 하지만 테바이의 영화는 오래가지 못했다.
테바이를 일으킨 두 영웅 중 하나인 펠로피다스는 BC 364년에
키노스케팔라이 전투에서 전사했고, 또 한 명의 영웅인 에파메이
논다스도 2년 뒤 만티네이아 전투에서 전사했다. 연이어 두 지도
자를 잃은 테바이는 급격히 약화되었고, 그리스의 패권은 다시
아테네의 손에 넘어갔다.

　하지만 아테네 역시 예전 같지 않았다. 그 때문에 그리스의 폴
리스는 사분오열했고, 그런 상황에서 북쪽의 약소국이던 마케도
니아가 국력을 키워 그리스에 대한 영향력을 확대하기 시작했다.
이에 두려움을 느낀 아테네는 BC 339년에 테바이와 동맹을 맺
고 마케도니아와 전쟁을 벌였다. 하지만 BC 338년에 벌어진 카
이로네이아 전투에서 마케도니아의 필리포스 2세와 그의 아들
알렉산드로스가 이끄는 마케도니아군에 패배하고 말았다. 이후
마케도니아의 영향력은 더욱 확대되어 스파르타를 제외한 모든
그리스의 폴리스가 마케도니아의 지배를 받았다. 또 스파르타 역
시 자생력을 잃고 페르시아제국에 의존하여 명맥을 유지하는 처
지가 되었다. 바야흐로 그리스의 화려한 폴리스시대는 역사 저편
으로 사라지고, 마케도니아의 알렉산드로스 대왕에 의해 헬레니
즘 대제국시대가 열리게 된다.

서양 사상의 원류가 된 그리스의 철학

그리스의 폴리스시대는 중국의 춘추전국시대와 마찬가지로 다양한 철학을 탄생시켰고, 이는 서양철학의 밑거름이 되었다.

그리스 철학은 대개 소크라테스 이전과 이후로 구분되는데, 그만큼 그리스 철학에서 소크라테스가 차지하는 비중이 크다는 뜻이다. 소크라테스 이전에 그리스 철학을 주도한 지역은 지금의 터키 땅인 소아시아 연안에 위치한 이오니아반도다. 이 반도에 속한 도시는 밀레토스, 에페소스, 클라조메나이, 코로폰, 사모스 등이었다. 그 때문에 소크라테스 이전 철학을 이오니아 철학이라고 부른다.

이오니아의 철학자들은 거의 자연에 몰두했다. 말하자면 우주의 생성 원리와 움직임, 그것을 구성하는 물질 등을 규명하는 데 집중한 것이다. 그래서 이들을 흔히 자연철학자라고 부른다.

하지만 이들은 단순히 자연에 있는 물질과 그것의 생성 원리에만 몰두한 것은 아니다. 오히려 이들은 자연을 구성하는 원초적 물질을 통하여 만물의 근원과 존재의 본질을 해명하는 것을 궁극적인 목표로 삼았다. 따라서 이들의 자연 탐구를 형이상학으로 이해해야 한다.

이오니아 철학의 선두 주자는 밀레토스의 탈레스였다. 그래서 아리스토텔레스는 그를 철학의 아버지라 부르기도 했다. 그리고 피타고라스, 헤라클레이토스, 파르메니데스, 엠페도클레스, 데모크리토스 등이 이오니아의 철학적 전통을 이어갔다.

이들이 일차적으로 집중한 명제는 '만물의 근원은 무엇인가?' 하는 것이었다. 그래서 밀레토스의 현인으로 불리던 탈레스는 '만물의 근원은 물'이라 했고, 엠페도클레스는 '물, 불, 공기, 흙'이라 했으며, 데모크리토스는 '원자'라 했다.

이들 세 사람에 비해 나머지 세 철학자는 한발 더 나아갔다. 피타고라스는 만물의 조화와 순환 원리를 강조하며 수의 원리에 따라 만물이 형성된다고 주장했고, 헤라클레이토스는 만물의 현상에 집중하여 '만물은 끊임없이 흐른다'와 '전쟁은 만물의 아버지다'라는 유명한 두 명제를 남겼다. 하지만 파르메니데스는 헤라클레이토스의 주장을 정면으로 반박하며 '존재는 생성하거나 소멸하지 않고 그대로 머무르며 움직이지 않는다'고 주장했다. 헤라클레이토스와 파르메니데스의 이론은 후에 플라톤이 수용하여 현상계와 이데아계를 설정하는 단초가 된다.

이렇듯 그리스 철학은 이오니아 철학에서 시작했지만 BC 5세기에 이르면 철학의 중심지가 아테네로 이동한다. 아테네는 이 시기에 국력과 경제가 절정에 달했는데, 그리스의 식민 도시 출신 철학자들이 혜택을 누리기 위해 아테네로 모여들면서 그리스 철학은 제2기를 맞이한다.

페리클레스시대라 일컫는 이 시기를 주도한 사람들은 지식을 매개로 돈을 벌던 소피스트였다. 이들은 문학, 예술, 수사학, 웅변 등에 능통했으며, 대개는 정치 활동에도 관심을 쏟았다.

소피스트의 선두 주자는 압데라 출신의 프로타고라스였다. 그는 '인간이 만물의 척도'라는 슬로건을 내걸고 철학의 대상을 자

서양철학의 양대 산맥 플라톤(왼쪽)과 아리스토텔레스(오른쪽)가 중심에 있다. 훗날 이들의 영향으로 근대 철학의 축이 되는 관념론과 경험론이 형성되었다.

연에서 인간으로 바꿔놓는다. 그 무렵 아테네 출신인 소크라테스가 나타나 소피스트의 인간 중심적 사고에 바탕하여 철학을 한 차원 높은 것으로 끌어올리면서 그리스 철학은 새로운 단계로 발전한다.

소크라테스의 철학은 그의 제자 플라톤에 의해 정리된다. 플라톤은 최초의 대학 '아카데메이아'를 세워 소크라테스와 자신의 학문을 사회화하는 데 박차를 가한다. 그리고 아카데메이아 출신인 아리스토텔레스가 두 번째 대학인 리케이온에서 제자들을 육성하면서 그리스 철학은 절정에 이른다.

소크라테스는 '악법도 법이다', '너 자신을 알라' 같은 말을 남기고 진리는 어디든지 존재한다는 보편적 진리론을 역설하며 합리주의 철학의 기초를 닦았다.

소크라테스의 사상을 이은 플라톤은 세계를 보편적 진리의 세계인 이데아계와 물질세계인 감각세계로 구분하고, 감각세계는 한낱 허상에 지나지 않으며 이데아의 세계만이 완전하고 보편적인 진리의 세계라고 주장했다.

하지만 플라톤의 제자 아리스토텔레스는 이데아는 한낱 개념에 지나지 않으며 물질로 이뤄진 감각세계만이 유일한 세계라고 주장했다. 그래서 그는 감각세계를 이루는 물체를 모든 것의 실체라고 주장하며, 물체를 질료와 형상으로 구분하여 설명했다. 그가 이데아는 개념에 지나지 않는다고 생각한 이유는 물질세계에서 항상 발견되는 운동이 이데아의 세계에서는 발견되지 않는다고 여겼기 때문이다. 그는 질료는 운동을 통해 형상에 이른다는 이론을 펼치는데, 이를 이해시키기 위해 석공이 조각하는 것을 예로 들었다. 즉 석공이 아폴로상을 만든다고 했을 때, 조각의 재료가 되는 돌은 질료이고, 아폴로상은 형상이며, 석공의 손놀림은 운동에 해당한다는 것이다.

이러한 플라톤과 아리스토텔레스의 사상은 서양철학을 떠받치는 양대 산맥이 되어 훗날 서양 근대 철학의 중심축이 되는 관념론과 경험론의 탄생에 지대한 영향을 끼친다.

2장

동서양 최초의
대제국들

BC 5세기에서 BC 3세기까지

인류 최초로 대제국을 건설한 페르시아

중동에서 최초로 대제국이 형성된다

인류 역사에 국가가 등장한 것은 인류가 농업을 주요 생존 수단으로 삼은 후였다. 농업시대 이후 국가의 힘은 농토의 크기와 노동 인력의 숫자에 좌우되었다. 그 때문에 농업시대의 국가들이 영토를 확대하고 노동 인력을 늘리는 것은 생존을 위한 필연적인 현상이었다. 이러한 현상으로 국가 간에도 야생의 동물 세계와 같은 약육강식의 법칙이 적용되었다. 강대국은 주변 약소국들을 끊임없이 병합했고, 강대국 간에도 지속적인 영토 다툼이 벌어졌다. 그리고 최종적으로 가장 강력한 국가가 주변 모든 영토를 장악하기에 이르렀고, 이는 곧 대제국의 탄생으로 이어졌다.

하지만 제아무리 강력한 국가라고 하더라도 지구 전체를 하나로 병합할 수는 없었다. 지리적인 문제로 정벌에 한계가 있었기 때문이다. 그런 까닭에 대제국은 유럽과 중동, 인도, 중국 등 농토가 크고 인구가 많은 네 지역에서 각각 이뤄질 수밖에 없었다. 이 네 지역에서 가장 먼저 대제국을 형성한 것은 메소포타미아 문명과 이집트 문명으로 대변되는 중동이었고, 중동 지역을 최초로 통일하여 대제국을 이룬 나라는 페르시아였다.

중동에서 대제국이 가장 먼저 출현한 것은 어쩌면 당연한 일인지도 모른다. 중동의 메소포타미아 지역에서 가장 먼저 농업을 시작했고, 인류 문명 또한 가장 먼저 탄생했기 때문이다.

그렇다면 왜 처음으로 대제국을 일군 나라가 페르시아였을까? 이 물음에 대한 대답은 페르시아가 중동의 패권을 장악하는 과정을 통해 얻을 수 있을 것이다.

아케메네스왕조 페르시아의 탄생

페르시아의 역사는 BC 3000년경에 세워진 엘람왕국에서 시작된다. 엘람왕국은 유프라테스강과 티그리스강 하류에 형성된 충적평야의 동부 지역에 위치한 나라였다. 그 때문에 일찍부터 메소포타미아 문명의 영향을 많이 받았고, 이 지역에 건설된 바빌로니아, 히타이트, 아시리아 등의 나라들과 세력을 다투며 성장했다. 하지만 엘람왕국은 아시리아의 힘을 극복하지 못했고, 급기야 BC 639년에 아시리아에 의해 멸망함으로써 2,500년 역사에 종지부를 찍었다.

엘람왕국에 이어 페르시아의 뿌리가 된 또 하나의 나라는 메디아왕국이다. 메디아왕국은 현재의 이란 북서부에 있던 나라로 오늘날 케르만샤 일부와 아제르바이잔, 하메단, 테헤란, 쿠르디스탄 지방에 걸쳐 있었다.

원래 작은 부족국가였던 메디아왕국은 주변의 여러 부족과 연합하여 BC 750년에 메디아왕조를 일으켰다. 메디아는 건국 초엔 아시리아의 힘에 눌려 제대로 세력을 확대하지 못했고, 한때는 스키타이의 지배를 받기도 하는 등 약소국 신세를 면치 못했다. 그러다 BC 609년에 신바빌로니아와 연합하여 아시리아를 멸망시키는 데 성공하면서 잠시 기세를 떨쳤다. 하지만 이후에는 세력을 확대하지 못하고 오히려 혼란을 지속하다가 BC 550년에 쿠데타로 멸망하고 말았다. 이때 쿠데타를 일으킨 인물은 당시 메디아 왕 아스티아게스의 외손자 키루스인데, 그가 바로 아케메네스왕조 페르시아를 세운 키루스 대왕(키루스 2세)이다(키루스는 기독교 성경에서 '고레스'란 이름으로 등장한다).

위대한 군주 키루스 대왕

흔히 페르시아제국이라고 하면 키루스가 세운 아케메네스왕조를 일컫는다. 아케메네스왕조는 BC 550년에 일어나 BC 330년까지 220년 동안 위세를 떨쳤다. 이 왕조를 페르시아라고 부르는 것은 아케메네스왕조의 수도가 파르스였기 때문이다. 고대 그리스인들은 아케메네스왕조를 수도의 명칭에 근거하여 페르시아라고 불렀는데, 이것이 일반화되어 유럽권에서 모두 아케메네스왕조를 페르시아라고 부르게 되었다.

아케메네스왕조는 건국 초기만 하더라도 약소국에 불과했다. 당시 주변국들은 키루스의 쿠데타를 인정하지 않았다. 오히려 그 상황을 이용하여 메디아를 복속하려 했다. 키루스가 메디아왕조를 무너뜨렸다는 소식을 듣고 가장 먼저 페르시아를 공격해온 나라는 리디아였다. 지금의 터키 땅에 있던 리디아는 메디아왕조와 인척 관계였는데, 키루스의 쿠데타를 빌미 삼아 메디아 땅을 차지하려 했던 것이다. 리디아는 이집트와 바빌로니아와도 결탁한 상태였기에 거리낌이 전혀 없었다.

그러나 키루스는 만만한 상대가 아니었다. 리디아 왕 크로이수스는 군대를 이끌고 메디아 땅을 침입했지만 키루스의 강력한 저항에 밀려 본토로 퇴각했다. 그러자 키루스는 그 정도에 만족하지 않았다. 그는 공격을 멈추지 않고 BC 546년에 리디아의 수도 사르디스로 진격하여 함락시켜버렸다. 이렇듯 페르시아가 리디아를 차지하자, 리디아의 지배를 받던 이오니아 지역의 그리스 식민 도시도 모두 페르시아의 지배를 받게 되었다.

키루스는 리디아 정벌로 성이 차지 않았다. 그는 BC 539년에 신바빌로니아로 쳐들어갔다. 당시 신바빌로니아의 백성은 자신들의 왕 나보니두스에게 불만이 많았다. 그 때문에 키루스는 별다른 저항을 겪지 않고 쉽게 정벌에 성공했다. 당시 신바빌로니아로 불린 칼데아왕국은 팔레스타인의 유다왕국과 시리아왕국 등 많은 소국을 지배하고 있었는데, 그들 모두 페르시아의 지배를 받게 되었다.

이렇듯 키루스는 왕위에 오른 지 불과 10년 만에 페르시아를 중동의 종주국으로 변모시켰다. 이후에도 키루스는 더 많은 영역을 장악했다. 그는 29년 동안 왕위에 있으면서 주변 여러 지역을 정벌했다고 전해지는데, 그 땅은 서남아시아 지역 전체와 중앙아시아, 그리고 인도 일부 지역까지 이르렀다고 한다.

그의 정벌 전쟁은 죽을 때까지 지속되었다. 하지만 지나친 정벌 욕구는 죽음을 재촉하는 요인이 되었다. 그는 정벌 전쟁 중 전사하고 말았다. 그의 죽음에 대한 구체적인 내용은 전하지 않지만, 카스피해 동쪽의 중앙아시아 유목민과 전투를 벌이다 전사한 것으로 전한다.

키루스는 일생을 정벌 전쟁에 바쳤지만 존경받는 인물이었다. 그는 여러 나라를 정벌했으나 결코 그곳 백성을 함부로 대하거나 핍박하지 않았다고 한다. 그는 백성에게 늘 관대하여 칭송받았다고 전하는데, 그 때문에 역사상 가장 위대한 군주 중 한 명으로 기록되었다. 특히 유대인은 자신들을 바빌로니아에서 해방시켜 예루살렘으로 돌아오게 한 왕이라고 칭송했고, 심지어 적군이던 그리스 사람들까지 그를 위대한 군주로 받들었다고 한다.

그리스의 역사가 크세노폰은 자신의 저서에서 키루스를 '비길 자가 없는 가장 위대한 세계 정복자'라고 추켜세웠고, 유대인은 그를 '하느님의 기름 부음 받은 자'라며 구원자로 인식했다. 또

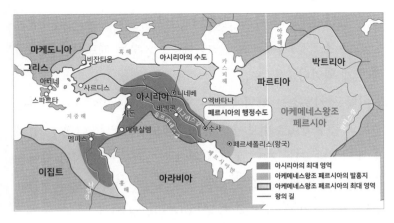

아케메네스왕조 페르시아의 영토

훗날 페르시아를 정복한 알렉산드로스 대왕은 키루스를 존경하여 그의 무덤만큼은 파괴하지 않았다. 덕분에 아직도 그의 무덤은 그대로 보존되고 있다.

대제국으로 성장시킨 다리우스 1세

키루스 대왕이 죽자, 왕위는 큰아들 캄비세스 2세가 계승했다. 왕자 시절, 캄비세스는 바빌로니아를 통치했다. 그리고 왕위에 오르자, 당시 최대의 라이벌이었던 이집트 원정을 단행하여 성공함으로써 아버지 키루스가 소망하던 대제국의 꿈을 실현하는 듯했다.

하지만 캄비세스 2세는 운이 좋지 않았다. 이집트를 정복한 뒤

사방으로 영토를 넓혀가고 있던 와중에 본국에서 반란이 일어났다는 소식을 접했다. 그 때문에 그는 이집트에 머문 지 3년 만인 BC 522년에 서둘러 본국으로 향했다. 그리고 시리아로 이동하던 중 허벅지에 상처를 입었는데, 이 상처가 악화되어 도상에서 사망하고 말았다.

본국에서 반란을 일으킨 세력은 캄비세스의 친동생 바르디야를 추종하는 세력이었다. 캄비세스는 이집트에서 바르디야를 죽였는데, 그를 추종하던 세력이 불만을 품고 기회를 노리다가 반란을 일으킨 것이다.

이렇듯 페르시아는 반란으로 한바탕 혼란을 겪었는데, 그 혼란을 종식시키고 새로운 왕이 된 인물은 키루스 대왕의 사위 다리우스 1세다. 아들이 없는 캄비세스를 계승한 다리우스는 왕위에 오른 뒤에도 반란군을 제거하기 위해 숱한 전투를 치렀으며, 전투마다 모두 승전했다. 또 반란에 가담한 지방 제후를 모두 처형한 뒤에야 비로소 안정을 되찾았다.

페르시아 본국에서 반란이 이어지는 동안 이집트에서도 반란이 일어났다. 다리우스는 본국의 반란을 진압한 뒤, 직접 군대를 이끌고 이집트로 가서 그곳의 반란군도 모두 진압했다. 하지만 반란은 그것으로 끝나지 않았다. 바빌로니아를 비롯한 정벌 지역에서 동시다발적으로 반란군이 들고일어났다. 특히 바빌로니아는 심각한 상태였다. 바빌로니아의 왕 느부갓네살 3세가 직접 반란을 일으켰고, 백성까지 호응하고 있었다. 하지만 다리우스는 1년 반 동안 지속적으로 바빌론을 공략한 끝에 기어코 반란을 진압했다.

이렇듯 전 지역의 반란을 완전히 종식시킨 다리우스는 이번엔 국외의 위협 세력을 공략하기 시작했다. 우선 바빌로니아의 반란 과정에서 페르시아를 침공한 스키타이를 공격하여 패퇴시켰고, 북부 인도로 진출하여 페르시아 영토로 편입했다. 이어서 육군과 해군을 동시에 출격시켜 이오니아의 그리스 식민국들과 발칸반도의 트라케아, 그리스 북부의 마케도니아, 그리고 에게해의 섬 도시들을 정벌했다. 이후 정벌국에는 자신이 임명한 참주를 보내 지배하도록 함으로써 페르시아는 명실공히 인류 최초로 대제국을 형성했다.

이렇게 되자 아테네를 비롯한 그리스의 폴리스 국가들은 페르시아의 침공을 염려하게 되었고, 그 때문에 그리스의 폴리스들은 아테네와 스파르타를 중심으로 연합 세력을 구축하여 페르시아의 공격에 대비했다. 또 그 과정에서 아테네와 스파르타는 자국 내에 있던 페르시아인을 모두 추방했다. 이에 다리우스는 아테네 정벌을 단행했지만, BC 490년에 마라톤 전투에서 패배하여 뜻을 이루지 못했다.

마라톤 전투에서 패배한 뒤 다리우스는 다시 아테네 공략을 준비했지만, 이집트에서 반란이 일어나는 바람에 실행하지 못했다. 그때 그는 이미 노쇠한 상태였는데, 설상가상으로 반란 소식에 건강마저 악화되어 재위 36년 만인 BC 486년에 생을 마감하고 말았다.

안정기를 지나 혼란과 몰락으로

다리우스 1세에 이어 아들 크세르크세스 1세가 왕위에 올랐다. 크세르크세스는 부왕 다리우스와 달리 유연한 성격이 아니었다. 그는 점령국에 대해 매우 단호하고 억압적인 정책을 구사하여 원주민의 원성을 샀지만 개의치 않았다. 또 반란을 일으킨 바빌로니아와 이집트를 매우 강력하게 진압하고 혹독하게 다스렸다. 이후 그는 군사력을 훨씬 증강하여 아버지의 숙원 사업이던 그리스 정복에 직접 나섰다.

크세르크세스의 군대는 그리스 침공 초기에는 아테네를 점령하여 아크로폴리스를 불태우며 기세를 올렸지만, 그때 그리스 백성은 살라미스로 몸을 피한 뒤였다. 그래서 다시 살라미스를 공격했지만, 살라미스 해전에서 패하고 다시 플라타이아이 전투와 미칼레 전투에서 잇달아 패하면서 본국으로 돌아가야만 했다.

이후로 크세르크세스는 더 이상 그리스 정벌에 욕심을 내지 않았다. 그는 전장 대신 화려하고 사치스러운 생활을 택했다. 아케메네스왕조의 수도 페르세폴리스에 머물면서 궁궐을 확충하고 자신의 보물 창고를 짓는 데 열을 올렸다. 그러다 BC 465년 쿠데타 세력에 처형당함으로써 비운의 죽음을 맞이했다. 쿠데타를 주동한 인물은 놀랍게도 그의 장남과 호위 대장 아르타바누스였다.

하지만 쿠데타는 성공하지 못했다. 크세르크세스의 셋째 아들이 장남을 죽이고 쿠데타 세력을 평정한 뒤 왕위에 오르는데, 그가 아르타크세르크세스 1세다.

　아르타크세르크세스 1세는 BC 424년까지 40년이 넘는 세월을 왕위에 있었다. 그의 치세는 비교적 안정적이고 평화로운 시기였다. 이집트 등 정벌지 곳곳에서 반란이 몇 차례 일어나긴 했지만 무사히 진압되었고, 그리스와도 평화협정을 맺은 덕분에 평화가 지속되었다.

　하지만 그가 죽자, 한동안 혼란이 이어졌다. 그의 아들 크세르크세스는 왕위에 오른 지 불과 45일 만에 암살당했다. 그를 죽이고 왕위에 오른 사람은 이복동생 소그디아노스였는데, 그 역시 즉위 몇 달 만에 기병 대장 알바리오스에게 암살되고 말았다.

　이런 혼란을 수습하고 등극한 왕이 크세르크세스 2세의 또 다른 이복동생 다리우스 2세였다. 그는 20년 가까이 왕위에 있었는데, 그의 치세는 그다지 순탄하지 않았다. 궁중은 부패에 시달렸고, 내란도 잦았으며, 정벌지 이집트에서도 반란이 이어졌다. 그나마 다행스러운 것은 국제 정세가 페르시아에 유리하게 돌아가고 있었다는 점이다. 그리스에서 아테네와 스파르타 사이에 펠로폰네소스 전쟁이 일어났는데, 이 전쟁에서 페르시아는 스파르타와 손잡아 승리한 덕분에 아테네가 차지하고 있던 소아시아의 그리스 식민 도시를 탈환하는 데 성공했다.

　이를 기반으로 다리우스 2세에 이어 왕위에 오른 아르타크세르크세스 2세는 스파르타를 제압하고 소아시아에서 그리스 세력을 완전히 몰아낸다. 이후 소아시아는 동생 키루스에게 맡겨 다스리게 했다.

그런데 소아시아를 키루스에게 맡긴 것이 화근이었다. 키루스는 BC 401년에 그리스 용병과 합세하여 반란을 일으킨다. 아르타크세르크세스 2세는 바빌로니아에서 가까스로 키루스의 군대를 제압하고 키루스를 체포하여 죽였다. 이런 혼란을 틈타 반란을 일으킨 이집트는 독립에 성공한다.

이런 혼란 속에서 아르타크세르크세스 2세는 무려 46년 동안 재위하다 BC 358년에 죽었고, 폭군으로 알려진 아르타크세르크세스 3세가 왕위에 올랐다. 그는 즉위하자마자 왕위를 위협할 우려가 있는 형제를 모두 몰살시켰다. 하지만 내부의 적을 없애는 것으로 혼란은 종식되지 않았다. 예루살렘, 시리아, 페니키아, 키프로스 등의 정벌지에서 반란이 계속되었다. 그럼에도 그는 그 모든 반란을 제압했을 뿐 아니라 이집트를 다시 정벌하여 평정했다.

하지만 그는 재위 20년이던 BC 338년 믿고 의지하던 신하에게 배신당하여 허망하게 죽었다. 당시 환관의 우두머리이자 재상 바고아스가 왕실 의사를 시켜 그를 독살하고 권력을 차지했던 것이다. 이후 바고아스는 대부분의 왕자를 살해하고, 유배되어 왕위와 거리가 멀던 아르세스 왕자를 데려와 왕위에 앉혔는데, 그가 아르타크세르크세스 4세다. 물론 왕권은 모두 바고아스가 차지하고 아르타크세르크세스 4세는 허수아비나 다름없었다. 그는 빈틈을 엿보며 바고아스를 제거하려 했지만, 되레 재위 2년 만에 바고아스에 의해 독살되고 말았다.

바고아스는 BC 336년에 아르타크세르크세스 2세의 딸 시시감비스의 아들 코노만누스를 새로운 왕으로 세웠는데, 그가 곧 페르시아제국 아케메네스왕조의 마지막 왕 다리우스 3세다.

다리우스 3세는 왕위에 오르자마자 바고아스의 영향력에서 벗어나겠다고 선언한다. 그러자 바고아스는 다리우스 3세를 죽이고 스스로 왕위에 오르려 했다. 하지만 다리우스 3세는 바고아스의 계략을 알아채고 그가 탄 독배를 스스로 마시게 하여 죽이는 데 성공한다.

그러나 당시 국제 정세는 심상치 않았다. 그리스는 마케도니아의 영향력 아래 있었고, 마케도니아의 왕 알렉산드로스는 페르시아 정벌을 준비하고 있었다. 그리고 BC 334년, 마침내 알렉산드로스는 군대를 이끌고 다르다넬스 해협을 건너 공격을 감행했다.

알렉산드로스의 군대는 파죽지세로 페르시아를 점령했다. 이들을 맞은 페르시아 군대는 싸우는 족족 패배했고, 순식간에 소아시아 전역을 빼앗겼다. 알렉산드로스는 여세를 몰아 더 거세게 몰아붙였고, 다리우스 3세는 직접 군대를 이끌고 그를 맞아 싸웠다.

하지만 BC 333년 11월 이소스 전투에서 패배한 다리우스 3세는 패퇴하고 말았다. 이때 모후 시시감비스와 처자식이 모두 알렉산드로스의 포로가 되었다. 다리우스 3세는 막대한 재물과 유프라테스강 서쪽 지역의 페르시아 영토를 모두 내주는 조건으로 싸움을 멈추고 평화를 이루자고 제안했지만 알렉산드로스는 단박에 거절했다. 알렉산드로스는 곧장 군대를 이끌고 메소포타미아로 진격하여 유프라테스강과 티그리스강을 건넜다. 다리우스

가우가멜라 전투에서 마케도니아의 알렉산드로스 대왕은 페르시아제국의 다리우스 3세를 물리쳤다. 이로써 알렉산드로스 대왕의 원정이 성공적으로 마무리되었다.

3세는 가우가멜라 전투에서 크게 패했고, 달아나다가 자신의 부하에게 목숨을 잃고 말았다. 이로써 인류 최초로 대제국을 일군 페르시아 아케메네스왕조는 역사의 뒤편으로 사라졌다.

유럽과 아시아, 아프리카를 아우른 헬레니즘대제국

헬레니즘제국과 헬레니즘시대

페르시아에 이어 대제국의 바통은 헬레니즘제국이 넘겨받았다. 헬레니즘제국이란 마케도니아의 왕 알렉산드로스 대왕이 발칸 반도와 중동 지역, 이집트, 인도 북서부 지역을 하나로 통일하여 세운 나라를 일컫는다. 여기에 사용한 헬레니즘이라는 용어는 19세기 독일의 역사학자 요한 구스타프 드로이젠이 정의한 것인데, 그는 알렉산드로스 대왕이 정복한 지역에 그리스 문화와 식민화가 확산된 것을 일컫는 의미로 사용했다. 그리스 문화에 경도되었던 알렉산드로스는 정복 사업을 진행하면서 중동과 이집트, 인도 북서부 등에 그리스 문화를 전파하여 그리스의 정신과 동방 정신이 융합된 새로운 문화를 일으켰는데, 이런 그리스적 문화를 헬레니즘 문화라고 했던 것이다.

드로이젠이 헬레니즘이란 용어를 제시한 이후 '헬레니즘시대'란 용어도 일반화되었다. 일반적으로 헬레니즘시대는 알렉산드로스 대왕이 통일 작업을 완수하고 사망한 BC 323년에서 로마가 이집트를 합병하여 대제국을 건설한 BC 30년까지 약 300년 동안을 일컫는다.

마케도니아를 강국으로 성장시킨 필리포스 2세

헬레니즘제국의 뿌리는 마케도니아왕국이었다. 마케도니아왕국은 BC 700년에 그리스 북쪽에 형성된 발칸반도의 작은 국가였다. 고대 그리스 역사가 헤로도토스에 따르면 마케도니아를 건국한 인물은 페르디카스 1세라고 한다. 건국 이후 소국에 머물던 마케도니아는 한때 페르시아의 지배를 받기도 했다. 하지만 알렉산드로스 1세(재위 BC 498~454)가 독립에 성공해 왕국을 재건했다.

알렉산드로스 1세 이후로 마케도니아는 그리스의 일원으로 인정받아 고대올림픽에 참여하기도 했지만 그리스의 맹주 아테네에 눌려 두각을 드러내지는 못했다. 그러다 필리포스 2세에 이르러 비로소 강국으로 성장했다.

아민타스 3세의 막내아들로 태어난 필리포스 2세는 어린 시절 테바이에서 볼모 생활을 해야 했다. 아민타스 3세는 당시 그리스의 맹주 테바이에 굴복하여 굴욕적인 평화협정을 맺고 왕자를 인질로 보내야 했다. 당시 테바이에 인질로 잡혀간 인물이 바로 필리포스 2세였다. 그는 테바이에서 당시 최고의 전략가이자 장군 에파메이논다스에게 군사와 외교 기술을 전수받고 BC 364년에 본국으로 돌아간 뒤, 일리리아(발칸반도 서쪽 해안에 있던 나라)의 침입에 맞서 싸우다가 전사한 형 페르디카스 3세에 이어 왕위에 올랐다.

필립포스 2세가 즉위할 때 마케도니아는 위기 상황에 놓여 있었다. 파이오니아와 트라키아가 지속적으로 침입했고, 아테네 또한 공격을 가해 오고 있었다. 이에 필립포스 2세는 일단 파이오니아, 트라키아와 평화협정을 맺고 전쟁을 멈춘 다음, 마케도니아로 쳐들어오던 아테네의 중장 보병 3,000명을 직접 상대하여 격파했다.

아테네의 공격을 저지해 잠시 숨을 돌린 그는 국력 강화에 매진했다. 이를 위해 그는 우선 노예의 상당수를 평민으로 전환해 세수를 확대함으로써 국가 재정을 안정시켰다. 이를 바탕으로 무기를 개량하고 병력을 확대하여 국방력을 강화했다. 이 과정에서 이륜 전차 중심의 기병대를 폐지하고 밀집 장창 부대인 팔랑크스를 신설했다. 팔랑크스는 사리사로 불린 장창을 사용했는데, 사리사는 당시 그리스 병력이 사용하던 창보다 훨씬 길었기 때문에 그리스의 기병을 무력화하는 데 결정적인 역할을 했다.

군사력을 강화한 필리포스 2세는 BC 357년에 일리리아를 공격하여 굴복시켰다. 큰형 페르디카스 3세의 원한을 갚은 것이었다. 이후 그는 아테네의 식민지 암피폴리스를 점령했다. 아테네에 대한 선전포고였다. 이후 마케도니아는 아테네의 또 다른 식민지 메톤을 공격하여 함락시켰다. 이 과정에서 그는 한쪽 눈을 잃었다. 하지만 그는 정벌전을 멈추지 않고, BC 353년에는 그리스 북부의 중심지 테살리아로 진격해 점령했다.

테살리아를 점령한 이후 필리포스 2세는 잠시 그리스에 대한 공격을 멈추고 북쪽과 서쪽으로 세력을 확대했다. 아테네를 직접 상대하기 위해 후미의 적들을 먼저 제거한 것이다. 당시 아테네는 테바이를 제치고 새롭게 그리스의 맹주가 되어 있었다. 그 때문에 필리포스 2세는 아테네와 테살리아에서 평화협정을 맺고 한동안 휴전 상태를 유지했다.

그 기간 마케도니아는 다시 북쪽으로 눈을 돌려 트라키아와 스키타이를 공격하여 세력을 과시했다. 그런 상황에서 아테네가 더 이상 참지 못하고 BC 340년에 선전포고를 하자, 마침내 그리스 정벌 전쟁을 감행했다. 그리고 2년 동안 지속된 전쟁에서 승리하여 그리스에 대한 지배권을 확립했다. 하지만 필립포스 2세는 그리스 도시를 무력으로 장악하지는 않았다. 그의 최종 목표는 가장 강력한 국가인 페르시아제국이었다. 그 때문에 그리스와는 우호적인 관계를 유지할 필요가 있었다. 특히 아테네의 해군은 페르시아를 공략하는 데 반드시 필요했다.

BC 337년, 필립포스 2세는 페르시아 정벌을 천명하고 이를 위해 코린토스동맹을 조직했다. 물론 동맹의 맹주인 헤게몬은 그가 차지했다. 그리스와 마케도니아 동맹군이 합세하여 페르시아 원정에 나설 요량이었다. 그 일환으로 BC 336년에는 마케도니아 군대로 이뤄진 소규모 원정대를 파견했다.

그러나 불행히도 필립포스 2세는 페르시아 원정에 나서지도 못하고 암살당하고 말았다. 이후 왕위는 그의 아들 알렉산드로스에게 계승되었다.

알렉산드로스 대왕의 왕위 계승 과정

필리포스 2세에 이어 왕위에 오른 알렉산드로스 대왕(알렉산드로스 3세)은 BC 356년에 마케도니아의 수도 펠라에서 태어났다. 그의 어머니 올림피아스는 에피로스의 왕 네오프톨레모스 1세의 딸이었고, 필리포스 2세의 네 번째 부인이었다. 필리포스 2세에게는 여덟 명의 부인이 있었는데, 올림피아스는 알렉산드로스를 낳은 덕분에 위상이 한층 강화되었다.

알렉산드로스는 13세에 아리스토텔레스를 스승으로 맞아들여 여러 친구와 함께 배웠다. 당시 동문수학한 친구는 프톨레마이오스, 헤파이스티온, 카산드로스 등이었는데, 이들은 훗날 알렉산드로스의 충직한 신하가 되었다.

아리스토텔레스가 알렉산드로스를 가르친 기간은 13세에서 16세까지 3년이었다. 이후 알렉산드로스는 16세의 나이로 섭정이 되었고, 이 무렵에 부왕 필리포스 2세는 영토를 확장하기 위해 전쟁터를 누볐다. 부왕이 없는 상황에서 트라키아가 반란을 일으켰는데, 알렉산드로스는 반란을 진압하고 트라키아를 장악하여 알렉산드로폴리스로 지명을 바꿨다. 이후로 그는 부왕과 함께 여러 정벌 전쟁에 참여해 승전을 이끌었다. 그리고 마침내 마케도니아는 그리스를 장악하고 페르시아 원정을 계획하기에 이른다.

페르시아 원정을 앞두고 필리포스 2세는 자신이 가장 총애하던 수하 장군 아탈루스의 조카 클레오파트라 에우리디케와 결혼식을 올렸다. 그녀는 마케도니아의 귀족 혈통이었고, 만약 그녀가 아들을 낳을 경우 완벽한 마케도니아 혈통의 왕자가 태어나는 셈이었다. 이는 에피로스 출신인 어머니에게서 태어난 알렉산드로스에겐 매우 위협적인 일이었다. 더구나 아탈루스는 결혼 피로연장에서 술에 잔뜩 취한 채 그의 조카 에우리디케를 통해 마케도니아의 적자를 얻어 왕위를 이어야 한다고 공공연히 떠들었다. 알렉산드로스는 이 말을 듣고 아탈루스의 머리에 컵을 던지며 분노를 드러냈다. 그 모습을 본 부왕 필리포스는 칼을 뽑아 들고 알렉산드로스를 죽이려고 했다. 하지만 술에 잔뜩 취해 있던 탓에 필리포스는 넘어지고 말았고, 알렉산드로스는 조롱 섞인 말을 부왕에게 쏟아낸 뒤 어머니와 함께 에피로스로 달아났다.

이렇듯 부자 관계는 순식간에 악화되었다. 다행히 필리포스는 아들을 버릴 생각은 없었고, 덕분에 부자간에 화해도 이뤄졌다. 그래서 알렉산드로스도 마케도니아로 돌아왔지만, 부자 사이에는 여전히 앙금이 남아 있었다.

이런 상황에서 필리포스의 딸이자 알렉산드로스의 이복 누나 클레오파트라와 에피로스의 왕 알렉산드로스 1세가 결혼식을 올렸다. 알렉산드로스 1세는 올림피아스의 오빠였으니, 알렉산드로스에게는 외삼촌이었다. 그런데 이 결혼식장에서 필리포스 2세는 자신의 경호관 파우사니아스에게 암살되고 말았다.

파우사니아스는 필리포스 2세와 아탈루스가 자신의 진가를 인정하지 않는다고 불만을 품었고, 그 원한이 폭발하여 암살을 자행했다. 필리포스 2세를 죽인 파우사니아스는 도주하다가 경호대에 죽었기 때문에 암살 배후는 밝혀지지 않았다. 페르시아가 배후에 있다는 말도 있었지만 뚜렷한 증거가 없었다. 항간에는 부왕 필리포스와 갈등을 겪은 알렉산드로스가 암살의 배후라는 말도 있었지만 역시 증거는 없었다. 어쨌든 필리포스 2세의 죽음으로 가장 큰 이득을 본 사람은 알렉산드로스와 그의 생모 올림피아스였다. 에피로스로 피신했던 올림피아스는 당당히 마케도니아로 돌아왔고, 알렉산드로스는 왕위를 차지했다. 알렉산드로스가 왕위에 오른 때는 BC 336년이었는데, 당시 그는 약관의 나이, 스무 살이었다.

알렉산드로스의 동방 원정과 급작스러운 죽음

왕위에 오르자마자 알렉산드로스는 페르시아 원정을 천명했다. 하지만 원정에 앞서 그는 내부의 복병을 먼저 처리했다. 북쪽의 트라키아와 서쪽 일리리아를 확실히 눌러놓았고, 반란을 일으킨 테바이에 대해 전 도시를 파괴하고 시민을 모두 노예로 만들어

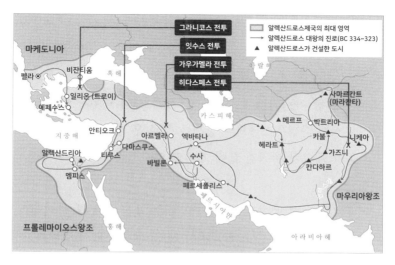

알렉산드로스 대왕의 동방 원정 진로

버렸다. 그리고 마침내 BC 334년, 120척의 전함을 동원하여 4만 여 명의 병력을 이끌고 다르다넬스 해협(당시엔 '헬레의 바다'라는 의미의 헬레스폰투스로 불림)을 건너 페르시아로 진격했다.

알렉산드로스의 군대는 첫 싸움인 그라니코스 전투를 시작으로 승전을 거듭하며 파죽지세로 나아갔다. 그리고 리디아, 시리아, 이집트를 차례로 점령했고, 이윽고 출정 3년 만인 BC 331년에 가우가멜라 전투에서 승리하여 바빌론과 아메데니드왕조의 수도 페르세폴리스를 함락시켰다.

한편 패퇴를 거듭하던 페르시아의 왕 다리우스 3세는 수하 장수이자 친척 베수와 함께 메디아(지금의 테헤란 지역)로 달아났다. 그런 상황에서 알렉산드로스의 군대가 메디아로 진격하자, 다리우스 3세는 중앙아시아 쪽으로 달아나 게릴라전을 펼치려 했고, 그와 의견을 달리한 베수스는 다른 장수들과 모의하여 다리우스를 죽고 시체를 남겨놓은 채 도주했다. 이후 베수스는 스스로 페르시아의 왕 아르타크세르크세스 5세라고 참칭했다. 이에 알렉산드로스는 다리우스 3세의 장례를 치른 후 베수스를 추격했고, 2년 동안 계속된 추격전 끝에 기어코 베수스를 체포하여 사형시켰다.

이 과정에서 알렉산드로스는 메디아는 물론 파르티아, 아리아, 드란지아나, 아라코시아, 박트리아, 스키타이 등을 점령했다. 이로써 알렉산드로스는 발칸반도와 중동, 이집트 등 유럽과 아프리카, 아시아를 하나로 통일한 대제국을 건설하게 되었다.

하지만 알렉산드로스는 진군을 멈추지 않았다. 그는 페르시아 본토를 넘어 인도 지역으로 나아갔다. 그리고 간다라를 지나 인더스강에 이르렀고, 인더스강을 도하했다. 그런데 거기서 그는 진군을 멈춰야 했다. 알렉산드로스는 인도 깊숙이 진군하고자 했지만, 부하들은 더 이상 진군하길 원하지 않았다. 그는 별수 없이 인더스강을 따라 남하하며 몇몇 원주민을 정벌하는 데 만족하고 말 머리를 돌려 회군한 끝에 BC 323년에 바빌론에 이르렀다. 그런데 바빌론에서 10여 일을 머물던 그는 마케도니아로 돌아오지 못하고 그곳에서 33세의 젊은 나이로 급사하고 말았다.

그의 급작스러운 사망과 관련하여 독살설이 제기되기도 했지만, 독살의 증거는 발견되지 않았다. 그 때문에 풍토병이나 장티푸스, 또는 화염성 척수염 등 갖가지 병사설이 제기되었다.

알렉산드로스 대왕은 그리스, 페르시아, 인도에 이르는 대제국을 건설했고 그리스와 오리엔트 문화를 융합해 헬레니즘 문화를 이끌었다.

어쨌든 그의 급작스러운 죽음은 엄청난 혼란으로 이어졌다. 후계자도 정해지지 않은 데다 수하 장수들의 패권 다툼마저 일어나 그가 10년 동안 전장을 누비며 일군 대제국은 순식간에 사분오열되었다.

헬레니즘제국의 분열과 몰락

알렉산드로스는 죽기 전에 유언으로 '가장 강한 자'를 후계자로 지목한다는 말만 남겼다. 하지만 그것이 구체적으로 누구인지는 아무도 알지 못했다. 그래서 왕위는 알렉산드로스의 이복형 아리다이오스가 계승했다. 그는 한때 알렉산드로스와 왕위 계승을 다툰 라이벌이었기에 알렉산드로스의 어머니 올림피아스가 그를 독살하려다 실패한 일도 있었다. 그 때문에 알렉산드로스가 살아 있었다면 그에게 왕위가 넘어갈 일은 없었을 것이다. 하지만 그 외에는 마땅한 왕족이 없었다. 그래서 신하들은 그를 왕위에 올렸고, 그는 즉위하여 필리포스 3세로 불렸다.

하지만 필리포스 3세의 왕위 계승은 완전한 것이 아니었다. 알렉산드로스가 죽은 뒤 왕위 계승 문제를 놓고 그의 수하 장수들은 바빌론 회의를 통해 왕위 계승자를 결정했다. 이 과정에서 처음 계승자로 거론된 사람은 알렉산드로스의 후궁 바르시네가 낳은 헤라클레스였다. 하지만 헤라클레스는 너무 어린 데다 서출이라는 이유로 제외되었다. 그다음에 거론된 인물이 필리포스 3세였다. 격론 끝에 필리포스 3세가 왕위를 계승하게 되었지만, 한 가지 조건이 있었다. 당시 알렉산드로스의 왕비 록사네는 임신 6개월째였다. 그래서 만약 록사네가 아들을 낳으면 필리포스 3세와 공동 통치자가 되도록 하겠다는 결정을 내렸다.

그리고 이윽고 록사네가 아들을 낳자, 그 아이를 알렉산드로스 4세로 칭하고 필리포스 3세의 공동 통치자로 삼았다. 이렇게 되자, 왕위를 놓고 왕실 내부에서 치열한 권력 투쟁이 전개되었고, 결국 BC 317년에 알렉산드로스의 생모 올림피아스가 음모를 꾸미며 필리포스 3세와 왕비를 살해했다. 이로써 대제국의 통치자는 알렉산드로스 4세의 몫이 되었다.

하지만 알렉산드로스 4세도 왕위에 오래 있지 못했다. 7년 뒤인 BC 310년에 섭정 안티파트로스의 아들 카산드로스가 알렉산드로스 4세와 그의 어머니 록사네를 죽이고 왕위를 차지해버린 것이다. 이로써 마케도니아 왕가는 단절되었고, 헬레니즘제국은 40년 동안 알렉산드로스 대왕의 후계자들이 벌인 내전인 '디아도코이 전쟁'에 시달린다.

디아도코이로 불린 알렉산드로스 대왕의 후계자들은 치열한 패권 다툼을 벌인 끝에 각자 왕조를 세우고 왕이라 칭하기 시작했다. 그 결과 헬레니즘제국은 카산드로스왕조, 안티고노스왕조, 셀레우코스왕조, 프톨레마이오스왕조 등으로 사분오열된다.

카산드로스왕조는 마케도니아를 지배하며 BC 277년까지 6대를 이어가다 안티고노스왕조에 의해 몰락했고, 안티고노스왕조는 그리스와 마케도니아를 지배하며 BC 168년까지 7대를 이어가다 로마에 의해 몰락했다. 셀레우코스왕조는 페르시아와 메소포타미아 등을 지배하며 BC 63년까지 31대를 이어가다 로마에 의해 몰락했고, 이집트를 지배한 프톨레마이오스왕조는 BC 30년 18대까지 이어지다 역시 로마에 의해 몰락했다.

인도 최초의 대제국,
마우리아

대제국 형성의 토대가 된 마가다왕국

헬레니즘대제국에 이어 세 번째로 대제국이 형성된 곳은 인도 대륙이다. 인도 역사에서 처음으로 제국의 기틀을 다진 나라는 마가다왕국이다. 마가다왕국 이전에는 인도 대륙에 일종의 전국시대에 해당하는 16대국시대가 전개되었는데, 마가다는 이 16국 중 하나였다.

16대국시대 이전 인도에는 수백 개의 도시국가가 형성되어 있었는데, BC 800년 무렵 그들 중 16국이 강자로 부상한다. 이들 나라를 구체적으로 언급하자면 캄보자, 간다라, 쿠루, 판찰라, 코살라, 말라, 카시, 브리지 등이 서에서 동으로 띠를 이루며 인도의 북단을 차지하고 있었고, 그 아래로 슈라세나, 카시, 앙가 등이 자리하고, 그 아래로 미츠야, 바차, 마가다가 자리하고 있었다. 그리고 그 아래는 아반티와 체디가 차지하고 있었고, 맨 아래쪽인 남쪽에 아슈미카가 있었다.

이들 16국 중 북쪽 중앙에 자리하던 코살라와 동북 지방을 차지하고 있던 카시가 먼저 강국으로 성장했다. 코살라와 카시가 강국이 된 데는 지리적 원인이 가장 컸다. 이 두 나라는 모두 교통의 요충지였기 때문이다. 하지만 16국 사이에 치열한 영토 전쟁이 벌어진 이후에는 갠지스강 하류 평야 지대를 차지하고 있던 마가다가 카시를 제치고 새로운 강자로 부상했다. 이후 코살라와 마가다가 쌍벽을 이루며 16국을 이끌어갔다. 물론 처음에는 전통 강호 코살라가 우세했지만 마가다에 뛰어난 지도자 빔비사라가 등장하면서 판도는 바뀌기 시작했다.

마가다왕국을 이룬 왕조는 모두 넷인데, 브리하드라타, 하리얀카, 샤이슈나가, 난다 왕조 등이었다. 빔비사라는 두 번째 왕조인 하리얀카왕조를 일으킨 인물이다.

마가다왕국의 첫 왕조 브리하드라타왕조는 BC 17세기부터 BC 7세기까지 존속했다고 전해지는데, 당시 마가다왕국이 위치한 비하르 지역에는 인도 아리아인이 정착해 있었다. 이들은 여러 부족으로 나뉘어 있었는데, 부족 중 하나를 이끌던 족장 브리하드라타가 나머지 부족을 결합하여 마가다왕국을 세우면서 브리하드라타왕조가 시작되었다. 말하자면 브리하드라타는 마가다왕조의 건국 시조인 셈이다. 브리하드라타왕조는 BC 682년에 프라드요타왕조에 의해 무너지고, 프라드요타왕조는 BC 544년에 하리얀카왕조를 개창한 빔비사라에게 붕괴되었다.

하리얀카왕조를 연 빔비사라는 50년 동안 왕위에 있으면서 마가다를 강대국으로 성장시켰다. 그는 마가다의 수도를 기리브라자에서 라자그리하로 옮기고 교통의 요지인 갠지스강 삼각주를 차지하고 있던 앙가왕국을 정복했다. 덕분에 갠지스강의 무역항을 지배하는 결과를 낳았다. 이를 토대로 카시왕국을 제치고 북동 지역의 강국으로 우뚝 섰다. 또 당시 최대 강국이던 코살라왕국과 결혼 동맹을 맺어 코살라 공주를 아내로 맞이했는데, 이때 코살라왕국은 공주의 결혼 지참금 명목으로 지배지였던 바라나시 지역을 마가다에 할양했고, 이는 마가다가 한발 더 도약하는 계기가 되었다.

빔비사라는 당시 신흥 종교였던 불교와 자이나교에 대해 매우 관대했을 뿐 아니라 오히려 적극적으로 보호하고 육성하여 왕국 전체에 새바람을 일으켰고, 이는 백성이 그를 믿고 따르게 하는 원동력이 되었다.

하지만 마가다의 영웅 빔비사라의 말로는 비참했다. BC 494년에 앙가왕국에 총독으로 나가 있던 아들 아자타샤트루가 귀환하여 국정을 장악했다. 그에 의해 빔비사라는 감금되고 폐위되었으며, 2년 뒤인 BC 492년 감금된 상태에서 생을 마감해야 했다.

아버지를 몰아내고 왕위에 오른 아자타샤트루는 하리얀카왕조의 전성기를 구가한다. 그 역시 아버지와 마찬가지로 불교와 자이나교를 적극 권장하여 사회 혁신을 이끌어냈으며, 군사력을 강화하기 위해 무기 개발과 개량에 힘을 쏟았다. 인도 역사상 최초로 투석기를 무기로 개발했고, 기존 전차를 개량하여 낫을 장착한 '라타 무살라'라는 신형 전차를 만들기도 했다. 이런 신무기를 바탕으로 주변 소국 36개를 합병하는 한편, 최대의 라이벌 국가 코살라를 정복하여 당대 최강국으로 우뚝 섰다.

하지만 아자타샤트루 이후 마가다왕국의 국력은 조금씩 쇠퇴했다. 그를 계승한 아들 우다야바드라는 BC 461년부터 17년 동안 왕위에 있었는데, 나름대로 수도를 옮기고 세력 확대를 꾀했지만 되레 안반티왕국과의 전쟁에서 패하여 전사하고 말았다. 이후 왕위 계승권을 둘러싸고 연이어 암살 사건이 벌어지면서 혼란에 휩싸였고, 결국 BC 413년에 재상이던 샤이슈나가의 왕위 찬탈로 하리얀카왕조는 131년 만에 몰락하고 말았다.

이후 마가다왕국에는 샤이슈나가왕조가 들어섰다. 샤이슈나가왕조는 4대 68년 동안 존속했다. 새로운 왕조를 개창한 샤이슈나가는 수도를 바이샬리로 옮기고 밧사와 아반티를 정복하여 마가다의 영토를 확장했다. 이후 왕위는 2대 칼라쇼카, 3대 난디바르다나, 4대 마하난딘에게 이어졌으나 BC 345년에 마하파드마에 의해 마하난딘이 살해되면서 샤이슈나가왕조는 막을 내렸다.

샤이슈나가왕조를 몰락시킨 마하파드마 난다는 마가다왕국의 왕조 중 가장 강력했던 난다왕조를 개창한다. 하지만 난다왕조의 수명은 불과 24년밖에 되지 않았다.

난다왕조를 개창한 마하파드마의 출생과 관련해 여러 설이 있다. 마하난딘이 수드라 출신 여자에게서 얻은 아들이라는 설도 있고, 이발사와 왕비 사이에서 태어난 아이라는 설도 있다. 어쨌든

두 설 모두 마하파드마의 출신이 한미했다는 의미로 해석된다.

마하파드마는 왕이 된 후 마가다의 영토 확장에 주력했고, 이러한 노력은 그의 아들 다나 난다의 시대에도 이어진다. 덕분에 난다왕조 시절 마가다왕국은 인도 동북부 지역을 대부분 영토로 편입했다. 그 크기는 인도 대륙 전체의 3분의 1에 육박했다. 이런 난다왕조의 막강한 국력은 헬레니즘 대제국을 일군 알렉산드로스 대왕이 두려워할 정도였다. 인도 침공 당시 알렉산드로스는 난다왕조가 보병 20만 명, 기병 2만 명, 전차 2,000대, 전투 코끼리 3,000마리를 보유하고 있다는 말을 듣고 공략을 포기했다.

그런데 이렇듯 국력이 막강한 난다왕조가 개창한 지 불과 24년 만에 막을 내린 배경은 베일에 싸여 있다. 난다왕조는 BC 321년에 인도 북서부에서 군대를 일으킨 찬드라굽타에 의해 멸망했다. 이후 찬드라굽타는 마가다왕국의 영토를 기반으로 지금의 파키스탄과 아프가니스탄, 방글라데시, 인도, 네팔, 부탄, 미얀마 일부 지역에 이르는 거대한 영토를 하나로 통일하여 마우리아대제국을 일구게 된다.

마우리아대제국을 일으킨 찬드라굽타

마우리아대제국을 건설하고 인도 역사상 첫 삼라트(황제)에 오른 찬드라굽타는 난다왕조의 일원인 마우리아 가문 출신이었다. 그가 언제 태어났는지는 알 수 없으며, 그의 출생과 관련해서는 여러 설이 있다. 그중 유력한 설이 난다 왕가의 왕자와 어느 여인 사이에서 야합으로 태어난 사생아였다는 것이다. 또 다른 이야기는 구전으로 전해지는 것인데, 그가 난다 왕가의 공작 조련사 마유라 포샤카의 아들이라는 설이다. 하지만 그의 출생에 대한 이런 이야기들은 모두 후대에 형성된 것으로 신빙성이 떨어진다. 분명한 것은 그가 난다왕조에서 관리로 있다가 반란군을 조직하여 BC 321년 난다왕조를 무너뜨리고 새로운 왕조를 개창했다는 것이다.

찬드라굽타가 반란군을 일으킬 당시 인도는 헬레니즘제국의 황제 알렉산드로스 대왕의 침입을 겪고 있었다. 알렉산드로스는 페르시아를 완전히 장악하고 인더스강을 건너 인도로 진출했는데, 난다왕조의 2대 왕 다나 난다는 알렉산드로스의 침입에 적극적으로 대처하지 않았다. 이 때문에 알렉산드로스 군대의 위협 아래 놓인 북서 지역의 왕국뿐 아니라 마가다왕국을 섬기던 소국과 마가다 내부의 신하들조차 다나왕에게 불만을 품고 있었다. 그러자 찬드라굽타는 다나왕에게 불만을 품은 세력과 연합하여 마가다왕국을 전복하고 새로운 왕조를 개창하기 위한 계획을 수립했다. 찬드라굽타는 이를 실현하기 위해 우선 인도 북서 지방의 펀자브에 자리한 파우라바왕국을 먼저 점령하여 거점으로 삼고자 했다.

인도아리안족 계통의 푸루족이 세운 파우라바왕국은 BC 326년에 알렉산드로스 대왕의 침입을 받고 끈질기게 저항했지만 마케도니아 군대를 물리치지 못했다. 알렉산드로스는 승리의 여세를 몰아 인도로 진입하려 했지만 난다왕조의 전력이 만만치 않다는 소식을 듣고 남하한 뒤 바빌론으로 돌아갔다. 이후 찬드라굽타는 BC 322년에 전쟁의 여파에서 벗어나지 못한 파우라바왕국을 정복했고, 이어 BC 321년에는 난다왕조를 무너뜨리고 마우리아왕조를 개창했다.

마우리아왕조가 들어설 당시 헬레니즘제국은 알렉산드로스의 죽음으로 내부 혼란을 겪고 있었다. 알렉산드로스의 장군들이 세력 다툼을 벌였고, 그 때문에 헬레니즘제국이 점령한 인도 지역은 무주공산이 되어 있었다. 찬드라굽타는 그 기회를 놓치지 않고 헬레니즘제국이 차지했던 인더스강 주변 지역을 하나하나 차지하기 시작했다. 당시 이 지역은 헬레니즘제국에서 분리된 셀레우코스왕조의 지배 아래 있었고, 그 때문에 결국 마우리아제국과 셀레우코스제국의 충돌은 불가피했다. BC 305년 마침내 마우리아-셀레우코스 전쟁이 발발했다. 그러나 셀레우코스는 다른 헬레니즘제국들과 경쟁하느라 이 전쟁에 전력을 쏟을 수 없었다. 그런 사실을 잘 알고 있던 마우리아는 지리적 이점을 적절히 활용하며 전쟁을 지속했다. 그리고 마침내 BC 303년에 두 나라는 평화조약을 맺고 전쟁을 끝냈다. 결과는 마우리아의 승리였다. 마우리아는 인더스강 서쪽의 아프가니스탄과 파키스탄 지역을 차지하는 데 성공했다.

셀레우코스와의 전쟁을 끝낸 후 마우리아는 남진 정책을 지속하여 인도 중부 지역을 완전히 장악했다. 이어 데칸고원을 넘어 남부 지역으로 진출했는데, 그 상황에서 찬드라굽타는 엄청난 위기를 맞는다. BC 298년에 인도 전역이 극심한 가뭄으로 대기근에 휩싸였고, 이로 인해 수많은 백성이 굶어 죽었다. 찬드라굽타는 그 책임을 통감하고 정치 일선에서 물러났다. 이미 노쇠한 몸이었고, 대기근을 해결할 만한 체력도 없던 그는 아들 빈두사라에게 삼라트 자리를 물려주었다. 그리고 자이나교에 귀의하여 출가한 후, 5년 동안 고행에 전념하다 BC 293년에 생을 마감했다.

제2대 삼라트 빈두사라

찬드라굽타에 이어 2대 삼라트에 오른 빈두사라는 BC 320년에 태어나 22세에 제위에 올랐으며, BC 273년까지 25년 동안 마우리아제국을 지배했다.

빈두사라는 대기근이 끝난 후, 아버지 찬드라굽타의 뜻을 이어받아 영토 확장 작업을 지속했다. 영토 확장 작업을 총지휘한 인물은 재상 차나키야였다. 그는 찬드라굽타 시절부터 재상 자리에 있으면서 마우리아의 번영에 앞장선 인물이었다. 그는 데칸고원 남부까지 세력을 확장하여 동부 지역의 요충지 칼링가왕국과 남인도 지역을 제외한 인도 대부분의 지역을 정복했다.

하지만 빈두사라는 재위 기간 여러 차례 위기를 겪었다. 곳곳에서 반란이 이어졌고, 특히 북서의 요충지 간다라에서 일어난 반란은 심각했다. 간다라의 탁실라 지역에서 대규모 반란이 일어났는데, 이를 진압하기 위해 그는 아들 아소카를 파견했다. 아소카는 반란이 관리의 횡포에서 비롯되었음을 알고 관리들을 처벌하여 반란을 진압하고 백성의 신망을 얻었다. 이후 아소카가 황제인 자신보다 더 큰 지지를 얻게 되자, 빈두사라는 아들 아소카를 의심하고 경계했다.

이렇듯 아버지와 아들 사이에 긴장 관계가 형성된 가운데 빈두사라는 BC 273년에 원인 모를 병에 걸렸다. 그러자 빈두사라는 아소카가 아닌 다른 아들 수시마를 차기 삼라트에 지명한다. 당시 수시마는 반란을 진압하기 위해 지방에 파견되어 있었다. 빈두사라는 즉시 수시마를 호출하고 아소카를 반란 진압에 내보내라고 명령했다. 그런데 당시 반란은 수시마를 황위에 앉히는 것을 막고 아소카를 황위에 앉히기 위한 아소카 지지 세력의 자작극이었다. 물론 이 계획은 아소카에게 먼저 전달되었다. 당시 아소카는 서부 지역에 부왕으로 파견되어 있었는데, 수시마보다 빨리 황궁으로 돌아와 아버지 빈두사라를 만났다. 아소카는 자신을 지지하는 신하들과 함께 빈두사라에게 가서 자신이 황위를 계승해야 한다고 설득했지만 빈두사라는 격분하며 끝내 받아들이지 않았다. 그 와중에 빈두사라는 사망했고, 아소카가 황위를 찬탈했다.

마우리아제국의 전성기를 구가한 아소카 대제

빈두사라에 이어 제3대 삼라트에 오른 아소카는 BC 304년에 태어났다. 빈두사라는 수십 명의 부인을 뒀는데, 아소카의 어머니는 그중 하나로 브라만 출신이었다. 아소카는 인물이 못생겼다고 전해지는데, 대신 머리가 총명하여 학문에 밝았다고 한다. 하지만 아버지 빈두사라는 아소카의 이복형제인 수시마를 무척 좋아하여 그에게 황위를 물려주려고 했다. 그런데 빈두사라의 뜻과 달리 황위는 아소카가 차지했고, 이에 반발한 수시마는 군대를 일으켜 황궁을 공격했으나 결국 실패하여 죽고 말았다.

수시마 외에도 아소카가 황위를 계승하는 데 반대하는 세력이 많았다. 빈두사라에게는 100여 명의 아들이 있었는데, 아소카는 4년여에 걸쳐 그들과 계승 전쟁을 벌여야 했다. 그 결과 아소카는 아버지 빈두사라의 후궁들을 몰살하고, 무려 99명의 이복형제를 죽였으며, 500여 명의 신하를 숙청했다.

아소카는 4년 동안 지속된 왕위 계승전에서 승리하고 난 뒤 BC 269년 정식으로 마우리아제국의 제3대 삼라트로 즉위했다.

황위 계승 분쟁으로 인한 4년 동안의 혼란기가 끝나자, 아소카는 마우리아제국의 숙원 사업이었던 칼링가왕국 정벌전을 준비했다. 칼링가왕국은 동쪽의 해상 교통 요지를 차지하고 있던 터라 마우리아제국으로선 목에 걸린 가시 같은 존재였다. 칼링가는 16대국 시절 이후 가장 강력한 해군력을 갖춘 국가였고, 그 때문에 마우리아조차 칼링가를 함부로 공략하지 못했다. 하지만 아소카는 BC 268년에 호기롭게 칼링가 정벌에 나섰다. 아소카는 칼링가를 과소평가한 나머지 소수의 군대를 파견했는데, 그만 패배하고 말았다. 아소카는 3년 뒤인 BC 265년에 자신이 직접 대병

아소카왕이 불교 성지에 건립한 돌기둥. 꼭대기에는 사자 조각이 있고 기둥에는 아소카왕이 불교를 보호하겠다는 내용의 조칙이 새겨져 있다.

력을 이끌고 다시 정벌 전쟁을 감행했다. 아소카의 병력은 보병 60만, 기병 10만, 코끼리 부대 9,000마리로 구성된 엄청난 규모였다. 그리고 기어코 이 정벌 전쟁에서 승리하여 아소카는 칼링가왕국을 붕괴시켰다.

하지만 칼링가 정복 전쟁은 매우 잔인했기에 참혹한 결과를 낳았다. 아소카의 군대가 지나간 마을엔 온통 시체 더미로 가득 찼고, 부모를 잃고 고아가 된 아이들은 굶주린 채 길바닥에 쓰러져 있었다. 이 광경을 본 아소카는 더 이상 정벌 전쟁을 하지 않겠다고 다짐했다. 그러고는 불교에 귀의하여 불교를 통치 이념으로 삼고 불교 전파에 혼신의 힘을 쏟았다. 국내는 물론 스리랑카, 이집트, 그리스 등 해외까지 승려를 파견하여 불교를 전파했고, 전국 각지에 8만 4,000기의 불탑을 조성했다. 하지만 종교의 자유는 허락하여 불교 외에도 브라만교, 자이나교, 바가바트교, 아지비카교 등의 종교에 대해서도 자유롭게 포교 활동을 하게 했다.

무력으로 세상을 지배하지 않겠다는 그의 다짐은 사랑과 자비에 바탕을 둔 새로운 정치를 낳았다. 백성의 복지를 위해 전국 각지에 병원과 약초 재배지를 건설하는 한편, 고아원과 양로원을 지었다. 강제 노동을 금지하고, 동물을 위해 동물 병원을 짓고, 동물의 도살과 사냥을 규제하는 법을 반포하기도 했다. 이런 그의 노력에 감화된 어부와 사냥꾼이 스스로 작살과 활을 버리고 농부가 되었다는 기록이 있을 정도로 그의 정치는 백성의 호응을 얻었다.

그는 통치 체제 확립에도 박차를 가했다. 군현제를 실시하여 전국 각지에 지방관을 파견함으로써 중앙집권화를 확립했다. 또 도로와 관개 시설을 확충하여 상업과 농업을 함께 발전시켰다. 덕분에 아소카는 광활한 영토를 안정적으로 지배할 수 있었다.

이러한 아소카의 치세는 BC 232년까지 37년 동안 지속되었으며, 그 기간 마우리아제국은 최고의 전성기를 구가하며 수많은 문화유산을 남겼다.

하지만 그가 죽자마자 마우리아대제국은 급속도로 쇠락했다. 아소카의 죽음이 세상에 알려지자, 곳곳에서 독립 전쟁이 일어났

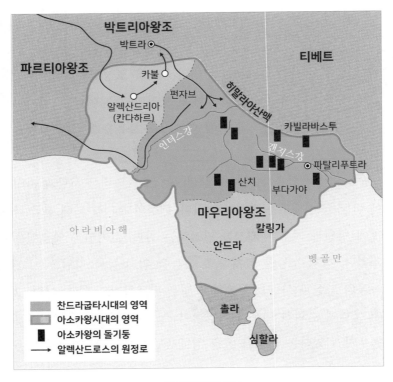

마우리아제국의 영토

고, 외부 침략마저 이어졌다. 아소카에 이어 황위에 오른 다사라
타와 삼프라티는 이러한 혼란을 수습할 능력이 없었다. 그나마
그들이 황위에 있을 때만 해도 마우리아제국의 명맥이 이어졌지
만, 삼프라티가 사망한 BC 215년 이후에는 제국의 형체마저 사
라졌다. 삼프라티가 죽자 왕위 계승 분쟁이 휘몰아쳤고, 곳곳에
서 독립 왕국이 일어났으며, 그리스-박트리아왕국의 침공까지
겹쳤다. 마지막 삼라트인 브리하드라타는 이러한 난국을 헤쳐볼

요량으로 그리스-박트리아 국왕 데메트리오스 1세의 딸 베레니사와 혼인까지 했지만 제국을 지키는 데엔 실패했다. 데메트리오스 1세는 마우리아를 지켜주기는커녕 북서의 요지 펀자브와 카불 계곡을 빼앗기까지 했다. 그런 가운데 브리하드라타는 BC 185년경에 휘하 장군 푸샤미트라에게 살해되었고, 이로써 인도 최초의 대제국 마우리아는 막을 내렸다.

마우리아 이후 인도에서 대제국의 바통을 이을 왕조는 한참 동안 나타나지 않는다. 푸샤미트라가 세운 숭가왕조와 숭가왕조를 무너뜨리고 들어선 칸바왕조, 데칸고원을 중심으로 번성했던 사타바하나왕조 등이 있었으나, 그들은 제국의 반열에 들지 못했다. 3세기에 쿠샨왕조의 번영기에 이르기까지 인도에서는 제국이라고 일컬을 만한 나라가 등장하지 않는다.

불교의 탄생과 전파

인도의 전통 종교는 힌두교다. 또 힌두교는 베다 문헌을 기초로 형성된 종교다. 그래서 힌두교에서는 베다를 경전으로 인정하는 종교를 아스티카āstika라고 부르는데, 이는 정통파라는 뜻이다. 반면 베다를 인정하지 않는 종교를 나스티카nāstika, 즉 이단이라고 부르는데, 이 이단 중 대표적인 것이 불교다. 따라서 불교는 베다를 경전으로 삼지 않는다. 하지만 불교의 핵심 내용은 베다와 밀접한 관계에 있다. 이는 불교에 대해 조금만 알아봐도 쉽게 간파

할 수 있다.

불교는 BC 6세기경 네팔 지역 출신인 고타마 싯다르타가 창안한 종교다. 불교 교리의 핵심은 고통에서 벗어나 해탈에 이르는 것이다. 이는 본질적으로 힌두교와 크게 다를 것이 없다. 다만 해탈 방법에 다소 차이가 있을 따름이다.

불교 창시자 싯다르타는 지금의 네팔 지역인 룸비니에서 태어났으며, 카필라왕국 샤카족의 왕자 신분이었다. 그가 주로 활동했던 지역은 인도 북동부 지역의 마가다왕국과 갠지스강 주변 지역인 슈라바스터왕국이었다. 이곳에서 10대 제자를 형성했고, 8대 성지가 마련되었다.

불교가 인도에서 크게 확대된 것은 BC 4세기에서 2세기 사이에 인도를 지배한 마우리아제국의 아소카왕에 의해서였다. 이후 중국에서 서역이라 부르는 티베트와 페르시아, 아프가니스탄, 타클라마칸 등으로 전파되어 중국, 한국, 일본에까지 널리 퍼졌다.

불교는 기본적으로 인생을 고통이라고 규정한다. 그 고통 중 대표적인 것은 생로병사, 즉 태어나고 늙고 병들고 죽는 네 가지다. 불교 창시자 싯다르타는 이 네 가지 고통에서 벗어날 방도를 구하기 위해 출가했다. 그리고 고행을 지속하며 그 방도를 구했다. 하지만 아무리 고행을 지속해도 결코 그 방도는 구해지지 않았다. 이후 그는 몸에 고통을 주거나 쾌락을 얻는 것으로 고통에서 벗어날 수 없다는 것을 깨달았다. 동시에 그는 태어난 모든 생명체가 늙고 병들고 죽는 것이 우주의 법칙임을 깨우친다.

그러면서 그는 해탈에 이르는 네 가지 진리를 깨우치고 설파했다. 그가 내세운 해탈의 진리는 고집멸도苦集滅道로 요약된다. 이를 흔히 불교에서는 사성제四聖諦, 즉 '네 가지 거룩한 진리'라고 부른다.

사성제의 첫 번째 고제苦諦는 고통의 진리로 붓다가 되지 못한 사람의 삶은 고통으로 이뤄질 수밖에 없다는 것, 두 번째 집제集諦는 고통의 원인에 대한 진리로 고통은 업과 번뇌에서 비롯되며 그 본질은 자신에 대한 집착인 아집에 있다는 것, 세 번째 멸제滅諦는 고통을 제거하는 진리로 번뇌의 근원인 아집을 벗어던지는 것, 네 번째 도제道諦는 고통을 제거하는 행동의 진리로서 수행을 실천하라는 것 등이다.

그렇다면 어떤 수행을 통해 고통에서 벗어날 수 있는가? 이에 대해 불교는 여덟 가지 방법을 제시하는데, 이를 팔정도八正道라고 한다.

팔정도를 나열하자면, 첫째 정견(正見, 바르게 보기), 둘째 정사(正思, 바르게 생각하기), 셋째 정어(正語, 바르게 말하기), 넷째 정업(正業, 바르게 행동하기), 다섯째 정명(正命, 바르게 생활하기), 여섯째 정근(正勤, 바르게 정진하기), 일곱째 정념(正念, 바르게 깨어 있기), 여덟째 정정(正定, 바르게 집중하기) 등이다.

이 팔정도를 실천하기 위한 여러 방도와 설명이 곧 불경인데, 불경의 양은 베다를 훨씬 능가할 정도로 다양하다. 불교 경전이 다양해진 것은 시대를 더해가면서 계속 늘어났기 때문이다.

불교는 교세를 확대하는 과정에서 크게 소승불교, 대승불교, 라마교 등 세 부류로 나뉘었다. 소승불교는 개인의 깨달음을 중시하고, 대승불교는 대중을 구제하는 것을 중시하며, 라마교는 불교와 티베트 민속종교가 결합된 형태의 불교로 흔히 티베트불교라고 부른다. 그리고 소승불교는 동남아시아 지역에 두루 퍼졌고, 대승불교는 한국, 중국, 일본 등 동북아시아 지역에 퍼졌으며, 라마교는 티베트인을 중심으로 형성되어 있다.

티베트불교를 라마교라 부르는 것은 스승을 의미하는 라마를 중심으로 불교가 유지되고 있기 때문이다. 라마 중 우리에게 익숙한 용어가 달라이 라마인데, 이는 닝마파, 사캬파, 까귀파, 겔룩파 등 티베트불교의 네 종파 중 겔룩파에서 비롯되었다. 겔룩파는 '지혜의 스승'을 뜻하는 달라이 라마가 계속해서 윤회하며 환생한다고 믿고 있는데, 그래서 현재 1대부터 14대까지 이어지고 있다.

사실 처음으로 '달라이 라마'라는 호칭을 받은 이는 3대 소남 갸초였다. 1578년에 그에게 달라이 라마 칭호를 내린 사람은 몽골의 왕 알탄칸이다. 그런데 소남 갸초는 자신의 스승과 스승의 스승에게 1, 2대를 양보하고 자신은 3대 달라이 라마가 되었다. 이후 달라이 라마는 계속 이어져 현재 14대에 이르렀다.

중국 대륙
최초의 대제국, 진

중국 서방의 맹주, 진의 성장

중동과 유럽, 인도에 이어 가장 마지막으로 대제국이 형성된 곳은 중국이다. 중국 최초로 대제국을 일군 나라는 진秦황조인데, 진은 영嬴씨 성을 쓰는 나라로 순임금 시절에 새와 짐승을 잘 다뤘던 백예柏翳가 그 시조다. 진秦나라는 처음엔 감숙성 지역에 봉토를 받았으나 점차 동서로 세력을 넓혀 춘추시대에는 서쪽의 강국이 되었다. 하지만 진나라는 풍속이 중원의 나라들과 크게 달랐기 때문에 야만스러운 나라라고 업신여김을 받았다.

춘추시대의 강국 중 진나라는 가장 서쪽에 있는 나라였기에 중국 서쪽의 중앙아시아를 지배하던 융족과 싸우면서 성장했다. 특히 9대 목공은 융족을 토벌하여 영토를 확대하고 당시 중원의 패자였던 진晉과 어깨를 견줄 정도가 되었다. 하지만 춘추시대만 하더라도 진秦은 중원의 강국들을 아우를 만큼 강력한 국가는 아니었기에 맹주 자리를 확보하지는 못했다.

진秦이 주변국을 압도하는 강국으로 성장하여 맹주의 위치를 확보한 것은 전국시대인 25대 효공 시절이었다. 효공은 위나라에서 망명한 공손앙의 변법운동을 통해 철저한 법치주의 국가로 변모하는 한편, 국내의 생산력과 군사력을 크게 높여 진을 전국 칠웅 중 가장 강력한 국가로 성장시켰다. 또 효공은 BC 350년에 수도를 함양으로 옮기고 중원에 대한 영향력을 확대했다.

효공에 이어 BC 324년에 그의 아들 휘가 왕위에 올라 스스로 왕이라 칭하니 곧 혜문왕이다. 혜문왕은 파촉을 점령하여 세력을 넓히는 한편, 뛰어난 모략가 장의를 등용하여 중원을 장악하려 했다. 당시 중국 대륙은 진, 위, 조, 연, 초, 제, 한 등 칠웅이 분할하고 있었는데, 그중 진의 국력이 가장 강력했다. 이에 나머지 6국은 책략가 소진의 합종책에 의거하여 6국 동맹을 통해 진에 맞서고 있었다. 이 때문에 진은 고전을 면하지 못했는데, 장의를 재상으로 등용하여 연횡책을 구사한 덕분에 합종책을 깨뜨릴 수 있었다. 장의의 연횡책이란 합종을 맺은 6국을 하나씩 꾀어내 동맹을 맺고 차례로 굴복시킴으로써 자연스럽게 6국의 합종 동맹을 깨는 수법이었다.

그런데 장의가 연횡책에 성공할 무렵, 혜문왕이 죽고 그의 아들 무왕이 왕위에 올랐다. 무왕은 태자 시절부터 장의를 좋아하지 않았다. 이를 알고 있던 신하들은 앞다투어 장의를 헐뜯기 시

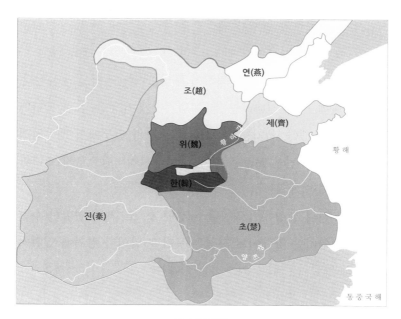

전국시대 칠웅

작했고, 이 때문에 무왕과 장의가 사이가 좋지 않다는 소문이 돌
았다. 이 소문을 들은 나머지 6국은 진나라와의 연횡을 깨고 다
시 합종책을 구사했다.

　이 무렵 무왕은 장의를 불신하여 내쳤고, 장의는 위나라로 망
명했다. 이후 무왕은 한韓을 굴복시키고 낙양에 이르렀다가 어처
구니없는 사고로 죽는다. 무왕은 힘이 장사였기에 힘겨루기를 몹
시 좋아했다. 그래서 당시 역사였던 맹열과 큰 청동 솥을 들다가
정강이뼈가 부러져 그 후유증으로 죽었다. 이후 진나라는 왕위
계승을 놓고 한바탕 내란에 시달리다 무왕의 이복동생 소양왕이
즉위했다.

소양왕은 책략가 범저를 재상으로 등용하는데, 범저는 원교근공遠交近攻, 즉 지리적으로 먼 나라인 제, 연과는 동맹을 맺고 가까운 나라인 한, 위, 조를 공격하여 무너뜨리는 전략을 구사한다. 이런 전략에 따라 진나라는 장수 백기에게 대군을 안겨 조나라를 공격토록 했다. 백기는 BC 260년에 장평 전투에서 대승하여 조나라 군대 40만을 포로로 잡아 생매장시켜버림으로써 조나라를 두려움에 떨게 했다.

그러자 진의 강성에 두려움을 느끼던 초, 조, 제가 연합하여 진나라에 대항하는 바람에 소양왕은 무려 55년이나 왕위에 있었지만, 천하 통일의 대업은 이루지 못한다.

진나라 조정을 장악한 여불위

소양왕에 이어 BC 251년에 그의 아들 효문왕이 왕위를 이었으나 1년 만에 죽고, 장양왕이 왕위를 계승했다. 하지만 장양왕도 왕위에 오른 지 불과 3년 만에 사망하고, BC 247년 5월에 그의 아들 영정이 왕위를 이었는데, 그가 바로 중국 최초로 천하를 통일한 시황제다.

진시황제 영정은 장양왕과 제태후 조희 사이에서 BC 259년에 태어나 12세의 어린 나이에 진나라 31대 왕에 올랐다. 왕이 나이가 어린 탓에 모후 제태후가 섭정을 했다. 또 권력은 국상 여불위가 장악하고 있었는데, 상인 출신인 그는 장양왕을 왕위에 앉히는 데 결정적인 역할을 한 후 진나라 승상으로 있었다. 또 영정이 왕위에 오른 후에는 상국相國의 지위에 있으면서 제태후와 내연 관계를 형성했고, 왕 영정은 그를 중부(仲父, 두 번째 큰아버지)라고 불렀다. 이런 까닭에 진나라 조정의 권력은 여불위가 장악했다.

여불위의 권력은 이후 무려 10년 동안 유지되었다. 하지만 시황제가 성장하면서 그의 위상이 위태로워졌다.

시황제가 성년이 된 뒤에도 여불위와 제태후의 내연 관계는 지속되었다. 제태후는 워낙 음행을 밝혔기에 여불위 또한 그녀의 요구를 충족하기 어려웠다. 그런데 시황에게 그들의 관계가 발각되면 그 화가 여불위에게 미칠 것은 뻔한 일이었다. 그래서 그는 다른 방도를 강구했다.

여불위는 어떻게 해서든 제태후의 성욕을 채워줄 대상을 구해주고 그녀와의 불륜 관계를 끝내려 했는데, 이를 위해 그는 제태후에게 젊고 정력 넘치는 남자를 소개해줄 요량이었다. 그래서 그는 음경이 아주 큰 노애라는 사람을 환관으로 변장시켜 제태후의 궁중에 들여보냈다.

노애가 태후의 궁중에 들어간 뒤, 두 사람은 자주 간통했으며, 태후는 노애를 몹시 좋아했다. 그러다가 기어코 임신을 하고 말았다. 태후는 옹 땅에 궁궐을 짓고 거처를 옮겨 지내면서 노애의 아이를 둘이나 낳았다. 또 그녀는 노애의 말이라면 무엇이든 들어줬고, 그 때문에 노애는 수천 명의 종을 거느린 부호가 되었다. 사람들은 벼슬을 얻기 위해서는 노애에게 뇌물을 바쳐야 했고, 노애의 가신이 되기 위해 모여든 빈객만 해도 1,000여 명이나 되었다.

여불위는 노애의 권력이 지나치게 강화되는 것이 못마땅했지만 사태는 걷잡을 수 없는 지경에 이르렀다. 급기야 시황 9년에 누군가가 노애가 환관이 아니라고 고발하는 사태가 벌어졌다.

그 말을 듣고 시황이 노애를 죽이려 하자, 노애가 먼저 눈치채고 왕의 옥새와 태후의 인장을 위조하여 군대를 일으키고 반란을 획책했다. 하지만 시황이 선제공격을 가하여 노애의 군대를 무너뜨렸고, 노애는 달아나는 신세가 되었다. 시황은 노애의 목에 엄청난 현상금을 걸었고, 결국 노애는 생포되어 처참하게 죽었다. 시황은 그의 삼족을 모두 멸하고, 그와 태후 사이에 난 두 아들도 죽였다. 그리고 급기야 그 불똥은 여불위에게 튀었다. 시황이 노애를 태후에게 바친 사람이 여불위라는 것을 알아낸 것이다.

시황은 여불위도 죽이려 했지만, 그간 세운 공로를 생각하여 그를 파면시키고 자신의 식읍이 있는 하남 땅으로 쫓아버렸다.

여불위가 하남 땅에 머문 지 1년쯤 되었을 때도 여전히 그의 집은 빈객으로 넘쳐났다. 그 때문에 시황은 혹 여불위가 반란을 일으킬지도 모른다고 생각하고 그에게 편지를 보냈다.

'그대가 진나라에 무슨 공을 세웠기에 진나라가 그대를 하남에 봉하고 10만 호를 식읍으로 줬는가? 그대가 진나라와 무슨 친족 관계에 있다고 내가 중부라고 불렀는가? 그대는 이제 그만 집안 사람들을 이끌고 촉 땅으로 가서 살라.'

이 편지를 받고 여불위는 심히 낙담했다. 촉 땅으로 가면 다음엔 목숨을 끊으라는 명령이 내려올 것이 분명했다. 그리 되면 자신의 집안은 영영 몰락할 것이라 판단했다. 결국 그는 스스로 술에 독을 타서 마시고 죽었다.

여불위가 죽자, 진시황은 그를 몰래 매장토록 했다. 또 그의 가신 중 장례식에 참례한 사람은 내쫓거나 관직을 삭탈했다.

《사기》의 저자 사마천은 여불위에 대해 이렇게 평하고 있다. '공자가 말한 헛된 이름만 난 자가 바로 여불위와 같은 사람이던가?'

마침내 천하 통일을 이룬 진시황제

진시황제가 즉위한 이래 진의 팽창정책은 가속도를 냈고, 급기야 나머지 6국을 차례차례 무너뜨리며 마침내 BC 221년에 천하는 하나로 통일된다.

6국 중 가장 먼저 망한 나라는 한韓나라였다. 한나라는 지리적으로 진나라와 가장 가까이 있었고, 6국 중 제일 약한 나라였다. 한나라는 진나라의 국력이 강화된 이래 지속적으로 시달리며 여러 차례에 걸쳐 땅과 성을 빼앗겼고, 급기야 시황 재위 17년인 BC 230년에 완전히 몰락했다.

한나라의 망국에 이어 BC 228년에는 조나라가 망했다. 조나라는 망하기 5년 전에 진나라에서 거센 공격을 받았다. 이때 진의 군대는 조나라 평양을 공격하여 10만 군대를 물리쳤고, 이듬해엔 평양과 무성, 의안 땅을 빼앗았다. 이로써 이미 조나라는 무기력한 상태로 전락했다.

그로부터 4년 뒤인 BC 229년에 시황은 다시 대군을 보내 조나라를 공격했다. 이때 진나라 군대를 이끈 인물은 왕전이었다. 왕전은 BC 236년에 조나라의 연여를 공격하여 격파하고 아홉 개 성을 빼앗은 경험이 있는 장수였다. 이후 지속적으로 조나라를 공격했지만, 조왕을 사로잡지 못하다가 이때에 또다시 총공세를 펼치기에 이르렀다.

진군의 총공세에 맞서 조나라는 전력을 다해 저항했지만 채 1년을 버티지 못했다. BC 228년에 조왕 천遷이 생포됨으로써 마침내 조나라 종실은 종막을 고했다.

조나라 왕이 사로잡힌 후 그의 공자 가嘉가 종족 수백 명을 이끌고 대代 땅으로 달아나 그곳에서 스스로 왕으로 즉위했다. 이후 그는 연나라와 연합 전선을 펼치며 버텼다. 하지만 이때 조나라는 이미 완전히 몰락한 상태였다.

조나라 패잔병이 연나라와 연합하며 버티자, 왕전은 군대를 틀어 연나라를 공격하고자 했다. 이에 연나라 왕은 자객 형가荊軻를 진나라로 보내 시황을 살해하려는 음모를 꾸몄다. 이 계획은 거의 성공 직전까지 갔다가 실패했는데, 이 사건 이후 시황은 분노하여 연나라를 쓸어버린다.

연나라 공격을 맡은 왕전은 연나라로 치고 들어가 열 달 만에 도성인 계성을 함락시켰다. 이에 연나라 왕과 태자 단은 군대를 이끌고 요동으로 달아났다.

장군 이신이 그 뒤를 쫓았다. 이신이 잡으려고 한 것은 연왕이 아니라 태자 단이었다. 그는 단을 끈질기게 추적했고, 단은 연수衍水 가운데 있는 하중도에 숨었다. 이때 연나라 왕은 태자를 죽여서라도 나라를 구해야겠다는 생각에 진나라에 사자를 보내 태자 단의 목을 바치겠다고 했다.

한편 태자 단을 쫓던 이신은 그가 숨어 있던 하중도로 들어가 급습했고, 마침내 단을 사로잡았다. 그리고 BC 226년에 마침내 연나라를 몰락시켰다. 하지만 연나라 왕은 도주했다.

BC 225년 시황은 왕전의 아들 왕분으로 하여금 초나라를 치게 했다. 이에 초나라는 대항했지만 왕분은 초군을 물리치고 승전고를 울리며 회군했다.

그는 회군하면서 위나라를 쳤다. 위는 오래전부터 진나라의 영향력 아래 있었으므로 저항할 힘이 없었다. 하지만 위나라 왕은 도성에 의지하여 강력하게 저항했다. 이에 왕분이 대량 주변을 흐르는 강물의 물꼬를 대량 쪽으로 틀어 수공을 가하자, 그만 손을 들고 나와 무릎을 꿇고 항복했다.

위나라를 접수한 시황은 다시 이신과 몽염에게 군대 20만을 안겨 초나라를 치도록 했다. 시황은 연나라 태자 단을 추격하여 기어코 사로잡은 이신을 매우 현명하고 용감한 사람이라고 판단하고 초나라 정벌의 수장으로 삼아 내보낸 것이다.

초나라로 떠난 이신은 처음엔 초나라 군대를 여러 번 격파했다. 하지만 마지막엔 패전하여 쫓겨 왔다.

이신이 패하자, 시황은 다시 왕전을 시켜 초나라를 공략했고,

왕전은 BC 223년에 초나라의 형왕 부추를 생포하고 초나라를 몰락시켰다. 이렇게 제나라를 제외한 다섯 나라가 모두 진나라에 병합된 것이다.

당시 제나라는 서쪽 변경을 지키며 진나라와 왕래를 끊은 상태였다. 시황은 왕분에게 명령하여 연과 조나라 잔당을 궤멸시키고 돌아오는 길에 제나라를 치도록 했다. 당시까지도 달아난 연나라 왕이 잡히지 않았으므로 왕분은 연왕이 숨어 있던 요동을 들이쳐 그를 사로잡았다. 그리고 회군하는 길에 제나라 수도 임치를 공격하여 순식간에 무너뜨렸다. 이때 제왕이 강하게 저항하자, 시황은 500리의 땅을 내주고 조상을 받들도록 해줄 테니 항복하라고 종용했다. 이에 제왕 전건이 저항을 멈추고 항복했다. 하지만 시황은 약속을 지키지 않고 제왕을 공共 땅으로 추방하여 산속에서 굶어 죽게 했다. 이로써 시황은 마침내 BC 221년에 중국 대륙을 통일했다.

진시황제의 죽음과 진황조의 몰락

천하 통일에 성공한 시황은 국왕이라는 칭호를 버리고 황제라는 칭호를 사용했다. 황제라는 칭호는 삼황오제에서 따온 것이다. 또 황제라는 칭호를 처음으로 썼다 하여 시황제始皇帝라 했다.

시황제는 승상 이사의 건의에 따라 군현제를 도입하고 전국을 36개 군으로 나누었다. 또 지방 호족의 저항을 막기 위해 전국의 부호 12만 호를 수도 함양으로 강제 이주시켜 철저히 감시하도록 했다.

이 과정에서 시황은 극단적인 처분을 내려 분서갱유를 단행했다. 승상 이사는 군현제를 실시하여 강력한 중앙집권제를 확립하려 했지만, 유학자 출신 신하들은 봉건제를 유지해야 한다고 주장했다. 그러자 승상 이사는 역사와 의술, 농경 등 실용적인 책을 제외한 모든 책을 불태워야 한다고 시황에게 주청했고, 시황은 이를 받아들여 실행에 옮겼다. 이것이 곧 분서焚書다. 하지만 이 사건은 분서로만 끝나지 않았다. 유학자들이 분서에 대해 비판하자, 분노한 시황은 수백 명의 유학자를 생매장해버리는데, 이를 갱유坑儒라 했다.

시황은 천하 통일 이후 화려한 생활을 추구했다. 황제의 위상을 높이는 차원에서 함양궁을 크게 확충하고, 약 50m 폭의 황제 전용 도로를 만들었으며, 새롭게 화려한 궁궐을 지어 아방궁이라고 했다. 거기다 함양 근교 여산에 자신의 능묘를 건설토록 했는데, 이를 위해 인부를 무려 70만 명이나 동원했다.

이렇듯 사치스러운 건축물을 조성하면서 한편으로는 만리장성을 축조했다. 북방족인 흉노의 침입을 막는다는 명분으로 만든 만리장성의 축조에는 무려 150만 명의 인부가 동원되었다.

시황의 사치 행각과 대규모 토목공사는 국가 재정을 약화하는 한편, 백성들의 고통을 가중했다. 거기다 시황은 만년에 불로불사의 허망한 꿈에 빠져 지냈다. 그 때문에 서복(또는 서불)을 시켜 전설로 전해오던 봉래산에 가서 장생 불사약을 구해 오라고 명

병마용갱은 중국 최초의 통일 왕조를 세운 진시황제의 무덤인 진시황릉 부근에서 발견된 거대한 지하 갱도이며, 흙으로 만들었다.

하기도 했다.

그런 가운데 시황은 BC 212년에 남방으로 순행을 떠났다. 순행에 함께한 인물은 좌승상 이사, 중거부령 조고, 막내아들 호해 등이었다. 그 무렵 시황은 건강이 별로 좋지 않았는데, 결국 순행 중 병상에 눕고 말았다. 그리고 BC 210년에 진시황은 49세의 나이로 생을 마감했다.

진시황이 죽자, 진나라는 급격히 혼란에 빠져들었다. 시황제는 죽기 전 장남 부소에게 함양으로 돌아와 자신의 장례를 주관하라는 유서를 남겼다. 하지만 시황제의 유지는 이행되지 않았다. 시황제의 죽음은 기밀에 부쳐졌고, 이 사실을 아는 것은 남방 순행에 동행한 이사, 조고, 호해, 그리고 시종 몇 명뿐이었다.

이런 상황에서 환관 조고와 승상 이사는 시황제의 유서를 조작하여 호해를 황제에 올리는 한편, 부소에게는 자살을 명령했다. 또 만리장성 축성을 이끌던 장군 몽염과 동생 몽의를 죽였다. 이후 호해는 자신을 위협할 만한 형제와 자매를 모두 몰살하고, 수많은 신하를 죽였다. 그런 호해의 학정 뒤에는 조고가 있었다. 조고는 호해를 이용하여 조정을 장악하는 한편, 모략을 통해 승상 이사마저 죽였다. 이렇듯 정적 이사까지 제거한 조고는 권력을 독점하고 호해를 허수아비 황제로 전락시켰다.

그 무렵 나라는 혼란에 휩싸여 있었다. 진승과 오광이 주도하여 민란을 일으켰고, 민란은 거대한 불길이 되어 내란으로 이어졌다. 심지어 진승은 스스로를 왕으로 칭하고 세력을 확대하며 수도 함양을 향해 진군했다. 하지만 진압군에 패배하여 달아나다 죽었다.

이렇듯 진승과 오광의 난은 가까스로 진압했지만, 혼란은 끝나지 않았다. 전국 각지에서 반란이 이어졌고, 진나라에 패망했던 한, 위, 제, 연, 초, 조 등의 6국 제후들이 차례로 왕을 세우고 세력을 형성했다.

이런 가운데 조고는 쿠데타를 일으켜 호해를 죽이고, 호해의 형 자영을 황제로 세웠다. 그러자 자영은 은밀히 자객을 보내 조고를 죽이고 조정을 안정시키려 했다. 하지만 이미 혼란은 수습할 수 없는 지경에 처했다. 특히 항우와 유방의 세력은 진나라 군대의 힘을 능가할 정도로 강성해져 있었다. 결국 자영은 더 이상

황제의 자리에 있을 수 없다고 판단하고 유방에게 항복하니, 불과 재위 46일 만이었다.

이로써 최초로 중국을 통일했던 대제국 진나라는 BC 207년에 완전히 붕괴되었고, 이후로 항우와 유방이 세력을 다툰 끝에 유방이 승리하여 대제국 한漢황조를 건립하기에 이른다.

3장

한에서 원까지
중국의 대제국들

BC 2세기에서 14세기까지

중국 대륙의 새로운 지배자, 한나라

한나라를 일으킨 고조 유방

진이 몰락한 후 두 번째로 중국에 대제국을 수립한 나라는 한漢나라다. 한황조를 개창한 인물은 유방이었는데, 그는 BC 247년에 지금의 중국 강소성 서주시 패현의 중양리에서 아버지 유집가와 어머니 왕함시의 셋째 아들로 태어났다. 유방의 형제로는 위로 유백과 유희, 두 형이 있었고, 아래로는 이복동생 유교가 있었다.

유방은 젊은 시절에는 협객이란 이름으로 한량 생활을 하며 주색에 빠져 지내다가 장년이 된 뒤에 고향인 패현 사수 지역의 역장驛長 격인 정장亭長 생활을 했다. 이 무렵 진승과 오광이 주도하여 농민 봉기가 일어나자, 전국 각지에서 반란이 이어졌고, 유방 또한 반란군에 가담하여 패현의 현령을 죽이고 스스로 현령이 되었다. 이후 유방은 패공으로 불리며 수하에 수천 명의 병력을 거느리고 세력을 확장한 뒤, 진승이 죽은 다음 새로운 반란군의 두령이 된 항량 휘하에 들어간다. 그러나 항량은 초나라 회왕의 손자를 데려다 초왕(훗날의 의제)에 앉히고 세력을 확장하던 중 피살되고 만다.

이후 초나라는 항량의 조카 항우를 중심으로 세력을 확대했는데, 유방은 그 휘하에서 별동대를 지휘했다. 당시 초나라의 군세는 날로 불어났고, 이를 기반으로 항우는 진나라 수도 함양으로 진군했다. 그 무렵 함양에서는 환관 재상 조고가 황제 호해를 살해하고 자영을 용상에 앉혔는데, 되레 자영에게 피살되었다. 그 바람에 진나라 조정은 혼란을 거듭했고, 설상가상으로 초나라 군대를 이끌고 온 항우에게 함양마저 함락되었다. 자영은 항우에게 항복했지만, 항우는 자영을 위시한 진의 황족을 모두 몰살하고, 아방궁을 비롯하여 진나라의 화려한 궁궐을 모두 불태웠으며, 그 속에 있던 진귀한 보물을 탈취했다.

이렇게 되자 모든 권력은 항우에게 집중되었고, 항우는 서초패왕을 자처하며 허수아비에 불과했던 의제를 살해했다. 이후 항우는 공과에 따라 수하 장수들에게 각 지역을 분봉했는데, 유방은 변경 지역에 불과한 한중과 파촉의 땅을 받았다.

그런 상황에서 항우의 지배를 거부하는 세력이 잇따라 반란을 일으켰고, 유방 또한 한왕을 자처하고 반란을 일으켜 항우에게 도전했다. 유방은 항우의 막강한 전력에 밀려 고전을 면치 못했지만 책사 장량의 전술에 힘입어 여러 차례 위기를 극복했다. 마침내 유방은 항우를 물리치고 BC 202년 천하를 통일하여 황제로 등극한다.

하지만 황제가 된 이후에도 유방은 안심할 수 없었다. 유방 휘하의 신하들 중에는 그를 위협하는 세력이 여전히 많았기 때문이다. 특히 천하 통일에 가장 큰 공훈을 세운 한신, 팽월, 영포 등의 무장이 문제였다. 유방은 결국 한신과 팽월을 먼저 숙청하고, 마지막으로 영포를 죽이려 했다. 하지만 이를 눈치챈 영포가 반란을 일으켰고, 유방은 직접 진압군을 이끌고 영포를 공격했다. 그 와중에 영포는 조카에게 살해당했는데, 유방 또한 전투 중 화살에 맞아 생긴 상처가 덧나서 결국 BC 195년에 생을 마감하고 말았다.

전한의 전성기

고조 유방이 죽은 뒤 황위는 16세의 어린 태자 유영이 계승하니, 그가 곧 혜제다. 혜제가 어린 탓에 황권은 모후 여치가 행사했다. 흔히 여후로 불리는 여치는 성격이 사납고 냉혹한 인물이었다. 그녀는 황권을 장악하자, 우선 황위를 위협할 만한 세력부터 제거했다. 유방은 한때 유영의 성격이 유약하다며 척부인의 아들 조왕 유여의를 태자로 책봉하려다 주변 신하들의 만류와 황후 여치의 반발로 실패한 적이 있었다. 그 때문에 여치는 권력을 잡자마자 척부인과 유여의를 잔혹하게 살해했다. 그 광경을 본 혜제는 모후를 두려워하여 조정 일은 제쳐놓고 주색에 빠져 지내다 병을 얻어 재위 7년 만인 23세의 젊은 나이로 죽고 말았다.

혜제가 죽자, 여후는 어린 유공을 황제로 세우고 권력을 장악했다. 그리고 4년 만에 유공을 죽이고 유홍을 황제로 세운 뒤 여전히 황권을 휘두르다 BC 180년에 사망했다.

여후가 죽을 당시 조정의 권력은 여후의 친족인 여씨가 장악하고 있었다. 여씨를 대표하던 상국 여산과 상장군 여록이 반란을 일으켜 유씨를 몰아내고 여씨의 나라를 세우고자 했다. 이에 승상 진평과 태위 주발 등이 계략을 써서 여산과 여록의 반란을 진압하고 유방의 서자 유항을 황제로 세우니, 그가 곧 문제다.

문제는 23년 동안 황위에 있으면서 유학을 통치 이념으로 삼아 나라를 안정시켰고, 그를 이은 경제 또한 16년 치세 동안 안정화 정책에 주력하여 국력을 강화한 덕에 번영의 기반을 마련했다.

문제와 경제가 마련한 토대에 힘입어 무제시대는 전한의 번영기를 구가한다. 무제는 BC 141년부터 무려 54년 동안이나 황위에 있으면서 수많은 업적을 남긴다.

그는 우선 유학자 동중서를 중용하여 유학을 국가 이념으로 정착시키는 한편, 중앙집권화를 강화하고, 인재를 고루 채용하여 관리의 질을 높였다. 또 운하를 만들어 운송의 편리를 도모하고, 관개시설을 개선하여 농업의 발달을 촉진했으며, 실크로드 개척 사업을 적극 추진하여 서역과의 교역 확대에 주력했다.

그는 이러한 내치 안정과 더불어 외치에도 힘을 쏟았다. 당시 한나라는 사방에 위협 세력이 있었는데, 대규모 병력을 동원하여 북쪽으로는 흉노, 동쪽으로는 조선, 남쪽으로는 남월을 정벌하며 외침의 위험에서 벗어나는 한편, 영토를 크게 확대했다.

하지만 무제는 황권을 안정시킨다는 명목으로 외척을 무차별 척결했고, 장성한 자식들까지 위협 세력으로 간주하여 멀리했다. 거기다 늙은 나이에 낳은 어린 아들 불능을 태자로 삼았는데, 이것이 그가 죽은 뒤 한나라를 순식간에 혼란에 빠뜨리는 요인이 되었다.

무제가 장성한 아들들을 모두 제치고 태자로 책봉한 어린 아들 불능이 여덟 살의 나이에 소제 황제로 황위에 등극하자 곳곳에서 반란이 일어나고 조정은 혼란에 휩싸였다. 그런 가운데 소제는 13년간 황위에 있다가 21세의 젊은 나이로 죽고 말았다.

소제가 죽고 창읍왕 유하가 황위를 계승하지만 품행이 불량하다는 이유로 폐위되었고, 이어 황위에 오른 인물이 선제 유순이다. 무제의 증손자인 선제는 17세의 어린 나이로 황위에 올랐고, 권력은 후견인이던 대사마 대장군 곽광이 장악했다. 그 때문에 선제 재위 초기 5년은 조정이 곽광의 세력에 휘둘릴 수밖에 없었다. 하지만 BC 68년에 곽광이 죽자, 선제는 곽씨 일족을 제거하고 황권을 안정시켰다. 이후 선제는 행정을 개혁하고 감세 정책을 실시하여 민심을 안정시켰다. 또 무제가 죽은 뒤에 무너졌던 중앙집권화를 강화하여 지방의 안정을 꾀했다. 이후 군대를 일으켜 흉노를 공격하여 외침의 위협에서 벗어났다. 덕분에 한나라는 무제 시절의 영화를 되찾고 다시금 전성기를 구가할 수 있었다.

하지만 선제의 치세는 오래가지 못했다. 17세에 왕위에 오른 그는 25년 치세를 남기고 42세의 젊은 나이로 죽고 말았다.

전한의 몰락과 왕망의 황위 찬탈

선제가 죽자, 전한의 영화도 끝났다. 선제에 이어 등극한 원제는 유학에 심취하여 비현실적 이상론에 빠졌던 인물이다. 이 때문에 현실주의자였던 선제는 한때 그를 황태자에서 폐위시키려 한 적도 있었지만 주변의 만류로 실행에 옮기지 못했다. 하지만 선제의 근심은 현실이 되고 말았다. 유학 이상론에 빠져 있던 원제는 감세제도를 강화하고 전매제도를 폐지하는 등 여러 경제정책이 실패하면서 재정을 악화시키고 국정을 혼란에 빠뜨렸다. 거기다 환관들이 권력을 장악하는 바람에 조정이 환관의 입김에 좌우되었다. 이러한 원제 치세 15년이 지나자, 전한은 황권이 약화되고 관리들의 기강이 무너졌다.

설상가상으로 원제의 뒤를 이은 성제는 주색에 빠져 지내며 국사를 도외시했다. 그런 상태로 26년 동안 황위에 있었기에 전한은 더욱 몰락을 향해 치달을 수밖에 없었다. 거기다 성제는 황후와 외척과 불화를 겪다가 어느 날 침상에서 시신으로 발견되었고, 이 때문에 조정은 급격히 혼란 속으로 빠져들었다. 그 혼란의 틈을 비집고 외척의 전횡이 시작되었다.

성제에 이어 황위에 오른 애제의 7년 치세와 평제의 4년 치세에는 외척 왕씨 세력이 권력을 농단했다. 특히 평제 시절은 외척 왕망이 권력을 독점한다. 왕망은 애제가 죽자, 옥새를 강탈하여 아홉 살의 어린 소년 유기자(유간)를 옹립했는데, 그가 바로 전한의 마지막 왕 평제다.

BC 1년에 허수아비 황제 평제를 세운 왕망은 자신의 딸을 황후로 삼고 황권을 완전히 장악했다. 그리고 5년에 평제를 살해하고 자신이 황제의 자리에 올라 신新황조를 개창한다. 이로써 전한은 몰락하고 천하는 왕망의 손에 들어갔다.

왕망은 관제를 개편하는 한편, 화폐·토지·조세·전매제도 등에 대해 대대적인 개혁을 실시했지만 거의 대부분 실패했다. 그 과정에서 관리의 착취와 폭행이 일상화되고, 이로 인해 도탄에 빠진 농민이 전국 각지에서 봉기했다. 특히 녹림군과 적미군은 농민 봉기군 가운데 세력이 가장 강력했다. 황실의 일원인 유수 형제까지 녹림군 장수로 활약했다.

왕망은 군대를 파견하여 녹림군과 적미군 진압에 전력을 다했지만 패전을 거듭했고, 결국 도주하다 살해되고 말았다.

이후 녹림군과 적미군의 군벌이 세력 다툼을 지속하는 가운데, 하북 지역에서 세력을 확대하고 있던 유수는 25년에 황제에 즉위했다. 그가 곧 한황조를 부활시켜 후한시대를 연 광무제다.

후한의 번영

후한을 일으킨 광무제 유수는 한 고조 유방의 9세손으로 BC 6년에 제양과 남돈에서 현령을 지낸 유흠과 어머니 번한도 사이에서 셋째 아들로 태어났으며, 위로 유연과 유중, 두 형이 있었다. 유수는 청년 시절에 농사꾼으로 지냈으나 왕망이 즉위하면서 전국이 혼란에 빠져들자, 형 유연과 함께 녹림군에 가담했다.

당시 녹림군은 유현(갱시제)을 황제로 세워 왕망의 군대에 저항하고 있었는데, 유연과 유수는 그 휘하에서 장수로 활약했다. 유수의 형 유연은 기질이 호탕하고 용맹해 장수들 중 두각을 나타냈는데, 유현은 유연의 명성이 날로 높아지자 시기와 두려움을 이기지 못하고 그를 죽여버렸다. 이후 유수가 형의 뒤를 이어 명성이 높아지자, 유현은 유수마저 두려워하여 그의 군사를 해산시키고 장안으로 불러들였다. 하지만 유수는 이를 거부하고 자립의 길을 선택하여 휘하에 수십만 군대를 거느린 거대한 세력으로 성장했다. 그리고 부하들의 추대를 받아 황제에 오르니, 때는 25년이었다.

그 무렵 갱시제 유현은 적미군의 공격을 받다 항복했는데, 적미군은 그를 살해했다. 이 소식을 듣고 유수는 유현의 시신을 옮겨 와 장례를 치르고 적미군을 공격하여 와해시켰다. 이후 전국을 평정하고 재위 12년인 36년에 중국 통일을 달성했다.

광무제 유수는 장안을 함락한 뒤에도 첫 도읍지로 삼은 낙양을 그대로 도성으로 삼았다. 그런 까닭에 서쪽 장안을 수도로 삼은 전한을 서한으로, 동쪽 낙양을 도성으로 삼은 후한을 동한으로 부르게 된 것이다.

중국을 다시 통일하고 무너진 한황조를 일으킨 광무제는 수십 년 동안 지속된 혼란을 극복하고 안정을 되찾기 위해 다양한 정책을 구사했다. 혼란기를 겪으면서 한나라는 인구가 급격히 감소한 상태였다. 전한의 전성기에는 인구가 6,000만에 달했지만 혼란기를 겪은 후 호적에 오른 인구는 불과 2,000만이었다. 혼란기에 사망자가 많이 늘었고, 호적에 올리지 않은 유랑민의 수가 엄청났기 때문이다. 광무제는 이런 문제를 해결하기 위해 노비를 대대적으로 해방하고, 죄인에 대한 대사면령을 내려 평민 수를 대폭 늘렸다. 또 경지 정리 사업 및 둔전 개발 등을 통한 농업 진흥책을 펼치는 한편, 조세를 3분의 1로 줄이고 호적 정리 작업을 하는 등 유랑민 감소 정책을 실시하자 호적에 등록된 인구수가 늘어나기 시작했다. 이외에도 화폐개혁 및 관직 통폐합, 병력 축소 등을 통해 국가 재정을 안정시킨 덕에 한황조는 옛 영화를 되찾기 시작했다.

이러한 광무제의 치세는 32년 동안 지속되었고, 그가 57년에 63세를 일기로 죽자, 황위는 명제 유장에게 계승되었다. 서른 살의 장년에 황위에 오른 명제 또한 광무제의 정책을 계승하여 후한의 전성기를 이어갔다. 광무제가 혼란을 수습하고 나라를 안정시키는 데 주력했다면, 명제는 보다 적극적인 외교와 무역정책을 펼쳤다. 명장 반초를 서역(둔황)에 파견하여 흉노를 격퇴했고, 덕분에 실크로드가 다시 열려 전한의 무제 시절에 진출한 서역 지방과 무역을 재개할 수 있었다.

명제의 18년 치세 이후, 그의 서자 장제 유달이 19세의 어린 나이로 왕위에 올랐지만 황위 승권을 둔 다툼도 없었고, 외척의 발호도 없었다. 장제의 생모는 명제의 후궁 가귀인이었지만, 장제의 후견인은 명제의 황후 마태후였다. 그녀는 자신의 친정인 마씨 일족을 권좌에 오르지 못하게 했고, 스스로도 황권을 보호하는 데 힘썼다. 덕분에 장제는 광무제와 명제에 이어 후한의 전성기를 이어갈 수 있었다.

장제는 성격이 유순하고 학문을 좋아했으며, 덕치를 앞세웠다. 덕분에 신하들이 따르고 존경했으며, 조정은 안정되었다. 거기다 특별한 내우외환이 없었기 때문에 태평성대를 구가했다. 다만 마태후가 죽은 후 황후와 후궁들 사이에 태자 자리를 놓고 피바람이 일어난 것이 화근이었다. 아들을 낳지 못한 장제의 황후 두씨는 처음 태자로 책봉된 유경의 생모 송귀인을 죽이고 유경마저 폐위시켰으며, 두 번째로 태자가 된 유조의 생모 양귀인을 죽였다. 설상가상으로 장제는 재위 13년 만에 32세의 젊은 나이로 죽고 말았으며, 이로써 후한의 전성기는 막을 내린다.

외척과 환관의 권력 다툼과 농민의 봉기

장제가 죽자, 아홉 살의 화제 유조가 황위를 계승하면서 권력은 순식간에 두씨 가문이 독식하게 된다. 어린 황제를 대신하여 황후 두씨가 섭정이 되어 황권을 차지했고, 요직은 모두 외척 두씨가 장악했다. 특히 두태후의 오빠 두헌이 정권을 장악했는데, 화제가 성장하면서 이에 대한 반감을 품기 시작했다. 이후 두헌과 화제의 대립 구도가 형성되었고, 결국 화제는 모략을 써서 두헌을 제거하고 외척 세력을 척결하는 데 성공한다.

화제가 두씨 세력을 제거하는 과정에서 환관 정중의 역할이 컸는데, 이 때문에 화제는 정중을 총애했고, 이것이 원인이 되어 환관이 권력의 중심에 서게 된다. 이후 환관 세력과 외척 세력 간에 격렬한 다툼이 이어지면서 후한은 본격적으로 쇠락의 길을 걷는다.

환관 정치를 낳은 화제는 27세의 젊은 나이에 사망했고, 이어서 황위에 오른 상제는 백일이 갓 지난 유아였다. 그 때문에 황권은 화제의 황후 등씨가 장악함으로써 다시 외척 세상이 되었다. 그러나 상제가 황위에 오른 지 몇 달 만에 사망했고, 안제 유호가 12세의 나이로 황위를 이었다.

장제의 손자 안제가 황제에 오르자, 황권은 모후 등씨가 차지했고, 권력은 그녀의 오빠 등즐이 장악했다. 이후 등태후가 죽자, 안제는 환관들과 연합하여 등씨 일가를 숙청하는 바람에 다시 환관이 득세했다.

이후 환관과 외척의 투쟁은 가속화되었고, 그로 인해 황권이 무너져 유명무실한 상태가 되었다. 이러한 혼란은 마지막 황제 헌제에 이를 때까지 무려 100년 동안 계속되었다. 이에 따라 국가 기강은 무너지고, 관리는 부패했으며, 백성은 억압과 수탈에 시달렸다. 그 때문에 백성의 불만이 폭발하여 전국 각처에서 100여 차례의 농민 봉기가 잇따랐고, 결국 황건군의 대봉기로 이어졌다.

황건군의 봉기가 처음 일어난 때는 12대 황제 영제 유굉 시절인 184년이었다. 황건군을 일으킨 인물은 태평도의 교주 장각이었다. 그는 10여 년 동안의 포교를 통해 화북의 동반부에서 양쯔강 유역에 이르기까지 수십만 명의 신도를 확보한 뒤, 일시에 봉기했다. 이른바 황건적의 난이 발발한 것이다.

황건군은 전국 13개 지역에서 동시다발적으로 봉기했지만, 전국 각처에서 모여든 진압군에 의해 약 10개월 만에 대부분의 주력부대는 소멸했고, 그 과정에서 장각도 죽었다. 하지만 황건군의 잔여 세력은 이후에도 10년 동안이나 지속적으로 저항했다. 그 과정에서 각 지역의 군벌이 일어나 세력을 다투며 혼전을 거듭했다. 이러한 혼전 양상이 20여 년 동안 이어지면서 황제는 목숨조차 부지하기 힘들 정도로 유명무실한 존재로 전락했고, 결국 220년에 후한의 마지막 황제인 헌제 유협이 폐위되면서 후한은 완전히 몰락했다.

후한이 몰락하는 과정에서 전국에서 일어난 군벌이 세력 다툼을 지속한 끝에 위, 촉, 오 삼국이 건국됨으로써 중국 대륙은 위진남북조시대의 혼란기로 치닫게 된다.

혼란의 중국,
위진남북조시대

후한이 멸망한 이후 조조와 유비, 손권의 세력으로 대표되는 위, 촉, 오 삼국시대가 전개된다. 삼국시대는 220년부터 촉한이 멸망한 263년까지 약 43년 동안 이어졌는데, 결국 삼국의 승자는 조조가 이끌던 위였다. 하지만 위는 266년 사마염에게 망했고, 사마염은 진晉을 건립했다. 그가 바로 진 무제인데, 이후 280년에 그는 오나라를 무너뜨리고 대제국을 건설했다.

무제가 일으킨 진을 흔히 서진이라고 하는데, 서진은 무제 사마염 시절 외에는 늘 혼란기였다. 무제 이후로 서진은 각 지역의 분봉왕 사이에 치열한 권력 다툼이 벌어졌고, 서로 죽고 죽이는 혼란 끝에 317년에 몰락하고 말았다.

서진이 몰락한 후 사마 황실은 남쪽에서 사마예에 의해 가까스로 재건되었는데, 이를 흔히 동진이라고 한다. 이에 따라 중국 대륙의 북쪽에서는 흉노, 선비, 갈, 저, 강족 등의 세력이 국가를 형성했는데, 이들 국가를 통칭하여 5호16국이라고 한다.

한편 지금의 강소성 남경시에 해당하는 건강에 도읍을 세운 동진은 317년부터 420년까지 약 100년 동안 유지되는데, 그 과정에서 몇 차례에 걸쳐 북쪽 땅을 회복하려 했으나 번번이 실패했다. 그리고 마침내 동진은 320년 유유에 의해 패망했는데, 유유가 세운 국가가 곧 송이다.

한편 송나라 건립 초기에 북쪽에는 서량, 북량, 북연, 서진, 하 등의 나라가 경쟁하고 있었는데, 이들은 탁발 선비가 세운 북위에 의해 모두 몰락했다. 북위는 태무제 시절인 439년에 북량을 무너뜨리고 북방을 통일했다. 이로써 남쪽에는 송, 북쪽에는 북위가 지배하는 형국이 되었는데, 이후 수나라에 의해 589년 남북이 통일될 때까지의 250년을 남북조시대라고 한다.

남조는 송을 필두로 남제, 양, 진 등의 국가가 황조를 이어갔으며, 북조는 북위를 시작으로 동위, 서위, 북제, 북주 등의 국가가 황조를 이어갔다. 이들 국가의 생명은 대부분 100년 이내로 짧았다. 남조의 송은 59년(420~479), 남제는 23년(479~502), 양은 55년(502~557), 진은 32년(557~589) 존속했다. 북조의 북위는 약 150년(386~534), 동위는 16년(534~550), 서위는 22년(535~557), 북제는 27년(550~577), 북주는 24년(557~581)간 유지됐다.

이렇듯 중국이 삼국과 위진, 5호16국, 남북조 등으로 분열된 상태에서 서로 각축전을 벌이던 시대가 동이족의 고구려와 백제에는 최전성기였다. 중국 대륙에 절대 강자가 없었기 때문에 고구려는 세력을 사방으로 확대하여 가장 넓은 영토를 소유한 시점이었다. 백제 또한 중국의 혼란을 틈타 요서 지역까지 진출하여 위세를 떨치기도 했다. 하지만 고구려와 백제의 영화도 수나라가 중국 대륙을 통일하면서 끝나게 된다.

400년 만에 다시 중국을 통일한 수나라

수황조를 일으킨 양견

후한이 멸망하고 220년에 삼국시대가 시작된 이래 370년 동안 이어진 분열과 혼란을 잠재우고 중국에 다시 대제국을 일으킨 인물은 수나라의 문제 양견이다.

양견은 선비족 장군 출신인 양충의 아들로 태어났는데, 북주 무제(3대) 시절에 수隨주의 자사 벼슬을 지내며 큰딸을 황태자 우문빈에게 시집보낸 덕에 외척으로서 권좌에 오른 인물이다. 황태자의 장인이 된 후, 표기대장군과 대흥군공 벼슬을 얻어 군권을 장악했고, 578년에 우문빈(4대 선제)이 황제에 오르자 조정을 장악했다. 그리고 선제가 즉위 1년도 되지 않아서 죽는 바람에 어린 외손자 정제가 황위에 오르자, 실권을 장악하여 황권을 유명무실하게 만들었다. 그리고 2년 뒤인 581년에는 정제에게 황위를 양위받아 수나라를 개창하니, 그가 곧 수나라 고조 문제다.

양견은 황위에 오른 후 중국 대륙을 다시 통일하려는 야망을 품었다. 당시 중국 남쪽은 진陳나라가 차지하고 있었는데, 진나라 황제 진숙보는 간신에게 둘러싸인 채 사치와 환락에 빠져 지내고 있었다. 이 때문에 국가 재정은 바닥을 드러냈고, 신하들은 참소를 일삼으며 분열되어 있었으며, 백성의 불만이 고조되어 곳곳에서 민란의 조짐이 나타났다. 양견은 이 기회를 놓치지 않고 대군을 동원하여 여러 차례 진나라를 공격한 끝에 589년에 마침내 진을 멸망시키고 통일 대업을 완수했다.

남조를 멸망시킨 중원을 통일한 양견은 과거제를 실시하고 관제를 정비하여 중앙집권제를 강화하는 한편, 귀족 세력을 억제하고 백성에게 농토를 균등하게 배분하는 균전법을 실시하여 국력을 크게 향상시켰다.

내실을 다진 양견은 북방을 위협하던 고구려를 치기 위해 전쟁 준비에 나섰다. 고구려는 370년 동안 지속된 위진남북조시대의 혼란을 틈타 강국으로 성장했고, 이에 위협을 느낀 양견은 고구려 정벌 전쟁을 벌일 계획이었다. 그런데 수나라가 대군을 동원하여 쳐들어올 것을 눈치챈 고구려 영양왕(26대)이 598년에 군대 1만을 동원하여 선제공격을 감행했다. 이에 양견은 육군과 수군 30만을 동원하여 고구려 정벌전에 나섰지만 수군은 고구려 수군에게 궤멸되었고, 육군은 자연재해 장마 때문에 진격도 제대로 하지 못하고 전염병에 시달리다 패퇴해야 했다.

고구려에 참패한 상태에서 수나라 내부에선 황태자 책봉 문제로 한바탕 혼란이 야기되고 있었다. 양견은 장남 양용을 황태자로 책봉했는데, 양용이 사치와 주색에 빠져 태자 노릇을 제대로 하지 못했다. 이에 황후가 양견에게 태자를 바꿀 것을 주청했고, 600년에 양견은 황후의 의견을 받아들여 차남 양광으로 태자를 바꿨다. 그런데 602년에 황후가 죽자, 양견은 다시 양광을 폐위하고 장남 양용을 태자로 세우려다 수하들의 만류로 유보했다. 이 때문에 양견과 태자 양광 사이에 갈등이 고조되었고, 그런 상황에서 604년에 양광이 평소에 좋아하던 아버지의 후궁을 범하는 사태가 벌어지자, 양견은 양광을 폐위하고 양용을 태자에 복위시켰다. 그 무렵 양견은 병이 위중한 상태였는데, 양광은 폐위를 인정하지 않고 심복을 시켜 아버지 양견을 살해했다. 또 형 양용도 수하를 시켜 살해한 후, 자신이 황위에 올랐다. 그가 곧 2대 황제 양제다.

토목공사와 전쟁으로 망한 수 양제

604년에 아버지와 형을 살해하고 황제에 오른 양제의 원래 시호는 명제明帝다. 그런데 훗날 당나라에서 그를 비하하는 의미로 양煬을 붙여 불렀다. 여기서 '양煬'은 여색을 좋아하고 예를 무시했으며, 하늘의 뜻을 거역하고 백성을 착취했다는 뜻이다. 이것이 일반화되어 오늘날 그는 양제로 불린다.

황위에 오른 양광은 대대적인 토목공사를 시작했다. 문제 때 황허와 양쯔강을 잇는 대운하를 조성하다 백성들의 원성 때문에 중단했는데, 이를 재개하는가 하면 만리장성을 새로 쌓고 수도 장안 외에 낙양에 또 하나의 수도를 건설했다. 이 때문에 수많은 인력과 재력이 동원되는 바람에 백성들의 불만이 고조되었다. 하지만 양광은 이에 그치지 않고 고구려 정벌 전쟁까지 감행했다. 그것도 무려 100만이 넘는 엄청난 군대를 동원한 전쟁이었다.

양광의 고구려 정벌전은 612년, 613년, 614년 세 차례에 걸쳐 이뤄졌으나 모두 큰 성과를 거두지 못하고 물러나야 했다. 거기다 대대적인 토목공사로 불만이 고조되어 있던 터라 전국 각지에서 반란이 이어졌다. 611년 왕박의 난에서 시작된 농민 봉기는 도화선 역할을 했고, 613년에 이르러서는 귀족들까지 가담한 군사 반란이 일어났다. 특히 귀족 양현감이 휘하에 10만의 군사를 거느릴 정도로 대단한 세력을 형성했다.

양현감의 군대는 정부군에 의해 가까스로 진압되었지만, 이후 전국 각처에서 농민 봉기가 끊임없이 이어졌고, 이 때문에 양광은 더 이상 고구려 정벌 전쟁을 수행할 수 없었다. 그래서 양광은 군대를 이끌고 돌아왔지만, 이미 농민 반란은 내란으로 치달았고, 농민군의 숫자도 수십만을 헤아렸다. 농민군은 곳곳에서 정부군을 무너뜨렸고, 지역 호족들은 스스로 독립국을 선언하고 왕이나 황제라 칭했다.

그런 가운데 617년에 양광의 이종사촌 형 이연이 태원에서 군사를 일으켜 장안을 점령했다. 그리고 양광을 태상황으로 만들고 어린 황태손 양유를 황제에 앉힌 뒤, 권력을 장악했다. 양광은 이런 상황에서도 사치와 향락, 호색을 일삼으며 타락상을 이어갔다. 그러자 고구려 정벌군 사령관이던 우문술의 아들 우문화급이 618년에 반란을 일으켜 양광을 죽여버렸다. 이로써 수황조는 중국을 통일한 지 불과 30년 만에 붕괴되었다. 이에 이연이 스스로 황제에 올라 당황조를 개창한다.

중국 문화의 중흥기,
당황조 300년

당황조를 일으킨 이연

당황조 개국조인 이연은 선비족 출신의 무장으로 북주시대에 활약한 이호의 손자다. 아버지 이병은 그가 여덟 살 때 죽었기 때문에 이연이 할아버지 이호의 당국공唐國公 자리를 물려받았는데, 개국 후 국호를 당唐으로 정한 것도 여기서 유래했다. 그리고 이연의 이모가 수 문제 양견의 황후인 독고씨이고, 수 양제 양광은 그의 이종사촌 동생이다.

양광이 황제로 있을 당시 이연은 태원의 유수로 있었다. 그리고 전국 각지에서 반란이 일어나자, 617년에 반란군에 가담하여 장안으로 진격했고, 결국 양광을 황위에서 밀어내고 어린 황태손 양유를 황제에 앉힌 뒤 자신은 대승상의 자리에 올랐다. 그리고

618년에 양광이 살해되자, 형식상 양유에게 황위를 물려받아 황위를 차지했다. 그리고 국호를 당으로 바꿈으로써 당황조의 개국조가 된 것이다.

566년생인 이연은 당나라를 개국할 당시인 618년에 52세의 중년이었다. 그리고 635년에 사망할 때 69세였다. 하지만 그는 60세였던 626년에 황위에 밀려났다. 그를 황위에서 밀어낸 사람은 둘째 아들 이세민이다.

이세민은 당황조 건국에 지대한 공을 세운 인물이었다. 아버지 이연이 황위에 오른 후 정적을 철저히 척결하는 한편, 전국 각지에서 일어난 반란 세력을 제거하는 역할을 했다. 이런 공을 높이 평가하여 이연은 이세민에게 '하늘이 책봉한 최상의 장수'라는 뜻의 천책상장天策上將이라는 별호를 내리기도 했다. 하지만 후궁인 윤덕비가 이세민을 참소하면서 이연은 이세민을 의심하기 시작한다. 심지어 이연은 이세민을 불러들여 욕설까지 쏟아내며 불신을 드러낸다.

이연은 이세민이 황위를 넘보고 있다고 판단했다. 이세민은 물론 그런 포부를 숨기고 있었는데, 아버지에게 자신의 속내가 발각되자 626년에 자신의 친형이자 황태자 이건성을 죽이고 황태자 자리를 차지하는 한편, 실권을 장악해버린다. 그리고 두 달 뒤에는 아버지 이연마저 태황제로 밀어내고 황위에 오른다.

당황조의 태평성세

당황조는 2대 태종부터 6대 현종까지 120여 년 동안 태평성대를 구가한다. 태평성대의 주춧돌을 놓은 인물은 당나라 역사상 가장 위대한 황제로 추앙받는 태종 이세민이다.

599년생인 태종 이세민은 황위에 오른 626년에 27세의 젊은 황제였다. 당시 뛰어난 장수이자 전략가였던 이세민은 위징, 이정, 방현령, 두여회, 장손무기 등 책략가와 뛰어난 장수를 등용하여 성공적인 정치를 펼쳐나갔다. 우선 농민에게 균등하게 토지를 나눠주고 합리적인 세금 정책을 펼쳐 민생을 안정시키고, 행정제도를 혁신하고 과거제도를 실시하여 인재를 고루 등용했으며, 징병제를 실시하여 군사력을 강화했다. 이후 동돌궐을 비롯한 주변 변방을 정벌하여 영토를 두 배 이상 확대했다. 이러한 태종의 정치는 그가 세운 연호를 따서 '정관의 치'라는 이름으로 칭송받으며 후대 정치의 모범이 되었다.

그러나 이세민의 치세에 유일한 오점으로 남은 사건이 있었다. 바로 고구려 정벌 전쟁이다. 이세민이 고구려 왕(영류왕)을 죽인 역적 연개소문을 응징하고 동방을 안정시킨다는 명분으로 고구려를 침략한 것은 645년 3월이었다. 이후 당나라 군대는 요동성, 개모성, 백암성 등을 함락하고 여세를 몰아 안시성을 공격했지만 당시 안시성주의 치밀한 계략에 말려 안시성 공략에 실패했고, 결국 이세민은 많은 물량과 병력을 잃고 퇴각하고 말았다.

이세민은 고구려 원정에 실패한 뒤부터 건강에도 큰 이상이 생겼다. 심한 이질에 시달리는가 하면, 중풍까지 앓았고, 결국 649년 7월 50세의 나이로 사망했다.

이세민에 이어 고종이 황위에 올라 태평성세를 이어간다. 그런데 고종의 치세는 그가 아니라 황후 무측천이 주도했다. 무측천은 재능이 뛰어나고 정치적 야심이 강한 여인이었다. 그녀는 고종 재위 7년인 655년부터 정사에 간여하기 시작했고, 660년부터는 아예 전권을 장악했다. 이후 그녀는 무려 45년 동안 당나라의 실질적인 황제로 군림했다.

그녀가 집권하는 동안 당나라는 이세민이 이루지 못한 동방 정벌에 성공하여 고구려와 백제를 무너뜨렸다. 또 그녀는 아들인 중종과 예종을 차례로 폐위한 뒤, 690년에 정식으로 황제에 즉위하여 성신황제로 불리기도 했다. 이러한 그녀의 치세는 이후에도 15년 동안이나 지속되었다.

이렇듯 황후가 황위를 차지한 까닭에 황실의 위신은 실추되었지만, 당나라의 영화는 지속되었다. 무측천은 이소덕, 적인걸, 요숭 등 뛰어난 인물을 등용하여 정사를 비교적 잘 꾸려나갔다.

705년에 무측천이 죽자, 중종이 복위하여 5년 동안 다스렸지만 그는 비운의 죽음을 맞이한다. 이번에는 그의 황후 위씨가 쿠데타를 일으켜 710년에 그를 독살한 것이다. 이후 황후 위씨는 자신의 아들 이중무를 황제에 앉혔는데, 이에 분개한 예종 이단의 3남 이융기가 측천무후의 딸이자 고모 태평공주와 손잡고 위씨 일가를 모두 척결한 후, 이중무를 폐위했다. 그러자 예종이 복위하여 이융기를 황태자로 삼았다가 2년 뒤에 태상황으로 물러나고 이융기를 황제에 앉히니, 그가 곧 6대 현종이다.

현종시대는 당황조가 가장 융성한 시기로 그의 치세는 712년부터 756년까지 44년 동안 이어졌는데, 30여 년 동안은 태평성세를 구가했다. 황실과 국가의 폐단은 일소되었고, 실력 있는 인재가 조정에 넘쳐났다. 인구는 날로 증가했고, 나라는 풍요로웠으며, 국력은 그 어느 시절보다 강했다. 덕분에 당나라 문화는 황금기를 구가했다. 당나라 수도 장안은 중국의 중심을 넘어 세계적인 도시로 성장했고, 예술과 종교도 크게 융성했다. 이백, 두보 같은 위대한 시인이 출현했고, 왕유와 이사훈 같은 천재적인 화가가 등장했으며, 혜능과 마조 같은 뛰어난 불교 승려도 나타났다.

특히 남북조 시절에 유입된 불교는 당나라 초기부터 번성했고, 현종 대에는 통치자들 사이에 만연할 만큼 널리 퍼져 있었다. 그런 까닭에 전국 각지에 수많은 사찰이 건립되었고, 화려한 불교 건축과 조각, 미술품이 성행했다. 불교뿐 아니라 노장사상을 숭상하는 도교도 발달했고, 조로아스터교, 마니교, 이슬람교 등도 유입되어 자유롭게 포교 활동을 했다.

그러나 태종 이후 120년 동안 유지되던 태평성대는 현종 말기인 755년에 안사의 난이 일어나면서 종말을 고했다.

안사의 난과 당의 혼란

안사의 난安史之亂은 755년 12월부터 763년 2월까지 8년에 걸쳐 일어난 대규모 반란 사건으로 안녹산과 그의 부하 사사명이 일으켰다 하여 붙인 명칭이다. 이 사건은 당나라 혼란의 뿌리가 되는데, 안녹산은 반란 기간에 스스로 황제를 참칭하고 국호를 '연燕'이라 했다.

안사의 난이 일어난 배경에는 현종의 타락상이 있었다. 현종은 자기 아들의 부인 양옥환에게 빠져 그녀를 아들에게서 빼앗아 귀비로 삼고 밤낮으로 그녀의 치마폭에 싸여 지냈다. 그리고 양귀비가 하는 말이면 무엇이든 들어주었으며, 재물은 말할 것도 없고 권력까지 다 내줬다. 정사는 항상 뒷전이었고, 온천에 있는 별궁인 화청궁에서 환락에 빠져 지냈다. 그러자 권력은 양귀비의 사촌 오빠 양국충과 환관 고력사가 차지했고, 그들은 전횡과 부패를 일삼았다. 이에 따라 환관이 조정을 장악하고 관리는 부패했으며, 백성들은 부정한 수탈에 신음했다.

안녹산은 이런 혼란을 틈타 755년 12월에 거병하여 난을 일으켰다. 안녹산은 이란계 아버지와 돌궐족 출신 어머니 사이에서 태어난 인물이다. 그는 6개 국어에 능통했으며, 30대에 장군 장수규의 수하로 있으면서 무관으로 성장했다. 그리고 742년에 평로절도사가 되어 변경 방비를 잘한 덕에 현종의 신임을 얻었다. 또 양귀비의 마음에 들어 그녀의 양자가 된다. 이후로 안녹산은 수시로 궁궐을 드나들었고, 때로는 양귀비의 처소에서 밤을 새우는 일도 있었다. 이 때문에 양귀비와 안녹산에 대한 추문이 나돌았지만, 현종은 그들의 관계를 전혀 의심하지 않았다.

그런 가운데 양국충이 재상에 올라 현종에게 안녹산이 반란을 꾀할 것이라고 고변한다. 하지만 현종은 안녹산을 시험해본 뒤, 양국충의 말이 틀렸다고 생각하고 오히려 안녹산에게 더 높은 벼슬을 내린다.

그러자 불안감이 컸던 안녹산은 간신 양국충을 제거한다는 명분으로 반란을 일으킨다. 안녹산은 무려 15만 병력을 이끌고 반란을 일으켰지만, 이 소식을 접하고도 현종은 안녹산의 반란을 믿지 않았다. 안녹산은 낙양을 공격하여 빼앗은 후, 그곳을 수도로 삼고 대연황제라 자칭하며 군대를 몰고 장안을 공격했다. 뒤늦게 그 소식을 접한 현종은 급히 장안에서 도주했는데, 그 과정에서 양귀비와 양국충을 죽였다.

한편 안녹산은 장안을 함락했고, 태자 이형(훗날의 숙종)은 이에 대항하여 군대를 추슬러 장안 탈환에 공을 들였다. 그런 가운데 안녹산 진영에도 내분이 발생했다. 안녹산의 아들 안경서가 아버지를 죽이고 스스로 황제라 칭했던 것이다. 그 틈을 이용하여 이형은 곽자의의 군대로 하여금 장안을 탈환하게 하고 그 여세를 몰아 낙양까지 수복했다.

그 무렵 반란군 진영에서는 안녹산의 휘하 장수 사사명이 안경서를 죽이고 대연황제라 칭했으나 사사명 역시 761년에 자신의 아들 사조의에게 살해되었다. 그리고 763년에 사조의 세력이 자중지란으로 붕괴되면서 안사의 난은 종결되었다.

그러나 안사의 난이 종결된 후에도 여전히 당나라는 혼란에서 벗어나지 못했다. 안녹산과 사사명이 관할했던 지역의 절도사들이 세력을 형성하고 지방 할거 세력으로 남아 있었기 때문이다.

절도사를 중심으로 형성된 지방 할거 세력을 타파하기 위해 숙종, 대종, 덕종, 순종에 걸쳐 지속적으로 노력했지만, 그들 세력은 쉽게 사라지지 않았다. 805년 헌종 이순이 황제에 올라 지속적으로 군대를 파견하여 할거 세력을 소탕한 끝에 가까스로 안정을 되찾았다.

하지만 지방 절도사에 이어 환관 세력이 또 다른 반란 세력으로 성장했다. 즉위 후 15년 동안 지방 할거 세력 평정에 모든 힘을 기울이던 헌종이 820년에 허망하게도 측근 환관에게 살해되고 말았다.

환관 세력은 현종 때 고력사 이후로 권력의 중심이 되어 이보국, 정원진 등의 환관이 권력을 이어가고 있었다. 그들은 황제 옹립에도 깊숙이 관여했고, 헌종의 죽음도 황실과 환관의 권력 다툼 과정에서 발생한 일이었다.

이어지는 농민 봉기와 당의 몰락

헌종이 죽은 820년부터 907년까지 87년 동안은 당의 몰락기에 해당한다. 이 87년 동안 환관이 정권을 장악하고, 대신들은 붕당 싸움에 열을 올렸으며, 환관과 대신 사이에도 협잡과 결탁이 일상화되었다.

헌종이 환관에게 살해된 후 목종, 경종, 문종 등 여덟 명의 황제가 즉위했으나 이들 중 경종을 제외한 모든 황제가 환관에 의해 옹립되었다. 환관은 황제를 옹립할 때마다 기존 황제를 살해하거나 폐위했기에 황제는 모두 허수아비에 불과했다. 이렇다 보니 매관매직이 판을 쳐 부패한 관리가 백성의 고혈을 짜며 학정을 일삼았다. 이로 인해 전국 곳곳에서 농민이 봉기하여 저항했고, 이는 860년 1월 절동 지역의 대봉기로 이어졌다.

절동의 대봉기를 주도한 인물은 구보였는데, 처음에 그를 따르는 농민군은 불과 100여 명이었다. 하지만 시간이 흐를수록 농민군의 수는 기하급수적으로 불어나 수만 명을 헤아렸고, 구보는 천하도지병마사를 자처하고 연호까지 세웠다. 하지만 반년 만에 진압되고 말았다.

868년에는 농민이 아닌 국경 수비대 병사들이 봉기했다. 옹주를 방어하기 위해 파견되었던 서주의 사병들이 호남, 회남 일대의 주와 현을 공격하여 무너뜨리자 농민들까지 가담하여 봉기군은 순식간에 20만에 이르렀다. 하지만 이들 역시 14개월 만에 진압군에게 무참히 패배했다.

하지만 농민 봉기는 지속되었다. 그중에서도 당황조의 몰락에 가장 치명적인 영향을 끼친 것은 '황소의 난'이었다. 875년부터 884년까지 무려 9년 동안 지속된 황소의 난은 당황조의 몰락을 재촉했다.

황소는 지금의 산둥성 조현 출신으로 875년에 수천 명의 봉기군을 이끌며 조주와 복주를 점령한 후, 충천대장군이라 칭하며 강남의 여러 지역을 함락시켰다. 그러자 황소 휘하의 봉기군은 수십만 대군으로 불어났고, 황소는 그 여세를 몰아 880년에 당황조의 동도 낙양과 수도 장안을 함락시켰다. 그리고 장안에서 황제에 즉위한 후 국호를 제齊라 했다.

하지만 이후 지속된 진압군의 공격을 견디지 못하고 장안에서 쫓겨난 뒤, 패전을 거듭하다가 884년에 진압군에 포위되어 자살했다.

황소의 난이 지속되는 동안 환관과 조정 대신은 치열한 권력 다툼을 벌였다. 그 결과 주온과 최윤이 환관을 대량 학살하고 각 지방에 파견된 환관 세력을 척결했다. 또 주온은 904년에 당시 황제 소종을 살해하고, 소선제를 황위에 앉혔다가, 907년에 소선제를 폐위시키고 자신이 황제에 올라 국호를 양梁으로 변경함으로써 당황조는 완전히 몰락했다. 이후 중국 역사는 분열과 혼란을 거듭하며 5대10국시대를 전개하게 된다.

분열의 시대,
요, 송, 금의 대립

당이 몰락한 후 다섯 개의 짧은 황조가 거쳐 갔다. 주온이 세운 후량이 16년, 이극용이 세운 후당이 13년, 석중귀가 세운 후진이 11년, 유지원이 세운 후한이 3년, 곽위가 세운 후주가 19년 유지되는 정도였다. 또 전국 각지에서 군벌이 일어나 10개의 나라를 세웠다가 사라지곤 했다. 그래서 당나라가 몰락한 이후 다섯 황조와 10개의 나라가 세워진 약 70년을 5대10국시대라고 한다.

5대10국시대를 종결시킨 인물은 조광윤이다. 후주의 금군대장 출신이던 그는 후주를 무너뜨리고 송나라를 건설했는데, 이를 흔히 북송이라고 한다. 북송은 960년에 일어나 1127년까지 160여 년 동안 유지된 나라다.

북송이 성립될 당시 북쪽에는 거란족이 세운 요나라가 있었다. 거란의 족장 출신인 요나라 태조 야율아보기는 916년 황제에 올랐다. 그는 제위에 오른 뒤 끊임없이 세력을 확대했다. 동쪽으로 발해를 공격하여 926년에 발해 왕조를 무너뜨린 것도 그였다.

거란은 태종 시절인 947년에 국호를 요로 바꾸고 세력 확장에 더욱 박차를 가했다. 그리고 결국 북송과 국경을 맞대고 싸우기에 이르렀다. 요는 979년과 986년 두 차례에 걸쳐 북송에 승리하여 중국 대륙의 패권을 장악했다.

이후로도 요나라는 끊임없이 북송을 괴롭혔다. 북송은 요의 공격에서 벗어나기 위해 1005년에 요와 형제 관계를 맺고 매년 은 10만 냥과 비단 20만 필을 주기로 하는 내용이 담긴 우호조약을 맺었다.

이후 요는 북송과 평화 관계를 유지했는데, 그런 상황에서 요의 지배를 받던 여진족이 일어나 금을 세웠다. 금을 일으킨 인물은 여진족 족장 아골타였다. 아골타는 1115년에 금을 세우고 스스로 황제라 칭했다. 10년 뒤인 1125년에 금은 요를 몰락시키고 북방을 모두 차지했다.

요를 몰락시킨 금은 그 여세를 몰아 남진하여 송을 공격했고, 결국 1126년에 북송을 몰락시켰다. 그러자 북송의 마지막 황제 흠종의 동생 조구가 남경에 도읍을 정하고 황제에 올랐는데, 이 나라가 곧 남송이다.

남송 역시 금나라의 거센 공략에 시달렸다. 남송의 조구는 몇 번이나 도읍을 버리고 달아나기에 여념이 없었다. 그러다 금나라와 화의 조약을 맺고 매년 은 25만 냥과 비단 25만 필을 바치기로 하고 금의 신하가 되는 조건으로 전쟁을 끝냈다. 이때 금과 송의 국경선은 화북 평원의 중심에 있는 회수였다.

이후 금나라 내부에서도 권력 다툼이 심화되어 내분이 일어났다. 1149년에 완안량이 희종을 죽이고 황제가 되었다. 그는 황제로 즉위한 후 곧바로 남송을 공격했다. 이에 남송은 이번에도 화의를 맺고 고개를 숙여 멸망을 면했다. 이후 남송은 몇 차례 금을 공격하여 세력을 회복하려 했으나 성공하지 못하고 전쟁배상금만 잔뜩 물었다. 그 결과 금이 중원의 패자로 군림했다.

한편 서북방에서는 새로운 세력이 일어났다. 바로 몽골이었다. 몽골의 족장 테무친은 1206년에 모든 부족을 통일하여 칭기즈 칸이라 불리며 세력을 확대하기 시작했다. 그리고 1215년에 금나라 중도(지금의 베이징)를 함락시켰다. 이후 몽골은 그 여세를 몰아 지속적으로 금을 공략한 끝에 1234년 금을 멸망시켰다.

몽골은 중국 대륙을 통일하기 위해 누차에 걸쳐 남송을 공략했다. 그리고 1276년에 마침내 남송을 멸망시키고 중국 대륙 전체를 수중에 넣었다. 이때 몽골의 황제는 세조 쿠빌라이였다. 세조 이후 원元은 세력을 더욱 확대하여 인류 역사상 가장 광대한 영토를 차지한 대제국를 일궈낸다.

유라시아 대륙을 제패한 몽골대제국

몽골제국을 세운 칭기즈칸

인류 역사상 가장 광대한 영토를 지배한 몽골대제국을 일으킨 인물은 칭기즈칸으로 불리는 보르지긴 테무친이다. 1162년에 예스게이와 호엘룬 사이에서 태어난 테무친은 아홉 살 때 아버지를 여의고 힘든 어린 시절을 보냈지만, 20세 무렵엔 키야트 부족의 족장이 되었고, 마흔 살엔 숙적 타타르족을 정복했으며, 44세가 되던 1206년에는 몽골족을 모두 통일하여 '위대한 왕'을 의미하는 칭기즈칸의 칭호를 얻었다.

이후 그는 정복 전쟁을 통해 1209년에는 강족이 세운 서하를 복속했고, 1215년에는 중국 대륙 북부를 완전히 장악하고 있던 금나라 수도 연경을 함락시켰다. 이후 휘하 장수 무칼리를 연경에 주둔시킨 뒤 자신은 본국으로 돌아가 서요(요의 잔존 세력이 세운 나라)와 호라즘(중앙아시아 서부 지역에 있던 나라)을 정벌했다.

칭기즈칸의 몽골군은 무자비하고 잔인하기로 악명이 높았다. 가는 곳마다 도시를 불태웠고, 주민을 몰살했다. 이러한 칭기즈칸의 정벌 전쟁은 1227년 그가 죽을 때까지 계속되었다.

칭기즈칸은 서하 원정 중 사망했다. 서하는 일찍이 몽골에 복속되었으나 호라즘 정벌 시 협조하지 않았고, 칭기즈칸은 이를 응징하는 차원에서 1226년 서하 정벌에 나선 끝에 기어코 항복을 받아냈다. 하지만 칭기즈칸은 서하 원정 직전에 건강이 악화되어 있었다. 사고로 말에서 떨어진 데다 열병까지 겹쳐 건강이 좋지 않았는데, 주변의 만류에도 무리해서 원정을 감행한 것이다. 그리고 기어코 서하의 항복을 받아내고 1227년 8월에 생을 마감했다. 그는 자신의 죽음을 알리지 말고 서하의 군주와 백성을 모두 도륙하라는 유언을 남겼다. 이에 몽골군은 그의 죽음을 숨기고 서하의 도성인 흥경을 몰락시키고 그 주민과 왕족을 학살했다.

몽골제국의 영토 확장기

칭기즈칸이 죽은 후 몽골제국은 주치, 차가타이, 오고타이, 툴루이 등 네 명의 아들이 나눠서 지배했다.

큰아들 주치는 킵차크칸국을 지배했는데, 지금의 러시아 및 동유럽 일부와 카스피해 북부 지역에 해당한다. 둘째 차가타이의 칸국은 서요가 차지하고 있던 중앙아시아 지역으로 지금의 카자흐스탄, 우즈베키스탄, 키르기스스탄, 타지키스탄 등에 해당한다. 셋째 오고타이가 황위를 물려받는 한편, 몽골 본토와 중국 지역을 지배했고, 넷째 툴루이는 몽골고원 일부와 투르키스탄 및 그 주변 지역을 봉지로 받았는데, 후에 그의 아들 훌라구가 이 땅을 바탕으로 일칸국을 건설한다.

칭기즈칸은 후계자를 결정하지 못하고 죽었다. 주치와 차가타이는 대립하고 있어 일찌감치 후계자 물망에서 제외되었다. 당시 신하들은 대부분 넷째 툴루이가 후계자가 되길 원했으나, 칭기즈칸은 셋째 오고타이와 넷째 툴루이 사이에서 고민하다 죽었다. 그래서 칭기즈칸이 죽은 직후에는 넷째 툴루이가 임시로 대칸을 맡았다. 칭기즈칸과 함께 서하 원정에 참여하여 임종을 지켰기 때문이다. 이후 1229년에 정식으로 대칸을 지명하는 회의에서 툴루이가 여러 족장의 지지를 받았으나 툴루이는 아버지 칭기즈칸이 후계자로 생각하고 있던 사람은 자신이 아닌 형 오고타이였다며 대칸의 자리를 양보하고 오고타이에게 신하로서 충성을 맹세했다.

이후 툴루이는 오고타이칸의 명령을 받고 아들 몽케와 함께 금나라 정벌에 나섰다. 그리고 1231년 봄에 낙양을 공격하여 함락시켰으며, 이듬해엔 금나라 중도 대흥부를 점령한 뒤 몽골로 귀국했다. 그런데 귀국한 지 불과 두 달 만에 독이 든 술을 마시고 사망하고 말았다. 일설에 의하면 그는 중병이 든 형 오고타이를 대신하여 저주받은 술을 마시고 죽었다고 한다. 형 오고타이의 병을 고치기 위해 자신을 제물로 바친 셈이다.

툴루이에게는 몽케, 쿠빌라이, 아리크부카, 훌라구 등 네 명의 아들이 있었는데, 이들 네 아들은 몽골제국의 운명에 지대한 역할을 하게 된다. 그중 몽케는 몽골 4대 황제가 되고, 쿠빌라이는 5대 황제가 되어 원을 대제국으로 성장시킨다.

한편 툴루이가 희생물이 되어 죽은 덕분인지 알 수 없지만, 오고타이는 병상에서 일어났다. 이후 오고타이는 9년을 더 살며 1234년에 금나라를 멸망시켜 병합하는 등 영토 확장에 주력하다 1241년에 죽었다. 오고타이의 묘호는 태종이다.

오고타이가 죽자, 5년 동안 대칸의 자리는 비어 있었고, 대칸의 권한은 오고타이의 여섯 번째 황후 퇴레게네 카툰(소자황후)이 차지했다. 오고타이가 원래 후계자로 지목한 인물은 제1황후 보라쿠친 카툰이 낳은 쿠추였다. 그런데 1234년에 쿠추가 남송 원정 중 전사하자, 오고타이는 쿠추의 아들 시레문을 후계자로 정했다. 그런데 막상 오고타이가 죽자, 황후 퇴레게네 카툰은 5년 동안이나 섭정을 하며 자신의 아들 귀위크를 후계자로 삼기 위해 모략을 부렸다. 그리고 기어코 귀위크를 대칸에 앉혔으니, 그가 3대 황제 정종이다.

이렇듯 모후의 모략에 힘입어 1246년 대칸에 오른 귀위크는 불과 2년 뒤인 1248년 4월에 킵차크칸국의 두 번째 왕 바투를 정벌하러 가던 길에 사망하고 말았다.

귀위크에 이어 대칸에 오른 인물은 툴루이의 장남 몽케다. 몽케는 귀위크와 대립하던 킵차크의 칸 바투와 협력하여 오고타이 계통의 정적들을 물리치고 1251년에 대칸의 자리에 올랐다.

대칸에 오른 몽케는 영토 확장에 주력했는데, 1251년에는 고려 원정을 시작했고, 1252년에는 티베트와 인도의 델리 술탄국, 1253년에는 서방 원정, 1254년에는 대리국과 베트남 정벌에 나섰다. 특히 동생 훌라구를 파견한 서방 원정은 대성공을 거뒀는데, 원정 2년 만에 지금의 이라크, 시리아 등 이슬람 지역을 정복하고 일칸국을 세웠다. 그리고 1254년에는 지금의 중국 윈난성에 있던 대리국을 정복하고, 고려의 항복을 받아냈으며, 베트남을 공략했다.

하지만 몽케는 거기서 만족하지 않았다. 아직 중국 전체를 정복하지 못했기 때문이다. 그래서 1258년 남송 정벌에 직접 나섰다. 1252년부터 지속적으로 남송을 공격했지만 별다른 성과를 거두지 못하자, 직접 종지부를 찍기 위해 출전한 것이다. 그런데 1259년 여름, 그는 쓰촨성에서 남송군과 싸우다 투석기 돌에 맞아 부상을 입고 병석에 눕고 말았다. 설상가상으로 군영엔 전염병이 돌았고, 몽케는 결국 전염병에 걸려 이질과 발진티푸스로 고생하다 사망하고 말았다.

몽케가 죽자, 그의 동생들 사이에서 계승권 다툼이 벌어졌다. 바로 아래 동생 쿠빌라이와 넷째 아리크부카의 다툼이었다. 몽케는 출정을 앞두고 아리크부카에게 조정을 맡겼고, 몽케의 자녀들도 모두 아리크부카가 제위를 이어야 한다고 주장했다. 그래서 몽케가 사망했다는 소식을 들은 아리크부카는 감국이 되어 섭정

칭기즈칸의 손자 쿠빌라이는 몽골의 5대 황제 세조로 중국 대륙을 통일하여 몽골제국을 완성
했다.

을 했고, 이어 후계자 선정 회의인 '쿠릴타이'를 개최하여 대칸으로 즉위했다. 하지만 쿠빌라이는 그의 계승을 인정하지 않고 독자적으로 쿠릴타이를 개최하여 대칸을 자처했다.

이후 두 형제는 계승권을 놓고 5년 동안 전쟁을 벌였는데, 이때 셋째 훌라구는 한동안 관망하다가 나중에는 형 쿠빌라이 편에 섰다. 형제의 전쟁은 결국 쿠빌라이의 승리로 끝났고, 아리크 부카는 패전한 이후 독살되고 말았다.

제5대 대칸에 오른 쿠빌라이는 1271년 몽골제국의 국호를 원元으로 바꿨다. 그리고 1279년에는 남송을 몰락시키고 중국을 통일함으로써 인류 최대의 대제국을 일궜다. 이후에도 미얀마, 베트남, 일본, 인도네시아, 캄보디아, 태국 등에 군대를 보내 정벌

전쟁을 감행했으나, 대부분 실패했다. 두 차례에 걸친 일본 원정은 태풍으로 실패했고, 미얀마와 베트남 원정은 두 나라의 강력한 저항에 밀려 실패했으며, 인도네시아 자바섬 원정은 풍토병으로 실패했다. 하지만 소득이 없지는 않았다. 미얀마에서는 수도 바간을 점령하고 새 정권을 세운 뒤 조공을 받기로 하고 물러났으며, 태국도 원나라를 종주국으로 인정하고 공물을 바치기로 했다. 또 캄보디아는 원의 속국이 되었다.

이렇듯 쿠빌라이는 34년간의 재위 기간에 지속적인 정벌 전쟁을 통해 원을 대제국으로 성장시키다 1294년에 79세를 일기로 죽었다. 그의 묘호는 세조다.

몽골대제국의 급작스러운 몰락

몽골대제국은 인류 역사상 가장 광대한 영토를 개척했지만, 몽골의 지배는 오래가지 못했다. 쿠빌라이가 죽자, 그의 손자 성종 테무르가 황위를 이었다. 다행히 성종은 계승권 다툼을 하지 않고 황위에 올랐다. 계승권을 다툴 만한 후계자가 모두 일찍 죽었기 때문이다.

그는 즉위 직후 일본과 동남아 국가에 대한 원정을 중단하고 내실을 다지는 데 주력했다. 그럼에도 그는 13년 치세 동안 늘 재정 적자에 시달려야 했다. 거기다 형제국인 칸국과의 전쟁에도 시달렸다. 그런 상황에서 그는 늘 주색을 탐하여 건강을 잃었다.

알코올의존증에 시달리는 한편, 지나친 정력 소비와 불규칙한 생활로 건강이 악화되었고, 결국 1307년에 사망했다.

그는 후계자를 남기지 못했다. 네 명의 아들이 있었으나 모두 요절했다. 그 때문에 그의 사망과 함께 황위 쟁탈전이 벌어졌다. 치열한 다툼 끝에 무종 카이산이 황위에 올랐다. 카이산은 성종이 사망했다는 소식을 듣고 군대를 일으켜 황위를 차지한 인물이었다. 그는 황위를 차지한 뒤에는 계승권을 다투던 정적을 모두 죽였다.

하지만 그의 치세는 불과 4년이었다. 그도 성종과 마찬가지로 알코올의존증으로 건강을 잃더니, 이내 사망했다. 일설에는 그의 모후 다기 카툰과 동생 아유르바르와다에게 독살되었다고 한다.

1311년에 그가 사망하자 동생 아유르바르와다가 황위를 이으니, 곧 인종이다. 인종은 무종의 황위 계승에 적극 동참했던 인물이다. 그 때문에 무종은 황위에 오르자 곧 그를 황태제로 삼았다.

인종은 황위에 오른 후 무종의 자식을 모두 추방했다. 그는 무종 생전에 무종의 아들을 황태자로 세운다고 약속했지만 지키지 않고 자신의 아들 시데발라를 황태자로 세웠다. 그 때문에 원나라 조정은 극심한 계승권 다툼에 시달리게 된다. 1320년에 인종이 죽고 그의 아들 영종 시데발라가 황위를 잇자, 시데발라의 황위 계승에 불만을 품은 무종 세력이 강력하게 반발했다. 원나라 조정은 혼란에 휩싸였고, 그 와중에 영종은 재위 3년인 1323년에 살해되고 말았다.

영종이 암살되자 황위 다툼은 더욱 극심해졌다. 태정제가 북방

영주들의 세력에 힘입어 황위에 올랐으나 5년 만에 암살되었고, 이어 황위에 오른 천순제는 즉위 두 달 만에 쿠데타로 쫓겨났다. 이후 황위에 오른 명종, 문종, 영종 등도 모두 즉위 몇 달 만에 살해되거나 쫓겨났다.

이렇듯 성종이 사망한 후 25년 동안 지속된 황위 다툼으로 조정이 혼란을 거듭하자, 원나라는 정치는 물론 경제와 군사 등 모든 방면에서 부정과 부패가 판을 쳤고, 이는 곧 농민 반란의 원인이 되었다.

농민 반란은 원나라 마지막 황제 순제가 즉위한 1333년부터 시작되었다. 농민 봉기는 해를 더할수록 심화되어 급기야 거대한 조직으로 발전하여 진압이 거의 불가능할 지경으로 치달았다.

농민 봉기군의 주력은 홍건적이었다. 1351년에 일어난 홍건적은 날로 세력을 확장하여 10여 년을 원나라 군대와 싸우며 힘을 키웠고, 급기야 1368년 홍건적의 우두머리 주원장이 원나라 대도를 함락해버렸다. 순제는 연경이 함락되자, 북으로 도주하여 목숨을 구했으나 인류 역사상 최대의 영토를 자랑하던 몽골대제국은 역사 속으로 사라지고 말았다.

이후 중국은 주원장이 세운 명나라에 의해 대제국의 역사를 이어갔고, 원나라 황실은 자신들의 본토인 북쪽 초원으로 돌아가 북원이라는 이름으로 1635년까지 명맥을 이어간다.

이 시대의
한국사

중국의 대제국이 한국사에 끼친 영향

중국에서 진을 시작으로 대제국이 건설되어 한, 수, 당, 송, 원으로 이어지는 동안 한국사에서는 고조선에서 삼국시대와 남북국시대를 거쳐 고려에 이르는 역사가 진행되고 있었다.

　서양사에서 그리스나 로마의 세력 확대가 지중해 주변국과 중동 및 인도 각국의 패망과 식민화를 초래했듯 진과 한 같은 대제국이 중국에 형성된 것도 아시아 각국에 엄청난 변화와 불행을 초래했다. 중국 대륙을 통일한 진은 동쪽으로는 이족, 서쪽으로는 융족, 남쪽으로는 만족, 북쪽으로는 적족을 오랑캐로 규정하고 적대시했다. 그 때문에 동이족의 종주국 조선(고조선) 또한 진과 한이 펼친 팽창정책의 희생양이 될 수밖에 없었다.

동아시아 역사에서 중국과 한국의 관계는 거대한 중국 대륙이 하나의 국가로 통일되면 한국은 항상 패망하거나 축소되는 상황으로 내몰리고, 중국이 여러 나라로 분열되면 한국은 세력을 확대하여 안정을 구가하는 형태였다.

진이 중국을 통일했을 때 고조선의 변방을 위협하는 바람에 단군조선이 무너지고 위만조선이 형성되었고, 다시 한이 중국을 통일하여 위만조선을 공격하는 바람에 고조선이 완전히 몰락했다. 그러다 한나라가 붕괴되고 중국의 세력이 갈라져 위진남북조 및 5호16국시대가 전개될 때는 고구려와 백제가 융성하고, 다시 중국이 수와 당에 의해 하나로 통일되면 고구려와 백제가 패망했다. 또 고구려가 멸망한 후 당나라의 약화를 틈타 발해를 일으켰으나 요나라가 중국 대륙의 패권을 장악하면서 발해가 멸망하여 한국사는 한반도로 축소되고 만다.

하지만 이런 현상은 거기서 멈추지 않는다. 원나라가 중국을 통일하면 고려가 원에 복속되고, 명나라가 중국을 통일할 때는 조선이 명의 조공국이 되며, 청이 중국을 통일할 때는 병자호란으로 인한 인조의 굴욕스러운 항복으로 이어진다. 이렇듯 중국 대륙이 하나의 통일국가가 되어 대제국을 형성하기만 하면 한국에는 언제나 위기가 닥쳤다.

이러한 일련의 과정에 대한 이해를 위해 고구려, 백제, 신라 삼국과 발해, 고려의 역사를 간략하게 살펴본다.

고구려왕조 705년

고구려는 고주몽에 의해 BC 37년에 건국되었으며, 668년에 당나라 때문에 몰락할 때까지 28명의 왕에 의해 총 705년간 지속된 왕조로 북방의 맹주를 자처하며 만주와 한반도 북부 일대를 지배했다.

고구려왕조는 만주의 소국이던 동부여에서 망명한 고주몽(제1대 동명성왕)이 졸본부여(구려)의 부족장 연타취발과 힘을 합쳐 국가를 세우면서 시작된다. 주몽은 졸본부여와 연합하는 과정에서 연타취발의 둘째 딸 소서노와 결혼했고, 연타취발이 죽은 후에는 부족장 자리를 물려받았으며, 이후 BC 37년에 주변 부족을 결합하여 나라를 세우고 국호를 고구려라 했다.

고구려사 705년은 중국의 정세와 고구려의 위상 변화에 따라 전기, 중기, 후기로 나눌 수 있다. 고구려사를 중국 정세에 따라 나누는 것은 중국 국가들과 국경을 맞대고 있던 고구려의 지리적 특수성 때문이다. 중국 대륙이 진과 한에 의해 통일되고 그 여파로 고조선이 붕괴된 사실에서 알 수 있듯 중국이 하나의 국가로 통일되거나 여러 국가로 분열되는 것은 만주에 기반을 둔 고구려에는 국운을 뒤흔드는 중요한 사건이 아닐 수 없었다. 따라서 고구려사를 중국 역사의 변천에 따라 나누는 것이 가장 쉽게 고구려 역사를 이해하는 방법일 것이다.

중국 정세의 변천에 따르자면 고구려사의 전기시대는 중국 대륙이 전한과 후한으로 통일된 시기에 해당하는데, 1대 동명성왕부터 10대 산상왕까지라 할 수 있다. BC 37년에서 227년까지 264년이 이에 해당한다.

전기 고구려사는 토대 구축기와 국력 신장기로 나눌 수 있다. 토대 구축기는 1대 동명성왕에서 유리명왕(2대)과 대무신왕(3대), 민중왕(4대)을 거쳐 모본왕(5대)에 이르는 약 90년 동안이다. 이 시기에는 건국 이후의 혼란을 수습하고, 주변 소국을 정복하여 국가의 토대를 강화한다. 국력 신장기인 6대 태조에서 10대 산상 왕에 이르는 170여 년 동안에는 6대 태조왕과 차대왕(7대)이 영토를 확장하고 국력을 신장시켰으며, 신대왕(8대), 고국천왕(9대), 산상왕이 중앙집권화를 확립하며 국가의 안정을 꾀한다.

중기시대는 중국에서 위진남북조시대(220~589)가 전개되어 힘이 분산된 덕에 고구려가 북방의 맹주로서 중원 세력과 힘을 겨루는 시기였는데, 11대 동천왕부터 25대 평원왕에 이르는 기간이다. 227년에서 590년까지 363년이 여기에 해당한다.

이 기간에 고구려는 11대 동천왕에서 18대 고국양왕에 이르기까지 여러 차례 전란을 겪으며 요동을 장악했고, 19대 광개토왕과 20대 장수왕에 이르러 역사 이래 가장 넓은 영토를 일구며 최고의 전성기를 구가한다. 하지만 문자명왕 이후 백제와 신라가 연합 세력을 형성하면서 영토가 축소되고, 세력이 위축되기 시작한다.

그리고 후기시대는 수와 당이 다시 중국을 통일하여 고구려를 몰락시킨 시기로 26대 영양왕에서 28대 보장왕에 이르는 기간이다. 590년부터 668년까지 78년이 이에 해당한다. 이 시기 고구려는 수와 당이 대륙을 통일함에 따라 세력이 급격히 위축되고, 설상가상으로 내분까지 일어나 망국에 이른다.

고구려 멸망의 가장 직접적인 원인은 무엇보다 대제국 당의 팽창정책이다. 당나라를 세운 이연은 고구려와 화친 정책을 구사하며 내부 안정에 주력했지만, 그의 아들 이세민이 이연을 내쫓고 황제에 오르면서 상황은 급변했다. 당 태종 이세민은 고구려 조정에 태자의 입조를 요구하고, 고구려와 세력을 다투던 신라, 백제와도 화친할 것을 종용했다. 이 때문에 고구려에서는 당과 싸워야 한다는 강경파와 화친을 주장하는 온건파가 대립했다. 고구려 27대 영류왕은 온건파를 지지하여 태자를 당나라에 보내 입조하게 했고, 당나라의 사신을 받아들여 화친 정책을 구체화했다. 하지만 당 태종은 내심 고구려를 정벌하려는 계획을 가지고 있었고, 이를 눈치챈 강경파 연개소문은 영류왕을 죽이고 종친 장(28대 보장왕)을 왕으로 세웠다.

이렇듯 연개소문이 화친주의자였던 영류왕을 제거하자, 당 태종 이세민은 정예 병력 10만을 이끌고 고구려 정벌에 나섰다. 그러나 이세민은 연개소문과 안시성 성주 양만춘의 방어 전략에 밀려 결국 퇴각했고, 이후 병을 얻어 죽고 말았다.

이세민이 죽은 뒤에도 그의 아들 고종은 고구려에 대한 공략을 멈추지 않았다. 그는 신라와 연합군을 형성하여 고구려를 공략했고, 고구려는 백제와 연합하여 나당연합군에 대항했다. 하지만 고구려와 백제의 연합군으로는 막강한 당나라 군대를 막아내기에는 역부족이었다. 더욱이 한반도 지리에 익숙한 신라군까지

가세하여 공략하는 바람에 전세는 점점 불리해졌다. 그런 가운데 백제가 먼저 나당연합군에 붕괴되고 말았다. 설상가상으로 전쟁을 지휘하던 연개소문마저 병사했다.

연개소문이 죽자, 그의 아들들이 권력 계승권을 두고 서로 다투었고, 이 내분을 놓치지 않고 당나라 군대가 밀려들었다. 당나라 군대를 끌어들인 자는 다름 아닌 연개소문의 장남 남생이었다. 거기다 연개소문의 동생 연정토마저 자신이 지휘하던 12개의 성을 신라에 바치고 투항해버렸다. 이후 무섭게 몰아친 당과 신라 연합군의 거센 공격을 이겨내지 못하고 668년에 평양성이 함락됨으로써 고구려 700년 사직은 종막을 고해야 했다.

백제왕조 678년

백제는 BC 18년에 고구려에서 망명한 졸본부여 세력의 족장 온조가 세워 660년 나당연합군에 의해 몰락할 때까지 31명의 왕에 의해 678년 동안 지속된 왕조다.

백제왕조는 고구려의 창업 세력인 졸본부여 부족이 동명성왕의 왕위 승계에 불만을 품고 지금의 한반도를 지배하던 마한의 북방 지역에 망명하여 세운 국가다. 이들의 망명을 이끈 인물은 졸본부여 족장 연타취발의 딸이자 동명성왕의 두 번째 부인 소서노였다. 소서노에게는 비류와 온조, 두 아들이 있었는데, 그들은 망명에 동참한 백성을 절반씩 나눠 미추홀과 색리국에 정착했다가 온조가 자리한 색리국으로 통합되었다.

백제의 초기 국호는 십제였으나 후에 백제로 이름을 바꿨으며, 초기엔 마한 연맹 54국 중 하나에 불과했으나 점차 세력을 팽창하여 마한 연맹을 이끌던 월지국을 무너뜨린다. 이후 마한 연맹에 대한 병합 정책을 지속하여 중앙집권 국가로 거듭나 고구려, 신라와 세력을 다툰다.

백제사 678년은 국가 형태의 변화와 국력의 변천에 따라 전기, 중기, 후기로 구분할 수 있다.

전기는 중앙집권화를 확립하지 못한 시기로 1대 온조에서 7대 계왕까지이며, BC 18년부터 234년까지 252년 동안이다. 이때 백제는 마한 소국 연맹의 일원에서 탈피하여 마한의 종주국으로 발돋움하는 때다.

중기는 마한 영토를 일원화하고 중앙집권화가 확립되어 국력이 팽창하던 8대 고이왕에서 21대 개로왕까지이며, 235년부터 475년까지 240년 동안이다. 이 시기에 백제는 중흥기를 맞아 중앙집권화를 이루고 영토를 확장하여, 그 위상이 최고조에 달했다.

후기는 고구려에 의해 한성이 무너지고 개로왕이 전사한 후 영토가 축소되어 도읍을 충청도의 웅진(공주)과 사비(부여) 지역으로 옮긴 시절로 국제적 위상이 심히 약화되어 패망으로 치닫는 때다. 22대 문주왕에서 31대 의자왕까지가 이 시기에 해당되며, 476년부터 패망한 때인 660년까지 184년 동안이다.

백제가 멸망하는 데 가장 직접적인 원인이 된 것은 대제국 당나라와의 관계 악화였다. 당시 당나라는 백제의 라이벌이던 신라와 화친을 맺고 백제와 고구려를 압박했는데, 백제는 이에 대항하기 위해 고구려와 화친을 맺고 신라를 위협했고, 당나라는 고구려와 백제에 사신을 보내 신라에 대한 공략을 멈출 것을 요구했다.

고구려와 백제가 당의 요구를 거절하자, 당 태종 이세민은 대군을 이끌고 고구려를 공략했으나 성공하지 못하고 퇴각했다. 당 태종이 죽고 고종이 즉위한 후 고구려와 백제는 신라를 협공하여 과거 신라에 잃었던 땅을 대부분 되찾았다. 궁지에 몰린 신라는 당나라에 구원을 요청했고, 당은 신라와 연합군을 형성하여 백제와 고구려를 공격했다. 당은 660년에 소정방에게 13만의 군대를 안겨 백제를 공격하게 했다. 또 신라의 5만 군대도 협공해 왔다. 의자왕은 나당연합군의 협공을 이기지 못하고 결국 항복했고, 이로써 678년간 지탱하던 백제왕조는 몰락했다.

신라왕조 992년

신라는 박혁거세가 BC 57년에 지금의 한국 남동부 지역에 있던 진한 6국을 연합하여 건국한 나라로 56명의 왕을 거치며 935년 고려에 의해 몰락할 때까지 992년 동안 지속된 왕조다.

신라 역사는 크게 고구려, 백제, 신라로 대변되는 삼국 시기와 백제 땅을 병합한 통일 시기로 구분된다. 삼국시대 신라사는 1대 혁거세왕에서 29대 태종무열왕까지 718년이 해당하며, 통일신라사는 30대 문무왕에서 56대 경순왕까지 274년이 해당한다.

삼국시대의 신라사는 박씨, 석씨, 김씨 왕실로 구분할 수 있다.

박씨 왕실이 지배한 시기는 1대 혁거세왕부터 8대 아달라왕까지 241년 동안이며, 석씨 왕실이 지배한 시기는 9대 벌휴왕에서 16대 흘해왕까지 172년 동안이고, 김씨 왕실이 지배한 시기는 17대 내물왕부터 29대 태종무열왕까지 305년 동안이다.

박씨 왕조는 진한 6국 연맹에서 출발하여 진한과 마한의 잔존 세력을 결합하여 고구려, 백제와 더불어 삼국의 하나로 성장시키는 역할을 했다. 그리고 석씨 왕실은 연맹 국가인 신라를 하나의 중앙집권화 국가로 전환하는 역할을 했으며, 김씨 왕실은 가야를 형성한 변한 세력을 병합하여 영토를 확대하고 국력을 키웠다.

당시 신라는 북방의 강대국 고구려와 남방의 침략자 왜, 그리고 서쪽의 새로운 강자로 등장한 백제의 틈바구니에서 생존의 외줄 타기를 해야 했다. 그런 가운데 중국 대륙이 수나라에 이어 당에 의해 다시 통일되자, 신라는 당과 함께 고구려와 백제를 무너뜨리는 한편, 백제 땅을 병합하여 통일시대를 연다. 이러한 신라의 백제 병합 이후 시기를 한국사에서는 남북국시대라고 지칭한다. 북쪽에는 옛 고구려 영토를 장악한 발해의 역사가 진행되고 남쪽에는 통일신라의 역사가 진행되고 있었다는 의미다.

통일신라는 왕위 계승과 정치 상황의 변화상에 따라 안정기, 혼란기, 쇠퇴기로 구분할 수 있다.

안정기는 30대 문무왕부터 35대 경덕왕까지 104년 동안이다. 이 시기 신라는 비교적 안정적으로 왕위를 계승했고, 정치적 혼란도 적은 편이었다. 하지만 혼란기에 해당하는 36대 혜공왕부터 50대 정강왕까지 122년 동안은 왕위 다툼으로 반란이 반복되고 정치적 혼란이 극에 달했다. 쇠퇴기에 해당하는 51대 진성왕부터 56대 경순왕에 이르는 48년 동안에는 영토가 삼분되어 후삼국시대가 전개된다. 이후 신라는 쇠락을 거듭하다 왕건이 세운 고려에 흡수되어 망국에 이른다.

발해왕조 228년

당나라가 고구려를 무너뜨려 요동을 장악했지만, 당의 요동 지배는 오래가지 못했다. 고구려가 몰락한 지 불과 30년 후 발해가 일어나 옛 고구려 땅을 모두 차지하고 새로운 강국으로 부상했기 때문이다.

발해는 말갈계 고구려인 대조영이 고구려 유민과 말갈족을 연합하여 698년에 세운 나라로 15명의 왕을 거친 뒤 926년에 거란이 세운 요나라에 의해 멸망할 때까지 228년 동안 유지된 왕조다.

발해사는 1대 고왕 대조영부터 9대 간왕에 이르는 698년부터 818년까지 120년 동안을 전기, 10대 선왕의 즉위 해인 818년부터 15대 대인선이 거란에 굴복한 926년까지 108년을 후기로 구분할 수 있다.

전기는 고왕 대조영의 후손이 지배한 시대로 고왕부터 3대 문왕까지 95년 동안은 지속적인 발전을 이뤘으나 4대 폐왕부터 9대

발해의 5경

거란

말갈

당

발해

충화강

●상경 용천부

▲동모산

중경 현덕부(화룡) ●

●동경 용원부

서경 압록부 ●

▲백두산

랴오허강

압록강

남경 남해부 ●

신라

동 해

한주 ◉

우산

황 해

금성 ◉

일본

탐라

남북국시대 한반도

간왕까지 25년 동안은 왕위가 불안하여 어려움을 겪어야 했다.

후기를 연 10대 선왕은 대조영의 아우 대야발의 4세손이며, 이후 발해 왕조는 선왕의 후손이 이어간다. 선왕 이후 발해는 영토를 크게 확장하고 해동성국이라는 별칭을 들을 정도의 강국으로 성장했지만, 안타깝게도 이에 대한 구체적인 기록은 남아 있지 않다. 발해에 대한 기록을 남긴 당나라가 혼란에 휩싸였고, 발해를 멸망시킨 요나라도 자세한 기록을 남기지 못했다. 그런 까닭에 발해의 중흥기인 11대 왕부터 15대 왕까지는 시호도 전하지 않고 있으며, 13대 왕과 14대 왕의 사망 연도조차 기록되지 않았다. 다만 당나라가 멸망한 후 등극한 마지막 왕 대인선의 재위 기간에 거란의 세력이 강대해져 발해를 몰락시킨 과정에 대해서만 간략한 기록이 남아 있을 뿐이다.

발해의 멸망은 당시 국제 정세의 엄청난 변화와 무관하지 않다. 907년에 대제국 당나라가 몰락하고, 중국 대륙에 종주국이 사라지면서 국제사회는 크게 요동쳤다. 그러한 혼란기에 왕위에 오른 발해의 마지막 왕 대인선은 천하를 손안에 쥘 기회를 놓치고 새롭게 성장한 거란에 북방의 주도권을 내주고 말았다. 대인선 치세에도 발해인은 당나라 멸망 후 짧게 이어진 후량, 후당 등의 태학에서 공부하고 과거에 합격한 기록을 남길 정도로 문명을 떨쳤지만, 당나라의 멸망과 함께 요서 지역에서 급격히 성장한 거란족의 팽창을 견뎌내지 못했다.

당나라의 혼란을 틈타 성장한 거란은 야율아보기가 916년에 부족을 통합하여 개국한 뒤 급속도로 성장했고, 급기야 발해를 위협하기에 이르렀다. 이후 발해와 거란 사이에 자주 전쟁이 발발했고, 서로 뺏고 뺏기는 싸움을 감행한 끝에 발해왕 대인선은 926년 1월 14일 거란에 항복하고 말았다. 이로써 228년간 지속된 발해왕조는 붕괴되었다. 이후 거란은 발해 땅에 동란국을 세우고 황제의 맏아들로 하여금 다스리게 했다.

한편 대인선은 거란으로 압송된 후 '오로고'라는 이름을 하사받았는데, 이는 거란의 왕이 타던 말 이름이었다.

비록 발해왕조는 무너졌지만 요동 지역에서는 여전히 거란에 대한 항쟁이 지속되었고, 발해 부흥운동이 일어났다. 발해의 부흥운동은 요동에서 여진족이 일어나던 1116년까지 무려 190년 동안이나 지속되었고, 그 과정에서 정안국, 오사성 발해국, 흥료국, 대발해국 등의 소국이 생겨났다 사라지기도 했다. 하지만 여진족이 금나라를 일으켜 요동을 장악하면서 발해 부흥운동도 막을 내렸다.

고려왕조 474년

고려는 통일신라 말기인 918년에 한반도 중부 개성 호족 출신인 왕건이 개국한 이래 1392년까지 34명의 왕에 의해 474년 동안 유지된 왕조다.

고려의 역사는 1대 왕건부터 18대 의종까지를 전기, 19대 명종부터 34대 공양왕 때까지를 후기로 구분할 수 있다. 전기에 해당하는 918년부터 1170년까지 252년은 왕이 통치의 중심에 있었으나 후기인 1170년부터 1392년까지 222년 동안은 왕이 유명무실해지고 무신과 외부 세력이 왕권을 좌지우지했다.

고려 전기의 역사를 살펴보면, 광종(4대)과 성종(6대)의 혁신을 기반으로 정종(10대), 문종(11대), 숙종(15대), 예종(16대) 대에는 안정과 발전을 구가했다. 이 기간에 외부적으로는 요와 금의 침입이 여러 차례 있었으나 뛰어난 외교력과 대단한 단결력으로 이를 막아내고 영토를 지켰다. 또 송의 선진 문물을 받아들여 문화적으로도 대단한 발전을 일궈냈다. 하지만 인종(17대)의 우유부단함과 의종(18대)의 타락으로 왕이 폐위되고 무신 정권이 들어서는 비극이 초래되었다.

1170년에 일어난 정중부의 난으로 시작된 고려 후기의 역사는 무신 정권시대와 원나라 복속기, 몰락기 등으로 구분된다. 무신 정권시대는 1170년부터 약 100년 동안 지속되었는데, 이 기간에 권력은 일부 무신이 독식했고, 왕은 유명무실했다. 이러한 무신 정권은 금과 송을 차례로 무너뜨리고 중국을 통일한 원나라 세력이 고려를 장악하면서 종식된다.

이후 고려는 다시 충렬왕에서 충정왕에 이르기까지 80여 년 동안 원나라의 지배를 받으며 지내야 했다. 이 기간에 왕들은 모두 원나라의 부마였기에 고려는 자주성을 잃고 원의 부마국으로 전락했다.

하지만 공민왕(31대)이 즉위한 14세기 중엽에 이르면 원나라가 몰락으로 치닫고, 고려는 원의 지배에서 벗어나 자생력을 회복하게 된다. 하지만 국제 정세가 혼탁해지면서 고려는 왜구와 홍건적, 원나라 잔존 세력 및 여진족과 전쟁을 지속하게 되었다. 그 혼란 속에서 세력을 형성한 무장 출신 이성계가 1392년에 마지막 왕 공양왕을 폐위시키고 조선왕조를 개창하면서 고려왕조는 사라지게 된다.

이 시대의
일본사

야마토시대

중국에서 진, 한, 수, 당, 송, 원 등의 대제국이 이어지고 있을 때 일본의 역사는 야요이시대를 시작으로 야마토시대, 나라시대, 헤이안시대를 거쳐 가마쿠라 막부시대가 전개되던 때였다. 일본은 중국과 멀리 떨어진 섬나라였기 때문에 원나라의 일본 원정 이외에는 중국 대제국의 흥망성쇠에 큰 영향을 받지 않고 비교적 독자적인 세계를 구축했다.

일본의 역사는 신석기시대에 해당하는 조몬彌生시대에서 시작되는데, 조몬시대는 BC 1만 3000년경부터 BC 300년까지로 본다. 이후 3세기까지 500여 년 동안 야요이시대가 전개되는데, 이 시대엔 일본열도에 100여 개의 도시국가가 생겨난다. 이들 도시국가가 치열한 전쟁을 통해 병합을 지속하여 마침내 통일 왕조 국가가 나타나는데, 왕조 국가가 등장한 시기를 흔히 야마토大和 시대라고 한다. 야마토시대는 대략 3세기 초부터 8세기 초까지 약 500년 동안 지속되는데, 이 시기 일본은 왜라는 국호를 사용하며 주로 한국의 고구려, 백제, 신라 등과 교류해 그들의 문물을 받아들이고 발전시켰다. 특히 백제와는 친밀한 관계를 맺고 있었으며, 백제 문화를 대거 수입하여 문화 발전에 큰 도움을 받았다. 또 백제가 당과 신라 연합군의 공격을 받을 당시에는 군대까지 보내 구원하려고 했으나 백제의 몰락을 막지는 못했다. 이후 많은 백제 왕족과 귀족을 받아들이고 국가의 기틀을 새롭게 다졌다.

야마토시대는 대개 고훈(고분)시대와 아스카시대로 구분하는데, 고훈시대는 지배자의 상징인 고분이 대거 조성된 시기라고 해서 붙은 명칭이고, 아스카시대는 아스카를 수도로 삼아 국가의 기틀을 새롭게 한 시대를 지칭한다.

고훈시대에는 백제에서 다양한 선진 기술과 한자, 유학, 불교가 전래되어 일본의 문화가 일취월장하는 계기가 되었다. 고훈시대에 받아들인 선진 문물은 아스카시대에 이르면 다양한 형태의 문화 발전을 이루게 되는데, 특히 불교문화의 발전이 두드러졌다. 아스카사와 호류사에는 당대를 대표하는 불교문화가 집약되어 있다.

아스카시대에는 일본 문화의 토대를 이루는데, 670년에 국호를 왜에서 일본으로 바꿨고, 701년에는 당나라 율령을 바탕으로 만든 일본식 율령을 반포해 국가의 기틀을 확립했다.

나라시대

나라奈良시대는 710년 겐메이 천황이 헤이조쿄平城京로 천도한 때부터 794년 간무 천황이 헤이안쿄로 천도할 때까지 84년 동안을 지칭한다.

나라로 천도하기 전 일본은 한 차례 혼란을 겪었다. 천황 자리를 두고 왕족 사이에 다툼이 일어났는데, 이 계승 전쟁에서 승리한 인물은 덴무 천황이었다. 덴무 천황은 아스카의 교미하라궁에서 즉위식을 올린 뒤 새로운 궁전을 지었는데, 아스카의 중심에 위치한 후지와라궁이다. 하지만 그는 후지와라궁이 완성되기 전에 죽고 만다.

덴무 천황이 후지와라궁으로 옮겨 간 것은 694년이다. 그런데 후지와라 궁궐은 아름답긴 했으나 야마토산으로 둘러싸인 분지에 들어섰기 때문에 규모를 키울 수 없었다. 당시 일본은 덴무 천황이 즉위한 이후로 조직을 크게 확대하고 있었기에 도읍의 인구는 점점 늘어났다. 그런 까닭에 궁궐 규모를 더 키우고, 배후에도 더 넓은 평야가 필요했다. 그래서 덴무에 이어 왕위에 오른 몬무 천황은 새로운 도읍지를 물색한 끝에 나라로 천도할 계획을 세웠고, 겐메이 천황에 이르러 대규모 건설 공사를 시행한 끝에 마침내 710년에 천도를 단행할 수 있었다.

나라의 새로운 궁성은 헤이조平城라 명명했다. 중국 당나라 장안을 모방하여 만든 궁성으로 규모는 후지와라궁에 비해 네 배정도 컸다.

이 시대의 일본은 주로 당, 발해, 통일신라와 교류하던 때였다. 당시 당나라는 전성기를 구가하고 있었고, 일본은 190년에 한 번 꼴로 견당사를 파견하여 당의 선진 문물을 수입했다. 또 신라와는 교류가 매우 잦았고, 갈등도 심했다. 심지어 신라 정벌을 계획하기도 했지만, 전쟁으로 치닫지는 않았다.

당시 일본인들은 일본열도를 자신들의 천하로 보았고, 열도를 지배하는 천황은 세상의 중심이라 생각했다. 이러한 사고는 《일본고사기》《일본서기》《일본풍물기》 같은 역사서 및 지리서 편찬에 그대로 반영되어 오늘에 이른다.

나라시대 일본의 내정은 평탄하지 않았다. 아스카 후지와라궁 시절에 정권을 장악하고 있던 후지와라 가문의 권력 독점이 이어지자, 이에 반발한 왕족 세력이 다른 귀족들과 손잡고 후지와라 가문을 견제했고, 이에 대한 후지와라 가문의 응징이 이어지면서 조정은 늘 불안했다. 거기다 불교의 힘이 강화되어 사찰의 영향력이 조정을 좌우하는 지경에 이르자, 간무 천황은 사찰의 영향력에서 벗어나기 위해 헤이안쿄로 천도하기에 이르렀다.

헤이안시대

헤이안平安시대는 794년 간무 천황이 지금의 교토인 헤이안쿄平安京로 천도한 때부터 1185년 가마쿠라 막부가 설립되기까지 391년 동안의 시기를 말한다.

간무 천황이 헤이안으로 천도할 때만 해도 일본에서 천황의 권위는 유지되었다. 그 때문에 나라시대의 대다수 개혁은 천황이 중심이 되어 진행했다. 하지만 헤이안으로 천도한 후부터 귀족들의 힘이 천황을 능가하기 시작했다. 특히 간무 천황이 죽은 뒤로부터 천황의 힘은 현격하게 약화되었다. 나라시대만 하더라도 천황을 중심에 놓고 후지와라 가문과 왕족 출신 귀족들이 권력을 다투는 형국이었다. 그런데 후지와라 가문과 대립하던 스가와라노 미치자네 등의 귀족들이 제거되자, 조정은 순식간에 후지와라 가문이 장악했고, 이후로 천황의 권위도 땅에 떨어졌다.

후지와라 가문은 아스카 시절부터 대표적인 외척 가문이었다. 그 때문에 대다수의 왕비는 후지와라 가문의 딸이었고, 천황은 대부분 후지와라 가문의 외손이었다. 그런 상황에서 조정의 권력마저 후지와라 가문이 독식하자, 자연히 천황은 점점 허수아비로 전락할 수밖에 없었다.

후지와라 가문의 힘이 극대화된 것은 866년 나이 어린 세이와 천황(56대)이 즉위한 뒤부터였다. 세이와 천황을 왕좌에 앉힌 자는 후지와라 가문의 요시후사였다. 요시후사는 어린 천황을 대신하여 섭정이 되었고, 스스로 관백의 자리에 올랐다. 이는 일본 역사상 처음 발생한 사건이었고, 이는 향후 일본 역사에서 관백이 천황 대신 섭정하는 관례를 낳는다.

요시후사가 관백이 된 이래 후지와라 가문은 무려 300년 이상 권력을 독점했다. 그러나 헤이안시대 말기에 이르면 후지와라 가문의 힘도 약해지기 시작한다. 후지와라 외손이 아닌 천황이 등장하고, 그들에 의한 견제의 결과였다. 그리고 급기야 왕위 계승 문제가 내란으로 이어졌고, 내란 중 군벌이 일어나 가마쿠라 막부가 권력을 장악하면서 후지와라 가문의 시대는 종결되고 말았다.

헤이안시대가 남긴 대표적인 문화적 성과는 '가나'라고 하는 음절문자의 발명이다. 가나의 보급으로 일본 문학이 본격적으로 발달하고, 가나를 익힌 여성들이 문학에 심취한 덕에 소설이나 수필이 크게 발전했다.

이와 함께 헤이안시대에 주목할 만한 또 하나의 사건은 무사, 즉 사무라이 계층의 등장이었다. 가마쿠라 막부의 등장도 이들 사무라이의 등장이 없었다면 불가능했을 것이다.

가마쿠라 막부시대

가마쿠라 막부시대는 무장 미나모토노 요리토모가 권력을 장악한 때부터 가마쿠라 막부 정권이 붕괴될 때까지 148년 동안 (1185~1333)을 가리킨다.

일본어로는 '바쿠후'라 발음하는 막부는 원래 일본에서 왕을 대신하는 군의 최고 지휘관이 머무는 진영을 가리키는 말이었다. 대장군의 진영이라는 의미인데, 무장이 국가의 권력을 장악하면서 그 의미가 변하여 무관들이 정치를 논하는 정청政廳을 가리키게 되었다. 즉 막부란 무관 정청이란 뜻으로 고려 무신시대의 정청인 정방과 유사한 개념이다.

가마쿠라 막부는 흔히 쇼군으로 불리는 정이대장군 미나모토노 요리토모가 가마쿠라에 설치한 무관 정청으로 쇼군국이라고도 일컫는다. 쇼군이 권력의 중심이 된 것은 12세기 중반에 일어난 천황 계승권 다툼 때문이었다. 당시 일본은 천황에서 물러나면 상황이 되고, 상황이 불교에 귀의하면 법황이 되는 구조였다. 그런데 천황 자리에서 물러난 도바 법황이 자신의 장남 스토쿠 상황과 황태자 책봉을 둘러싸고 심각한 갈등을 겪었다. 스토쿠 상황은 천황 재위 시절 자신의 아들을 황태자로 세우려 하였으나, 도바 법황은 스토쿠의 동생을 황태자로 삼은 후 스토쿠 상황을 물러나게 하고 그를 천황으로 세웠다. 그가 곧 고시라카와 천황이다.

이 사건 이후 스토쿠는 아버지 도바 법황에게 심한 적대감을 가졌다. 그러다 도바 법황이 죽자 스토쿠 상황은 군대를 일으켜 동생 고시라카와의 황궁을 무너뜨리려 했다. 하지만 이를 눈치챈 고시라카와 천황은 선제공격을 감행하여 스토쿠 상황이 머물던 시라카와궁을 불사르고, 상황을 체포하여 유배 보내버렸다.

이 사건이 1156년 7월 11일에 헤이안쿄(교토)에서 일어난 '호겐의 난'이다. 호겐의 난 이후 조정은 순식간에 고시라카와 천황 휘하의 무장들에게 장악되었다. 이 무장들을 이끌던 장수 중 하나가 가마쿠라 막부시대를 연 요리토모의 아버지 요시토모다.

요시토모는 호겐의 난을 진압하는 데 가장 큰 공을 세운 인물이었다. 그러나 논공행상 과정에서 함께 진압에 가담한 다이라 기요모리에 비해 형편없는 포상을 받았고, 이에 불만을 품어 또 다른 무장 세력 노부요리와 함께 기회를 엿보다 기요모리가 궁궐을 비운 틈을 타 쿠데타를 일으켰다. 그리고 상황이 된 고시라카와와 니조 천황을 모두 궁에 유폐시켰다. 이 소식을 들은 기요모리는 군대를 모아 요시토모를 죽이고 궁성을 되찾았다. 요시토모의 아들 요리토모는 간신히 죽음을 면해 13세의 어린 나이로 유배되었다.

이 사건을 '헤이지의 난'이라고 하는데, 이후 무장들의 힘이 더욱 강화되었다. 특히 기요모리의 다이라 가문의 힘이 막강해졌다. 권력을 장악한 다이라 가문은 황실을 능가하는 세력을 기반으로 횡포를 일삼았다. 이에 13세의 어린 나이로 유배된 후 재기할 기회를 엿보던 요리토모가 군대를 일으켜 다이라 가문을 무너뜨리고 쇼군이 되었다. 이렇게 1185년에 가마쿠라 막부시대가 열렸다. 이로써 일본은 귀족의 시대에서 무사의 시대로 완전히 전환되었다.

가마쿠라 막부가 성립된 이후, 막부는 요리토모의 미나모토씨(氏)가 쇼군의 자리를 차지하며 권력을 유지했으나 3대에 그쳤고, 쇼군의 자리는 후지와라씨와 황족의 차지가 되기도 했다. 또 비록 쇼군의 자리는 갖지 못했지만 실권은 호조씨가 차지하기도 했다. 그 과정에서 몽골군의 침입을 받아 막부의 위상이 크게 흔들리기도 했으며, 반대로 막부 휘하에 있던 지방의 총독 격인 슈고와 지토의 힘이 강화되기도 했다. 1333년 4월에 가마쿠라 막부를 타도하려는 세력이 크게 일어났고, 그해 6월 초에 가마쿠라 막부는 붕괴되었다.

하지만 가마쿠라 막부가 붕괴된 후에도 막부시대는 지속되어 메이지유신(1868)이 일어날 때까지 무려 700년 가까이 이어진다.

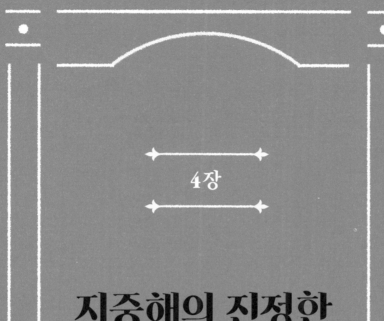

4장

지중해의 진정한 지배자 로마

BC 1세기에서 5세기까지

일인 지배시대를 연 카이사르

헬레니즘대제국에 이어 유럽과 중동에서 다시 대제국의 대를 이은 나라는 로마였다. 로마가 대제국을 건설하는 과정에서 빼놓을 수 없는 인물은 가이우스 율리우스 카이사르다.

BC 100년 귀족인 율리우스 씨족 가문에서 태어난 카이사르는 유년 시절에는 별 탈 없이 유복하게 지냈으나 16세 이후로는 파란만장한 인생을 살게 된다.

15세 어린 나이에 아버지를 잃고 가장이 된 그는 16세부터 정치적 격랑에 휘말린다. 당시 로마 정계는 벌족파와 민중파로 갈려 권력 다툼을 벌이고 있었는데, 카이사르는 민중파 지도자의 딸과 혼인하게 된다. 그런데 권력 투쟁에서 패배한 장인이 역적으로 몰리는 바람에 그는 졸지에 처형자 명단에 올라 도망자 신세가 되었다. 이후 몇 년 동안 숨어 살던 카이사르는 극적으로 사면받은 덕에 도망자 신세를 면하고 군인의 길을 걷는다.

군인이 된 카이사르는 여러 전투에서 승전을 거듭한 덕분에 시민관을 수여받고 출세 가도를 달리기 시작한다. 군사 참모를 거쳐 재무관에 선출된 뒤 정치인으로 성장했고, 정계에서 점차 두각을 나타내면서 여러 난관을 헤치고 BC 59년에 41세의 나이로 집정관에 선출되었다. 당시는 세 사람이 공화정을 이끄는 삼두정치 체제였는데, 카이사르는 폼페이우스, 크라수스와 함께 세 명의 집정관 중 한 명이 된 것이다.

집정관 임기가 끝난 뒤엔 휘하 네 개 군단을 거느리고 갈리아 정복 전쟁을 감행했다. 갈리아는 현재의 프랑스, 벨기에, 스위스 서부, 그리고 라인강 서쪽의 독일을 포함한 지방을 아우르는 곳인데, 카이사르는 BC 58년부터 7년 동안 정벌 전쟁을 벌여 이 지역을 평정했다.

그 무렵 정적 폼페이우스가 주도하던 로마 원로원은 카이사르에게 군대를 해산하고 로마로 귀환하라고 통보했다. 하지만 그대로 로마로 돌아가면 정적들에 의해 밀려날 것을 염려한 카이사르는 원로원의 명령을 따르지 않았고, 그 때문에 원로원은 그를 대역죄로 고발 조치했다. 궁지에 몰린 카이사르는 목숨을 건 승부수를 던지는데, 1개의 군단을 이끌고 루비콘강을 건너 로마 공격에 나선 것이다. 이때 루비콘강을 건너면서 카이사르는 아테네의 극작가 메난드로스의 작품에 나오는 구절인 '주사위를 던져라'라는 말을 했다고 전하는데, 여기서 유래한 것이 '주사위는 던져졌다'라는 말이다. 이는 더 이상 돌이킬 수 없는 상황을 일컫는

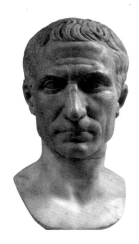

율리우스 카이사르는 로마 명문가에서 태어나 정치, 군사 분야에서 두각을 나타낸 인물로, 로마제국 건설 과정에 크게 기여했다.

격언으로 쓰인다.

　다행히 카이사르의 로마 공격은 성공적으로 마무리되었다. 그의 정적 폼페이우스는 원로원 의원들과 함께 남쪽으로 도주했고, 결국 이탈리아는 카이사르의 수중에 떨어졌다. 하지만 그리스로 달아난 폼페이우스의 군대와 한동안 내전을 지속해야만 했다. 이후 20개월 동안 이어진 내전은 BC 48년 8월에 벌어진 파르살루스 전투에서 카이사르의 군대가 승리하면서 종결되었고, 정적 폼페이우스는 알렉산드리아로 피신했다가 이집트의 프톨레마이오스 13세의 수하들에게 살해되었다. 이후 프톨레마이오스는 궁중 내시를 통해 알렉산드리아로 쫓아온 카이사르에게 폼페이우스의 머리를 바쳤다.

하지만 이것으로 폼페이우스 세력이 사라진 것은 아니었다. 폼페이우스의 아들을 비롯한 잔여 세력이 지중해 연안의 아프리카 지역에 남아 있었다. 그들은 아프리카 지역에서 패전하자, 이베리아반도의 히스파니아로 달아났고, 카이사르는 대군을 동원하여 BC 45년 3월에 그들을 격파했다.

이렇듯 전쟁을 지속하면서 카이사르는 10년 임기의 독재관이 되었다. 그리고 BC 44년 2월에 다시 원로원과 민회에서 종신 독재관에 임명됨으로써 사실상 로마에서는 공화정이 종결되고 일인이 지배하는 제정시대가 시작되었다.

그러나 카이사르의 독재는 오래가지 못했다. 종신 독재관이 된 지 꼭 한 달째인 BC 44년 3월 15일, 원로원 회의에 참석했던 카이사르는 수십 명의 암살자 칼에 23번이나 찔리며 무참히 살해되었다. 암살자 중 카이사르의 절친 마르쿠스 유니우스 브루투스도 있었다. 여기서 '믿는 도끼에 발등 찍힌다'는 의미로 "브루투스 너마저?"라는 말이 생겼는데, 이는 윌리엄 셰익스피어의 희곡 《줄리어스 시저》에도 나오는 표현이다.

카이사르를 암살한 브루투스는 로마 시민들을 상대로 자신의 정당성을 설파했으나 시민들은 분노하여 폭동을 일으켰고, 당황한 반란파는 카이사르의 충직한 부하이던 마르쿠스 안토니우스와 타협하여 카이사르의 정책과 유지를 받들기로 했다. 또 브루투스는 성난 군중을 피해 로마에서 도주했다가 망명하듯 마케도니아 총독이 되어 떠났다.

이후 로마는 다시 삼두정치의 시대를 맞았다. 옥타비아누스,

마르쿠스 안토니우스, 마르쿠스 아이밀리우스 레피두스 등 세 명의 집정관이 지배하는 제2차 삼두정치시대가 시작된 것이다. 옥타비아누스는 카이사르의 양자였고, 안토니우스는 카이사르의 지지자이자 휘하 장군이었으며, 레피두스 역시 카이사르가 신뢰하는 수하였다. 말하자면 카이사르의 후계자 세 사람이 공화정을 시작한 셈이었는데, 이들 사이에서도 치열한 권력 다툼이 진행된 결과 옥타비아누스가 권력을 차지하고 황제의 자리에 오르니, 그가 바로 로마대제국의 초대 황제 아우구스투스다.

로마제국 초대 황제,
옥타비아누스

'존엄한 사람'을 의미하는 아우구스투스의 본명은 가이우스 옥타비우스 투리누스지만, 카이사르의 양자로 입적된 후 가이우스 율리우스 카이사르 옥타비아누스로 불렸다. BC 63년에 태어난 그는 BC 43년 집정관의 자리에 오를 때 20세의 젊은 청년이었다.

카이사르가 암살될 당시에 그는 군사훈련과 공부를 병행하는 생도 신분이었다. 카이사르가 암살되었다는 소식이 전해졌을 때, 주변 장교들은 그에게 마케도니아로 피신하라고 했지만, 그는 대담하게도 이탈리아로 돌아가 자기 세력을 규합한 후 로마로 향했다. 그는 카이사르의 유일한 후계자였기에 카이사르의 정치적 자산을 물려받기로 결심한 것이다. BC 44년 5월 로마에 도착한 그는 안토니우스를 만나는 한편, 카이사르를 죽인 암살자들을 로마에서 몰아냈다. 이후 안토니우스와 레피두스를 상대로 권력 투쟁을 전개하다 삼두정치에 합의하고 집정관이 되었다. 이로써 제2차 삼두정치가 시작되었는데, 세 사람 중 레피두스는 세력을 떨치지 못했고, 안토니우스와 옥타비아누스가 로마를 동서로 양분한 상태였다. 옥타비아누스는 서쪽 지역, 안토니우스는 동쪽 지역을 차지했던 것이다.

한편 그 무렵 마케도니아 총독으로 떠났던 브루투스는 독자 세력을 형성하고 있었는데, 옥타비아누스는 안토니우스와 연합하여 그들을 정벌했다. 브루투스는 강력하게 저항했지만 결국 패전하여 자살했다.

브루투스와 그의 세력은 몰락했지만, 그들을 위협하는 또 다른 세력이 남아 있었다. 제1차 삼두정치의 집정관이자 카이사르의 최대 정적이던 폼페이우스 마그누스의 아들 섹스투스 폼페이우스가 세력을 형성하고 있었다. 그는 이탈리아에 예속된 섬 중 가장 큰 섬에 속하는 시칠리아와 사르데냐를 지배하여 이탈리아 제해권을 장악하고 있었다. 이에 옥타비아누스와 안토니우스는 서로 폼페이우스를 자기편으로 끌어들이려 했고, 폼페이우스는 옥타비아누스를 택한다. 옥타비아누스는 폼페이우스의 외손녀 스크리보니아와 결혼하여 동맹 관계를 형성하는 한편, 안토니우스에게는 자신의 누나 옥타비아를 시집보냄으로써 역시 동맹 관계를 구축하여 정치적 안정을 꾀한다.

하지만 옥타비아누스는 BC 38년에 스크리보니아와 이혼하고 폼페이우스를 공격할 채비를 했다. 이를 위해 옥타비아누스는 안토니우스의 내락을 얻어내는 한편, 레피두스까지 끌어들여 합동

아우구스투스는 로마제국의 초대 황제로, 황제권을 확립하고 내실을 다지는 데 힘쓰며 로마의 평화시대를 이끌었다.

공세를 감행한 끝에 섹스투스 폼페이우스를 붙잡아 처형했다. 그런데 전쟁이 끝난 후 레피두스는 폼페이우스가 차지하고 있던 시칠리아를 자신이 다스리겠다고 우기다가 되레 삼두정치 체제에서 쫓겨나고 유배되는 처지가 되고 만다. 이후 로마는 옥타비아누스와 안토니우스의 양두 체제로 전환되었다.

옥타비아누스는 로마를 독차지하기 위해 수년에 걸쳐 안토니우스를 제거할 계획을 수립한다. 당시 안토니우스는 파르티아를 정벌하려다 크게 패전하여 세력이 약해진 상태였다. 더구나 안토니우스는 이집트 여왕 클레오파트라와 내연 관계를 맺고 자식까지 두었고, 이 때문에 그의 본처인 옥타비아누스의 누나 옥타비아는 몹시 분개하고 있었다. 옥타비아누스는 이 점을 놓치지 않고 안토니우스가 정부와 불륜에 빠져 로마인 정처를 박대하고 있다고 비난하며 그를 궁지로 몰았다. 이 때문에 로마에서 안토니우스의 인기는 바닥으로 추락했고, 원로원 의원들도 안토니우스에게 등을 돌리기 시작했다. 결국 BC 32년에 원로원은 안토니우스의 집정관 권한을 박탈하고, 클레오파트라가 다스리던 이집트에 선전포고를 하기에 이르렀다.

클레오파트라에 대한 선전포고는 곧 그의 연인 안토니우스에 대한 선전포고였다. 옥타비아누스 군대와 안토니우스 군대의 대결은 불가피했다. 양쪽 군대의 충돌은 BC 31년 9월 2일에 벌어진 악티움 해전에서 절정에 이르렀다. 이 싸움의 승자는 물론 옥타비아누스였다. 안토니우스는 클레오파트라가 보낸 이집트 함대의 지원까지 받았지만 패전하고 말았다. 그나마 안토니우스는 클레오파트라의 함대 덕에 겨우 목숨을 건져 도주했다.

하지만 옥타비아누스는 그대로 물러나지 않았다. 안토니우스를 끝까지 추격하여 이집트 북부 도시 알렉산드리아를 공격하여 함락시켰다. 그러자 패배를 절감한 안토니우스와 클레오파트라는 스스로 목숨을 끊었고, 옥타비아누스는 그 여세를 몰아 이집트의 프톨레마이오스왕조를 몰락시켜 로마에 병합시켜버렸다.

최대 정적 안토니우스를 무너뜨린 옥타비아누스는 로마 공화국의 최고 권력자가 되었지만, 섣불리 황제 자리에 오르지 않았다. 로마 시민들이 군주제와 일인 독재에 대한 거부감이 몹시 강했기 때문이다. 그래서 그는 계속 집정관 자리에 머물러 있었고, 그 점을 높이 평가한 로마 원로원은 BC 29년에 그에게 제일인자라는 뜻의 국가 제1시민princeps civitatis 칭호를 내렸다. 이어 원로원은 2년 뒤 다시 그에게 '존엄한 자'라는 뜻의 '아우구스투스'라는 칭호를 수여했다.

그 후에도 옥타비아누스는 군주의 자리에 앉지는 않았다. 다만 사법권과 행정권, 군 통수권을 모두 차지하고, 종신직인 최고 제사장 자리까지 차지했다. 그리고 BC 2년에는 원로원과 로마 시민에게 '국부'의 칭호를 받았으며, 개선장군을 의미하는 '임페라토르'라는 칭호를 사용했다.

이 같은 이유로 사가들은 그가 내전을 완전히 종식시켜 '아우구스투스'라는 칭호를 받고 절대적인 권력을 행사하기 시작한 BC 27년부터 실질적인 황제였다고 평가한다. 이후 로마의 황제들은 모두 아우구스투스로 불림으로써, 아우구스투스는 곧 황제와 의미가 동일시된다.

옥타비아누스는 14년까지 40년 동안 통치하며 로마를 대제국의 반열에 올려놓았다. 서유럽과 동유럽, 소아시아와 팔레스타인, 이집트와 북부 아프리카를 모두 차지하여 그야말로 지중해를 '로마의 호수'로 만들어버린 것이다.

옥타비아누스는 14년 8월 19일, 자신의 77번째 생일을 한 달 정도 앞두고 생을 마감했다. 그가 임종을 맞이한 곳은 가문 대대로 소유하고 있는 별장이었는데, 공교롭게도 자신의 친부 가이우스 옥타비우스가 죽은 방에서 그도 숨을 거뒀다.

옥타비아누스가 죽은 뒤 로마 원로원은 그를 신으로 선포했다. 또 원로원은 옥타비아누스의 모든 권한을 양자 티베리우스에게 넘겼다. 이로써 로마는 원로원을 유지하는 상태에서 후계자에게 권력을 계승하는 형태의 전제군주국으로 변모하게 되었다. 그런 까닭에 옥타비아누스는 율리우스 - 클라우디우스 황조의 개창자로 본다. 이 황조의 명칭은 1대 황제 가이우스 율리우스 카이사르 옥타비아누스와 2대 황제 티베리우스 클라우디우스 네로의 씨족명에서 각각 따온 것이다.

토대 구축기의 혼란, 티베리우스에서 네로까지

티베리우스가 아우구스투스의 자리에 앉았지만, 그는 양부 옥타비아누스만큼 유능하지 않았다. 56세의 많은 나이로 제위에 오른 그는 23년 동안 권좌에 있었지만, 별다른 치적을 남기지는 못했다. 그는 제국의 확대에 관심이 없었고, 오로지 권력을 유지하면서 편안한 생활을 즐기고자 한 현실주의자였다. 그런 까닭에 그는 로마의 번잡한 생활을 싫어한 나머지 실권을 근위대 사령관 세야누스에게 일임하고 나폴리만의 카프레아섬으로 들어가 노년기 10여 년을 보냈다. 이후 로마는 근위대가 지배했고, 이에 따라 세야누스의 권력이 점차 확대되었다. 그러자 세야누스를 의심한 티베리우스는 원로원에 그와 그의 가족을 처형하라 명령했다. 이후 티베리우스는 세야누스의 측근을 제거하기 위해 고발과 고문, 처형을 일삼는 공포정치를 지속하다 생을 마감했다.

티베리우스에 이어 제3대 황제에 오른 인물은 티베리우스의 손자 격인 게르마니쿠스였는데, 흔히 칼리굴라라는 별호로 부른다. 칼리굴라는 도박을 일삼고, 국고를 탕진하여 재정을 파탄시키며 4년 동안 제위에 있다가 근위대장에게 살해되었다.

칼리굴라에 이어 클라우디우스가 4대 황제에 올랐는데, 칼리굴라의 친삼촌이었다. 그는 병약하고 말을 더듬었으나, 역사에 조예가 깊은 인물이었다. 황제 근위대의 힘으로 제위에 올랐기 때문에 대개 그를 군인황제시대의 시초로 본다. 41년부터 54년까지 13년 동안 황제 자리에 있었지만 뚜렷한 족적을 남기지는 못했다. 독버섯에 중독되어 사망했는데, 아내 아그리피나에게 암살되었다는 설도 있다.

클라우디우스에 이어 황제에 오른 인물은 로마 5대 황제이자 폭군으로 알려진 네로다. 네로는 아헤노바르부스와 아그리피나의 아들로 태어났는데, 아그리피나는 칼리굴라의 여동생이다. 아버지 아헤노바르부스가 사망한 뒤 어머니 아그리피나는 로마제국 황제 클라우디우스와 재혼했고, 덕분에 네로는 황제의 후계자가 되었다.

네로는 17세로 54년 10월에 황위에 올라 68년 6월까지 14년 동안 로마를 통치했다. 즉위 초기에는 선정을 베풀고 예술을 권장하여 로마 시민들의 칭송을 받았지만, 즉위 이듬해에 의붓동생을 독살하면서 잔인한 면모를 드러냈다. 그의 잔인성은 59년에 어머니 아그리피나 살해로, 62년에는 아내 옥타비아 살해로 이어졌다. 그리고 64년에 로마에 대화재가 발생하여 민심이 흉흉

해지자, 그 책임을 신흥종교인 기독교에 전가하고 기독교인을 대대적으로 학살하면서 민심을 악화시켰다.

네로의 이런 악행은 정치적 혼란으로 이어졌고, 친위대가 반란을 일으키는 사태까지 유발했다. 거기에 각지의 총독들이 반란을 일으켜 혼란을 가속화하자, 원로원은 네로를 '국가의 적'으로 규정하는 선고를 내리고 폐위를 결정했다. 결국 네로는 68년 6월에 로마를 탈출하여 달아나다가 자살로 생을 마감했다.

네로 이후 연이어 군인의 쿠데타가 일어나고, 1년 반 동안 무려 세 명의 황제가 바뀌는 대혼란이 이어졌다. 6대 세르비우스는 불과 즉위 7개월 만에 쿠데타로 죽었고, 세르비우스를 죽이고 황위에 오른 7대 오토는 즉위 3개월 만에 내란을 막다가 죽고 말았다. 또 오토를 죽이고 즉위한 8대 비텔리우스 역시 8개월 만에 처형되었다. 이들은 모두 군인 출신 황제로 쿠데타를 통해 황위에 오른 자들이었다.

안정을 향한 전환기, 플라비우스황조시대

네로가 자살한 후 로마의 대혼란을 평정하고 황위에 오른 인물은 최초의 평민 출신 황제 베스파시아누스다. 로마제국 9대 황제에 오른 그는 원래 네로시대에 뛰어난 장수로 활약하며 반란 진압에 많은 공을 세운 인물이다. 그런데 그리스 별궁에서 열린 네로의 연회에 참석했다가 네로의 시를 듣는 중 졸았다는 이유로 유배되어 2년여 동안 양봉을 하며 농부로 지내야 했다. 그러다 유대인의 독립 전쟁이 활발해지면서 이를 평정할 지휘관으로 차출되어 군인 신분을 회복했다.

그가 전쟁을 마치고 돌아왔을 때 네로는 폭정을 일삼다가 내쫓겨 자살했다. 군인 출신 황제들은 치열한 권력 다툼을 지속하며 연이어 죽어나갔고, 베스파시아누스는 이러한 내전 상태의 로마를 평정하고 국가 질서를 회복시킨 덕에 황제의 자리에 오르

고대 로마인의 뛰어난 건축공학 기술을 엿볼 수 있는 기념비적인 건축물인 콜로세움은 플라비우스황조의 베스파시아누스가 착공하여 그의 아들 티투스가 완공했다.

게 된다. 이로써 옥타비아누스가 개창한 율리우스-클라우디우스 황조시대는 끝나고 플라비우스황조시대가 시작되었다.

베스파시아누스의 통치는 69년부터 79년까지 10년 동안 이어졌는데, 로마가 혼란을 극복하고 안정을 되찾은 세월이었다. 베스파시아누스의 정책 중 가장 유명한 것은 국가 재정을 안정시키기 위해 유료 공중화장실을 설치하여 이른바 소변세를 거둔 것이다. 이에 대해 반대파가 냄새나고 품위 없는 정책이라고 조소와 비난을 퍼부었는데, 베스파시아누스는 '돈에서는 냄새가 나지 않는다'는 말로 받아치며 재정 안정책을 포기하지 않았다.

그는 콜로세움을 건설한 황제로도 유명하다. 8년에 걸쳐 만든 콜로세움은 당시로선 최신 기계장치인 기중기를 이용하는 등 로마 건축사에 획을 그은 건축물로 평가받는다.

베스파시아누스에 이어 그의 아들 티투스가 10대 황제에 올랐는데, 그는 불운한 황제였다. 티투스가 즉위했을 때 베수비오 화산이 폭발하여 나폴리 주변의 폼페이, 헤르쿨라네움, 스타비아 등의 도시가 일거에 멸망하는가 하면, 이듬해인 80년에 로마에 대화재가 발생하여 사흘 동안 불길이 꺼지지 않았다. 그는 안간힘을 쓰며 재해 극복에 온갖 노력을 다했지만, 불과 재위 2년 만에 열병에 걸려 죽고 말았다.

티투스에 이어 11대 황제에 오른 도미티아누스는 티투스의 친동생이었다. 도미티아누스는 이전 황제들에 비해 비교적 긴 세월인 15년 동안 제위에 있었으나, 그의 치세는 순탄하지 않았다. 그는 형 티투스를 살해했다는 음모론에 휘말려 있었다. 거기다 권위적인 성향이 강하여 원로원과 자주 충돌했다. 이런 가운데 철권통치를 하며 정적이던 사촌 플라비우스 사비누스를 처형하고, 툭하면 원로원 의원들을 반역죄로 고발하여 쫓아내곤 했다. 그런 상황에서 반란이 일어나자 군대를 동원하여 무자비하게 진압했으며, 재위 말기 3년 동안은 전례 없는 공포정치를 실시하여 숱한 사람들의 목숨을 빼앗았다. 그 때문에 아내까지 그를 두려워하여 결국 두 명의 근위대장을 비롯한 궁정의 관리들과 함께 그를 암살해버렸다. 그가 죽자, 원로원 의원들은 환영 일색이었고, 그의 모든 업적을 지워버리는 '기록 말살형'을 내리기까지 했다. 이렇게 도미티아누스의 죽음으로 플라비우스황조시대는 막을 내렸다.

번영의 전성기, 오현제시대

플라비우스황조시대를 무너뜨리고 12대 황제에 오른 인물은 마르쿠스 코케이우스 네르바다. 네르바는 네로 시절부터 요직을 맡은 인물이다. 또 플라비우스황조의 베스파시아누스와 도미티아누스 재위 시절에는 두 번이나 집정관직을 수행하기도 했다.

도미티아누스가 암살될 당시 그는 정치 활동에 대한 제한 조치를 당했는데, 도미티아누스가 죽자, 친위대에 의해 황제로 옹립되었다. 물론 원로원도 그의 즉위를 환영했다.

하지만 네르바는 즉위 당시 66세의 노인이었다. 그런 까닭에 그의 재위 기간은 15개월에 불과했다. 하지만 그는 네르바-안토니우스 황조의 개창자였다. 이 황조의 명칭은 네르바와 안토니우스 피우스의 이름에서 따왔다.

네르바-안토니우스 황조는 이른바 오현제시대로 일컬어지며 로마제국의 최전성기로 평가된다. 이 시기에는 네르바, 트라야누스, 하드리아누스, 안토니누스 피우스, 루키우스 베루스, 마르쿠스 아우렐리우스, 콤모두스 등 모두 일곱 명의 황제가 재위했는데, 그중 콤모두스를 제외하고는 모두 번영기를 구가했다.

이러한 번영기는 네르바에서 시작되었다. 네르바는 15개월이라는 아주 짧은 기간 황위에 있었지만 현명한 황제로 평가되었다. 재정적으로 힘든 시기였고, 근위대의 반란까지 겪었다. 그럼에도 당시 가장 인기 있고 명민했던 트라야누스를 후계자로 선택하여 평화롭게 권력을 이양하고 로마를 안정시킨 공로를 높이 평가한 것이다.

트라야누스는 98년 1월부터 117년 8월까지 약 20년 동안 로마를 통치했는데, 뛰어난 행정가였던 그는 대규모 공공시설 사업을 벌여 로마시를 다시 설계하는 한편, 트라야누스 포룸, 트라야누스 시장, 트라야누스 원주 등 뛰어난 건축물을 남겼다.

트라야누스는 옥타비아누스 이래 멈췄던 영토 확장 작업을 다시 시작했다. 나바테아왕국을 병합하고 아라비아 페트라이아를 속주로 편입시켰으며, 파르티아왕국에 대한 원정을 통해 아르메니아와 메소포타미아, 아시리아를 합병했다. 이로써 그는 로마 역사상 가장 넓은 영토를 차지한 황제가 되었다.

정벌 작업은 재위 말기까지 이어졌는데, 그는 정벌전 도중 병을 얻어 로마로 돌아오다가 오늘날 터키의 남부 해안인 킬리키아의 셀리누스에서 63세를 일기로 사망했다.

트라야누스의 황위를 이은 인물은 그의 오촌 조카 하드리아누

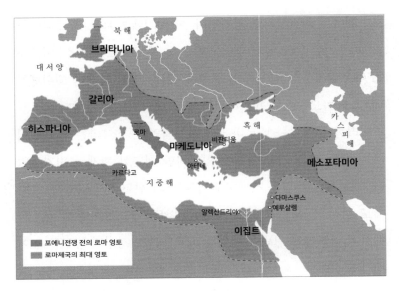

북해

브리타니아

대서양

갈리아

히스파니아

로마

흑해

카스피해

마케도니아

비잔티움

메소포타미아

아테네

카르타고

지중해

알렉산드리아

다마스쿠스

예루살렘

이집트

■ 포에니전쟁 전의 로마 영토
■ 로마제국의 최대 영토

로마제국의 영토

스였다. 하드리아누스는 117년 8월부터 138년 7월까지 21년 동안 황위에 있었다. 호민관, 법무관, 군사령관, 속주 장관을 거쳐 로마의 제이인자 직책인 보좌집정관까지 지낸 그는 풍부한 관료 경험을 바탕으로 현실적이고 실용적인 정책을 펼쳐 로마를 무난하게 통치했다.

트라야누스가 죽던 날, 그는 안티오키아에 머무르고 있었는데, 임종을 앞둔 트라야누스에게 후계자를 의미하는 양자가 되었다는 편지를 받은 지 이틀 뒤였다. 그런 까닭에 그는 트라야누스가 죽자마자 안티오키아에서 황제에 즉위했는데, 원로원 의원 중에는 이에 대해 비판적인 시각을 드러낸 사람들이 있었다. 이 때문에 그의 심복들이 집정관을 맡은 경험이 있는 유력한 의원 네 명을 살해함으로써 즉위에 흠집을 남겼다.

현실주의자이자 실용주의자였던 하드리아누스는 황제에 오르자마자 트라야누스가 전쟁을 통해 편입한 메소포타미아와 아르메니아, 아시리아를 포기했다. 이들 유프라테스 동쪽 지역은 현실적으로 지배하기가 쉽지 않을 뿐 아니라 파르티아와의 끊임없는 분쟁의 원인이 된다는 판단이었다. 대신 그는 동방의 변경 지역에 대한 경계를 강화하고 군사적 요충지에 방벽을 구축함으로써 평화를 정착시키고 로마 내부를 안정시키는 데 주력했다. 이를 위해 그는 자신이 직접 변경 순찰에 나서기도 했다.

그는 또 군을 개혁하고 군단의 규모를 줄이는 한편, 현지인을 병사로 채용하는 정책을 통해 국방비를 절약했다. 그리고 실전에 능한 군대를 만들어 전쟁마다 연전연승했고, 중요한 전쟁에는 자신이 직접 지휘하는 적극적인 자세를 보여 로마군의 사기를 크게 높였다.

하지만 원로원과의 관계는 항상 긴장 상태였다. 즉위 초부터 원로원의 핵심 의원 네 명을 제거했고, 후계자 선출 과정에서도 원로원과 부딪쳤다. 그 바람에 그가 사망했을 때 원로원은 그의 업적을 없애버리는 기록 말살형을 내리려 했으나, 후계자로 결정된 안토니누스의 적극적인 노력 덕분에 저지할 수 있었다.

하드리아누스가 138년 7월에 바이아이에 있던 별장에서 62세로 사망하자, 안토니누스가 14대 황제 자리를 이었다.

안토니누스 피우스 황제는 원로원 가문 출신으로 138년부터 161년까지 23년 동안 황위에 있었다. 안토니누스는 황제 자리에 오르면서 '피우스'라는 명칭을 덧붙였는데, 이는 '경건한'이라는 뜻이다. 원로원이 그에게 이런 명칭을 붙여준 것은 하드리아누스 재위 말기에 사형 명령을 받은 원로원 의원들을 살려준 것에 대한 보답이기도 했고, 한편으로는 하드리아누스를 기록 말살형에 처하지 않도록 노력한 것에 대한 평가 차원이기도 했다.

안토니누스 피우스 황제는 재위 기간에 단 한 번도 이탈리아를 떠나지 않은 것으로 유명하다. 그의 치세는 대규모 반란도 없고 정벌도 없는 평화시대였기 때문이다. 다양한 관리 경험이 있던 그는 효율적인 행정가의 풍모를 마음껏 발휘했고, 재정을 착실히 관리하여 국가를 매우 안정적으로 통치했다. 그는 또 유능한 건설자이기도 했다. 수도 로마뿐만 아니라 제국 전역에 송수로를 건설하여 식수를 쉽게 확보하도록 했고, 수많은 교량을 설치하여 교통을 더욱 편리하게 만들었다. 그가 통치하는 동안 국가의 재정은 늘 넉넉했고, 덕분에 그는 후계자에게 풍족한 공적 자금을 물려줄 수 있었다.

안토니누스 피우스는 양자인 마르쿠스 아우렐리우스와 루키우스 베루스에게 황위를 계승했고, 두 사람은 공동 황제의 자리에 올랐다. 이 두 사람 중 마르쿠스 아우렐리우스는 철인 황제로 불리며 오현제의 한 사람으로 평가되었다. 마르쿠스 안니우스 베루스의 아들로 태어난 그는 어린 시절에 특출한 자질을 인정받아 하드리아누스의 눈에 띄었다. 그리고 하드리아누스가 첫 번째 후계자로 지명한 루키우스 케이오니쿠스 콤모두스의 사위가 됨으로써 일약 정계의 주목을 받았다. 마르쿠스의 뛰어난 능력을 눈여겨본 하드리아누스는 후계자 안토니누스에게 마르쿠스를 양자로 삼도록 했고, 루키우스 베루스도 양자로 삼도록 했다. 루키우스 베루스는 하드리아누스의 양자이자 후계자로 예정되었던 부제 루키우스 아일리우스의 아들이었다.

이들 두 사람이 공동 황제로 황위에 오른 직후 로마의 상황은 좋지 않았다. 이탈리아는 물론이고 그 주변 지역이 모두 기근과 홍수에 시달렸고, 설상가상으로 파르티아가 동쪽 국경을 침입했다. 로마는 파르티아의 침입에 반격을 가하기 위해 1개 군단을 동원했지만 궤멸당했고, 패전의 책임을 지고 카파도키아의 총독 세다티우스 세베리아누스가 자결하는 사태가 이어졌다. 로마 영향권에 있던 아르메니아왕국은 파르티아의 지배를 받게 되었다. 이에 루키우스 베루스 황제가 직접 군대를 이끌고 파르티아 공략에 나섰다. 파르티아 공격의 사령관은 아비디우스 카시우스였는데, 그는 아르메니아를 탈환했을 뿐 아니라 파르티아 심장부까지 유린하고 돌아왔다.

하지만 전쟁은 그것으로 끝나지 않았다. 166년 파르티아 전쟁은 종결되었지만, 168년부터 게르마니아 전쟁이 발발했다. 그러자 공동 황제 두 사람이 함께 국경 순행에 나섰는데, 불행히도 169년에 공동 황제 루키우스 베루스가 순행 중 급사했다. 이로써 마르쿠스 아우렐리우스는 단독 황제가 되었다. 이후 로마군은 대규모 공세를 감행하여 게르만족을 패퇴시켰지만, 적지 않은 피해를 입었다. 사령관 클라우디우스 프론토가 전사하고 무려 2만 명이 포로로 끌려갔으며, 이어서 시작된 게르만족의 공격으로 이탈리아 북부 방어선이 무너졌다. 마르쿠스 황제는 네 개 군단을 새롭게 창설하여 반격을 펼쳤지만, 게르만족의 거센 공격을 막아내지 못하고 평화협정을 맺는 데 그쳤다.

174년에 맺은 평화협정은 178년에 시작된 제2차 게르마니아 전쟁의 발발로 완전히 깨졌다. 마르쿠스 황제는 직접 전쟁을 지휘하여 게르만족에게 엄청난 타격을 입히고 승전으로 이끌었다. 그는 180년 3월에 도나우 강변의 군사기지에서 재개될 전쟁을 준비하다가 병이 악화되어 59세를 일기로 사망함으로써 19년 치세의 막을 내렸다.

마르쿠스는 자신의 사색과 철학에 관한 내용을 정리하여 《명상록》이라는 에세이를 남겼는데, 그가 남긴 12편의 명상록은 로마 스토아철학을 대표하는 책으로 평가된다. 그런 까닭에 그를 철인 황제라 부르는 것이다.

마르쿠스 아우렐리우스 황제는 황위를 자신의 아들 콤모두스에게 물려주었는데, 17대 황제인 콤모두스는 로마제국 사상 최악의 황제로 평가받으며 '포학제暴虐帝'라 불렸다. 그런 까닭에 콤모두스의 즉위는 곧 오현제시대의 종말이자 로마 전성기의 끝이며, 로마 몰락의 서막으로 간주된다.

콤모두스는 177년부터 아버지 마르쿠스와 공동 황제로 있었으며, 게르마니아 전쟁에도 함께 참전했다가 아버지가 죽자, 단독 황제가 되었다. 이로써 로마는 82년 만에 처음으로 양자가 아닌 친자에게 황위를 승계했고, 이는 로마의 불행으로 이어졌다.

아버지가 죽자, 콤모두스는 게르만족과 평화협정을 맺고 로마로 돌아왔다. 콤모두스는 직접 검투사로 나설 만큼 스포츠를 좋아했고, 잘생겼으며, 허영심이 많은 인물이었다. 그는 백성을 위해 자주 많은 상금을 걸고 경기를 개최했는데, 덕분에 군인과 민중에게 인기를 얻었다. 그러자 거만해진 콤모두스는 재정을 함부로 쓰고 세금을 강화했으며, 호화롭고 퇴폐적인 생활을 했다. 이 때문에 불만이 증폭된 귀족과 엘리트는 콤모두스를 제거하려고 여러 차례 암살 음모를 꾸몄는데, 그때마다 발각되어 엄청난 피바람이 일었다. 그 과정에서 콤모두스의 잔혹한 학정과 탄압이 이어졌고, 결국 192년에 그의 포악한 정치를 참지 못한 정적과 측근에 살해되고 말았다. 이로써 15년의 치세는 막을 내렸고, 오현제시대로 불리며 로마의 전성기를 구가했던 네르바-안토니우스 황조도 종막을 고했다.

권력 투쟁기의 진통,
세베루스황조와 군인황제시대

콤모두스가 살해되자 이른바 '다섯 황제의 해'가 시작되었다. 100년 만에 로마에 내전이 일어난 것이다. 콤모두스에 이어 황제가 된 인물은 해방 노예의 아들 페르티낙스였다. 전쟁에서 공을 세워 군 지휘관, 속주 총독, 원로원 의원 등을 거친 그는 콤모두스가 죽자, 황제의 자리에 오르긴 했지만 불과 3개월 만에 근위대장 레토에게 암살당했다.

　이어 디디우스 율리아누스가 근위대의 추대를 받아 황제가 되었지만, 그의 즉위를 부정하며 판노니아 총독 셉티미우스 세베루스, 시리아 총독 페르켄니우스 니게르, 브리타니아 총독 클로디우스 알비누스가 황제를 자칭했다. 이로써 동시에 네 명의 황제가 군림하는 상황이 벌어졌고, 그런 가운데 율리아누스는 근위병들에게 살해되었다.

이후 로마는 무려 4년 동안 내란 상태가 지속되었다. 19대 셉티미우스 세베루스는 내란 상황에서 193년에 경쟁자들을 물리치고 황제 자리에 올라 211년까지 18년 동안 로마를 통치했다. 로마 최초의 아프리카 출신 황제였던 그는 즉위 초에는 클로디우스 알비누스와 공동 황제가 되었으나 197년에 알비누스를 물리치고 단독 황제가 되었다. 세베루스황조가 시작된 것이다.

그는 군대를 기반으로 황위에 오른 만큼 강력한 군벌정치를 펼치는 한편, 군인을 특권계급으로 만들고 원로원은 철저히 무시했다. 그는 병력을 엄청나게 늘려 파르티아왕국을 공격한 끝에 메소포타미아 지방을 차지했고, 지금의 영국 땅인 브리타니아 원정도 감행했다. 하지만 211년 그는 브리타니아 원정 중 사망하고 말았다.

그에 이어 안토니누스와 게타, 두 아들이 황위에 올라 공동 황제가 되었다. 하지만 게타는 즉위 10개월 만에 친형 안토니누스에게 살해되었고, 이후 안토니누스가 21대 단독 황제가 되었다. 안토니누스는 켈트족의 전통 모자를 뜻하는 '카라칼라'라는 별명으로 더 유명했다.

198년부터 217년까지 19년 동안 황위에 있으면서 카라칼라는 몇 가지 업적을 남겼다. 게르마니아 방벽을 완성하여 북부 변방을 안정시키는 한편, 로마의 시민권을 제국의 모든 자유민에게 확대함으로써 제국 일체화에 기여했다. 그가 시민권을 확대한 것은 시민에게만 부과되는 상속세를 증대하여 재정을 안정시키기 위함이었다. 그는 재정 안정을 바탕으로 대규모 건설 사업을 단행했는데, 그가 만든 카라칼라 욕장은 아직도 남아 있다.

하지만 216년 카라칼라는 파르티아 원정을 갔다가 뜬금없이 파르티아 공주에게 청혼하는 돌발 행동을 했다. 이 사건으로 원로원이 카라칼라에게서 등을 돌렸고, 측근조차 예측할 수 없는 그의 행동에 불만을 품었다. 그런 가운데 의심이 많아진 카라칼라는 217년 4월 자신의 경호 대장 형을 죽였는데, 이 때문에 메소포타미아 근처의 신전에서 경호대에 암살당했다.

카라칼라에 이어 마크리누스가 22대 황제가 되었으나 로마에 입성 한번 못한 채 14개월 만에 살해되었고, 이어 엘라가발루스가 23대 황제가 되었다. 4년 동안 황위에 있던 엘라가발루스는 최초의 동방 출신 황제였는데, 로마왕국이 건국되기 이전에 믿었던 바알신을 강제로 믿게 하는 등 엉뚱한 정책을 펼쳤다. 또 파티에 초대된 손님에게 유리로 만든 음식을 내놓거나 음식에 거미 혹은 말똥을 넣는 등 이해할 수 없는 행동을 하기도 했다. 그는 동성애자로도 유명했는데, 로마제국의 동성애 탄압 정책을 폐지하려 하기도 했다. 이런 기행을 일삼던 그는 결국 친모와 근위대에 살해되었다.

세베루스 알렉산데르는 23대 황제로 222년부터 235년까지 13년 동안 황위에 있었는데, 그의 치세 초반 6년은 평화기였다. 하지만 226년에 사산 페르시아가 파르티아를 멸망시키고 침략해 오면서 전란에 휩싸인다. 또 게르만족의 침입까지 겹치면서 로마는 위기로 내몰린다. 알렉산데르는 게르만족과 평화 협상을 진행하여 난국을 타개하고자 했으나 평화 협상에 불만을 품은 근위대가 반란을 일으켜 그를 살해함으로써 세베루스황조는 막을 내렸다.

　세베루스황조가 몰락한 후 로마는 이른바 군인황제시대를 맞이하여 엄청난 혼란과 내란에 휘말린다. 235년부터 284년까지 약 50년 동안 지속된 군인황제시대는 20여 명의 로마군 장군이 로마제국 전역 또는 일부 지역을 차지하고 황제를 자칭했는데, 이 시기에는 내전과 외침, 역병과 지독한 경기 침체 등으로 극도의 혼란이 야기된다. 그리고 258년부터 2년 동안 로마제국은 세 지역으로 갈라져 내전을 지속하다 아우렐리아누스 황제에 의해 가까스로 재통합된다. 하지만 혼란은 계속되고 284년에 디오클레티아누스 황제가 즉위하면서 군인황제시대는 가까스로 종식된다.

로마의 일시적 재건,
디오클레티아누스 황제

새롭게 로마를 재건한 디오클레티아누스는 현실적이고 현명한 인물이었다. 그는 황제에 오른 후 자신의 수하 장수 막시미아누스를 부황제로 임명했다가 다시 공동 황제로 임명하여 제국을 함께 통치했다. 그리고 즉위 9년째 되던 293년에는 사두 체제를 도입하여 전국을 안정시켰다. 사두 정치체제란 로마제국을 동서로 양분한 뒤, 동서에 각각 황제와 부황제를 세우고 제국 전체를 네 지역으로 나눠서 통치하는 제도였다. 그래서 제국의 동방은 디오클레티아누스가 황제가 되고 부황제는 갈레리우스가 되었으며, 제국의 서방은 막시미아누스가 황제가 되고 콘스탄티우스 클로루스가 부황제가 되었다.

사두 체제에서 각 황제와 부황제가 맡은 지역을 살펴보면, 동방 황제 디오클레티아누스는 아나톨리아(지금의 터키 지역), 오리엔

베네치아의 산 마르코 성당에 있는 이 조각상은 사두 정치체제를 나타낸다. 앞부분이 황제 디오클레티아누스와 막시미아누스이고, 뒷부분이 부황제 콘스탄티우스와 갈레리우스다.

스, 폰투스, 이집트를 맡았고, 동방 부제 갈레리우스는 오늘날의 동유럽 지역에 해당하는 판노니아, 모이시아, 트라키아를 맡았다. 또 서방 황제 막시미아누스는 이탈리아와 아프리카를, 서방 부제 콘스탄티우스 클로루스는 오늘날의 서유럽 중 이탈리아를 제외한 브리타니아, 갈리아, 히스파니아, 비네엔시스를 통치했다.

이러한 사두 체제는 제국이 분열될 가능성을 잉태하고 있었지만 혼란을 잠재우는 한편, 제국 방위의 부담을 분산하고 거대한 영토를 효과적으로 통치하는 데 크게 도움이 되었다.

비록 사두 체제이긴 했지만 공식적인 황제는 디오클레티아누스였다. 그는 자신을 '세니오르'라 칭하면서 다른 황제들과 구별했고, 제국 전체에 대한 중요한 사안은 단독으로 결정했다. 물론 사두 체제의 나머지 세 사람도 그의 위상을 인정했다.

디오클레티아누스의 치세는 284년부터 305년까지 지속되었는데, 치세의 전반기 10년 동안 로마는 매우 안정되고 평화로웠다. 또 혼란기에 잃었던 메소포타미아 지방의 절반을 되찾고 아르메니아왕국에 친로마파 국왕을 세웠으며, 사산 페르시아와도 평화협정을 맺었다.

하지만 296년에 사산 페르시아의 나르세 1세가 대군을 이끌고 메소포타미아 북부로 쳐들어오면서 평화는 깨졌다. 나르세 1세는 아르메니아왕국의 친로마파 국왕을 몰아내고 친페르시아 국왕을 세웠고, 로마는 이에 대한 응징을 감행했다. 그리고 297년에 마침내 페르시아군을 격파하고 나르세 1세의 처첩과 자식들까지 포로로 잡아 다시 평화협정을 맺었다. 물론 메소포타미아 북부를 완전히 차지하고 동방 전선의 안전도 확보했다.

이렇듯 외침의 위협에서 벗어나자 디오클레티아누스는 내정 개혁을 감행했다. 유명무실해진 원로원의 입법 기능을 없애버리고, 원로원이 임명하던 집정관을 황제가 직접 임명하는 등 중앙집권화를 강화했으며, 원로원이 지배하던 원로원 속주도 황제의 속주로 만들어버렸다. 또 전문 관료 제도를 도입하고 행정 업무를 전문화하는 한편, 문관과 무관을 분리했다. 이에 따라 관리 수는 대폭 늘어나고, 병력도 크게 증가했다.

관리와 병력의 증가는 재정의 확대를 낳기 마련이었다. 디오클레티아누스는 재정 부족을 해결하기 위해 세금을 신설하고 그때까지 세금 면제 혜택을 받던 본국 이탈리아 시민에게도 세금을 부과했다.

디오클레티아누스는 광범위하게 퍼져 있던 기독교에 대해서는 매우 강력하게 탄압했다. 기독교 탄압을 위한 칙령을 반포하고, 기독교인은 고발 없이도 추적하여 고문할 수 있도록 했다. 또 로마 신의 제사를 받들지 않는 자는 사형이나 강제 노역에 처함으로써 대대적인 기독교 박해를 감행했다.

그런 가운데 디오클레티아누스는 305년에 돌연 은퇴를 선언했다. 61세의 노구였던 그는 스스로 할 일을 다했다고 판단하고 미련 없이 권좌를 버렸다. 디오클레티아누스가 은퇴를 선언하자, 막시미아누스도 함께 은퇴를 선언할 수밖에 없었다. 두 명의 공동 황제가 물러나자, 부제였던 갈레리우스와 콘스탄티우스(콘스탄티우스 1세)가 각각 동방과 서방의 황제에 올랐다. 그리고 부제로는 막시미누스 다이와 세베루스가 임명됨으로써 제2차 사두 정치가 시작되었다.

한편 황제에서 물러난 디오클레티아누스는 지금의 크로아티아 지역인 달마티아의 스트라툼에 거대한 개인 궁궐을 지어놓고 조용히 채소를 키우며 지내다 311년에 사망했다.

대제국의
황혼기

디오클레티아누스가 물러난 뒤 시작된 제2차 사두 체제는 오래
가지 못했다. 사두 체제 아래에서 서방의 황제를 맡았던 콘스탄
티우스가 306년 브리타니아 원정에 나섰다가 병사했고, 휘하 장
병들은 그의 아들 콘스탄티누스(콘스탄티누스 대제)를 서방 황제로
추대했다. 하지만 이는 적법한 절차에 의한 즉위가 아니었다. 이
때문에 콘스탄티누스는 동방 황제 갈레리우스에게 황위 승계에
대한 적법성을 확인했다. 이에 갈레리우스는 콘스탄티누스가 아
버지의 영토를 계승하게 하되 황제가 아닌 부제로 임명하고 서
방 황제는 원래 서방 부제였던 세베루스를 임명했다.

그 무렵인 307년 막시미아누스의 아들 막센티우스가 자신이
서방 황제에 오르지 못한 것에 불만을 품고 군대를 일으켰다. 이
에 서방 황제에서 물러났던 막시미아누스까지 가담했고, 서방 황

제였던 세베루스는 이들을 진압하기 위해 출전했지만 되레 막시미아누스에게 패배하여 포로로 잡힌 뒤 죽었다.

이렇게 되자 동방 정제 갈레리우스가 막센티우스를 진압하려 했지만, 역시 실패했다. 이후 갈레리우스는 급히 디오클레티아누스와 막시미아누스를 불러들였고, 논의 끝에 서방 황제로 리키니우스를 임명했다. 하지만 막센티우스는 이 결정을 받아들이지 않았다. 되레 그는 아버지 막시미아누스와 등을 졌고, 막시미아누스는 콘스탄티누스를 사위로 삼고 그에게 의탁했다. 그런데 콘스탄티누스가 이민족을 격퇴하러 간 사이에 막시미아누스는 콘스탄티누스가 지배하고 있던 곳을 차지하려다 실패하여 목숨을 잃고 만다.

한편 동방의 황제 갈레리우스가 죽고, 리키니우스가 동방의 황제가 되자, 콘스탄티누스는 리키니우스와 동맹을 맺고 독자적인 황제의 권리를 주장하던 막센티우스를 제거한다. 이후 동서방 양쪽 황제가 된 리키니우스와 콘스탄티누스는 313년에 밀라노칙령을 통해 기독교를 공인하여 박해를 중지시킨다. 그 무렵 동방의 부황제 막시미누스가 리키니우스를 공격해 왔다. 리키니우스는 막시미누스를 격퇴하여 동방을 장악한다. 이렇게 되자 사두체제는 완전히 붕괴되고, 로마제국은 리키니우스와 콘스탄티누스가 양분하는 형국이 되었다.

이들 두 사람은 동맹을 맺고 한동안 평화를 유지하지만, 동맹은 오래가지 못했다. 315년에 양쪽 군대는 키발라에 전투에서 맞붙었고, 이후 휴전과 전쟁을 반복한 끝에 324년에 아드리아노폴리스 전투에서 콘스탄티누스가 승리함으로써 로마는 다시 일인 지배 체제가 되었다.

유일 황제에 오른 콘스탄티누스는 비잔티움으로 옮겨 가서 그 곳을 '콘스탄티노폴리스'로 개명하고 로마제국의 모든 권력과 부, 그리고 문화의 중심지로 만든다.

이후 콘스탄티누스는 337년까지 로마대제국의 유일 황제로 군림했다. 그는 죽으면서 콘스탄티누스 2세, 콘스탄티우스 2세, 콘스탄스 등 세 명의 아들에게 황위를 나눠주었다.

세 황제 중 장남인 콘스탄티누스 2세는 브리타니아, 갈리아, 히스파니아 등 현재의 서유럽 지역을 다스렸는데, 이에 만족하지 못하고 막냇동생 콘스탄스에게 이탈리아와 아프리카를 내놓으라고 강압했다. 콘스탄스가 이에 응하지 않자, 340년에 기어코 군대를 이끌고 이탈리아로 쳐들어갔다가 전사하고 말았다.

이후 로마제국의 서방은 막내 콘스탄스가 지배하고, 동방은 둘째 콘스탄티우스 2세가 지배했다. 그런데 350년 서방에서 쿠데타가 일어나 콘스탄스가 처형되는 지경에 이른다. 그러자 콘스탄티우스 2세는 군대를 이끌고 가 콘스탄스를 죽인 게르만족 출신 장군 마그넨티우스를 응징하고 단독 황제에 오른다.

콘스탄티우스 2세의 단독 황제 치세는 351년부터 361년까지 10년 동안 지속되었다. 이 기간에 그는 도나우강 지역의 이민족을 정벌하는 한편, 동방의 강자 사산 페르시아의 침략에 대응한다. 그런데 그가 사산 페르시아와 전투를 벌이는 사이 서방을 다스리고 있던 부황제이자 사촌 동생 율리아누스가 반역을 일으켜 황제가 되었다. 콘스탄티우스 2세는 그를 응징하기 위해 서부로 향하다 도상에서 병에 걸려 사망하고 말았다. 임종을 앞두고 콘스탄티우스 2세는 율리아누스를 정식 황제로 인정했다.

콘스탄티우스 2세에 이어 단독 황제로 등극한 30세의 젊은 황제 율리아누스는 황실의 사치를 일소하고 마르쿠스 아우렐리우스를 모범으로 삼아 스스로 철인 황제가 되어 통치하겠다는 포고령을 내렸다. 그리고 즉위 3년째인 363년에 직접 병력을 이끌고 동쪽 변방을 위협하고 있던 사산 페르시아 정벌에 나섰다. 하지만 그는 전투 중 전사하고 말았다.

율리아누스가 전사했다는 소식이 전해지자, 황위는 황실 경비 대장 출신인 요비아누스가 차지했다. 하지만 그는 즉위 8개월 만에 의문사했고, 그를 이어 발렌티니아누스 1세가 황제가 되었다.

발렌티니아누스는 밧줄 만드는 집안에서 태어나 일개 병사로 시작하여 황제가 된 입지전적 인물이었다. 그는 요비아누스가 죽은 지 10일 만에 황제 자리에 올라 375년까지 11년 동안 제위에 있었다. 그는 황제였지만 제위에 있는 내내 전장에서 지냈다. 그런 까닭에 황궁 생활은 거의 하지 못했다. 당시 로마의 국경은 이민족의 끊임없는 침략에 시달렸고, 그는 동분서주하며 이민족을 막아내기에 여념이 없었다. 그러다 375년에 이민족인 콰디족과의 협상장에 나갔다가 뇌졸중으로 사망했다.

발렌티니아누스가 죽자, 황위는 동생 발렌스, 아들 그라티아누스와 발렌티니아누스 2세 등 세 명이 나눠 가졌다. 발렌스는 동방을 지배하다 378년에 고트족, 훈족 등의 이족과 벌인 전투에서 전사했다. 또 서방 황제 그라티아누스는 383년에 쿠데타를 일으킨 마그누스 막시무스를 진압하다 살해되었다. 그리고 네 살의 어린 나이로 황제에 오른 발렌티니아누스 2세는 모후의 섭정에 의해 이탈리아, 아프리카, 일리리쿰(지금의 크로아티아 지역)을 통치했으나 쿠데타를 일으킨 막시무스에게 쫓겨 동방으로 달아났다. 그리고 당시 동방 황제였던 테오도시우스에게 의탁했다. 이후 테오도시우스가 막시무스를 응징하자, 발렌티니아누스 2세는 이탈리아로 돌아가 복위했으나 392년에 21세의 젊은 나이로 의문의 죽음을 당했다.

발렌티니아누스 2세가 죽자, 로마는 테오도시우스가 단독 황제가 되어 지배했다. 테오도시우스는 그라티아누스 황제의 장군으로 있다가 신뢰를 얻어 공동 황제가 된 인물이었다. 그는 기독교를 국교로 삼은 덕에 기독교인들에게 대제의 칭호를 얻었다.

그는 395년 1월에 48세의 나이로 죽으면서 장남 아르카디우스에게는 동로마를, 차남 호노리우스에게는 서로마를 물려주었다. 이후 로마는 두 번 다시 하나로 결합되지 못했기에 테오도시우스는 로마대제국 최후의 황제로 남게 되었다.

당시 동로마는 다키아(루마니아와 몰도바 지역)부터 마케도니아, 아시아, 폰투스, 오리엔트(이라크, 시리아, 요르단, 이스라엘 등), 트라키아(불가리아 남부, 그리스 북동부, 터키의 유럽 쪽 영토), 이집트 등으로 이뤄져 있었다. 또 서로마는 서쪽으로는 히스파니아(이베리아반도)와 아프리카 북부, 북쪽으로 갈리아(현재의 프랑스, 벨기에, 스위스 서부, 그리고 라인강 서쪽의 독일을 포함하는 지방), 브리타니아(오늘날 영국의 그레이트브리튼

섬), 게르마니아(라인강 동쪽의 독일과 폴란드, 체코 등), 그리고 본국 이탈리아와 로마를 포함한 영역이었다.

동서로 분리된 후 서로마는 불과 80년 만에 몰락했다. 서로마가 몰락한 원인은 세 가지였다. 우선은 중앙아시아의 유목 민족인 훈족의 침략이었고, 다음으로는 훈족에게 밀려난 게르만족의 대이동에 따른 혼란, 마지막으로는 자체 내분이었다. 결국 476년에 황제 로물루스가 게르만 용병대장 오도아케르에 의해 쫓겨나면서 서로마는 몰락했다. 이후 로마는 비잔티움을 중심으로 로마 제국 동부 지역을 지배하며 약 1,000년의 세월을 더 이어간다.

서양 문화의 뿌리,
유대교와 기독교

기독교와 이슬람교의 모태가 된 유대교

로마와 서양의 역사와 문화를 이해하기 위해서는 기독교에 대한 기본 지식이 꼭 필요하다. 또 기독교를 알기 위해서는 우선 유대교를 알아둘 필요가 있다.

유대교는 기독교와 이슬람교의 모태가 된 종교다. 유대교는 BC 13세기경에 이집트에서 노예 생활을 하던 히브리인(유대인)을 이끌고 홍해를 건너 시나이반도로 탈출시킨 모세라는 인물이 형성한 종교다. 모세가 유대인에게 전파한 신의 이름은 야훼였다. 야훼의 의미는 '되게 하는 존재', 즉 창조주를 의미한다. 말하자면 우주를 만든 조물주 자체를 의미하는 것으로 신의 명칭이라기보다는 그냥 '신'을 의미한다고 보면 된다. 그래서 이슬람교의 알라와 기독교의 하느님과 같은 의미다.

이후 유대인들은 야훼에 대한 신앙을 기반으로 이스라엘왕국을 세웠다. 이스라엘은 몇백 년간 왕조를 이어가다 신바빌로니아와 페르시아 등의 지배를 받았고, 이후 다시 마케도니아의 지배를 거쳐 로마의 지배를 받았다. 유대인은 타 민족의 지배를 받던 시절에도 유대교를 신앙으로 간직했다. 오직 유일신 야훼만이 자신들을 구원할 것이라는 믿음에 의지해 핍박의 세월을 이겨낸 셈이다.

유대교 신앙의 핵심 내용은 유일신 야훼가 언젠가는 메시아를 보내 자신들을 구원해줄 것이며, 그 과정에서 여러 명의 선지자가 나타나 구원을 예고하는 형식을 띤다. 그래서 그들은 야훼가 모세를 통해 전한 십계명을 잘 지키면서 선지자들의 예언을 믿고 신앙을 저버리지 않으면 결국 구원받을 것이라는 믿음을 가지고 있다.

그렇다면 유대교는 왜 인간이 구원받아야 한다고 설정하고 있을까? 그것은 인간이 죄인이기 때문이다. 인간이 창조주 야훼에 의해 만들어졌고, 첫 인간인 아담과 그의 아내 하와가 저지른 원죄를 모든 인간이 물려받았는데, 그 때문에 인간은 죽으면 영원히 불타는 지옥에 떨어질 신세가 되었다. 그래서 야훼는 언젠가 구세주를 보내 모든 인간을 구원할 것이니, 그런 믿음을 가지고 기다리라는 것이다.

이런 믿음을 유지하는 과정에서 유대교는 여러 파벌을 만들어냈다. 유대교는 탄생 이래 사두개파, 바리새파, 에세네파 등 크게 세 개의 파벌을 형성했다.

사두개파Sadducess는 성전을 중심으로 하는 유파로 BC 6세기 말 바빌론에서 돌아온 유대인이 예루살렘의 성전을 재건하면서 형성되었다. 그래서 흔히 성전 중심주의자라고 평가되었다. 이들은 그리스 로마 문화의 영향력 아래 있으면서도 유대교 본연의 순수성을 지키려고 애쓴 세력이다. 그 과정에서 예루살렘 성전의 제사장 자리를 차지하고 있던 레위 지파 세력과 충돌했고, 결국 레위 지파를 몰아내고 자신들이 제사장 자리를 차지하게 된다. 그러나 이들은 로마제국이 70년에 예루살렘 성전을 파괴하면서 세력이 급속도로 약해졌고, 결국 바리새파에 흡수되면서 사라졌다.

바리새파Pharisees는 BC 2세기에 형성되었다. 이들의 중심 세력은 사두개파에 축출된 레위 지파에 뿌리를 두고 있다. 이들은 원래 레위 지파 출신 학자와 제사장 출신이었다. 하지만 사두개파에 의해 성전에서 밀려난 뒤 주로 평민으로 살아가며 곳곳에 흩어져 있던 회당을 중심으로 교세를 이어갔다. 이들은 로마가 예루살렘을 장악할 당시 사두개파와 달리 로마제국에 협조함으로써 자신들의 회당이 파괴되는 것을 모면했다. 덕분에 사두개파를 흡수하여 유대교 최대 파벌로 거듭났다.

에세네파Essenes는 유대교의 종파 중 가장 진보적인 세력으로 신비주의적 철학에 기반하고 있다. 이들 역시 사두개파에게 쫓겨난 레위 지파의 후손인데, 이들은 바리새파와 달리 유대 종교의 보수성에서 벗어난 길을 걸었다. 말하자면 유대교에서 벗어나고자 애쓴 세력이었는데, 이들은 대개 광야에서 공동체를 이루고 생활했다. 이른바 에세네 공동체를 형성한 것이다. 하지만 에세네 공동체에 속하지 않은 일부 신자는 일반적인 직업을 가지고 사회 활동을 하기도 했다. 이들은 사두개파와 바리새파를 타락한 세력으로 규정하고 자신들만이 정결한 신앙을 가지고 있다고 주장했다. 이 때문에 사두개파와 바리새파에게 많은 견제를 받았다. 또 에세네파는 순수한 신앙을 주장하며 로마에 매우 적대적이었는데, 그 때문에 로마가 이스라엘을 멸망시킬 당시에 대부분의 성소와 기록을 잃고 바리새파에 흡수되고 말았다.

에세네파에서는 젤로파라는 새로운 세력이 형성되어 분파되었는데, 젤로파는 로마에 가장 강력하게 저항한 세력이기도 했다. 이들은 로마가 이스라엘을 지배하는 데 반발하여 대대적인 무장 저항운동을 펼쳤는데, 그 때문에 로마 군대에 의해 철저히 궤멸되었다. 그래서 그들 역시 대부분 바리새파에 흡수되었고, 일부는 예수교에 흡수되어 사라졌다.

이렇듯 유대교는 로마가 이스라엘을 정벌한 이후 바리새파만 살아남았다. 이후 바리새파는 그리스의 영향을 받은 문헌을 모두 제외하고 그리스 이전의 문헌만 바탕으로 경전을 만든다. 그 내용은 율법서, 역사서, 성문서 등 24권인데, 훗날 기독교는 이 경전들을 구약으로 명명하고 다시 편집한다.

이후 유대교는 성전 중심이 아닌 경전 중심 종교로 다시 태어나 2,000년 이상 유지되고 있으며, 이스라엘의 유대인과 전 세계에 흩어진 유대인을 중심으로 교세를 유지하고 있다. 현재 전 세계의 유대교 신도는 1,400만 명 정도로 알려져 있다.

예수를 구세주로 삼아 탄생한 기독교

유대교에서 메시아를 기다리는 동안 인류를 구원할 메시아가 드디어 왔다고 주장하는 세력이 생겼다. 그 메시아는 바로 야훼의 아들로 사람들의 죄를 대신 지고 죽었다가 부활한 예수라는 것이다. 이 예수를 야훼의 아들이자 메시아로 섬기는 종교가 바로 기독교다.

기독교의 '기독基督'은 그리스어로 구원자를 의미하는 '그리스도(Χριστός, 크리스토스)'의 중국어 음역인 '기리사독基利斯督'의 줄임말이다. 이에 대한 현대 베이징어 발음은 '지리쓰두'지만, 구개음화하기 전 옛 발음은 '기리스도'에 가까웠다. 그래서 오늘날 한국에서는 기독교라고 부르는 것이다. 따라서 '그리스도교'라고 부르는 것이 정확한 명칭이다.

그리스도교라는 명칭은 '예수 그리스도'라는 표현에서 비롯되었다. 그래서 기독교의 신약성경에서는 '그리스도인'이라는 표현이 실제 등장한다. 여기서 그리스도인이란 예수를 구세주로 믿는 교인을 지칭한다.

기독교인에게 통상 '예수 그리스도'로 일컬어지는 이 명칭은 원래 그리스어 '예수스 크리스토스'에서 비롯되었고, 이는 또 히브리어의 고어인 아람어 '예수아 메쉬아'의 번역이다. 여기서 예수아는 '야훼의 구원'이라는 뜻을 지니고 있고, 메쉬아는 '기름 부음을 받은 사람'이라는 뜻을 지니고 있다. 기름 부음을 받은 사람이란 곧 어떤 직위를 받은 사람을 의미하는데, 왕이나 제사장도 마찬가지였다. 그런데 예수는 세상을 구원할 왕이었기 때문에 역시 기름 부음을 받은 사람에 해당되었다. 그 때문에 그리스도는 곧 구세주라는 의미로 사용되었으며, 예수와 동일시하는 개념이 되었다. 그래서 오늘날 예수교를 그리스도교, 즉 기독교라고 하는 것이다.

이런 기독교는 30년경에 예수의 등장과 함께 시작되었다. 예수는 유대인의 한 사람으로 유대교 중에서도 바리새파와 사두개파를 매우 비판했던 것으로 봐서 순결주의를 주장하던 에세네파에 뿌리를 둔 인물로 보인다.

예수는 스스로를 하느님의 아들이라고 규정하면서 자신이 구약성경에서 예언한 메시아로 인류를 구원하기 위해 이 땅에 왔다고 했다. 이 때문에 유대교에서는 예수를 이단시하여 배척했지만, 그의 열두 제자는 예수의 가르침을 이스라엘의 영역을 넘어 로마 전역으로 전파했고, 그 내용은 27권의 책으로 묶였다. 이를 기독교에서는 신약성서라고 하고 유대교에서 형성한 구약성서 39권과 함께 성서의 반열에 올렸다.

기독교가 유대교와 가장 크게 다른 것은 삼위일체론을 믿는다는 점이다. 삼위일체란 곧 하느님인 성부와 아들인 예수, 그리고 성령이 모두 하나라는 논리다. 말하자면 예수를 야훼와 동격으로 만든 셈인데, 유대교와 이슬람교에서는 이를 받아들이지 않는다. 그들은 그저 예수를 선지자 중 하나로 여길 뿐이다.

어쨌든 이런 예수교에 대해 로마제국은 처음엔 강하게 핍박했으나 하층민을 중심으로 교인이 늘어감에 따라 교세를 인정하여 결국은 예수교를 받아들이게 된다. 이후 예수교는 로마 세력을 등에 업고 기독교로 거듭나 유럽 전역을 아우르는 종교가 된다. 거대한 땅을 차지한 로마의 지배 욕구와 예수교의 절대적인 신앙이 하나로 합쳐짐으로써 강력한 지배 이데올로기가 탄생한 셈이다.

기독교는 로마의 국교가 된 이후 점차 힘을 강화하여 황제의 힘을 능가하는 지경에 이른다. 말하자면 종교가 정치를 지배하는 상황에 이른 것인데, 이는 황제의 지배력보다 기독교의 절대 신앙의 힘이 더 컸기 때문이었다.

한편 로마제국은 기독교를 국교로 삼은 후 수도를 로마에서 콘스탄티노폴리스(지금의 이스탄불)로 옮기고, 이후 로마는 현실적으로 동로마와 서로마로 분열된다. 또 교회도 콘스탄티노폴리스 중심의 동방정교회와 로마 중심의 가톨릭교회로 분열된다.

여기서 가톨릭이란 그리스어 형용사 '카톨리코스καθολικός'에서 유래했는데, 보편적 또는 일반적이란 의미다. 기독교에서는 주로 '교회'와 함께 사용하며, 그래서 흔히 천주교를 '가톨릭교회'라고 부른다.

로마제국이 분열된 이후 서로마제국이 망했는데, 이후 로마 가톨릭교회가 중심이 되어 서유럽 지역의 여러 나라를 지배하게 된다. 흔히 이 시대를 서양사에서는 '중세Medium aevum'라고 일컫는다. 그래서 중세中世는 유럽 역사에서 서로마제국이 멸망(476)하고 게르만 민족의 대이동(4~6세기)이 있었던 시기부터 르네상스(14~16세기)와 더불어 근세(중세와 근대 사이의 16~19세기)가 시작되

판테온은 이탈리아 로마에 위치한 신전으로, 7세기 이후부터 가톨릭교회의 성당으로 사용되었다.

기 전까지, 즉 5세기부터 15세기까지 약 1,000년 동안을 일컫게 된다. 이 1,000년은 그야말로 기독교 세상이었던 것이다.

서유럽에서 중세가 지속된 1,000년 동안 로마제국은 여전히 콘스탄티노폴리스를 중심으로 유지되었는데, 서로마제국을 제외한 이 로마를 흔히 동로마제국 또는 비잔티움제국이라고 부른다. 동로마제국은 1453년 오스만제국에 멸망당할 때까지 유지되었다.

이렇듯 기독교는 무려 1,000년 동안 로마 가톨릭과 동방정교회로 분리된 채 유지되었는데, 또다시 새로운 기류가 형성되었다. 유럽의 독일에서 1517년에 마르틴 루터가 가톨릭의 개혁을 부르짖으며 종교개혁을 일으킨 것이다. 루터는 교황 중심의 교회를 거부하고 오직 성서 중심의 교회로 개혁해야 한다고 주장했다. 이후 개혁에 찬성하는 세력을 중심으로 새롭게 일어난 것이 개신교다. 개신교 형성 과정에서 종교개혁을 지지하는 세력과 반대하는 세력이 전쟁을 일으켰고, 이 전쟁은 30년 이상 지속되었다. 이를 30년전쟁이라고 하는데, 인류사에서 가장 잔혹한 전쟁 중 하나였다.

　이후 기독교는 로마 가톨릭, 동방정교회, 개신교 등으로 분열되었다. 또 개신교는 루터교회, 성공회교회, 장로교회, 성결교회, 감리교회, 침례교회 등으로 분파가 형성되었다. 그래서 현재 기독교는 가톨릭, 동방정교회, 개신교 등을 합쳐 전 세계에 24억 명의 신도를 형성하고 있다.

5장

동로마
비잔티움제국
1,000년

5세기에서 15세기까지

서로마 몰락 이전의
동로마

동로마는 흔히 비잔티움제국으로 불린다. 비잔티움은 콘스탄티노폴리스의 옛 이름인 '비잔티온'에서 비롯된 명칭이다. 하지만 동로마시대 당시 콘스탄티노폴리스는 거의 비잔티움으로 불리지 않았다. 기껏해야 사서나 시문에서나 찾아볼 수 있을 뿐이었다.

동로마를 비잔티움제국으로 부르는 것이 일반화된 것은 19세기부터였다. 프랑스의 역사가 뒤 캉주가 1680년에 동로마의 역사를 담아《비잔티움 역사》라는 이름으로 출간한 이후 몽테스키외를 비롯한 프랑스 작가들 사이에서 '비잔티움'이라는 표현이 널리 쓰였고, 19세기에 이르러 완전히 정착된 것이다.

사실 동로마시대에도 동로마는 자신들을 그저 로마제국으로 불렀다. 비록 로마 본토인 이탈리아는 다른 나라로 독립된 상태였지만, 동로마는 여전히 로마제국으로 불렸던 것이다.

동로마가 스스로를 로마제국이라 부른 것은 서로마가 몰락한 후에도 여전히 이탈리아를 비롯한 옛 로마 땅을 자신들이 지배하고 있다고 믿었기 때문이다. 비잔티움제국의 흥망성쇠를 통해 그들의 믿음을 확인할 수 있다.

395년 테오도시우스 대제가 죽은 후 동로마는 장남 아르카디우스가 물려받아 408년까지 13년 동안 통치했다. 즉위 당시 아르카디우스는 유약하고 무능했기 때문에 실권은 측근인 루피누스가 장악했다. 그런데 루피누스가 황실 경비대에 암살되자, 실권은 다시 시종장 에우트로피우스가 차지했다.

에우트로피우스는 아일리아 에우독시아를 황후로 세우고 권력을 독점하려 했으나 되레 에우독시아가 그를 살해하고 황권을 휘둘렀다. 그런 상황에서 아르카디우스는 허수아비 황제 생활을 지속하다 일곱 살의 어린 아들 테오도시우스 2세에게 황위를 물려주고 죽는다.

일곱 살의 어린 나이로 황위에 오른 테오도시우스 2세 역시 실권이 없기는 마찬가지였다. 모후 에우독시아가 황권을 장악했다. 그나마 섭정 안테미우스가 탁월한 정치를 펼친 덕분에 동로마는 안정되었다. 안테미우스가 물러난 뒤에도 황권은 여전히 섭정의 차지가 되었다. 이후 테오도시우스 2세의 누나 풀케리아가 두 번째 섭정이 되었다. 그녀는 강인하고 단호한 성격의 소유자로 권력욕이 강했다. 그 때문에 실질적인 황제는 풀케리아였고, 테오도시우스 2세는 그저 학문과 그림, 사냥을 즐기며 450년까지 42년의 치세를 보냈다.

테오도시우스 2세에 이어 황위에 오른 인물은 원로원 의원 출신으로 뒤늦게 풀케리아와 결혼한 마르키아누스였다. 당시 풀케리아는 독신 서약을 했기에 마르키아누스는 형식상의 남편일 뿐이었다. 황제가 되기 위해 풀케리아의 지지가 필요했던 것이다. 그럼에도 동방정교회에서 그에게 성인의 칭호를 줄 정도로 마르키아누스의 7년 치세는 평온하고 성공적이었다. 하지만 그에게는 황위를 물려줄 아들이 없었다.

457년 마르키아누스가 후계자 없이 죽자, 당시 실권자였던 아스파르는 자기 집안의 집사 레오를 꼭두각시 황제로 세웠다. 아스파르는 레오의 즉위를 정당화하기 위해 콘스탄티노폴리스 대주교 아나톨리우스에게서 공식적으로 제관을 받도록 했다. 이는 황제가 동방 대주교의 제관을 받고 즉위한 첫 번째 사례가 되었고, 결과적으로 교회의 힘을 강화하는 원인이 되었다.

어쨌든 아스파르는 꼭두각시 황제를 세워 자신이 권력을 독점하려 했는데, 레오는 되레 반격을 가하여 아스파르를 죽이고 황권을 확립하는 데 성공했다. 하지만 474년에 죽음이 임박했을 때, 그는 계승할 아들이 없어 일곱 살의 어린 외손자 레오 2세에게 황위를 물려주었다.

레오 2세는 즉위 후 불과 10개월 만에 죽었고, 황위는 그의 아버지 제논이 차지했다. 제논은 레오 1세가 아스파르를 견제하기 위해 등용하여 자신의 사위로 삼은 인물이었다.

제논은 아들 레오 2세가 즉위하자, 곧바로 공동 황제가 되었고, 아들이 죽자, 단독 황제에 올랐다. 그런데 레오 1세의 처남 바실리스쿠스와 황태후는 그의 즉위를 인정하지 않고 군대를 일으켜 그를 죽이려 했다. 제논은 가까스로 목숨을 구해 고향인 이사우리아의 산악 지대로 도주했다.

대제국 재건을
꿈꾸다

이사우리아에 몸을 숨겼던 제논은 폐위 20개월 만인 477년 7월 바실리스쿠스를 쫓아내고 황위를 되찾았다.

그가 복위했을 때, 서로마가 붕괴했다는 소식이 들려왔다. 서로마는 그가 고향에 몸을 숨기고 있던 476년에 이미 몰락한 상태였다. 뒤늦게 서로마 마지막 황제 로물루스가 쫓겨났다는 소식을 접한 제논은 로물루스를 폐위시키고 이탈리아를 차지한 오도아케르를 총독에 해당하는 파트리키우스에 봉했다. 오도아케르 역시 황제가 아닌 파트리키우스라는 명칭을 사용했는데, 이는 형식적이나마 이탈리아를 동로마의 지배 아래 두겠다는 의미였다.

하지만 제논은 오도아케르를 인정하지 않고 489년에 동고트족의 왕이자 로마의 군인이던 테오도리쿠스로 하여금 오도아케르를 정벌하게 했다. 그런데 테오도리쿠스가 이탈리아를 정벌하던 중인 491년에 제논은 생을 마감하고, 아나스타시우스 1세가 황위를 이었다.

한편 테오도리쿠스는 493년에 이탈리아를 점령하고 오도아케르를 살해했다. 그러자 아나스타시우스 1세는 테오도리쿠스를 이탈리아 총독으로 임명했다. 하지만 명칭만 총독일 뿐 테오도리쿠스는 이탈리아의 실질적인 왕이었으므로 이때부터 이탈리아는 독립국의 지위를 획득했다.

491년 61세의 많은 나이에 황위에 오른 아나스타시우스 1세는 27년 동안 황위에 있으면서 많은 고초를 겪었으나 동로마의 안정에 크게 기여했다. 황위에 오른 직후, 제논의 동생 롱기누스가 폭동을 일으키는 바람에 무려 5년 동안 내전을 겪어야 했고, 502년에는 중동의 새로운 강자로 등장한 사산 페르시아와의 전쟁까지 겪었다. 3년에 걸친 전쟁으로 동부 지역의 요지를 상당수 잃었고, 설상가상 불가르족이 트라키아를 침략하여 변방을 위협했다. 그래서 그는 마르마라해에서 흑해에 이르는 약 56km의 방어용 성벽을 세우기도 했다. 또 제위 말년에는 고트족 출신인 비탈리아누스가 세 번이나 봉기를 일으키는 바람에 혼란을 겪었지만, 이 역시 무사히 진압하고 518년에 황실 경호 대장 유스티누스에게 황위를 물려주고 죽었다.

아나스타시우스 1세는 비교적 풍부한 국가 재정을 남기고 죽었는데, 이는 훗날 유스티니아누스 1세가 고토 수복 전쟁을 벌일 수 있는 기반이 된다.

아나스타시우스에 이어 황위에 오른 유스티누스는 마케도니

동로마제국의 위대한 황제 유스티니아누스 1세는 옛 로마제국의 영토를 회복함으로써 비잔티움제국의 영토를 최대로 이룩했으며, 로마법대전을 편찬했고, 분열된 동서 교회를 통합했다.

아 지방의 농부 출신이었다. 그는 10대 시절에 이민족의 침략을 피해 콘스탄티노폴리스로 가서 군대에 입대한 후, 능력을 인정받아 황실 근위대 대장까지 진급했고, 급기야 황위까지 물려받게 된 것이다.

그런데 유스티누스는 글자를 전혀 모르는 무식쟁이였다. 심지어 철자를 몰라 서명을 할 줄도 몰랐다. 다행히 그의 조카 플라비우스는 지식이 풍부했는데, 그의 도움 덕에 유스티누스는 9년 동안 황위를 지켰다. 사실 명목상의 황제는 유스티누스였지만, 정사는 모두 플라비우스가 처리했다. 그런 까닭에 플라비우스가 황제 자리를 잇는 것은 당연했다. 유스티누스는 플라비우스를 양자로 삼아 황위를 넘겨줬는데, 이 플라비우스라는 인물이 바로 동로마에서 가장 위대한 황제로 불리는 유스티니아누스 대제다.

유스티니아누스는 45세에 황위에 올라 527년부터 565년까지 38년 동안 동로마를 지배하며 수많은 업적을 남겼다. 능력 위주로 인재를 발탁하여 행정을 일신하고, 법전을 정비하여 《유스티니아누스 법전》을 편찬했으며, 군사력을 강화하여 로마의 옛 영토 중 상당 부분을 회복했다. 또 교회에 대한 열정과 헌신도 대단했는데, 덕분에 동방정교회에서 대제의 칭호를 받았다.

그의 가장 위대한 업적으로 꼽히는 것은 역시 로마의 고토 수복이다. 하지만 그의 고토 수복 계획이 처음부터 원활하게 이뤄진 것은 아니었다. 즉위 초기에는 사산 페르시아와 전쟁을 벌여 잃었던 땅을 회복하려 했으나 실패하여 되레 페르시아에 전쟁 보상금으로 110센테나리아(약 5톤)의 황금을 지급해야 했다. 그런데 이때 맺은 평화조약으로 동쪽 변방을 안정시킨 덕분에 서방 및 아프리카 정벌을 계획할 수 있었다.

고토 수복을 위한 첫 번째 정벌 지역은 아프리카였다. 530년에 시작된 그의 아프리카 원정은 4년 동안 이어졌다. 첫 번째 원정 국가는 북아프리카를 지배하고 있던 반달왕국이었다. 반달왕국과의 첫 전투에서는 완패했지만, 로마군은 물러나지 않고 다시금 공격을 감행하여 정벌에 성공했다. 덕분에 반달왕국은 물론이고 시칠리아, 사르데냐, 코르시카 등 지중해 섬들을 수중에 넣을 수 있었다.

아프리카 원정에 성공한 그는 535년에 이탈리아 정벌에 나섰다. 이탈리아 원정은 5년 동안 지속되었는데, 일진일퇴를 거듭하다가 540년에 동고트왕국의 수도 라벤나를 점령했으나 동고트

비잔티움제국의 영토

족의 저항은 계속되었다.

이렇듯 유스티니아누스가 이탈리아 정벌에 골몰하는 사이 동쪽 변방에서 사산 페르시아가 쳐들어왔다. 유스티니아누스는 이탈리아 정벌에 나섰던 장군 벨리사리우스를 페르시아 전쟁에 투입하여 대항했다. 이후 전쟁은 5년 동안 지속되다 양쪽 다 별 소득 없이 휴전 상태로 들어갔고, 그런 상황에서 벨리사리우스는 다시 이탈리아 전선에 투입되었다.

두 번째 이탈리아 원정은 544년에서 552년까지 8년 동안 이어졌고, 그 과정에서 정벌군 대장도 벨리사리우스에서 나르세스로 교체되었다. 나르세스는 끈질기게 밀어붙인 끝에 결국 동고트족을 몰락시키고 이탈리아를 되찾았다.

이탈리아 정벌에 성공한 동로마는 이어 히스파니아 원정을 감행했다. 비록 히스파니아 전체를 수복하지 못하고, 일부만 되찾았지만 로마는 다시 지중해를 품에 안게 되었다.

혼란과 쿠데타로
물들다

565년에 유스티니아누스 대제가 죽고, 조카 유스티누스 2세가
황위를 이었다. 유스티누스 2세는 578년까지 13년 동안 황위에
있었는데, 그의 치세는 아바르족과 롬바르드족, 사산 페르시아
등과의 전쟁으로 얼룩진 세월이었다.

　그는 황제에 오른 직후, 그간 변경을 위협하던 아바르족과 페
르시아에 보내던 공물을 중단하여 시민들에게 대단한 인기를 얻
었다. 그러나 공물을 받지 못한 아바르족의 침입을 감당해야 했
고, 그 틈을 기회로 삼아 롬바르드족이 이탈리아를 침공하여 스
폴레토와 베네벤토를 차지해버렸다. 설상가상으로 그 무렵 아르
메니아왕국이 기독교로 개종하고 사산 페르시아와 마찰을 일으
켰고, 동로마는 이 문제에 개입하다 페르시아와도 전쟁을 벌였
다. 이 전쟁으로 동로마는 여러 도시를 잃고 공물을 다시 바치는

조건으로 휴전을 맺었다. 그런 상황에서 유스티누스 2세가 정신병을 앓는 바람에 황후 소피아가 섭정을 하는 사태까지 벌어졌다. 결국 유스티누스 2세는 병마를 이기지 못하고 578년 후계자 없이 죽고 말았다.

유스티누스 2세에 이어 황위에 오른 인물은 티베리우스 2세였다. 그는 황후 소피아와 함께 섭정으로 있으면서 부황제에 올라 있었기 때문에 황위를 잇는 데는 문제가 없었다.

티베리우스 2세는 황위에 오르자마자 소피아 황후를 내쫓고 권력을 장악했다. 이후 그는 재정 안정을 꾀했으나 실패했고, 페르시아와의 평화 협상에도 실패했다. 또 아바르족에게도 공물을 바치며 영토까지 내주는 굴욕을 당하면서 4년간 황위에 있다가 죽었다.

티베리우스 2세에 이어 그의 사위 마우리키우스가 황위를 이어 10년간 통치했다. 그가 즉위할 때 동로마는 페르시아와 전쟁 중이었다. 그런데 페르시아에서 내란이 일어나 사산왕조의 황제 호르미즈드 4세가 살해되고, 그의 아들 호스로 2세가 콘스탄티노폴리스로 도망해 오는 사태가 벌어졌다. 덕분에 동로마는 유리한 국면에서 전쟁을 마무리 지을 수 있었다. 또 동로마는 슬라브족이나 아바르족의 침입도 효과적으로 막아내며 결국 아바르족을 자신들 편에 서게 하는 데 성공했다.

마우리키우스는 롬바르드족의 침입을 받고 있던 이탈리아에 새로운 행정 기구를 세우고 총독을 파견하는가 하면, 북아프리카의 카르타고도 총독령으로 만들어 안정시켰다.

이렇듯 마우리키우스는 여러 군사정책에서는 성공을 거뒀지만, 말년은 불행했다. 588년 군대에서 폭동이 일어났고, 602년에는 군대가 황제에게 반기를 들고 백인 대장 포카스를 황제로 추대하는 사태까지 벌어졌다. 반란군은 콘스탄티노폴리스로 진격했고, 시민들도 그들에게 동조했다. 그래서 마우리키우스는 소아시아 지역으로 피신할 수밖에 없었고, 원로원은 포카스를 황제에 추대하고, 마우리키우스와 그의 가족을 체포하여 처형했다.

마우리키우스를 죽이고 황위에 오른 포카스도 황제의 자리를 오래 지키지 못했다. 재위 8년 만에 반란이 일어나 처형되고 만 것이다. 포카스의 재위 8년은 암울했다. 그는 공포정치를 실시하여 수많은 정적을 무자비하게 죽였다. 페르시아의 호스로 2세가 자신의 즉위를 도운 마우리키우스를 대신해 복수하겠다고 포카스에게 전쟁을 선포하자, 그의 공포정치에 반대하던 장군 나르세스가 페르시아 군대에 합세했다. 이후 포카스는 나르세스를 콘스탄티노폴리스로 유인하여 죽였고, 이후 더 가혹한 공포정치를 실시하다가 카르타고의 총독 헤라클리우스의 반란군에게 처형당했다. 총독 헤라클리우스의 아들 이라클리오스는 포카스의 시신을 여러 조각으로 잘라 개에게 던졌다고 전해진다.

이렇듯 공포정치와 내분에 시달린 동로마는 포카스 시절에 소아시아 영토 대부분을 페르시아에 빼앗겼고, 슬라브족과 아바르족까지 밀려드는 바람에 세력이 크게 축소되었다.

610년, 학정을 펼치던 포카스를 죽이고 황위에 오른 헤라클리우스는 641년까지 31년 동안 동로마를 지배하며 가까스로 혼란을 수습한다. 하지만 그의 치세 동안 동로마는 신흥 세력 이슬람 제국의 발흥으로 시리아, 팔레스타인, 메소포타미아, 이집트 등의 동방 영토를 모두 잃는다. 그나마 군대와 행정을 실용화한 덕에 수도와 요충지를 지켜낸 것이 그의 업적이라 할 것이다.

헤라클리우스는 죽으면서 두 명의 아들, 콘스탄티노스 3세와 이라클로나스에게 황위를 물려주었다. 그런데 콘스탄티노스 3세가 즉위 3개월 만에 죽자, 이라클로나스가 단독 황제가 되었다. 하지만 이라클로나스는 허수아비에 불과했고, 황권은 모후 마르티나가 행사하고 있었다. 그러자 시민들이 봉기하여 마르티나와 이라클로나스를 폐위시키고 코를 자르는 형벌을 가한 뒤, 섬으로 유배시켜버렸다.

이후 콘스탄티노스 3세의 아들 콘스탄스 2세가 황제에 올라 641년부터 668년까지 27년 동안 동로마를 통치했다.

콘스탄스는 불과 11세에 황위에 올랐다. 그 때문에 그가 성장할 동안 정사는 원로원이 맡았다. 그가 황위에 오를 당시 동로마는 풍전등화의 위기에 처해 있었다. 이슬람 제국이 북아프리카를 완전히 점령하고 지중해 연안의 동로마 영토를 유린했다. 그런 상황에서 10여 년을 보낸 콘스탄스는 25세가 된 655년에 자신이 직접 함대를 이끌고 이슬람 함대에 대적했지만 대패하고 겨우 목숨만 건진 채 도주했다.

이렇듯 패망의 기운이 드리웠을 때, 다행스럽게 이슬람 제국에 내분이 일어났다. 656년 이슬람 제국의 칼리파 우스만이 암살되고, 뒤이어 황위 다툼으로 내전이 일어난 덕에 동로마는 겨우 이슬람과 휴전을 성립시킬 수 있었다.

이슬람이 내전에 휘말린 틈을 이용하여 콘스탄스는 서방 원정을 시도했다. 이탈리아를 공략하여 로마 입성에 성공했고, 이후 시칠리아로 건너가 그곳 시라쿠사를 수도로 삼아 5년 동안 지배했다. 이 기간에 그는 매우 가혹한 착취를 일삼다가 668년에 시종에게 살해되었다.

비록 콘스탄스 2세는 비명에 갔지만, 황위는 그의 아들 콘스탄티노스 4세가 이었다. 즉위 당시 그는 16세의 소년이었다. 그는 685년까지 17년 동안 황위에 있었는데, 재위 내내 이슬람의 공격에 시달렸다. 하지만 그는 678년에 이슬람의 공격을 무사히 막아내고 평화협정을 맺는 데 성공하여 유럽 기독교 국가들의 영웅으로 부상했다. 이에 고무된 그는 680년에 함대를 이끌고 흑해로 들어가 영토를 자주 침범하던 불가르족을 정벌했는데, 이 정벌전에서 패배하여 오히려 불가르족에게 매년 공물을 바치는 신세가 되고 말았다. 그런 상황에서 685년에 갑자기 이질에 걸려 죽었다.

콘스탄티노스 4세에 이어 그의 아들 유스티니아노스 2세가 즉위했으나 잔혹한 성격과 과중한 세금에 불만을 품은 시민들의 반란으로 코와 혀를 잘리고 유배되었다. 뒤이어 황제가 된 군인 출신 레온티오스는 3년 만에 쫓겨났다. 그리고 티베리오스 3세가 황제가 되었는데, 그는 크림반도에 유배되었던 유스티니아노스 2세를 죽이려 했다. 이에 유스티니아노스는 불가리아왕국으로 도주했다가 불가르족과 연합하여 군대를 이끌고 콘스탄티노폴리스로 진격하여 점령하고 티베리오스 3세를 체포한 뒤 처형했다.

이렇듯 죽음의 문턱에서 돌아온 유스티니아노스 2세는 전례 없는 공포정치를 실시하여 거의 매일같이 사람들을 처형했다. 그 바람에 결국 711년에 반란이 일어나 그 역시 처형되었다.

이후 반란이 거듭되어 필리리코스, 아나스타시오스 2세, 테오도시오스 3세는 모두 2년씩 황위에 있다가 쫓겨나거나 살해되었다. 이렇듯 유스티누스 2세부터 테오도시오스 3세에 이르기까지 동로마의 비잔티움제국은 끊임없이 추락하고 있었다.

광란의 성상 파괴운동과
서로마 황제의 부활

황위 다툼으로 혼란을 지속하던 비잔티움제국은 반란을 일으켜 테오도시오스 3세를 퇴위시키고 황위에 오른 레온 3세에 이르러 다소 안정을 되찾는다. 레온 3세가 황위에 오른 뒤로 10여 년 동안 아랍인이 지속적으로 침입했지만, 레온 3세는 아랍의 성장에 위협을 느끼고 있던 하자르왕국과 결혼 동맹을 맺고 아랍을 협공함으로써 위기를 무사히 극복했다. 또 그는 행정질서를 개편하여 쿠데타 가능성을 줄이는 한편 국가 체제의 안정성을 강화했다. 그런데 레온 3세는 종교적인 문제로 다시 위기를 자초했다.

로마에서는 기독교가 국교가 된 이후 기독교 교리를 두고 치열한 논쟁이 전개되었는데, 그 논쟁 중 하나가 이콘icon으로 불리는 성상聖像 숭배 문제였다. 성상이란 예수 또는 예수의 생모 마리아, 그리고 성경에 등장하는 인물을 조각이나 그림으로 표현한 것인데, 많은 교회에서 성상을 만들어 교인들로 하여금 신성시하게 했다. 그런데 레온 3세는 성상 숭배 반대론자였다. 성상 숭배가 십계명 중 하나인 '우상을 짓지 마라'라는 계명을 어기는 행위라는 것이었다. 그래서 그는 730년에 갑작스럽게 성상 숭배 금지령을 내리는 동시에 성상 파괴운동을 전개한다.

레온 3세의 이런 조치는 비잔티움제국뿐 아니라 서유럽 지역에도 엄청난 파장을 불러일으켰다. 성상 숭배 금지령은 비잔티움제국 영토 중 소아시아 지역과 일부 성직자 또는 지식인의 지지만 받았을 뿐, 나머지 지역에서는 엄청난 저항에 부딪혔다. 특히 그리스 문화의 전통이 강한 수도 콘스탄티노폴리스와 서유럽 지역의 교회, 국민은 강력하게 반발했다. 이 때문에 비잔티움제국은 졸지에 성상 파괴운동 찬성파와 반대파로 분열되었고, 이는 결국 내전으로 이어졌다.

레온 3세는 국민의 절반 이상이 반대하는 성상 파괴운동을 지속했고, 그의 아들 콘스탄티노스 5세는 아버지보다 더욱 심하게 이 일을 전개했다. 콘스탄티노스 5세는 성상 파괴에 반대하는 무리를 가차 없이 처단했다. 이 때문에 반란이 일어나 그는 황위에서 물러나는 지경에 처했지만, 얼마 뒤에 복위하여 더욱 가혹하게 성상 옹호론자를 탄압하며 775년까지 30여 년을 더 폭군으로 군림했다.

이렇듯 성상 파괴로 비잔티움제국에 엄청난 피바람이 일어나고 있을 때, 서로마교회는 성상 파괴운동을 비난하며 콘스탄티노폴리스에 세금을 내지 않았다. 서로마교회는 게르만족의 포교에

성상을 이용했는데, 성상 숭배 금지령이 떨어지자 이를 핑계로
비잔티움제국으로부터 분리 독립한 것이다.

사실 서로마교회는 오래전부터 비잔티움제국의 영향력에서
벗어나고 싶어 했다. 서로마가 멸망한 이후 비잔티움 황제는 게
르만족으로부터 로마를 보호해준다는 이유로 지속적으로 서로
마교회에 간섭하고 갖가지 규제를 행하고 있었다. 서로마교회는
이에 불만을 품고 비잔티움 황제의 간섭에서 벗어날 기회를 노
리다가 성상 파괴운동이 전개되자, 비잔티움 황제에게 등을 돌리
고 프랑크왕국의 피핀 3세와 손을 잡았다.

한편 성상 옹호론자에 대한 비잔티움제국의 탄압은 콘스탄티
노스 5세의 아들 레온 4세가 황제에 오른 뒤부터 수그러들었다.
레온 4세는 재위 5년 동안 병상에 있었고, 황권을 실질적으로 행
사한 사람은 황후 이레네였기 때문이다.

그리스 아테네 출신의 성상 옹호론자였던 이레네는 레온 4세
가 죽은 뒤에 열 살의 어린 아들 콘스탄티노스 6세의 섭정이 되
어 황권을 행사했고, 아들이 성장한 뒤에도 황권을 내놓지 않았
다. 오히려 790년에 아들 콘스탄티노스 6세를 감옥에 가둬버렸
다. 그러자 성상 파괴론자들이 세력을 규합하여 이레네를 황궁에
감금하고 콘스탄티노스 6세를 복위시켰다. 이후 성상 파괴운동
은 다시 지속되었다.

그런데 797년에는 성상 옹호론자들이 쿠데타를 일으켜 이레
네를 단독 황제에 앉히고, 콘스탄티노스 6세를 폐위시킨다. 이후
이레네는 도주한 아들을 붙잡아 눈알을 뽑아낸 뒤, 기어코 죽여

프랑크왕국 카롤루스 1세의 대관식. 교황 레오 3세로부터 서로마제국 황제의 관을 받고 있다.

버렸다.

그 무렵 서방에서는 돌발적인 사태가 벌어졌다. 800년에 성 베드로 대성당에서 교황 레오 3세가 프랑크왕국의 카롤루스(샤를마뉴) 1세에게 제관을 수여하고 '로마의 황제'라는 칭호를 부여하는 사태가 벌어진다. 교황 레오 3세는 아들까지 죽인 여제 이레네를 황제로 인정하지 않은 것이다. 이후 프랑크왕국의 왕은 서로마 황제로 불렸다.

이렇게 되자, 형식적이나마 서로마의 황제가 된 카롤루스 1세는 이레네에게 청혼한다. 당시 이레네는 권좌를 위협받고 있어 입지가 약해진 상태였기 때문에 카롤루스의 청혼을 받아들이려

한다. 하지만 이레네에게 심한 반감을 가지고 있던 황궁의 고위 관리들과 환관들이 802년에 반란을 일으켜 이레네를 폐위하고 아랍인 출신인 니키포로스 1세를 황위에 앉힌다.

그러나 니키포로스 1세의 치세는 평탄하지 못했다. 슬라브족과 불가르족의 침입, 이슬람의 압바스왕조와 전쟁을 겪어야 했고, 프랑크왕국의 카롤루스 1세와는 베네치아와 달마티아 해안에 대한 지배권을 놓고 다퉈야 했다. 그런 가운데 그는 811년에 불가르왕국 정벌에 나섰다가 전사하고 말았다. 그가 전사할 때, 그의 아들이자 공동 황제였던 스타우라키오스는 척수가 절단되는 중상을 입어 더 이상 황제직을 수행할 수 없었다. 그런 까닭에 니키포로스 1세의 매형 미하일 1세가 황위에 올랐다.

미하일 1세는 황위에 오른 뒤 베네치아를 비롯한 아드리아해의 여러 도시를 넘겨받는 조건으로 프랑크의 국왕 카롤루스 1세를 또 다른 황제로 인정했다. 이로써 동로마와 서로마에 모두 황제가 한 명씩 군림하는 상황이 되었다. 카롤루스 1세는 로마 교황뿐 아니라 비잔티움제국의 황제까지도 인정했으니, 명실공히 서로마 황제가 부활한 셈이었다.

한편 미하일 1세는 불가르족의 불가리아왕국과의 전쟁에서 패배하여 즉위 2년 만인 813년에 물러나고 레온 5세가 황위를 이었다.

레온 5세가 황위에 오른 뒤에도 불가르의 침입은 계속되었다. 그런데 불가르왕국의 위대한 왕 크룸이 전쟁 중 급사하는 바람에 전쟁은 갑자기 종식되었다. 이후 평화기를 맞은 레온 5세는 다시 성상 파괴령을 내렸다. 성상 파괴론자들이 중심이 된 군인들이 폭동을 일으키려 하자, 이를 달래기 위해 단행한 조치였다. 그러나 레온 5세의 치세는 오래가지 못했다. 820년에 자신의 경비 대장이던 미하일의 측근들에게 살해되고 말았다.

레온 5세에 이어 경비 대장 출신 미하일 2세가 황제가 되었다. 그는 자신의 이름조차 제대로 쓰지는 못한 무식한 인물이었다. 하지만 치세는 비교적 무난했다. 자신은 성상 파괴론자였지만 성상 옹호론자를 핍박하지 않았고, 감옥에 갇힌 자들도 풀어주며 화해를 시도했다. 덕분에 그는 9년 동안 별 탈 없이 황위에 있다가 829년에 죽었다.

미하일 2세에 이어 그의 아들 테오필로스가 즉위했다. 오랜만에 평화롭게 황위가 계승된 것이다. 일자무식이던 아버지와 달리 테오필로스는 지적이고 교양이 풍부한 사람이었으며, 예술적 안목이 뛰어난 문화 군주였다. 그는 기독교 군주보다 이슬람 군주인 압바스왕조의 칼리파 하룬 알 라시드를 존경하고 그의 통치를 모범으로 삼았다. 이러한 그의 현실적인 통치 형태에 힘입어 비잔티움제국은 오랜만에 국력을 강화하고 부를 축적할 수 있었다.

하지만 그도 성상 파괴론자였고, 성상 숭배자에 대한 가혹한 탄압을 가했다. 그런데 그때 민심은 성상 숭배로 기울어져 있었다. 심지어 그의 황후 테오도라조차 성상 숭배자였다. 그 때문에 그의 성상 숭배 금지령은 큰 힘을 발휘하지 못했다.

거기다 그는 사라센제국과 전쟁을 치르느라 성상 파괴운동에 집중할 수도 없었다. 즉위 초기인 830년에 이슬람 비밀 종파가 소아시아 지역에서 소란을 일으킨 틈을 타서 소아시아 수복 전쟁에 나서 승리했는데, 이듬해 바로 사라센 이슬람군의 공격을 받아 참패하고 후퇴했다. 이후 전쟁은 일진일퇴를 거듭했고, 한때는 비잔티움 군대가 메소포타미아 지역과 서부 아르메니아 지역까지 빼앗기도 했지만 결국 사라센 황제 알무타심의 반격에 밀려 되레 아무리움과 앙키라까지 빼앗기는 결과를 낳고 말았다. 테오필로스는 이를 회복하기 위해 서방 황제인 루트비히와 베네치아공화국에 도움을 청했지만 그들은 그의 부탁을 받아줄 처지가 못 되었다. 그런 가운데 테오필로스는 병을 얻어 842년에 죽었고, 동시에 125년 동안 지속되던 광란의 성상 파괴운동도 끝이 났다.

비잔티움제국의
전성기

술독에 빠져 지낸 미하일 3세

성상 파괴운동이 종식된 뒤, 비잔티움제국은 마침내 오랜 혼란을 극복하고 찬란한 전성기를 맞이한다.

비잔티움제국의 전성기는 테오필로스의 아들 미하일 3세 때부터 시작되었다. 미하일 3세는 주정뱅이 황제로 유명했다. 말년에 술독에 빠져 살았기 때문이다. 하지만 그가 통치한 기간에 비잔티움은 국력을 회복하고 새롭게 발돋움했다.

미하일 3세는 황제가 되었을 때 두 살의 어린아이였다. 그 때문에 모후 테오도라가 섭정이 되어 국정을 이끌었다. 권력욕이 강했던 테오도라는 아들이 장성한 뒤에도 섭정에서 물러나지 않았다. 그래서 미하일 3세는 삼촌 바르다스와 손잡고 테오도라를 내쫓았다. 이후 국정은 바르다스가 주도했다.

바르다스는 실권을 잡자 국정과 군권을 안정시켰고, 이어 군대를 이끌고 유프라테스강을 건너 사라센군을 몰아냈다. 이 전쟁에는 미하일 3세도 직접 가담하여 군대를 지휘했고, 그 덕분에 국민의 신뢰를 얻었다.

하지만 바르다스의 영향력 또한 더욱 확대되었다. 바르다스는 콘스탄티노폴리스의 총대주교를 바꿀 정도로 막강한 힘을 행사했다. 그러자 미하일 3세는 국정은 뒷전이고 매일같이 술만 마셨고, 황제 자리마저 바르다스에게 넘어갈 판이 되었다.

이에 미하일 3세는 자신의 최측근이자 시종장인 바실리오스의 힘을 키워 바르다스를 견제하게 했다.

농부 출신인 바실리오스는 글도 모르는 무식쟁이로 그리스어도 제대로 구사하지 못했다. 하지만 그는 힘이 장사였는데, 레슬링 챔피언인 불가르족 거한을 한 방에 때려눕힌 덕에 미하일 3세의 눈에 들었다. 이후 황궁으로 들어온 그는 황제의 경호원으로 지내며 시종장까지 초고속으로 승진했다. 거기다 미하일 3세의 첫사랑 잉게리나와 결혼하게 되었다. 물론 미하일 3세의 승인 아래 이뤄진 일이었다. 원래 미하일 3세는 잉게리나를 좋아했으나 모후의 반대로 그녀와 사랑을 지속하지 못했다. 그래서 그녀와 비밀 연애를 하고 있었는데, 바실리오스를 이용하여 그녀를 자기 곁에 둔 것이다.

어쨌든 바실리오스는 미하일 3세의 신임을 얻어 나날이 세력을 키웠고, 그 때문에 바르다스와 자주 갈등을 일으켰다. 이에 바실리오스는 급기야 바르다스를 암살한 후 권력을 독차지했다.

바실리오스의 야망은 거기서 멈추지 않았다. 그는 미하일 3세를 압박하여 공동 황제에 올랐고, 다시 867년에 미하일 3세를 암살하고 기어코 단독 황제가 되었다.

동로마를 다시 일으킨 바실리오스 1세

이렇듯 권력욕과 야망으로 똘똘 뭉친 바실리오스가 황제가 되면서 비잔티움제국은 바야흐로 본격적인 전성기를 맞이하게 된다.

바실리오스는 아르메니아 혈통으로, 그의 부모는 농부였다. 그의 부모는 아르메니아에서 트라키아로 이주하여 농사를 짓다가 불가르족에게 포로로 붙잡혀 마케도니아로 끌려가 살아야 했다. 그 때문에 바실리오스는 마케도니아에서 자랐고, 별명도 마케도니아인이었다. 그래서 바실리오스와 그의 후예들을 마케도니아왕조라고 일컫고, 마케도니아왕조는 이른바 '마케도니아 르네상스'를 구가하게 된다.

바실리오스는 옛 서로마의 땅을 회복하여 로마의 영광을 재현할 야망에 불타 있었는데, 때마침 871년에 프랑크왕국의 서방 황제 루트비히 2세가 이탈리아를 장악한 사라센 이슬람군을 몰아내는 데 지원군이 필요하다고 요청해 왔다. 바실리오스는 곧 군대를 파견하여 사라센의 거점을 탈환했다. 동시에 그는 처남 크리스토포루스에게 군대를 주어 유프라테스 연안의 거점을 모두 탈환하고 사라센 군대를 패퇴시켰다.

이렇게 되자 바실리오스는 다소 거만해져 루트비히를 황제가 아닌 프랑크 국왕으로 낮춰 불렀고, 이 때문에 프랑크왕국과 등을 졌다. 하지만 바실리오스는 개의치 않고 서방 지역으로 군대를 보내 사라센 군대를 공격하여 연전연승했다.

바실리오스는 전쟁에서만 승리한 것은 아니었다. 문화 사업에서도 대단한 성공을 거두었다. 대학 교육을 활성화하고, 로마법을 대폭 개정했으며, 학문을 발전시키기 위해 많은 서적을 간행했다. 또 건축 사업도 활발히 벌여 소피아 성당을 비롯한 많은 성당을 보수하고 새 성당을 지었다.

하지만 그의 가정사는 결코 화목하지 못했다. 그는 네 명의 아들을 뒀는데, 첫 번째 아내 마리아 소생인 콘스탄티노스만 총애하고 잉게리나 소생 아들 세 명은 몹시 미워했다. 특히 잉게리나가 낳은 첫아들 레온을 유독 미워했는데, 일설에는 그가 자신의 아들이 아니라 미하일 3세의 아들이었기 때문이라고 한다. 물론 나머지 두 아들도 자신의 아들이 아닐 것이라고 의심하여 좋아하지 않았다.

그런데 그가 그토록 사랑하던 아들 콘스탄티노스는 879년에 돌연사하고 말았다. 이 일로 그는 심한 우울증과 정신착란에 시달렸다. 또 레온을 더욱 싫어하여 매질까지 가하곤 했다.

그렇듯 정신적으로 불안정한 상태로 지내던 바실리오스는 886년 여름에 사냥터에서 사슴뿔에 받힌 후유증으로 사망했다. 그리고 황위는 그가 지독하게 미워하던 아들 레온에게 돌아갔다.

동로마 번영의 절정기를 일군 두 황제

비록 아버지에게 많은 학대를 받고 자랐지만, 레온 6세는 현명하고 지적인 사람이었다. 어릴 때부터 총명했던 그는 당대의 대학자들에게 학문을 익혔고, 여러 분야에 두루 소양을 갖춘 격조 높은 황제였다. 20세의 젊은 나이로 동생 알렉산드로스와 공동 황제로 즉위한 그는 탁월한 정치 감각을 바탕으로 빠르게 국정을 장악했다.

하지만 당시 국제 정세는 만만치 않았다. 신흥 강국으로 떠오른 불가리아의 위협이 계속되고 있었고, 사라센제국은 끊임없이 침공해 오고 있었다. 이런 상황에서 레온 6세는 주변 변방 세력을 적절히 활용하여 불가리아를 견제하는 데 성공했고, 평화 협정과 전쟁을 반복하며 밀려드는 사라센 군대를 격퇴하는 데도 성공했다.

이렇듯 내치와 외치에 성공한 레온 6세는 황권을 위협하던 교회의 영향력을 약화하는 데도 성공했다. 당시 레온 6세는 세 명의 아내를 병으로 잃고 개인적으로 사랑하던 조이 카르보노프시나와 네 번째 결혼을 추진했는데, 교회는 그의 결혼을 인정하지 않았다. 이 때문에 그는 교회 몰래 조이와 결혼하여 아들을 낳아야 했다. 그러다 오랫동안 교회를 달랜 끝에 가까스로 교회의 허가를 얻어 네 번째 결혼을 공식화하는 데 성공했다.

이후 레온 6세는 교회에 대한 보복을 감행했다. 자신의 결혼을 반대했던 콘스탄티노폴리스 총대주교 니콜라오스 1세를 축출하고 교회에 대한 지배권을 확립했다. 하지만 그때 레온의 건강 상태는 악화되어 있었고, 얼마 지나지 않은 912년 5월에 결국 죽음에 이르고 말았다.

레온 6세가 죽자, 공동 황제이던 동생 알렉산드로스가 단독 황제가 되었다. 알렉산드로스는 한때 형인 레온 6세를 암살하려다 공동 황제에서 쫓겨났다. 그런데 형이 죽고 자신이 황제가 되자, 레온 6세가 행하던 모든 정책을 뒤집었을 뿐 아니라 형수인 황후 조이를 쫓아냈다. 또 조이의 삼촌이자 뛰어난 장군이던 히메리우스도 옥에 가두고 죽여버렸다.

알렉산드로스는 레온 6세가 어렵게 성사시킨 불가리아와의 조약 갱신도 거부하고, 조약을 위해 동로마를 방문한 불가리아 사절단을 쫓아버렸는데, 이 때문에 동로마는 졸지에 전쟁에 휘말렸다. 또 형 레온이 쫓아낸 콘스탄티노폴리스 총대주교 니콜라오스 1세를 다시 불러들였다. 이 때문에 교회에 심한 갈등이 야기되는 가운데, 그는 재위 13개월 만인 913년 6월에 폴로 경기를 하다가 갑자기 쓰러져 죽었다.

알렉산드로스가 죽고 레온 6세의 아들 콘스탄티노스 7세가 황위를 계승했다. 콘스탄티노스 7세는 알렉산드로스가 쫓아낸 조이 카르보노프시나의 아들이었다. 그는 황궁에서 레온 6세의 아들로 태어났지만 한동안 황태자로 인정받지 못했다. 교회가 레온 6세의 네 번째 결혼을 반대하는 바람에 당시 어머니 조이는 정식 황후가 되지 못했기 때문이다. 다행히 아버지 레온 6세가 교황 세르지오 3세와 결탁하여 조이를 정식 황후로 삼는 데 성공했고,

덕분에 그도 황태자가 될 수 있었다.

하지만 콘스탄티노스 7세의 시련은 거기서 끝나지 않았다. 아버지 레온 6세가 죽자, 황제에 오른 삼촌 알렉산드로스는 조카인 그를 제거하려 했다. 그런데 당시 콘스탄티노스는 병약한 상태여서 알렉산드로스는 그냥 내버려둬도 그가 죽을 것이라 생각하고 살려두었다.

이후 알렉산드로스가 죽자, 그는 일곱 살의 어린 나이로 황제가 되었지만, 여전히 난관은 남아 있었다. 섭정으로 임명된 인물이 아버지 레온 6세가 내쫓은 니콜라오스 1세 총대주교였기 때문이다. 거기다 어머니 조이는 삭발을 당하고 외진 수녀원에 감금되었다. 설상가상으로 그가 황위에 오르자마자 쿠데타가 일어났다. 다행히 쿠데타는 실패로 끝났지만, 이번에는 불가리아왕국의 시메온 1세가 군대를 이끌고 침략해 왔다. 시메온은 자기 딸과 콘스탄티노스 7세를 결혼시킨 후 동로마를 차지할 계획이었다. 섭정 니콜라오스가 시메온을 다독여 군대를 물리고 정전을 성립했으나 이 같은 결정은 섭정단의 강한 반발에 부딪혀 니콜라오스는 결국 실각하고 말았다.

그렇듯 시련의 세월이 4년 동안 지속되었을 때, 콘스탄티노스 7세는 꿈에 그리던 어머니와 재회했다. 모후 조이가 니콜라오스가 섭정에서 물러난 틈을 이용해 황궁으로 돌아온 것이다. 물론 섭정의 자리도 그녀의 몫이었다.

그러나 조이의 권력도 오래가지 못했다. 불가리아와의 전쟁에서 패배한 그녀는 장군 레오 포카스와 손잡고 섭정의 자리를 이어갔으나, 이 무렵에는 아르메니아 출신의 장군 로마노스 레카페노스가 새로운 권력자로 부상했다. 로마노스는 자신의 딸과 콘스탄티노스 7세를 결혼시킨 후 실권을 장악했고, 이후 공동 황제 자리에도 올랐다. 콘스탄티노스 7세는 허수아비 황제로 전락하고 황권은 로마노스가 독차지했던 것이다.

로마노스가 자신의 아들 둘을 모두 공동 황제로 만드는 바람에 동로마에는 한동안 네 명의 황제가 등장하는 상황이 벌어졌다. 물론 그 순간에도 병약했던 콘스탄티노스 7세는 무기력하게 관망만 했을 뿐이다.

사실 동로마제국을 위해서는 콘스탄티노스가 무기력했던 것이 다행인지도 몰랐다. 야심가 로마노스는 불가리아의 왕 시메온을 굴복시킨 후, 자신의 딸을 시메온의 아들 페타르 1세와 결혼시켜 불가르족과 평화를 이뤘다. 또 키예프대공국의 침입도 신무기인 화약을 이용하여 잘 막아냈다.

그런데 로마노스는 예기치 못했던 사태에 직면했다. 공동 황제였던 그의 두 아들이 협심하여 아버지 로마노스를 폐위시킨 후 수도원에 유폐해버린 것이다.

이런 상황 속에서 콘스탄티노스 7세는 백성의 사랑을 받고 있었다. 백성들은 비록 병약했지만 훌륭한 인격과 뛰어난 지식을 갖춘 그를 진정한 황제로 추앙했다. 또 로마노스의 딸이자 황후인 엘레니도 그의 편이었다. 덕분에 콘스탄티노스 7세는 엘레니의 적극적인 지지로 공동 황제로 있던 두 명의 처남을 유배시키고 단독 황제가 된다.

콘스탄티노스 7세가 단독 황제가 된 것은 재위 32년이 되던 945년이었고, 그도 장년이 되어 있었다. 그가 단독 황제가 된 뒤로 동로마의 위상은 더욱 강화되었다. 특히 957년과 958년에 연이어 벌어진 이슬람과의 전쟁에서 대승을 거둔 것이 동로마의 영향력을 크게 확대시켰다. 덕분에 주변국들은 스스로 찾아와 평화협정을 맺길 원했고, 이에 따라 황제에 대한 국민의 신뢰도 더욱 커졌다.

하지만 병약했던 콘스탄티노스 7세는 고질적인 열병에 시달리며 고통받고 있었다. 병을 치료하기 위해 소아시아 지역까지 갔지만 허사였다. 그래서 결국 959년에 콘스탄티노폴리스로 돌아온 직후 54세의 나이로 생을 마감해야 했다.

그는 비록 병약했지만 뛰어난 학자였고, 여러 책을 남긴 작가였다. 그는 허수아비 황제 시절부터 저술에 몰두하여 여러 책을 썼으며, 이는 후대에 비잔티움제국을 이해하는 데 결정적인 도움을 주는 저서로 남았다. 또 그는 유능하고 양심적인 행정가였고, 문화와 예술에 대한 식견도 탁월했다. 덕분에 그의 치세에 비잔티움제국은 절정기를 구가할 수 있었다.

마지막 영화를 장식한 바실리오스 2세

콘스탄티노스 7세에 이어 황위에 오른 인물은 그의 아들 로마노스 2세다. 로마노스 2세는 20세의 청년 시절에 황위에 올랐지만,

아버지와는 완전히 다른 인물이었다. 그는 황위에 오르자마자 아버지의 측근들을 대거 숙청했고, 어머니 엘레니와 다섯 명의 누이도 모두 황궁에서 내쫓았다. 그러다 재위 4년 만인 963년에 의문사로 생을 마감했다. 이후 황위는 당대의 유명한 장군 니키포로스 포카스에게 돌아갔다.

유능한 장군 출신인 니키포로스 2세 포카스가 황제에 오르자, 동로마는 여러 전쟁에서 승리를 거뒀다. 니키포로스는 유명한 장군을 다수 배출한 무관 명문가 출신이었다. 아버지 바르다스 포카스와 조부, 삼촌도 모두 유능한 장군이었고, 그 역시 어린 나이에 군대에 들어가 두각을 나타냈으며, 여러 전선에서 승리를 거둬 크레타섬을 되찾는 한편 이슬람 세력을 격퇴하여 전쟁 영웅으로 추앙받았다.

황제가 된 뒤에도 그는 여러 전선에서 승전을 거듭했다. 이슬람과 여러 차례 전쟁을 치러 승리한 덕분에 키프로스를 점령했고, 소아시아 남쪽의 시리아 요충지 안티오키아도 수복했다.

하지만 전쟁 영웅인 그는 외교와 정치에는 서툴렀다. 오만한 태도와 급한 성격 때문에 불가리아와는 외교 분쟁을 벌였고, 신성로마제국 오토 1세에게는 모욕감을 주는 행동을 하여 서유럽과 등을 졌다. 거기다 교회의 재산을 제한하는 정책을 강행하다 교회마저 그에게 등을 돌렸고, 지나친 과세로 백성들까지 그를 싫어했다.

그런 가운데 그의 황후 테오파노마저 다른 남자와 사랑에 빠졌다. 테오파노는 원래 로마노스 2세의 황후였는데, 니키포로스는 교회의 반대에도 그녀를 황후로 맞이했다. 그런데 그녀가 니키포로스를 배반하고 니키포로스의 친구이자 동로마 군대의 총사령관 요안니스 치미스키스와 밀애를 즐긴 것이다. 이 사실을 알게 된 니키포로스는 요안니스를 관직에서 내쫓았고, 요안니스는 황후 테오파노와 모략을 꾸며 969년에 니키포로스를 암살하고 황제 자리마저 차지했다.

니키포로스를 암살하고 황위를 빼앗은 요안니스 1세 또한 군사 가문 출신으로 군인으로서 승승장구한 인물이다. 테오파노를 사랑한 그는 결국 그녀 때문에 황제를 죽이고 황위까지 찬탈했지만, 막상 황제가 된 후에는 테오파노를 유배 보내버렸다. 그리고 콘스탄티노스 7세의 딸 테오도라와 결혼하여 입지를 강화하고 오토 2세와 가문 간의 결혼을 통해 호의적인 관계를 맺었다.

이렇게 나름대로 처신을 잘했지만, 그의 치세는 평탄하지 않았다. 재위 7년 내내 전쟁에 시달렸다. 러시아와 우크라이나 지역을 차지하고 있던 키예프공국, 불가리아, 이슬람의 압바스왕조 등과의 전쟁이 이어졌던 것이다. 하지만 그는 뛰어난 군인 출신답게 전쟁을 모두 승리로 이끌었다. 키예프공국을 선제공격하여 무너뜨리고, 불가리아마저 정벌하여 동부 불가리아를 동로마제국의 영토로 편입시켰다. 또 동방 정벌에 나선 끝에 다마스쿠스, 티베리아스, 카이사레아, 베이루트, 비블로스까지 정복하는 놀라운 성과를 거뒀다.

그러나 그는 976년 1월에 정벌 전쟁에서 돌아오는 길에 의문의 병에 걸려 죽고 말았다. 일설에는 시종장 바실리우스의 횡령을 추궁하다 그에게 독살되었다고도 한다.

그가 죽자, 로마노스 2세와 테오파노 사이에서 태어난 아들 바실리오스 2세가 황제가 되었다. 하지만 당시 실권은 시종장 바실리오스 레카페노스가 장악하고 있었다. 그 때문에 그는 즉위 9년 동안 이름뿐인 황제로 살아야 했다. 그러다 985년에 시종장 바실리오스가 반란을 획책하려 한다는 첩보를 입수하고 선수를 쳐서 그를 먼저 제거함으로써 황권을 되찾았다.

하지만 이후에도 여러 차례 반란이 일어나 3년 동안 내란이 지속되었고, 그 때문에 많은 영토를 잃었다. 다행히 그는 반란군을 무사히 진압하고, 그 여세를 몰아 내전 중 빼앗긴 영토 회복에 주력했다. 우선 서쪽의 불가리를 공격하여 잃었던 영토를 되찾았고, 다시 동방으로 향하여 시리아를 공격해서 승리했다. 위기에 놓여 있던 안티오키아를 구원하기 위한 조치였다.

동방 원정에 성공한 바실리오스 2세는 또다시 불가리아를 압박했다. 불가리아를 눌러놓지 않고서는 함부로 동방 원정에 나설 수 없다는 판단에서였다. 그는 30년 동안 지속적으로 발칸반도를 공략한 끝에 마침내 1014년에 결정적인 승리를 거뒀다. 그 해 7월에 벌어진 클리디온 전투에서 대승을 거두고 불가리아군 1만 5,000명을 포로로 잡았다. 그리고 바실리오스 2세는 포로들의 눈을 멀게 한 후 돌려보냈다. 당시 불가리아 왕 사무엘은 눈먼 병사들이 돌아오는 모습을 보고 충격을 받아 결국 죽고 말았다.

하지만 바실리오스 2세는 거기서 멈추지 않았다. 또다시 불가리아에 대한 지속적인 공격을 감행하여 마침내 1018년에 불가리아왕국을 몰락시키고 동로마에 병합시켰다.

불가리아를 몰락시킨 그는 동쪽으로 군대를 몰아 그루지아와 아르메니아를 굴복시켰다. 그리고 다시 이탈리아로 진격하여 남부 이탈리아의 서방 세력을 내쫓았고, 이어 시칠리아 원정을 준비하던 그는 1025년에 67세의 나이로 49년 치세를 마감했다.

그는 수십 년 동안 비잔티움제국의 황제로 있으면서 로마 고토 회복에 주력했고, 덕분에 그의 치세에 동로마의 영토는 유스티니아누스 대제 이후 가장 크게 확대되었다. 하지만 그는 자신을 이을 뛰어난 후계자를 키우지 못했고, 그 때문에 그가 죽은 후 동로마는 급속도로 무너지기 시작했다.

추락의
세월

1025년에 바실리오스 2세가 죽자, 황위는 공동 황제이던 동생 콘스탄티누스 8세의 차지가 되었다. 하지만 콘스탄티노스 8세는 그때 65세의 노구였다. 금욕적이고 유능했던 형과 달리 그는 방탕하고 무절제한 생활을 즐겼고, 단독 황제가 된 뒤에도 그의 삶은 변하지 않았다. 그리고 재위 3년 만에 후계자 없이 죽었다.

콘스탄티노스 8세에 이어 로마노스 3세가 즉위했다. 그는 콘스탄티노스 8세의 둘째 딸 조이와 결혼한 덕분에 황위에 오른 인물이었다. 그는 황위에 오를 때 60세의 노인이었기에 1034년까지 6년 동안 황위에 있다가 죽었다. 그는 황위에 오르기 위해 본처를 버리고 조이와 결혼했는데, 조이는 늙은 그를 제쳐놓고 미하일이라는 10대 젊은이와 놀아났다. 로마노스 3세는 그들의 애정 행각을 눈치챘지만 별다른 조치를 하지 않다가 1034년 부활절을 앞두고 목욕탕에서 의문의 죽음을 맞이했다.

그가 죽자, 조이는 나이 어린 정부 미하일 4세와 결혼했고, 미하일 4세는 황제의 자리에 올랐다. 미하일 4세는 조이와 결혼한 덕분에 황위에 올랐는데, 그는 원래 농부 출신이었고, 뇌전증(간질) 환자였다. 그는 다섯 형제 중 막내였는데, 그의 큰형은 황실의 환관이었다. 그런 까닭에 그는 어린 시절에 황실을 들락거리다 황후 조이의 관심을 받아 황제에 오른 것이다.

비록 농부 출신이었지만 미하일 4세는 인물이 좋고 똑똑했다. 그러나 뇌전증 때문에 정사를 제대로 돌볼 수 없었기에 큰형인 환관 요안니스 오르파노트로포스가 정사를 처리했다. 이렇듯 뇌전증으로 고생하던 미하일 4세는 즉위한 뒤로는 늙은 황후 조이에게 크게 관심을 보이지 않았다. 그 바람에 조이는 불만을 품고 몇 차례 음모를 꾸미며 그를 내쫓으려 했지만 성공하지 못했다. 그런 가운데 불가리아에서 반란이 일어났고, 미하일 4세는 군대를 이끌고 가서 반란군을 진압했다. 하지만 돌아오는 길에 뇌전증이 악화되어 1041년에 죽고 말았다.

미하일 4세에 이어 미하일 5세가 황제가 되었는데, 그는 미하일 4세의 조카로 황후 조이에게 입양되어 황제가 되었다. 그런데 그는 황제에 오른 뒤에 황태후 조이와 황족을 제거하려 했다. 그래서 조이를 수녀원으로 추방하려 했는데, 이에 반발한 시민들이 폭동을 일으켜 미하일 5세를 끌어내렸다. 미하일 5세는 즉위한 지 불과 4개월 만에 두 눈이 뽑힌 채 폐위되어 수도원에 유폐되고 말았다.

이후 황위는 조이와 테오도라 자매가 차지했다. 그들은 콘스탄티노스 8세의 딸이었다. 테오도라는 원래 언니 조이의 시기를 받아 오랫동안 수녀원에 유폐되어 있다가 이때에 이르러 공동 황제가 되어 가까스로 황궁으로 돌아온 처지였다. 그런 까닭에 실권은 조이가 차지하고 있었다.

조이는 황제가 되었을 때 60대의 노파였다. 그럼에도 그녀는 세 번째 결혼을 했다. 그녀의 새로운 남편이 된 인물은 귀족 가문 출신인 콘스탄티노스 모노마쿠스였는데, 그는 결혼한 뒤에 공동 황제가 되어 콘스탄티노스 9세로 불린다.

콘스탄티노스 9세가 황제가 되자, 조이는 다시 황후가 되었다. 그리고 그녀는 그로부터 8년 뒤인 1050년에 죽었다.

콘스탄티노스 9세 치세에는 곳곳에서 황제를 자칭하고 반란군이 일어나 동로마는 혼란을 거듭했다. 설상가상으로 셀주크튀르크가 새로운 강국으로 등장하여 동로마를 위협했고, 노르만족이 남부 이탈리아를 침입하여 유린했다. 또 키예프공국의 남진을 막기 위해 고용한 용병들이 되레 동로마를 공격하며 영토를 앗아가기도 했다.

이렇듯 혼란이 지속되는 가운데, 그는 1055년에 지병이 악화되어 죽고 말았다. 그가 죽자, 물러났던 테오도라가 다시 황제가 되었다. 하지만 칠순의 나이였던 그녀는 채 1년도 되지 않아 죽고 말았다.

그녀에 이어 60대의 미하일 6세가 즉위했다. 하지만 귀족들은 늙은 그를 황제로 인정하지 않았다. 귀족들은 당시 명망 높았던 장군 이사키오스 1세 콤니노스를 추대하여 황제로 삼았고, 미하일 6세는 즉위 1년 만에 내쫓겼다.

하지만 이사키오스 1세는 즉위 2년 뒤인 1059년에 사냥을 나갔다가 열병에 걸려 황위에서 물러나야 했다. 그의 뒤를 이어 콘스탄티노스 10세가 황위에 올라 8년을 통치했다. 하지만 그의 치세 동안 셀주크에 아르메니아를 빼앗기고, 남부 이탈리아가 노르만족의 차지가 되는 등 동로마의 위세는 한층 약화되었다.

1067년에 콘스탄티노스 10세가 죽고, 로마노스 4세가 황위를 이었다. 그런데 그는 셀주크와 싸우다 포로가 되어 즉위 4년 만인 1071년에 폐위되었다.

로마노스 4세의 후임으로 미하일 7세가 즉위했지만, 그의 시대 7년은 그야말로 혼란의 연속이었다. 곳곳에서 반란이 지속되었고, 셀주크의 공격도 계속되었다. 또 서방의 로마교회는 점점 동로마의 영토로 세력을 확장하고 영향력을 확대했다.

미하일 7세는 이 같은 혼란을 해결할 능력도 없었고, 국민의 신뢰도 얻지 못했다. 그래서 1078년에 폭동이 일어나 제위에서 쫓겨나고 말았고, 니키포로스 3세가 즉위했지만, 그 역시 3년 만에 폐위되어 수도원에 유폐되었다.

십자군
원정시대

동로마는 50여 년 동안 추락의 세월을 보낸 뒤 알렉시오스 1세 콤니노스가 등극하면서 가까스로 안정을 되찾는다. 1081년 황위에 오른 알렉시오스는 1118년까지 37년 동안 황제로 있으면서 동로마의 부흥을 이끌었다. 군사와 재정을 안정시키고 영토도 다시 확대하여 콤니노스왕조의 기반을 닦았다.

알렉시오스는 유력한 가문 출신으로 10대 후반부터 여러 전투에서 공을 세워 이름을 날렸다. 덕분에 로마 시민의 신임을 얻어 24세의 청년 시절에 니키포로스 3세에게서 황위를 물려받았다.

그는 즉위 초에는 이탈리아 남부를 장악하고 있던 노르만족을 비롯하여 페체네그인, 셀주크튀르크 등의 침략으로 여러 차례 전쟁을 겪었지만 베네치아공화국, 신성로마제국 등과 적절히 협력하며 위기를 모면했다. 하지만 셀주크튀르크의 세력이 확대되면서 점점 위기감이 고조되었고, 알렉시오스는 이를 해결하기 위해 서방의 힘을 빌리기로 했다. 알렉시오스는 로마교회의 교황 우르바노 2세와 교섭하여 서방 군대를 끌어들여 잃어버린 아나톨리아 영토를 되찾으려 했고, 이를 받아들인 교황은 1095년에 십자군 원정을 선포했다. 십자군은 서방의 왕과 주교, 기사를 중심으로 대군을 형성했다. 그들은 동로마를 거쳐 아나톨리아로 들어가 몇몇 소아시아의 도시를 장악한 후 팔레스타인으로 진격하여 예루살렘을 정복하는 성과를 거뒀다. 덕분에 동로마는 서부 아나톨리아에 대한 지배권을 회복했다. 하지만 충성을 맹세했던 십자군은 막상 정벌지에 도착하자, 충성 맹세를 저버리고 스스로 왕국을 세워 독립적인 지배를 했고, 그 때문에 십자군은 동로마에 위협적인 존재로 부상했다.

어쨌든 십자군 원정 덕분에 잃었던 영토를 회복하자 동로마 시민은 알렉시오스를 더욱 신뢰했다. 그러나 알렉시오스는 치세 말기에 이르러 후계자 문제로 골치를 앓았다. 그는 아들 요안니스 콤니노스를 공동 황제로 앉히고 후계자로 삼았으나 황후 이리니와 딸 안나 콤니니는 요안니스를 좋아하지 않았다. 이리니는 안나의 남편 니키포로스 브리엔니오스를 후계자로 삼고자 했다. 그러나 그들의 반대에도 알렉시오스는 요안니스에게 황위를 물려주고 죽었다.

황위를 이은 요안니스 2세 콤니노스는 1118년에 즉위하여 1143년까지 25년 동안 동로마를 통치하며 영토를 확대하고 제국의 영향력을 강화했다. 하지만 즉위 초에는 누나 안나가 그에 대한 암살을 모의하는 등 위기를 맞기도 했다. 그는 안나의 암살 시도를 용케 피하고 그녀를 수도원에 유폐하는 한편, 매형 니키포로스를 용서하고 장군으로 기용했다.

이후 그는 자신이 직접 군대를 이끌고 셀주크튀르크를 공격하여 아나톨리아 남부 지역을 되찾았다. 또 시리아 지역을 차지하고 있던 십자군 세력에 대한 공격을 감행하여 동로마의 위상을 회복하기도 했다. 그의 동방 원정은 1143년까지 지속되었는데, 이해에 안티오키아를 장악하고 있던 십자군과의 전쟁을 앞두고 사냥 중 날아온 화살에 손을 맞아 패혈증으로 죽고 말았다.

요안니스가 죽은 후 황위는 막내아들 마누일 1세 콤니노스가 물려받았다. 1142년에 맏아들과 둘째가 병에 걸려 죽고, 셋째는 성질이 포학했기에 마누일이 계승했던 것이다.

마누일 1세는 1143년부터 1180년까지 37년 동안 황위에 있으면서 동로마제국의 과거 영광을 되찾기 위해 많은 노력을 기울였다. 그는 고토 회복에 대단한 공을 들였는데, 이를 위해 제2차 십자군과 연합하기도 했다.

1145년에 셀주크제국의 장수가 제1차 십자군 원정 때 세운 에데사 백국을 점령하자, 십자군의 일원으로 안티오키아를 장악하고 있던 레몽이 마누일 1세에게 도움을 요청했다. 이렇게 되자 마누일 1세와 교황 에우제니오 3세가 협의하여 2차 십자군이 결성되었다. 2차 십자군도 1차 십자군과 마찬가지로 콘스탄티노폴리스를 거쳐 아나톨리아로 진군했다. 하지만 선봉대로 나선 독일 십자군은 셀주크군에게 궤멸되었고, 뒤이어 출정한 프랑크군도 셀주크군에게 패퇴하고 말았다. 이후 십자군은 예루살렘에 모여 다시 공격할 기회를 엿보았으나 1148년까지 별다른 성과를 거두지 못하고 돌아가야만 했다.

이렇듯 제2차 십자군 원정이 이뤄지는 동안, 1147년에 시칠리아 왕 루지에로 2세가 동로마를 공격해 왔다. 시칠리아 군대는 그리스의 도시들을 약탈하고 돌아갔는데, 이에 분노한 마누일은 시칠리아 정벌에 나섰다. 그러나 원정에 실패하여 이탈리아에 대한 종주권을 완전히 상실하고 말았다.

하지만 마누일은 동방 원정을 감행하여 1159년에 시리아의 중심지 안티오키아에 입성하고, 예루살렘 왕 보두앵 3세와도 우호 관계를 맺는 등 십자군 국가들에 대한 지배권을 확립했다. 또 셀주크튀르크와도 강화조약을 맺고 전쟁을 중단시키는 데 성공했으며, 헝가리 후계 문제에도 개입하여 헝가리와 전쟁을 벌인 끝에 달마티아, 보스니아, 시르미아, 크로아티아, 세르비아 등을 복속시켰다.

마누일은 여기에 만족하지 않고 동로마의 고토 회복에 주력하며 셀주크에 대한 압박을 멈추지 않았다. 그러나 1176년에 그는 군대를 이끌고 소아시아 지역을 차지하고 있던 룸 셀주크 공략에 나섰다가 미리오케팔룸 전투에서 패배했고, 이후 건강이 악화되어 1180년에 사망했다.

뒤이어 마누일 1세의 아들 알렉시오스 2세 콤니노스가 11세의 어린 나이로 황제가 되었다. 그는 1183년까지 3년 동안 황위에 있었는데, 황권은 섭정으로 있던 모후 마리아가 대신했다. 마리아는 서방 출신이었기 때문에 동로마 시민들의 신뢰를 얻지 못했고, 그런 탓에 반란이 일어나 마리아와 알렉시오스 2세는 처형되고 말았다.

알렉시오스 2세를 죽이고 황위를 차지한 인물은 안드로니코스 1세 콤니노스였다. 하지만 그는 무자비한 공포정치를 실시하다 즉위 2년 만에 시민들의 손에 처참하게 죽고 말았다.

안드로니코스가 죽은 뒤 황제가 된 인물은 이사키오스 2세 앙겔로스였다. 소아시아의 군사 귀족 가문 출신인 이사키오스 2세는 1185년에 안드로니코스가 잠시 수도를 비운 사이 폭동을 일으킨 시민들의 추대로 황제가 되었다.

이사키오스 2세가 황제가 되었을 때, 동로마는 시칠리아군의 침략으로 전쟁을 겪고 있었다. 이사키오스는 시칠리아군을 격퇴하는 데 성공했고, 이후 불가리아에서 반란이 일어났지만 역시 진압하는 데 성공하여 시민들의 신뢰를 얻었다.

그 무렵인 1187년 10월에 기독교 성지 예루살렘이 이집트의 이슬람 왕조인 아이유브왕조에 장악되자, 1189년에 3차 십자군이 형성되었다. 신성로마제국 황제 프리드리히 1세가 이끈 3차 십자군은 동로마 땅을 거쳐 소아시아로 진군했다. 하지만 프리드리히 1세는 전투 중 익사했고, 그의 군대는 순식간에 해산하고 말았다.

이후 잉글랜드 왕 리처드와 프랑스의 필리프 2세가 해로를 통해 팔레스타인에 상륙했다. 이들 군대는 아이유브왕조의 살라흐 앗 딘과 수년 동안 교전을 벌인 끝에 1192년 예루살렘 수복에 실패한 채 철수하고 말았다.

그런 상황에서 불가리아에서 다시 반란이 일어났고, 이사키오스는 자신이 직접 불가리아로 가서 전쟁을 치렀지만 패퇴하고 홀로 도주하는 수모를 겪기도 했다. 이사키오스는 1195년에 다시 불가리아 원정에 나섰는데, 그가 황궁을 비운 사이 친형 알렉시우스 앙겔로스가 반란을 일으켜 황위를 차지해버렸다. 그리고 이사키오스는 붙잡혀 눈이 뽑힌 채 감금되고 말았다.

동생을 내쫓고 황위를 차지한 알렉시오스 3세 앙겔로스는 그로부터 8년 동안 황제로 있다가 1203년 쫓겨나 죽는다.

알렉시오스 3세는 무능하고 우유부단하며 최악의 겁쟁이로 평가받은 인물이었다. 그런 까닭에 그의 치세 8년 동안 동로마제국이 거의 해체되는 지경에 이른다. 불가리아의 독립으로 발칸반도에 대한 동로마의 영향력은 거의 상실되었고, 제4차 십자군에 의해 콘스탄티노폴리스는 허무하게 무너졌다.

제4차 십자군을 콘스탄티노폴리스로 이끌고 온 사람은 이사키오스 2세의 아들 알렉시오스 4세였다. 그는 아버지의 복위를 위해 서방에 요청하여 십자군을 콘스탄티노폴리스로 데리고 왔고, 십자군은 1203년에 콘스탄티노폴리스를 장악했다. 그러자 알렉시오스 3세는 도주했고, 갇혀 있던 이사키오스 2세가 복위했다.

하지만 그때 이미 콘스탄티노폴리스는 십자군에 의해 아수라장이 되어 있었다. 십자군은 닥치는 대로 탈취했고, 콘스탄티노폴리스의 시민들은 그들에 대항하며 폭동을 일으켰다. 그 혼란의 소용돌이 속에서 알렉시오스 4세는 살해되었고, 이사키오스 2세 또한 죽었다. 황위는 알렉시오스 3세의 사위 알렉시오스 5세 무르풀루즈에게 넘어갔다.

황제가 된 알렉시오스 5세는 십자군의 철수를 요구했으나, 되레 십자군은 콘스탄티노폴리스를 공격하여 함락시켜버렸다. 이때 알렉시오스 5세는 가까스로 도주했으나 이듬해인 1205년에 프랑크군에게 체포되어 처형되었다.

이후 콘스탄티노폴리스에는 라틴제국이 세워졌고, 동로마는 소아시아 북부 흑해 연안 비티니아 지역의 니케아에 망명정부를 꾸려야 했다. 이 망명정부를 니케아제국이라고 부른다.

흔히 로마니아제국으로 불리는 라틴제국은 4차 십자군이 콘스탄티노폴리스에 세운 제국을 일컫는데, 초대 황제는 플랑드르 백작인 보두앵 1세였다. 라틴제국은 콘스탄티노폴리스와 보스포루스 해협 연안 지역은 직접 통치하고, 그리스 연안과 에게해 지역은 제후국을 두는 방식으로 통치했다. 이러한 라틴제국의 통치는 1204년 이후 보두앵 1세에서 2세까지 이어지면서 1261년까지 57년 동안 지속되었다.

라틴제국이 콘스탄티노폴리스를 지배하고 있는 동안에도 십자군 원정은 계속되었다. 1217년부터 4년 동안 5차 십자군 원정이 이뤄져 프랑크의 시리아군이 아이유브왕조의 수도 카이로를 공격했으나 패퇴했고, 6차 십자군은 1229년 예루살렘을 획득하기도 했다. 그리고 7차 십자군은 1248년부터 1254년까지 프랑스 왕 루이 9세가 주도하여 1244년 아이유브왕조에 잃은 예루살렘을 다시 탈환하고 카이로를 공격했다.

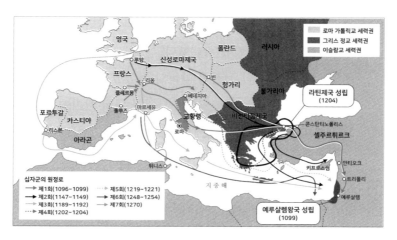

십자군 원정 진로

　한편 이 기간 니케아에 망명 황조를 꾸린 동로마는 콘스탄티
노폴리스 수복을 노리고 있었다. 니케아에서 로마 황제의 직위를
계승한 인물은 알렉시오스 3세의 사위 테오도로스 1세 라스카리
스였다. 그는 가까스로 콘스탄티노폴리스에서 도주하여 1206년
에 스스로 황제에 오르고, 1208년에 대주교를 초청하여 대관식
을 치렀다. 이후 그는 콘스탄티노폴리스를 수복하기 위해 지속적
으로 라틴제국을 공격했으나 성공하지 못하고 1221년에 죽었다.
　테오도로스 1세에 이어 그의 사위 요안니스 3세 두카스 바타
치스가 니케아제국의 황위를 이었다. 그 역시 1254년까지 33년
동안 황위에 있으면서 비잔티움제국의 부활을 위해 숱한 전쟁을
치렀다. 그의 재위 시에는 몽골군이 동유럽 지역을 공격해 왔고,
유능한 군사 전략가이던 요안니스 3세는 그 상황을 이용하여 불
가리아의 영토를 합병하는 등 니케아제국의 국력을 크게 강화했

다. 또 그는 신성로마제국의 프리드리히 2세의 서녀 콘스탄체와 결혼하여 국제적인 영향력을 확대했다.

그 무렵 라틴제국의 힘은 점점 약화되고 있었고, 요안니스 3세는 콘스탄티노폴리스 수복을 노렸다. 하지만 간질 환자였던 그는 병마 때문에 콘스탄티노폴리스로 진격하지 못하고 아들 테오도로스 2세에게 황위를 넘기고 죽었다.

테오도로스 2세 역시 아버지처럼 간질 환자였고, 증세는 아버지보다 심했다. 그래서 황위에 4년밖에 머무르지 못하고 1258년에 죽었다.

테오도로스 2세에 이어 여덟 살의 어린 아들 요한네스 4세가 황위에 올랐다. 그가 어린 탓에 게오르기우스 무잘론이 섭정이 되어 황권을 행사했는데, 장군 미카엘 팔레올로고스가 정변을 일으켜 무잘론을 죽이고 섭정이 되었다. 이후 미카엘은 공동 황제에 오른 뒤 콘스탄티노폴리스를 공격하여 수복에 성공했다. 그는 또 요한네스 4세를 폐위하여 유폐시킨 후 자신이 단독 황제가 되었다. 그가 바로 동로마제국을 부활시킨 미하일 8세 팔레올로고스다.

미하일 8세는 비잔티움제국의 마지막 왕조인 팔레올로고스 왕조를 개창한 인물이다. 팔레올로고스왕조는 미하일 8세 이후 1453년 동로마가 오스만제국에 의해 멸망할 때까지 지속된다.

미하일 8세는 1261년에 황제가 되어 1282년까지 21년 동안 동로마를 통치했다. 그는 젊은 시절부터 용맹스러운 군인으로 명성이 높았고, 콘스탄티노폴리스를 수복하여 동로마를 재건했으며, 동서로 분열되어 있던 기독교를 하나로 통일시켰다.

하지만 그의 동로마 재건에는 여러 시련이 뒤따랐다. 콘스탄티노폴리스 수복 이후 서방 세력은 연합군을 형성하여 동로마를 공격하려 했다. 그 선봉에는 프랑스 출신 샤를이 지배하는 시칠리아가 있었다. 시칠리아는 콘스탄티노폴리스를 공격하기 위해 육군과 해군을 보냈지만, 폭풍우로 시칠리아군은 궤멸되고 말았다. 1270년에 8차 십자군이 조직되어 나머지 서방 세력이 튀니지 원정을 가게 된 덕분에 동로마는 더 이상 공격당하지 않았다. 이후 1271년엔 9차 십자군이 형성되어 레바논 지역의 트리폴리와 예루살렘왕국의 수도 아코를 공략했으나 성공하지 못하고 돌아왔다. 이로써 십자군 원정은 종결되었다.

이 무렵 미하일 8세는 서방 세력의 공격을 막기 위해 교황 그레고리오 10세와 결탁하여 1274년의 제2차 리옹 공의회를 통해 동서 교회의 통일을 선포했다. 이는 곧 서방 교회에 동방 교회가 예속되는 것을 의미했다. 이 때문에 비잔티움 시민들의 신앙심과 자존심에 상처를 입는 결과를 낳았고, 극심한 종교적 갈등을 불러왔다.

이런 상황에서 미하일 8세는 1282년 12월에 셀주크튀르크를 공격하기 위해 원정을 떠났다가 트라키아 지방의 작은 마을에서 생을 마감했다.

1,000년 왕국의
몰락

미하일 8세가 죽고 난 뒤 동로마는 본격적으로 쇠망의 길로 접어들었다. 미하일 8세에 이어 황제에 오른 그의 아들 안드로니코스 2세는 1328년까지 무려 46년간 황위에 있었지만, 그는 동로마를 쇠망으로 이끌었다. 사방의 적들과 전쟁을 치르면서 잇달아 패배했고, 그 때문에 국가 재정이 엉망이 되었다. 재정 상태가 나빠지자, 안드로니코스 2세는 군대를 줄일 수밖에 없었고, 군대의 축소는 영토의 축소로 이어졌다. 그 과정에서 반란과 내전이 일어나 폐위되어 수도원으로 쫓겨 간 안드로니코스 2세는 이름을 안토니오스로 바꾸고 수도사로 지내다 생을 마감했다.

안드로니코스 2세를 내쫓고 황제가 된 인물은 그의 손자 안드로니코스 3세였다. 그는 할아버지가 아버지를 죽게 했다는 이유로 안드로니코스 2세와 의절하고 지내다 황위 계승 문제로 반란을 일으켜 할아버지를 내쫓고 황제에 올랐다. 1341년까지 지속된 그의 치세에는 새로운 지배자 오스만튀르크의 팽창으로 니케아를 비롯한 소아시아 지역을 모두 잃고 그리스와 마케도니아로 축소된 상태였다.

설상가상으로 황위를 이은 그의 장남 요안니스 5세 시절은 반란과 내전으로 얼룩졌다. 요안니스 5세는 내전에서 패배하여 요안니스 6세와 공동 황제가 되는 수모를 겪어야 했다. 그러나 내전은 그것으로 끝나지 않았다. 아들들인 안드로니코스 4세와 마누엘 2세가 또 내전을 일으켰다. 내전의 마지막 승자는 마누엘 2세였다.

마누엘 2세는 1391년부터 1425년까지 34년 동안 황위에 있었다. 그는 형 안드로니코스 4세를 제치고 아버지 요안니스 5세의 황위를 지켜냈으며, 그 덕으로 공동 황제가 되었다. 그 과정에서 오스만튀르크의 도움을 받았기 때문에 오스만과 친숙해졌다. 그런데 1390년에 안드로니코스 4세의 아들이자 조카 요안니스 7세가 콘스탄티노폴리스를 점령하고 황제가 되자, 오스만제국으로 가서 도움을 청했다. 이후 오스만제국의 도움으로 요안니스 5세가 복위했고, 마누엘 2세는 오스만제국의 술탄 바예지드 1세의 신하로 살다가 아버지 요안니스 5세가 죽자 귀국하여 황제에 즉위했다.

마누엘 2세는 오스만제국과 평화조약을 맺고 아들 요안니스 8세에게 국사를 맡긴 채 종교와 문학에 심취했다. 그런데 요안니스 8세는 오스만제국의 내란에 가담하여 정통 후계자 무라드

2세를 배척하고 술탄 자리를 노리던 무스타파를 지지했다. 하지만 무라드 2세가 무스타파를 제거하고 술탄이 되면서 오스만제국과 동로마는 적대 관계가 되고 말았다. 무라드 2세는 1422년에 군대를 이끌고 콘스탄티노폴리스를 공격해 왔다. 다행히 콘스탄티노폴리스는 함락당하지 않았지만 동로마는 굴욕적인 조약을 맺고 가까스로 몰락을 면했다. 이때 마누엘 2세는 황위에서 물러나 수도원으로 가야 했다.

이후 요안니스 8세가 국정을 꾸리며 재기의 기회를 노렸다. 그는 마누엘 2세가 죽은 1425년부터 1448년까지 23년 동안 황위에 있었는데, 그는 재위 내내 오스만제국의 눈치를 보며 서방 세력의 지원을 이끌어내는 데 주력하다 죽었다.

이후 동로마는 요안니스 8세의 동생 콘스탄티노스 11세가 통치했다. 그가 황제에 올랐을 때, 동로마는 거의 오스만제국의 속국으로 전락해 있었다. 심지어 황위에 오를 때도 오스만제국의 힘을 빌려야만 했다.

그런 상황에서 오스만의 술탄이 된 메흐메트 2세는 아예 동로마를 합병하려는 야욕을 드러냈다. 메흐메트의 합병 의지를 꺾기 위해 콘스탄티노스 11세는 로마 가톨릭교회의 환심을 사서 서방의 지원을 끌어내려 했다. 하지만 서방의 지원은 무산되었고, 오스만제국의 군대는 콘스탄티노폴리스로 밀려들었다. 그리고 1453년 5월 29일, 직접 군대를 이끌고 온 메흐메트 2세에 의해 동로마는 붕괴되고 말았다. 이로써 동로마 비잔티움제국의 1,000년 역사는 영원히 막을 내렸다.

동로마시대의 서유럽,
기독교와 봉건영주의 중세시대

동로마 비잔티움제국이 1,000년 동안 이어지면서 서유럽 지역에서는 교황과 영주가 지배하는 이른바 '중세시대'가 전개된다.

서로마가 몰락한 이후 서유럽 지역은 약 300년에 걸쳐 분열과 혼란, 그리고 새로운 왕국의 등장이 이뤄졌다. 그 결과 에스파냐에는 서고트왕국, 이탈리아에는 동고트와 롬바르드왕국, 아프리카 북안에는 반달왕국, 남프랑스 지역에는 부르군트왕국, 영국에는 앵글로색슨왕국, 북프랑스 및 독일에는 프랑크왕국 등이 들어섰다. 게르만족의 일파인 고트족과 프랑크족이 가장 큰 세력을 형성한 셈이다. 이들은 훗날 스페인, 포르투갈, 영국, 프랑스, 독일, 이탈리아 같은 서유럽의 중심 국가와 모로코, 알제리 등 아프리카 국가를 형성하게 된다.

이들 국가 중 서유럽 국가는 로마 가톨릭교회의 영향력 아래 놓였고, 이는 교황이 과거 서로마 황제의 권위를 대신하는 상황으로 치닫는다. 이후 교황의 지배는 더욱 강력해져 각국 왕의 권위를 능가하게 되고, 이러한 교황의 시대는 약 1,000년 동안 지속된다.

대개 유럽의 역사에서는 서로마가 멸망하기 전까지를 고대라 부르고, 서로마 멸망부터 르네상스가 일어난 시기인 15세기까지 약 1,000년을 고대와 근대의 가운데라고 해서 중세라고 한다. 또 중세와 근대 사이, 즉 르네상스와 산업혁명 사이의 300년을 근세라고 부른다. 말하자면 농업시대를 고대와 중세, 근세로 구분한 셈이다. 그래서 대개 현재 세계사는 서유럽의 이런 시대 구분법에 따라 '원시시대 – 고대 – 중세 – 근세 – 근대 – 현대' 등으로 시대를 구분한다. 따라서 서로마의 붕괴와 함께 여러 새로운 왕국이 건립된 시점이 곧 유럽 중세의 시작이라고 할 수 있다.

유럽 중세시대의 특징은 봉건영주제와 기독교의 지배, 두 가지로 요약할 수 있다. 기독교가 유럽을 지배하게 된 배경에는 콘스탄티누스 대제의 기독교 공인과 테오도시우스 대제의 기독교 국교화가 있다. 로마는 원래 기독교를 금지했으나 교세가 확장되고 교인이 늘어남에 따라 정치적 필요성에 의해 공인하고 국교로 지정하기까지 했던 것이다.

이후 로마가 동서로 분열되자, 교회도 동서로 분열되어 로마교회와 동방정교회로 나뉘었다. 그런 상황에서 서로마가 몰락하자, 로마교회는 서유럽 지역의 지주가 되었고, 로마교회의 대주교는 파파papa, 즉 교황이라는 이름으로 황제 자리를 넘보게 되었다.

기독교의 힘이 강해질수록 교황이 황제의 권력을 능가하는 지경에 이르렀고, 이후 유럽 사회는 철학, 과학 같은 학문은 물론이고 교육, 문화와 관습에 이르는 모든 영역이 기독교의 틀에 한정되었다. 그 때문에 중세시대를 암흑시대라고 부르기도 한다.

이렇듯 기독교의 지배 아래 유럽은 봉건영주제를 정착시킨다. 이 제도는 황제와 지방의 영주가 군신 관계를 맺고, 지방의 관리권을 영주가 갖는 대신 황제는 영주의 충성을 보장받고 그들을 보호하는 구조다. 이런 관계는 황제와 각국의 왕, 왕과 대영주, 대영주와 소영주 사이에 맺은 일종의 피라미드식 계약 관계를 통해 성립되며 그 계약의 매개체는 영주가 지배하는 땅인 장원이었다. 영주는 자신의 장원과 그곳 주민에 대한 지배권을 얻는 대신 왕 또는 황제에게 충성을 다한다. 또 대영주는 소영주를, 소영주는 더 작은 장원의 소영주를 지배하는 피라미드식의 계층적 권력 구조를 형성한다. 이런 봉건제 아래에서는 황제와 왕은 영주보다 더 많은 직할지를 소유함으로써 경제력과 권력을 유지한다.

유럽에서 이런 봉건제가 형성되는 데 걸린 시간은 250년 정도였다. 서로마가 멸망한 뒤 봉건제가 가장 먼저 형성된 곳은 프랑크왕국이었다. 프랑크왕국은 8세기에 봉건제를 정착시켜 유럽으로 전파했고, 10세기에 이르면 유럽 전역이 봉건제를 실시하게 된다.

이런 중세시대가 약 1,000년 동안 이어지는 과정에서 서유럽 각국은 동로마제국과 여러 차례 마찰을 일으켰다. 서로마가 붕괴된 이후 동로마는 한때 유스티니아누스 1세에 의해 서로마의 상당 지역을 회복했지만, 중동의 강자로 성장한 사산 페르시아와 이슬람 제국의 공격을 받는 바람에 국력이 약화되었고, 설상가상으로 프랑크왕국의 힘이 강화되어 신성로마제국으로 성장하는 바람에 세력은 더욱 위축되었다. 이후 신성로마제국과 동로마의 패권 다툼이 지속되었다. 신성로마제국은 서로마의 종주국을 자처하며 국력이 약화되고 있던 동로마와 대등한 지위를 확보해가고 있었던 것이다.

이런 상황에서 중동 세계에도 큰 변화가 일어났다. 이슬람교가 일어나 아랍을 중심으로 세력을 키워 이집트와 아프리카 북부 해안 지역을 모두 차지하고 이탈리아 남쪽의 시칠리아마저 점령했다. 이렇듯 아랍의 영향력이 확대되는 가운데, 변수가 등장했다. 중앙아시아의 튀르크족이 남하하여 아랍을 압박했던 것이다. 튀르크는 서아시아와 이집트 및 북아프리카 해안 지역을 장악하고, 이어서 동로마를 위협했다. 이에 동로마는 로마 가톨릭 교황에게 도움을 청했고, 로마 교황은 성지 예루살렘 탈환을 주장하며 아홉 차례에 걸친 십자군 원정을 단행했다. 이후 무려 175년 동안 십자군전쟁(1096~1271)이 지속되면서 기독교와 이슬람 세계의 갈등은 더욱 심화되었다. 또 제4차 십자군 원정 때는 십자군이 동로마로 쳐들어가 보물을 약탈하는 사건이 벌어지면서 십자군의 성격이 크게 변질되기도 했다.

십자군전쟁은 결국 이슬람의 승리로 종결되었고, 그 여파로 교황의 권위는 나락으로 떨어졌다. 심지어 교황이 프랑스의 아비뇽에 연금되는 지경에 이르렀다. 이후 한동안 로마가 아닌 프랑스에 교황이 머무는 사태가 지속되었다. 그런 가운데 신성로마제국의 패권은 합스부르크 왕실이 장악했고, 그 때문에 서유럽은 프랑스와 합스부르크 왕실 사이의 패권 경쟁으로 치달았다. 이는 곧 봉건제도와 기독교의 지배로 대변되는 중세의 종막을 의미하는 것이었다.

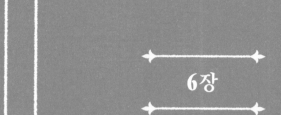

6장

다시 일어난
중동의 대제국들

BC 3세기에서 15세기까지

페르시아대제국을 부활시킨 사산왕조

BC 333년에 알렉산드로스 대제에 의해 아케메네스왕조가 몰락한 이래 약소국으로 전락했던 페르시아는 세루키드왕조, 파르티아왕국 등을 통해 명맥을 유지하다 사산왕조(226~651)가 일어나면서 또 한번 대제국을 이루게 된다.

사산 페르시아의 시조는 흔히 아르다시르 1세(재위 226~241)로 불리는 아르데쉬리 바바칸이다. 그는 226년에 파르티아왕국을 전복시키고 새로운 나라를 세웠다. 그리고 할아버지 이름을 따서 국호를 사산 페르시아라고 했다.

개국 후 그는 옛 아케메네스 페르시아의 계승을 천명하고 로마제국을 공격하며 고토 회복에 주력한다. 그 결과 메소포타미아 지역의 전략적 요충지를 장악하는 데 성공한다. 그는 강력한 중앙집권적 지배 체제를 확립하는 한편, 조로아스터교를 국교로 삼

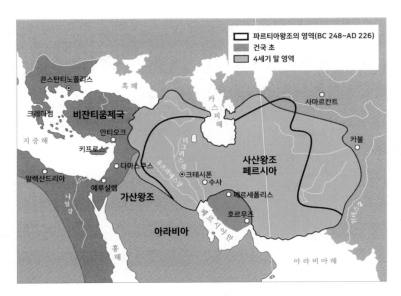

사산왕조 페르시아의 영토

아 백성을 단결시켜 로마에 빼앗긴 고토 회복에 주력하다 생을
마감했다.

　이후 고토 회복의 기치는 그의 아들 샤푸르 1세(재위 241~272)에
게 이어진다. 샤푸르 1세는 30년 재위 기간 내내 팽창정책을 지
속하여 로마 황제 발레리아누스를 포로로 잡는 등 대단한 성과
를 거두며 영토를 확장해나갔다. 그 결과 사산의 영토는 동쪽으
로 지금의 파키스탄 펀자브 지역, 서쪽으로는 지금의 터키에 해
당하는 아나톨리아반도의 카파도키아, 북쪽으로는 지금의 조지
아 지역인 이베리아왕국, 그리고 남쪽으로는 아라비아의 마준 지
역에 이르렀다. 과거 페르시아대제국 영토의 상당 부분을 회복한
것이다.

그러나 샤푸르 1세가 죽자, 사산은 왕위 다툼과 내전으로 약 30년 동안 혼란에 휩싸였고, 이 때문에 로마에 거듭 패전하고 영토는 축소되었으며, 국력은 약화되었다.

이러한 혼란을 종식하고 국력을 회복한 왕은 샤푸르 2세(재위 309~379)였다. 소년 시절에 왕위에 올라 약 70년 동안 페르시아를 통치한 그는 동로마의 혼란을 이용하여 상실했던 메소포타미아와 아르메니아 지역의 땅을 되찾고, 다시 한번 사산제국의 위상을 떨쳤다.

그러나 샤푸르 2세의 죽음과 함께 사산제국은 또다시 혼란에 휩싸였다. 그의 아들 아르다쉬르 2세는 폭정을 펼치다가 쫓겨났고, 반정으로 왕위에 오른 샤푸르 3세는 외침과 내란, 종교 분쟁 등에 시달리다 살해되었다. 이후에도 왕위 계승권 다툼, 외침, 민란 등으로 100년 이상 혼란이 계속되다가 호스로우 1세(재위 531~579)에 이르러서야 겨우 안정을 되찾았다.

호스로우 1세는 48년 동안 통치하며 오랫동안 지속되던 왕위 계승권 다툼을 종식하고 귀족들의 불만을 잠재우는 한편, 내부 안정에 힘을 쏟았다. 또 군대 개혁과 지방 제도 혁신에 성공한 뒤, 잃었던 영토 회복 전쟁에 나섰다. 그 결과 지난 100여 년 동안 동부 지역을 교란하며 침입을 일삼던 헤프탈인을 응징했고, 북쪽으로 세력을 확충하여 흑해까지 영역을 넓혔다. 또 아라비아반도를 공격해 세력을 확장하고 로마와 평화조약을 체결해 수백 년간 지속된 아르메니아 문제도 해결했다.

철학과 인문 사상에 대한 식견이 깊었던 그는 과학과 학문을 발달시키고 농업과 건설에도 많은 업적을 남겼다. 그런 까닭에 로마의 신플라톤주의 철학자들조차 그를 가장 이상적인 군주로 칭송했다.

이러한 호스로우 1세 때의 영화는 호스로우 2세(재위 591~628) 시대로 이어진다. 하지만 호스로우 1세에서 2세로 이어지는 동안 얼마간의 혼란이 있었다. 호스로우 1세가 사망한 후 왕위를 계승한 그의 아들 호르모즈 4세는 쿠데타로 폐출되었고, 이후에도 내전이 계속되어 호스로우 2세와 바흐람 6세, 두 명의 왕이 왕좌를 두고 싸웠다. 이 과정에서 호스로우 2세는 동로마로 피신하는 사태까지 벌어졌다. 우여곡절 끝에 호스로우 2세가 동로마의 도움을 받아 바흐람 6세를 쫓아내고 왕위를 차지했으나 사산왕조의 세력은 크게 약화되어 있었다. 아르메니아와 조지아를 동로마에 내줘야 했고, 동로마에서 정기적으로 받던 평화 유지금도 받지 못하는 신세가 되었다. 하지만 호스로우 2세는 내실을 다지며 국운을 회복할 기회를 엿보고 있었다.

그런 가운데 동로마에서 반란이 일어나 동로마 장군 포카스가 마우리키우스 황제를 살해하고 제위를 찬탈했다. 호스로우 2세는 이 기회를 놓치지 않고 군대를 일으켜 동로마로 진격하여 시리아와 아나톨리아를 정복하고 다시 예루살렘과 이집트를 점령했다. 덕분에 사산왕조는 과거 페르시아대제국의 영토 대부분을 차지했다.

그러나 호스로우 2세의 영광은 오래가지 못했다. 호스로우 2세는 예루살렘을 정복할 때 전리품으로 예수가 못 박힌 것으로 알려진 십자가를 가져왔고, 이 때문에 기독교 교회로부터 엄청난 반발을 샀다. 결국 교회들은 자금을 마련하여 황궁에 바치고 사산 페르시아를 공격할 것을 동로마 황제에게 요구했다. 동로마 황제 헤라클라우스는 자신이 직접 군대를 이끌고 사산 정벌에 나섰다. 이후 사산이 장악하고 있던 아르메니아와 아제르바이잔이 로마군에 점령되자, 당황한 호스로우 2세는 전의를 상실하고 달아나다 결국 수하 장수에게 죽임을 당했다.

호스로우 2세에 이어 왕위에 오른 아들 고바드 2세는 동로마와 평화협정을 맺고 그간 정복한 모든 땅을 돌려줘야 했다. 물론 이집트와 팔레스타인, 시리아, 소아시아, 메소포타미아에 주둔하던 모든 군대도 철수해야 했다. 이후 고바드 2세는 즉위 1년도 되지 않아 사망했고, 그의 어린 아들 아르다쉬르 3세가 왕위를 이었지만 반란군에 의해 처참하게 죽었다. 그리고 불과 몇 년 사이에 여러 명의 왕이 죽고 죽이는 싸움을 지속한 끝에 632년 마지막 왕 야즈데게르드 3세가 왕위에 오른다. 하지만 이때 이미 사산왕조는 거의 몰락한 상태였다. 아랍인이 사산의 도시를 차례로 점령하고 있었고, 야즈데게르드는 도망자 신세가 되어 달아나다가 651년에 살해되었다. 이로써 페르시아제국은 사라지고 이슬람 제국이 일어나 대제국의 바통을 이어가게 된다.

중동의 새로운 지배자,
이슬람

이슬람 제국의 형성 과정

로마에 의해 기독교가 국교화되면서 유럽에는 기독교 중심의 문화가 형성되었는데, 이런 상황에서 이집트 문명과 메소포타미아 문명에 기반을 둔 중동에는 이슬람교 중심의 문화가 형성된다. 중동이라고 하면 대개 지중해 동쪽부터 페르시아만까지의 영역을 포함하는 아시아의 서부 지역을 일컫는데, 보다 넓은 의미로는 이슬람 문화가 형성된 중앙아시아와 북아프리카의 국가들까지 포함한다. 이 지역에 속한 국가는 모두 수십 개국이며, 영토는 유럽보다 넓고 인구도 유럽에 뒤지지 않았다. 이렇듯 이슬람 제국은 광대한 영토를 지배했다.

이슬람 제국의 기반은 무함마드가 창시한 이슬람교였다. 무함마드는 7세기 초에 이슬람교를 창시한 이후 아라비아반도 중부의 메디나를 중심으로 세력을 키워 제정일치 사회인 이슬람국을 세우고 아라비아반도의 대부분을 차지한 인물이다. 632년에 그가 죽자, 이슬람국은 새로운 지도자 아부바크르를 칼리프로 삼고 세력을 확장하여 아라비아반도를 완전히 차지하고, 이어서 시리아를 차지했다. 이후로 이슬람국은 더욱 세력을 확장하여 동쪽으로는 페르시아를 무너뜨리고 서쪽으로는 이집트를 비롯하여 북아프리카 지역의 동로마 영토까지 차지해버렸다. 이로써 광대한 영토의 이슬람 제국이 형성되었다.

이슬람교와 양대 파벌 형성

이슬람 제국을 이해하기 위해서는 반드시 이슬람교에 대한 이해가 선행되어야 한다. 이슬람교도 기독교와 마찬가지로 유대교에서 파생된 종교다.

이슬람이라는 명칭은 복종 또는 순종을 의미하는 '아살라마asalama'라는 단어를 기초로 교주 무함마드가 만든 용어다. 그래서 이슬람은 신을 섬긴다는 의미로 쓰인다. 또 이슬람을 믿는 신자를 흔히 무슬림이라고 하는데, 이는 남자 신자를 지칭하는 것이고, 여자 신자는 무슬리마라고 구분하여 부른다.

이슬람교는 기독교의 예수를 메시아로 인정하지 않는다. 이슬람교도에게 예수는 단지 최초의 인류인 아담 이후 지속적으로 신의 뜻을 전해온 선지자 중 한 사람으로 취급한다. 그러면서 신이 보낸 마지막 예언자는 바로 무함마드라고 주장한다. 이제 신은 최후의 심판이 있기까지 더 이상의 예언자는 보내지 않을 것이므로 무함마드의 말을 믿으라는 것이다.

무함마드를 흔히 한국에서는 마호메트라고 하는데, 이는 무함마드를 영어로 쓴 것을 번역하는 과정에서 생긴 표현이다.

무함마드가 섬기는 신은 흔히 '알라'라고 알려져 있다. 그러나 알라는 신의 이름이 아니고 신 자체를 의미한다. 이슬람교도에게 신이란 오직 하나뿐이므로 굳이 신의 이름이 필요하지 않기 때문에 그저 알라라고 하는 것이다. 따라서 알라는 신, 하느님, 야훼 등과 같은 의미로 받아들이면 된다.

이슬람교도 유대교에 뿌리를 두고 있기 때문에 알라를 유일신으로 섬기는 것은 유대교나 기독교와 동일하다. 또 그들은 유대교의 경전도 인정하고, 기독교의 신약성서도 인정한다. 하지만 그들이 가장 중시하는 경전은 흔히 코란으로 부르는 쿠란이다. 쿠란은 '읽다' 또는 '낭송하다'라는 뜻을 지닌 아랍어 '까라아'라는 동사의 명사형으로 '낭송'이라는 뜻이다.

쿠란의 내용은 무함마드가 알라에게 받은 계시로 채워져 있다. 무함마드는 마흔 살 때인 610년에 아라비아의 히라산 동굴에서 천사 지브릴(가브리엘)을 만나 처음으로 알라의 계시를 받았는데, 632년에 죽을 때까지 지속적으로 받은 계시를 모두 모은 것이 쿠란이다. 이후 쿠란의 내용은 무함마드의 제자들이 정리해 이슬람교의 정경으로 사용했다.

모든 종교가 그렇듯 이슬람교도 분파가 형성되어 시아파와 수니파로 갈라져 대립하고 있다.

시아파가 생긴 과정은 이렇다. 무함마드가 죽은 후 그의 제자 아부 바크르가 이슬람의 지도자가 되어 제1대 칼리프에 올랐다. 이후 아부 바크르의 후계자가 지도자를 의미하는 칼리프를 이어가는데, 나중에 아부 바크르와 그의 후계자들이 칼리프가 된 것을 인정하지 않는 세력이 생겼다. 그들은 무함마드의 후계자는 반드시 무함마드의 혈통 중에 나와야 한다고 주장했다. 그래서 무함마드의 사위이자 제4대 칼리프 시아트 알리를 정통 후계자로 삼고, 알리의 후손만이 칼리프 자격이 있다고 주장했다. 이 세력을 흔히 시아트 알리의 이름을 따서 시아파라고 한다.

이에 비해 수니파는 무함마드가 죽은 후 정식으로 후계자가 되어 칼리프가 되는 전통을 유지해야 한다고 주장하는 세력으로 역대 칼리파를 무함마드의 계승자로 인정한다. 그래서 이들을 정통파를 의미하는 수니파라고 부른다. 수니파라는 명칭은 정통 관습을 의미하는 '순나'에서 비롯되었다. 수니는 순나, 즉 '정통 관습을 따르는 자'라는 뜻이다.

수니파와 시아파가 형성된 이후 두 파벌은 서로 영토를 다투며 대립했고, 결국 별도의 왕조를 세우기에 이른다.

정통
칼리프시대

칼리프는 대리인 또는 계승자를 의미하는 아랍어 칼리파khalifa로 무함마드가 죽은 후 무슬림 공동체를 이끄는 지배자를 지칭한 용어다.

제1대 칼리프가 된 인물은 무함마드가 가장 신뢰하던 최측근 아부 바크르다. 아부 바크르는 무슬림 공동체의 원로들에 의해 추대되어 최고 지배자로 등극한다. 이 과정을 거쳐 칼리프로 추대된 인물은 아부 바크르 이후에도 2대 우마르, 3대 우스만, 4대 시아트 알리 등이었다. 이슬람 제국 초기 이 네 명의 칼리프가 대를 이어가며 제국을 지배한 시기를 정통 칼리프시대라고 한다.

정통 칼리프시대를 연 아부 바크르 아스시디크는 이슬람교의 창시자 무함마드의 친구이자 장인이었다. 무함마드는 급작스럽게 죽는 바람에 미처 후계자를 지명하지 못했고, 그로 인해 교단 내부에서 파벌 다툼이 벌어졌다. 그러다 교단에서 가장 세력이 강했던 아부 바크르가 칼리프가 되어 교단을 이끌게 된 것이다.

아부 바크르는 아라비아반도 서부 도시 메카에 정착한 아랍인 부족인 쿠라이쉬족의 타심 가문 출신이다. 그는 무함마드와는 친척 관계였고, 나이는 세 살 어렸다. 무함마드가 이슬람교를 창시하고 전도하자 그는 무함마드의 제자가 되었으며, 632년에 무함마드가 죽자, 무슬림의 선거에 의해 초대 정통 칼리프로 선출되었다. 칼리프가 된 이후 아부 바크르는 반발 세력을 모두 응징하고 이슬람 세력을 확대하기 시작했다. 이를 위해 사산 페르시아나 동로마와 자주 전쟁을 벌였다. 하지만 그의 치세는 오래가지 못했다. 재위 2년 만인 634년에 지병이 악화되어 죽고 만 것이다.

아부 바크르에 이어 제2대 칼리프가 된 인물은 우마르 이븐 알 카타브였다. 우마르 역시 아부 바크르와 마찬가지로 쿠라이쉬 부족 출신이었다. 젊은 시절부터 그는 무사로 용맹을 떨쳤는데, 이 용맹함을 바탕으로 이슬람 포교를 방해하는 인물이었다. 그는 부족 전통 신앙을 고수했고, 그래서 이슬람을 이단으로 취급하며 무함마드를 죽이려고 했다. 그런데 이슬람으로 개종한 누이동생을 통해 쿠란을 접한 후 이슬람에 귀의했다고 전해진다.

우마르의 치세는 644년까지 10년 동안 이어지는데, 이 시기에 이슬람 제국의 토대가 형성되었다. 우마르는 정복 사업을 지속하여 동로마로부터 시리아, 팔레스타인, 이집트 등을 빼앗는 한편, 642년에 사산 페르시아제국을 멸망시켜 병합했다. 그는 또한 쿠란을 처음으로 편집하여 이슬람의 경전으로 삼았으며, 무함마드가 메카의 이슬람교도들도 집단적으로 메디나로 이주시킨 것을 의미하는 '헤지라'의 해인 622년을 기원 원년으로 정했다.

하지만 우마르는 정벌 과정에서 많은 적을 양산했다. 특히 예루살렘 정복 이후 기독교도들의 심한 반발을 샀는데, 이것이 화근이 되어 644년에 기독교도 페르시아 노예에게 살해되었다.

우마르에 이어 3대 칼리프가 된 인물은 우스만 이븐 아판이다. 그는 메카의 권력가 집안인 옴미아드(우마이야) 가문에서 태어나 부유한 상인이 되었는데, 한때는 무함마드를 매우 적대시했다. 그러다 620년에 개종하여 무함마드의 제자가 되었고, 이후 무함마드의 딸과 결혼하여 사위가 되었다.

우스만은 656년까지 12년 동안 칼리프로 있었는데, 페르시아와 이집트에 대한 지배력을 강화했을 뿐 아니라 동쪽으로 정벌 작업을 지속하여 인도의 인더스강 유역까지 영토를 확대했다. 그러나 정벌지의 반발도 만만치 않았다. 특히 650년에는 이집트와 이라크 지역에서 동시에 반란이 일어나 애를 먹었다. 심지어 이집트의 반란군은 655년에 메디나를 공격하기까지 했다. 우스만은 그들 반란군을 회유하여 가까스로 돌려보냈지만, 이듬해인 656년에 이집트 반란군이 다시 메디나를 공격하여 우스만의 집을 포위했고, 급기야 반란의 소용돌이 속에서 우스만은 폭도들에게 살해되었다.

우스만에 이어 4대 칼리프가 된 인물은 알리 이븐 아비 탈리브인데, 흔히 시아트 알리로 불렸다. 그는 무함마드의 사촌 동생이었고, 무함마드의 딸 파티마의 남편이었다. 그는 일찌감치 무함마드의 가르침을 받아들이고 무슬림이 되었고, 우마이야 가문 출신인 우스만과는 경쟁자 관계였다. 그리고 우스만이 죽자, 4대 칼리프가 되어 661년까지 5년 동안 재위했다.

그의 치세 동안 이슬람 제국 내부에서는 치열한 권력 다툼이 벌어지고 있었다. 무슬림 세력은 여러 가문으로 갈라져 대립하고 있었는데, 알리에게 가장 위협적인 세력은 메카의 유력한 옴미아드 가문이었다. 알리는 옴미아드 가문의 수장 무아위야와 심한 대립을 벌였고, 그 때문에 수도를 메디나에서 쿠파로 옮기기까지 했다. 이후 알리는 이슬람 제국의 분열을 막기 위해 무아위야와 대타협을 시도하기도 했으나, 661년에 이슬람교도에게 암살되고 말았다. 이로써 정통 칼리프시대는 종막을 고했다.

알리 이븐 아비 탈리브는 이슬람의 분파 형성에 가장 중요한 인물이다. 그와 그를 지지하는 사람들이 곧 시아파이기 때문이다. 시아파는 그를 초대 이맘(이슬람의 통치자)으로 간주하고 그를 추종한다. 하지만 수니파는 그를 단순히 칼리파의 한 사람으로만 취급한다. 알리에 대한 이러한 시각 차이는 결국 이슬람을 시아파와 수니파로 갈라놓았고, 급기야 왕조를 달리하여 전쟁까지 치르며 대립하는 양상으로 치닫게 된다.

칼리프 세습제를 시작한
옴미아드왕조

옴미아드왕조를 일으킨 무아위야

옴미아드왕조는 우마이야왕조 또는 우마이야 칼리프왕국으로도 불린다. 제4대 정통 칼리프 시아트 알리가 암살당한 뒤, 칼리프 자리는 옴미아드 가문 출신이자 시리아 총독으로 있던 무아위야 가 차지했다. 무아위야는 661년에 다마스쿠스로 수도를 옮긴 뒤 옴미아드왕조를 개창하는데, 이후 옴미아드왕조는 750년까지 14대를 거치며 90년 동안 지속된다.

옴미아드왕조가 성립된 이후에 이슬람교는 시아파와 수니파 로 갈라진다. 옴미아드왕조를 받드는 세력은 정통파를 자처하는 수니파가 되었고, 시아트 알리를 받드는 세력은 시아파가 된 것 이다.

수니파의 시초가 된 옴미아드왕조 시대에 이슬람 세력은 더욱 기세를 떨쳤다. 동쪽으로 인더스강 유역에 이어 중앙아시아 지역까지 진출했고, 서쪽으로는 북아프리카의 해안 지역과 유럽 이베리아반도의 서고트왕국을 정벌했으며, 이어 피레네산맥을 넘어 프랑크왕국에 침입하기도 했다. 하지만 프랑크왕국의 강력한 저항에 밀려 정벌에 성공하지는 못했다.

이렇듯 이슬람을 대제국으로 성장시킨 옴미아드왕조를 개창한 무아위야 1세는 661년부터 680년까지 19년 동안 칼리프로 있으면서 옴미아드왕조의 기반을 닦았다.

무아위야는 칼리프가 되기 전부터 제4대 칼리프 알리와 경쟁자 관계였다. 그는 제3대 칼리프 우스만과 같은 가문이었고, 일찌감치 군대에 복무하며 전쟁 영웅의 반열에 오른 덕에 다마스쿠스 총독이 되었다. 이후 동로마 영토를 공격하여 키프로스와 로도스 등의 지중해 섬들을 함락시키고, 아나톨리아의 리키아 해안에서 동로마 해군을 상대로 승전을 거듭했다. 그런데 이 무렵인 656년, 그는 우스만이 살해되었다는 비보를 접했다.

그는 우스만의 암살 배후에 제4대 칼리프가 된 알리가 있다고 믿었다. 그래서 그는 알리를 우스만 살해범으로 규정하고 칼리프로 인정하지 않았다. 오히려 그는 우스만의 원수를 갚기 위해 군대를 일으켜 알리를 공격했다. 하지만 그의 군대는 알리의 군대에 밀렸다. 시간이 지날수록 자신의 군대가 수세에 몰리자, 무아위야는 계략을 통해 휴전을 성립시켰다. 이후 그는 새로운 방법으로 알리를 공략했다. 알리의 군대 내부에 알리가 우스만을 살해하고 칼리프 자리를 훔쳤다는 소문을 퍼뜨린 것이다. 그러자 알리의 군대에서 동요가 시작되었고, 이는 마침내 반란으로 이어졌다. 무아위야는 그 기회를 놓치지 않고 군대를 일으켜 이집트를 장악하고 혼란을 부추겼다. 그 혼란 중 알리가 살해되자, 무아위야는 이집트와 시리아를 장악하고 다마스쿠스를 수도로 삼아 칼리프에 즉위했다.

칼리프가 된 그는 19년 치세 동안 지속적으로 영토 확장 전쟁을 하며 이슬람이 대제국으로 성장할 수 있는 기반을 닦았다. 그는 당시까지 무정부 상태에서 종교 집단적 성격이 강했던 이슬람 국가를 정치제도와 군사 체계를 제대로 갖춘 왕국으로 변모시켰다. 이를 위해 그는 시리아와 같이 기독교 세력이 강한 곳에서는 기독교인을 관리로 영입하는 등 종교적 성향을 극복하고 종교 지도자가 아닌 군주로서의 면모를 십분 발휘했다. 덕분에 그는 사가들에 의해 위대한 군주로 기록되었다. 하지만 그는 이슬람교의 종파적 관점에서는 알리에게서 칼리프 자리를 찬탈한 반역자로 인식되었다. 또 칼리프 자리를 자신의 아들에게 계승시켜 왕조를 일군 것 역시 이슬람의 전통을 파괴한 행위로 간주되었다. 이 때문에 알리를 진정한 칼리프로 떠받드는 시아파는 그를 칼리프로 인정할 수 없었던 것이다.

옴미아드왕조의 전개

무아위야는 680년에 죽음을 앞두고 칼리프 자리를 아들 야지드 1세에게 넘겨주었고, 이로써 이슬람 제국 최초의 세습 왕조가 시작되었다.

제2대 칼리프가 된 야지드 1세는 683년까지 3년 동안 통치했는데, 그는 즉위와 동시에 내란에 봉착했다. 야지드는 칼리프가 된 뒤 무아위야의 핵심 세력에 충성 서약을 요구했는데, 무아위야 다음으로 강력한 세력을 형성하고 있던 후세인 이븐 알리가 충성 서약을 거부하고 군대를 일으켰다. 후세인은 무아위야가 아들에게 칼리프 자리를 물려준 것은 이슬람 전통에 어긋난다고 주장했고, 이 때문에 주변 세력을 규합하여 반란을 일으킨 것이다.

후세인의 반란군에 가담한 사람들은 주로 카바 사람들이었다. 카바는 시아트 알리가 수도로 삼은 도시였기에 그곳 백성들은 무아위야의 아들 야지드에 대한 반감이 강했기 때문이다. 하지만 후세인은 전투에서 패배했고, 야지드의 군대는 후세인은 물론 그의 가족과 친척을 대거 살해했다. 이 때문에 후세인을 지지하던 카바의 군중이 폭동을 일으켰고, 야지드는 군대를 보내 카바의 백성을 무자비하게 탄압했다. 야지드의 군대는 카바의 시가지를 불태우고, 수많은 군중을 잔인하게 죽였다. 이러한 잔혹한 학살은 683년에 야지드가 사망했다는 소식이 전해질 때까지 계속되었다.

야지드의 죽음과 함께 혼란이 찾아왔다. 야지드의 아들 무아위야 2세가 칼리프가 되었으나 1년도 채 되지 않아 폐위되었고, 이어서 칼리프 자리에 오른 마르완 1세도 역시 1년 만에 사망했다.

이렇듯 몇 년간 혼란을 겪은 후 아브드 알마리크가 칼리프가 되어 685년부터 705년까지 20년 동안 이슬람 제국을 통치했다.

아브드는 몇 년간 지속된 혼란을 수습하고 이슬람 제국 백성의 화합을 도모하는 데 많은 역량을 쏟았다. 그 일환으로 이슬람의 성지인 예루살렘의 성전산 위에 바위 돔을 건설하기도 했다. 바위의 돔 속에는 신령스러운 바위가 모셔져 있는데, 이슬람교도들은 신이 이 바위에서 천지를 창조했으며, 최초의 인간 아담도 이곳에서 생명을 얻었다고 믿었다. 아브드는 이 신령스러운 바위를 돔으로 덮어 사원을 만듦으로써 불화와 반목을 거듭하던 이슬람교도를 하나로 결합시키고자 한 것이다.

아브드의 이런 화합 정책은 제6대 칼리프 왈리드 1세에게 이어졌다. 왈리드는 715년까지 10년 동안 칼리프로 있으면서 다마스쿠스 대사원을 건립했는데, 가로 157m, 세로 100m의 거대한 규모의 사원으로, 이슬람교도의 화합을 도모하기 위한 것이었다.

왈리드 1세 이후로 옴미아드왕조는 7대 슐레이만, 8대 우마르, 9대 야지드 2세 등을 거치며 또다시 혼란기를 겪다가 724년에 10대 히삼에 이르러 다시 한번 안정기를 맞이한다.

하지만 히삼이 743년에 죽고 11대 왈리드 2세, 12대 야지드 3세, 13대 이브라힘, 14대 마르완 2세 등이 계승권을 다투며 1년 사이에 네 번이나 칼리프가 바뀌는 대혼란을 겪는다. 그리고 마르완 2세가 마지막 승자가 되어 744년에 칼리프 자리에 올랐는데, 재위 기간 내내 내전을 겪다가 750년에 살해됨으로써 옴미아드왕조는 몰락하고 말았다.

옴미아드왕조가 몰락한 배경에는 비아랍인에 대한 차별 정책이 있었다. 옴미아드왕조는 아라비아반도를 중심으로 중앙아시아, 인도 서북부, 북아프리카, 이베리아반도 등에 이르는 광대한 영토를 건설했는데, 아랍인이 아닌 사람에 대해서는 가혹한 세금을 부과하는 차별 정책을 썼다. 이 때문에 곳곳에서 반란이 이어졌고, 급기야 왕조의 몰락으로 귀결되었다.

아바스왕조
500년

아바스왕조의 토대를 구축한 알 만수르

750년에 옴미아드왕조를 무너뜨리고 새롭게 이슬람 제국의 주인이 된 것은 아바스왕조였다. 아바스왕조는 750년에 개창하여 37명의 칼리프에 의해 1258년 몽골족이 수도 바그다드를 함락시킬 때까지 508년 동안 지속된 이슬람 제국이다.

아바스라는 명칭이 무함마드의 숙부 알 아바스의 이름에서 유래한 사실에서 알 수 있듯 아바스왕조는 무함마드의 친족 세력이 건국한 나라다.

아바스왕조 건국의 핵심 세력은 옴미아드왕조에 반발하던 시아파와 차별 정책에 반발하던 이란인 이슬람교도였다. 하지만 아바스왕조는 막상 이슬람 제국을 장악한 뒤에는 시아파를 강력하게 탄압하고 수니파를 중심으로 강력한 중앙집권 체제를 확립하게 된다. 또 아랍인의 특권을 없애고 요직에 아랍인과 함께 이란인을 등용했다. 심지어 아랍인의 반란을 우려하여 궁정 친위대는 아예 이란인과 튀르크 노예 병사 위주로 구성했다. 아바스왕조의 이런 정책은 민족 차별을 없애는 결과를 낳는 한편, 이슬람의 영향력을 더욱 확대시켰다. 덕분에 아바스왕조는 무려 500년 넘는 세월을 이슬람 제국의 주인으로 군림할 수 있었다.

아바스왕조를 연 인물은 아부 알 아바스다. 그는 옴미아드왕조의 마지막 칼리프 마르완 2세 시절에 반란군의 지도자로 활동했다. 그리고 마르완 2세의 체포령에 따라 함께 반란군을 이끌던 형 이브라힘이 체포되어 죽자, 그는 가족과 함께 은신했다가 옴미아드왕조가 전복된 후 아바스왕조의 초대 칼리프가 되었다. 그는 건국 초기 4년 동안 칼리프로 있으면서 정적을 철저히 제거하며 아바스왕조의 안정에 주력하다 754년에 동생 알 만수르에게 칼리프 자리를 넘기고 죽었다.

2대 칼리프에 오른 알 만수르는 754년부터 775년까지 21년 동안 이슬람 제국을 통치하며 아바스왕조를 강력한 중앙집권 국가로 성장시켰다. 그런 까닭에 대개 아바스왕조의 실질적인 창설자는 알 만수르라고 말하곤 한다.

알 만수르는 칼리프에 오르자, 정적을 철저히 제거하는 데 주력했고, 이 때문에 많은 반란이 발생했다. 특히 시아트 알리 가문을 추종하는 세력의 반란이 심했는데, 알 만수르는 시아파를 강력하게 탄압하여 왕조의 안정을 구축했다.

이후 알 만수르는 새로운 수도 바그다드를 건설하여 이슬람 세계의 중심지로 성장시켰다. 또 관료제를 정착시켜 중앙집권화를 확립했으며, 칼리프로 있는 동안 자신의 아들을 계승자로 지명하여 왕조 국가의 기반을 확립했다.

아바스왕조의 황금기

알 만수르에 이어 그의 아들 알 마흐디가 3대 칼리프에 올라 아버지 만수르 치세에 탄압받았던 시아파 세력을 포용하고 화합 정치를 구사한 덕분에 아바스왕조의 번영은 가속화된다. 마흐디는 바그다드를 국제도시로 변모시키는 한편, 비아랍인도 장관직에 등용함으로써 옴미아드왕조의 민족 차별 정책을 완전히 폐지했다. 이러한 화합 정책으로 국력을 키운 마흐디는 당시 가장 강력한 국가였던 동로마의 공격을 막아냈을 뿐 아니라 동로마를 공격하여 해마다 공물을 바치게 만들기도 했다. 하지만 그는 칼리프 계승권 다툼을 벌이던 후궁들의 암투에 휘말려 재위 10년 만인 785년에 암살되고 말았다.

마흐디에 이어 그의 아들 알 하디가 칼리프가 되었다. 하지만 시아파의 반란과 동로마의 침략에 시달리다가 재위 1년 만인 786년에 22세의 젊은 나이로 급사했다. 일설에는 아버지 마흐디의 후궁이 암살했다고 전한다.

하디가 죽자, 그의 동생 하룬 알 라시드가 5대 칼리프로 즉위하여 번영을 이어갔다. 라시드는 809년까지 23년 동안 재위하며 아바스왕조의 황금시대를 열었다. 그는 동로마와 여러 차례 전쟁을 치러 승리했고, 그 대가로 동로마의 공물을 받는 한편, 당시 막 서로마 황제의 자리에 오른 프랑크왕국의 카롤루스 대제와도 교류하여 외교 능력을 과시했다.

라시드는 문화 사업에도 남다른 열정을 보였는데, 학자와 문인을 우대하고 능력 있는 학자를 궁궐에 초빙하여 문화 부흥 정책의 인재로 활용했다. 덕분에 그의 시대는 아바스왕조의 르네상스를 구가할 수 있게 되었다.

그러나 그는 당시 바그다드의 유력한 가문이던 비르마크 집안과 사이가 좋지 않아 바그다드를 버리고 메소포타미아 지역의 라카로 천도했고, 이로 인해 막대한 재정을 사용하여 백성의 불만을 자아냈다. 이는 곧 내정의 불안과 반란으로 이어졌고, 그 여파로 북부 아프리카에 대한 지배력을 상실하는 결과를 낳고 말았다.

라시드는 죽으면서 이슬람 제국을 두 아들에게 부탁했는데, 이는 결과적으로 내전을 일으켰다. 라시드는 죽음을 앞두고 두 아들 알 아민과 알 마문을 불러놓고 우애를 지킬 것을 맹세하게 한 후, 둘째지만 적자인 알 아민에게 6대 칼리프 지위를 물려주었다. 대신 서자지만 형인 마문을 아민의 후계자로 삼을 것을 확약받고 호라산 총독직을 수행하게 했다. 하지만 아민은 막상 아버지가 죽자, 자신의 아들을 후계자로 지목했고, 그로 인해 마문이 반란을 일으켜 4년 동안의 내전 끝에 아민을 폐위시키고 813년에 7대 칼리프가 되었다.

마문은 833년까지 20년 동안 이슬람 제국을 통치했는데, 결코 평탄치 않은 치세였다. 아민이 죽고 겨우 칼리프가 된 그는 여러 차례 반란을 겪어야 했다. 당시 그는 자신의 근거지 호라산에서 칼리프에 올랐는데, 바그다드에서는 삼촌 이브라힘이 칼리프로 추대된 상태였다. 거기다 시아파가 반란을 일으켜 아바스왕조를 위협하고 있었다.

마문은 이런 상황을 해결하기 위해 우선 시아파와 결혼 동맹을 맺어 화해를 이끌어낸 후, 819년에 직접 군대를 이끌고 바그다드로 진군하여 이브라힘을 폐위시켰다. 그러나 이슬람 제국 곳곳에서 반란이 계속 이어졌다. 이란의 쿰에서는 825년부터 1년 동안 반란이 지속되었고, 바그다드에서도 826년에 일어난 민중 봉기가 1년이나 지속되었다. 또 예멘에서도 827년에 반란이 일어났다.

이렇듯 반란이 일어나는 와중에도 마문은 나름 학문과 문화를 발전시켜 문예부흥을 이루었으며, 그 결과물은 유럽으로 전파되어 훗날 유럽 르네상스의 밑거름이 된다.

마문에 이어 8대 칼리프에 오른 알 무타심은 5대 칼리프 라시드와 튀르크 계통의 여인 사이에서 태어난 인물이다. 그런 까닭에 튀르크인에 대한 인식이 남달랐다. 왕자 시절부터 장수로 명성을 날렸던 그는 칼리프에 오른 뒤에도 튀르크 출신 사병을 양성하여 강한 군대로 키웠으며, 친위대조차 튀르크인으로 채웠다.

그런데 바그다드 시민은 튀르크 용병으로 이뤄진 친위대를 달

가위하지 않았다. 또 그는 마문의 아들 압바스를 밀어내고 칼리프에 올랐기 때문에 바그다스 시민의 환영을 받지도 못했다. 이 때문에 바그다드에서 여러 차례 반란이 일어났는데, 그는 강한 친위대를 기반으로 반란을 잠재운 후, 수도를 사마라로 옮겨버렸다. 이후 그는 동로마를 공격하여 영토를 확장하며 이슬람의 기세를 떨쳤고, 이에 힘입어 콘스탄티노폴리스 원정을 계획하다 안타깝게도 재위 9년 되던 842년에 병사하고 말았다.

무타심은 무인 기질이 강했으나 학문과 예술 진흥에도 관심을 기울여 아바스왕조의 르네상스를 이어갔다. 무타심에 이어 9대 칼리프에 오른 알 와시크도 마찬가지였다. 와시크는 무타심과 동로마 출신 여인 사이에서 태어났는데, 소양이 풍부하고 학식이 뛰어났으며, 무장의 기질도 강했다. 그는 847년까지 5년 동안 재위했는데, 아버지와 마찬가지로 튀르크 용병을 중용하고 강력한 군사력으로 곳곳에서 일어난 반란 세력을 잠재웠다. 또 동로마와의 전투에서는 우위를 점했다. 그러나 847년에 종기 때문에 사망하고 말았다.

무타심에 이어 그의 동생 알 무타와킬이 10대 칼리프에 올라 아바스왕조 황금기의 마지막을 장식했다. 861년까지 14년 동안 재위한 그는 튀르크 용병대 중심의 강력한 군대를 바탕으로 네 번에 걸친 반란 사건을 무사히 평정하고 강력한 중앙집권화를 이뤘다. 또 그는 문화 사업에도 열정이 많아 수도 사마라에서 대대적인 건설 사업을 펼친 끝에 수많은 건축물을 남겼다. 건설광이라는 소리를 들을 정도로 건축에 대한 열정이 강한 그가 남긴 건축물 중 가장 대표적인 것은 848년부터 4년에 걸쳐 완성한 대모스크 마스지드다. 마스지드는 무려 17개의 회랑을 갖춘 당대 최대 규모의 사원이었다. 마스지드 외에도 그는 사마라에 20개가 넘는 궁전을 세웠으며, 사마라의 도시 규모도 크게 확장하여 바그다드와 콘스탄티노폴리스에 뒤지지 않는 대도시로 키웠다.

하지만 그는 종교적으로 매우 완고한 인물이었다. 이슬람교 내부에서는 철저하게 수니파를 지지했던 그는 시아파를 강력하게 탄압했다. 또 이슬람 외 유대교와 기독교에 대해서도 매우 공격적이었다. 심지어 유대교인과 기독교인들은 노란 옷을 입게 해 무슬림과 구별하는 정책까지 구사했다.

그리고 그는 의심이 많았다. 자신이 믿고 의지하던 튀르크 용병 사령관들을 의심하여 여러 명을 처형했다. 이 때문에 장남 문타시르와 갈등을 일으킨 끝에 결국 문타시르와 튀르크 출신 경호원들에게 살해되었다.

무타와킬이 살해되자, 사마라는 순식간에 무정부 상태에 빠져들었고, 이는 결국 아바스왕조에 혼란기를 가져온다.

30년 혼란기와 반짝 황금기

아버지 무타와킬을 죽이고 11대 칼리프에 오른 알 문타시르는 즉위한 지 불과 6개월도 되지 않은 862년 6월에 독살되고 말았다. 그의 독살과 함께 아바스왕조의 혼란은 본격화되었다. 그 혼란의 와중에 12대 알 무스타인이 866년까지 4년 동안 재위한 뒤, 13대 알 무타즈가 3년, 14대 무흐타디가 1년 동안 재위했다. 이들 세 왕의 재위 기간에 황권은 튀르크 친위대가 장악했고, 지방 곳곳에 새로운 이름의 왕조가 들어섰다. 대표적인 지방 왕조는 툴룬왕조였다. 868년에 이집트에 들어선 툴룬왕조는 아바스왕조의 이집트 부총독 출신 아흐마드 이븐 툴룬이 세운 왕조였다. 이 툴룬왕조는 향후 파티마왕조, 아이유브왕조, 맘루크왕조 등으로 이어지며 이집트를 지배하게 된다.

이렇듯 지방에 새로운 왕조가 들어서는 사태가 일어나도 칼리프는 더 이상 그들을 통제할 힘이 없었다. 심지어 재정마저 파탄나서 튀르크 용병의 임금을 지불할 여력이 없었고, 이 때문에 무스타인은 수도 사마라를 버리고 바그다드로 도주하기까지 했다. 이에 바그다드로 몰려온 용병들이 밀린 임금을 받기 위해 바그다드를 포위하는 사태까지 벌어졌다. 이후 무스타인은 폐위되고 튀르크 출신 귀족들이 새 칼리프를 세우는 지경이 되었다.

이슬람 제국의 상황이 이렇게 되자, 곳곳에서 독립운동이 벌어지고 새로운 왕조가 일어났다. 이러한 혼란 속에서 15대 칼리프 알 무타미드는 870년에서 892년까지 무려 22년 동안 칼리프 자리를 지켰다.

무타미드는 형이자 섭정이었던 무와파크에게 의존했는데, 무와파크가 튀르크 용병 부대를 장악한 덕에 가까스로 혼란은 종식되었다. 하지만 그는 꼭두각시에 불과했고 형 무와파크가 전권을 쥐고 행사했다. 그 때문에 무타미드는 이집트에서 독립한 툴룬왕조로 망명을 시도하다가 가택 연금당하는 신세로 살다가 죽었다.

무타미드가 죽은 뒤, 16대 칼리프가 된 인물은 무와파크의 아들 알 무타디드다. 그는 계승자로 지목된 무타미드의 아들 무파와드를 내쫓고 칼리프가 되었다. 무타디드는 902년까지 재위하며 10년 치세 동안 아바스왕조의 옛 땅을 거의 회복하는 성과를 거뒀다. 강력한 군벌 세력을 기반으로 권력을 장악한 만큼 그는 군대의 힘으로 잃었던 이라크 지역의 영토와 시리아, 이란 서부 지역 등을 수복하는 데 성공했다. 다만 이집트 지역의 독립 왕조인 툴룬왕조와 이란고원에 세운 지방 왕조인 사파르왕조에는 충성 서약을 받아내는 정도에 그쳤다.

어쨌든 무타디드의 10년 치세를 통해 아바스왕조는 국력을 회복하고 제2의 황금기를 구가할 기반을 다졌다. 덕분에 무타디드의 장남인 17대 칼리프 무크타피 시절에는 또 한 번의 중흥기를 일궈냈다. 892년부터 908년까지 16년의 재위 기간에 무크타피는 이집트의 툴룬왕조를 정벌하는 한편, 동로마와 주변 이민족과의 전쟁에서 모두 승리했다. 또 재정적으로 풍부하여 바그다드에 수많은 건축물을 짓기도 했다. 하지만 그는 병약한 몸으로 14세의 어린 나이에 왕위에 올라 격무에 시달려야 했다. 그래서 재상직인 와지르에게 의존하여 번영을 이끌었으나 결국 병마를 견디지 못하고 30세의 젊은 나이에 죽었다.

몰락의 세월

무크타피가 죽자, 18대 칼리파는 13세인 그의 어린 동생 알 무크타디르에게 돌아갔다. 이후로 아바스왕조는 쇠퇴의 길을 걷기 시작했다.

소년 칼리파 무크타디르는 908년 8월에 즉위한 후 932년 10월까지 24년을 재위했으나, 그야말로 유명무실한 존재로 지내야 했다. 군권은 튀르크 장군 무니스가 차지하고 있었고, 황권은 모후 샤가브와 그녀의 측근이 행사하고 있었다. 설상가상으로 사방의 적들이 침입해 왔다. 툴룬왕조를 무너뜨리고 이집트와 북부 아프리카를 새롭게 장악한 서쪽의 파티마왕조가 쳐들어와 팔레스타인과 시리아를 빼앗아 갔고, 동로마가 침입하여 소아시아의 대부분을 정벌했다. 또 남쪽 아라비아반도에서는 시아파가 형성한 카르마트가 침공해 왔다. 그런 혼란을 틈타 아프가니스탄의 모술 지역에서는 함단왕조가 독립했다. 그야말로 아바스의 영토는 갈가리 찢겨나가고 있었던 것이다.

무크타디르가 죽자, 그의 동생 알 카히르가 19대 칼리파로 즉위했다. 그는 한때 반란을 일으켜 형의 자리를 차지했다가 하루 만에 폐위되기도 했던 인물이다. 그런 만큼 형과 모후에 대한 적개심이 강했다. 그래서 즉위하자 곧 모후 샤가브를 고문하는가 하면 수많은 관료를 죽이거나 고문하고 재물을 빼앗는 등 폭정을 일삼았다. 그런 까닭에 그는 재위 2년 만인 934년에 눈알이 뽑힌 채 쫓겨나야 했다.

카히르의 뒤를 이어 20대 칼리파가 된 인물은 무크타디르와 그리스인 후궁 사이에서 태어난 알 라디다. 그는 940년까지 6년 동안 재위했는데, 그의 치세 동안 아바스왕조의 영역은 이라크 일대로 축소되어 제국의 위상을 완전히 잃었다. 아프리카 북부에서는 파티마왕조에 이어 익시드왕조가 일어났고, 아제르바이잔 지역은 살라르왕조, 이란은 부와이왕조와 사만왕조, 아라비아는 카르마트가 차지하고 있었으며, 소아시아는 동로마가 차지하고 있었다.

아바스왕조의 위상은 21대 알 무타키, 22대 알 무스탁피를 거치며 더욱 추락했고, 23대 알 무티부터 37대 알 무스타심에 이르는 300여 년 동안은 셀주크제국이나 새로운 왕조의 지배를 받으며 그저 명맥만 유지하는 수준으로 버티다가 1258년에 몽골족에 의해 바그다드가 함락되면서 완전히 붕괴된다.

아바스왕조 시절의
이슬람 왕국들

아프리카 북부의 툴룬·파티마·아이유브왕조

아바스왕조는 9세기 중엽부터 혼란을 겪는데, 이 혼란을 틈타 이슬람 제국 내부에 여러 지방 국가가 들어선다. 이들 중 처음으로 왕조를 이룬 지역 국가는 툴룬왕조였다. 툴룬왕조를 일으킨 인물은 아흐마드 이븐 툴룬이었다. 그는 튀르크족 출신으로 868년에 이집트 부총독으로 부임했다가 아바스왕조가 혼란한 틈을 타 이집트 지역을 차지했다. 이후 아바스왕조가 안정된 뒤 조공을 바치는 형태로 지방 왕조를 유지했는데, 877년에 조공이 적다는 이유로 무타미드 칼리프의 공격을 받기도 했다. 하지만 그는 되레 시리아를 점령하여 무타미드를 당혹스럽게 했다. 이후 형식적이나마 조공국이 되겠다는 서약을 하고 전쟁을 마무리 지었다.

이후 툴룬왕조는 쿠마라와이, 자이시, 샤이반 등이 왕국을 계승하며 905년까지 유지되다 아바스왕조에 의해 몰락했다.

하지만 아바스왕조의 이집트 및 북아프리카 지배는 오래가지 못했다. 909년 이곳에 파티마왕조가 건설되었기 때문이다. 파티마왕조는 시아파 이슬람 국가로 수니파 중심의 아바스왕조에 반대하여 일어난 국가였다. 이들이 왕조의 이름을 파티마로 정한 것은 자신들이 무함마드의 딸이자 시아트 알리의 아내 파티마의 후손이라고 주장했기 때문이다. 이들은 시아파의 분파인 이스마일파에 속하는 집단이었다.

시아파 이스마일파는 수니파 중심의 이슬람 세계를 타파하려 했고, 그 때문에 아바스왕조와는 대립할 수밖에 없었다.

파티마왕조의 초대 칼리프는 알 마디다. 그는 지금의 튀지니 동쪽 해안 도시인 마디야를 수도로 삼고 세력을 확대했으며, 그를 계승한 알 카임(재위 934~946), 알 만수르(재위 946~953), 알 무이즈(재위 953~975)도 이곳에서 나라를 다스렸다.

파티마왕조는 이집트를 정복하기 위해 부단히 애를 썼다. 그리고 여러 차례 이집트를 공격한 끝에 결국 무이즈가 969년에 나일강 유역을 차지하고, 이어서 시나이반도와 팔레스타인, 시리아까지 영역을 확대했다. 이후 파티마왕조의 수도는 카이로로 옮겨갔다.

이집트를 장악한 후 파티마왕조는 전성기를 맞이했다. 영역은 북아프리카 전역과 지중해의 시칠리아, 동쪽의 팔레스타인과 시리아, 예멘, 메카와 메디나까지 확대되었다.

그러나 파티마왕조의 전성기는 오래가지 못했다. 팔레스타인과 시리아에서 파티마왕조에 반대하는 세력이 일어나 거세게 저항했고, 동로마와 셀주크튀르크, 그리고 유럽의 십자군에 의한 대대적인 공격에 시달려야 했다. 설상가상으로 다민족으로 구성된 파티마의 군대마저 분열 양상을 보였다. 파티마의 군대는 베르베르인, 튀르크인, 수단인, 누비아인 등이 혼재해 있었고, 이들은 세력 다툼을 벌이며 전투력을 약화했다.

결국 군대 내부의 분파 갈등은 파티마왕국을 무정부 상태로 몰고 갔다. 거기에 기근과 전염병까지 겹쳤다. 그런 상황에서 곳곳에서 새로운 세력이 독립을 선언했다. 파티마왕국의 칼리프는 점점 유명무실한 존재로 전락했고, 급기야 1171년에 몰락하고 말았다.

파티마왕조가 몰락한 후 이집트 지역에서 새롭게 일어난 국가는 아이유브왕조였다. 아이유브왕조를 일으킨 인물은 살라흐 앗 딘이다.

그는 유럽의 십자군이 파티마왕조를 공격하던 시절에 파티마왕조의 군대를 이끄는 장수였는데, 1171년에 파티마왕조의 마지막 칼리프 알 아디드가 죽자, 스스로 칼리프에 올라 아이유브왕조를 개창했다.

이후 살라흐는 제3차 십자군 원정을 막아내며 이집트와 팔레스타인, 시리아, 아라비아반도의 서부 해안 지역을 모두 통일했다. 그러나 그의 치세가 1193년에 끝나자, 아이유브왕국의 운명도 내리막을 걸었다. 나라는 후계자들에 의해 분열되었고, 국력은 점차 약화되었다. 그리고 1252년 알 아슈라프를 끝으로 왕조는 몰락하고 말았다. 이후 이집트와 시리아 일대는 새롭게 일어난 맘루크왕조가 지배하게 된다.

셀주크제국

아바스왕조가 몰락으로 치달을 무렵, 중앙아시아의 튀르크족이 남하하여 이슬람교를 믿기 시작하면서 새로운 왕조가 생겨났다. 튀르크족이 세운 왕조 중 가장 강력한 세력을 형성한 것은 셀주크왕조였다. 셀주크왕조는 종이호랑이로 전락한 아바스왕조의 힘을 능가하는 강력한 세력으로 성장했고, 기어코 대제국을 건설했다.

셀주크왕조의 명칭은 이 나라를 일으킨 전설적인 인물 셀주크에서 비롯되었다. 셀주크는 원래 튀르크의 부족장이었는데, 부족들과 함께 용병으로 활동하다 세력을 키웠다. 그리고 그가 죽은 후, 그의 네 아들이 세력을 더욱 확대했고, 손자 대인 1038년에 마침내 왕국을 세우고 스스로 술탄의 자리에 올랐다.

셀주크왕조의 첫 번째 술탄은 투으룰 베그로 1063년까지 25년 동안 술탄으로 재위하는데, 그는 호라산을 중심으로 세력을 확대하여 1055년에 바그다드를 점령한다. 그리고 아바스왕조의 칼리프에게서 공식적으로 이슬람 세계의 지도자를 의미하는 술탄에 책봉된다. 이때 이미 아바스왕조의 칼리프는 종교적 권위만 유지한 채 황제의 지위에선 밀려난 상태였다. 그 때문에 술탄이 곧 황제를 뜻하는 것이었다.

술탄에 오른 뒤로 투으룰은 영토 확장을 거듭하여 이란과 이라크 지역 전체를 지배하게 되었다. 투으룰이 자식 없이 사망하자, 셀주크제국의 술탄은 조카 알프 아르슬란(재위 1064~1072), 그리고 아르슬란의 아들 말리크샤(재위 1072~1092)가 이었다. 이들 부자의 치세는 셀주크왕조의 최전성기였다. 제국의 영토는 중앙아시아, 시리아, 소아시아까지 확대되었다. 또 동로마와 전투 중 아르슬란은 동로마 황제 로마노스를 포로로 사로잡기도 했다.

하지만 셀주크의 영화는 그것으로 끝이었다. 말리크샤가 죽자, 11세밖에 되지 않은 어린 아들 바르크 야루크가 술탄을 계승했다. 하지만 그는 곧 계승권 다툼에서 비롯된 내전에 휘말렸다. 내전은 1092년부터 1104년까지 무려 12년 동안이나 이어졌고, 그 와중에 유럽의 십자군이 쳐들어오기까지 했다. 바르크는 그 전란 속에서 1105년에 급사했다.

이후 술탄에 오른 인물은 바르크의 이복형제 무함마드 타파르였다. 무함마드의 치세 중에도 내란은 끊이지 않았다. 그는 그 혼란 속에서 13년 동안 셀주크제국을 다스리다 1118년 동생 아흐마드 산자르에게 술탄의 자리를 물려주고 죽었다.

아흐마드의 치세는 1157년까지 39년 동안 이어졌는데, 이때 셀주크제국은 몰락을 향해 다가가고 있었다. 제국 곳곳에서 반란이 일어나기 시작했고, 급기야 1152년에 투르크멘 유목민들의 반란군에 의해 아흐마드는 포로가 되고 말았다. 그들은 아흐마드를 3년 동안이나 붙잡아두고 제국을 혼란으로 몰아넣었다. 이후 1155년에 아흐마드는 풀려났지만 셀주크제국은 이미 와해된 뒤였다. 그는 술탄의 명맥만 유지하다 1157년에 사망했고, 동시에 셀주크제국도 역사 속으로 사라졌다.

이렇게 셀주크제국은 몰락했지만 그래도 셀주크왕조의 명맥은 룸 셀주크에 의해 이어지고 있었다. 룸 셀주크는 아르슬란 이스라일로부터 시작되었다. 아르슬란은 셀주크의 장남이었다. 셀주크에게는 아르슬란, 미카일, 무사, 유누스 등 네 아들이 있었는데, 그중 둘째 미카일의 아들이 셀주크제국의 첫 번째 술탄 투으룰이었다. 그리고 아르슬란의 아들 쿠탈므슈, 손자 쉴레이만을 이은 것이 룸 셀주크였다.

룸 셀주크는 아나톨리아, 즉 소아시아 지역을 차지하고 있었다. 원래 수도는 니케아였는데, 1097년에 유럽의 1차 십자군 원정 때 니케아를 빼앗기고 이코니온으로 천도했다. 이후 룸 셀주크는 12세기에 아르슬란 2세에 의해 한때 세력을 확대하고 13세기 전반에는 전성기를 구가한다. 하지만 13세기 중엽에 몽골제국이 중동으로 들이닥치면서 급속도로 세력이 약화되었고, 결국 1307년에 몽골제국에 의해 몰락했다.

당시 몽골제국은 대대적인 정벌 작업을 시도하여 중앙아시아를 모두 장악하고 중동 원정에 나선 상태였다. 중동 원정에 나선 몽골 군대는 칭기즈칸의 손자 훌라구의 병력이었다. 훌라구는 1255년 몽골제국 병력의 5분의 1을 이끌고 서방 정벌에 나선 끝에 1258년 바그다드를 함락하여 아바스왕조를 무너뜨렸다. 그리고 훌라구는 1259년에 몽골 대칸 몽케가 사망했다는 소식을 듣고 일부 주둔 병력을 남긴 채 돌아갔고, 몽골 군대는 그의 수하 장군 키트부카의 지휘 아래 놓였다. 이후 몽골 군대는 시리아를 장악하고 일칸국을 세워 80년 동안 중동을 지배하는데, 룸 셀주크의 몰락은 바로 일칸국의 지배기에 일어난 일이었다.

오스만제국의
등장

한편 몽골군이 바그다드로 향할 무렵 아프리카에서는 살라흐가 세운 아이유브왕조도 사라졌다. 1250년 노예 출신 군인 맘루크가 반란을 일으켜 맘루크왕조를 세운 것이다. 이후 아프리카 이슬람 제국은 1517년까지 맘루크왕조가 지배했다.

몽골 군대는 이 맘루크왕조도 공격했다. 몽골군은 시리아를 점령한 여세를 몰아 아프리카로 향했고, 결국 몽골 군대와 맘루크 군대는 팔레스타인에서 일전을 벌였다. 결과는 의외로 맘루크의 승리였다. 이후 몽골 군대는 더 이상 아프리카를 넘보지 못했다.

그렇다고 맘루크 군대가 서아시아로 진군한 것은 아니었다. 서아시아 지역은 여전히 일칸국이 지배하고 있었다. 그런데 일칸국이 지배한 지 40년이 흘렀을 때, 소아시아(지금의 터키) 지역에 새로운 나라가 하나 건설되고 있었다. 바로 오스만튀르크였다. 이들은 몽골족을 피해 소아시아 지역으로 달아나 웅크리고 있었는데, 몽골의 힘이 약화되자 세력을 확장하여 1299년에 나라를 세운 것이다.

이후 오스만은 소아시아 지역을 차지하고, 세력을 급속도로 확대했다. 이어 유럽으로 진격하여 발칸반도의 불가리아, 헝가리 지역을 수중에 넣었다. 하지만 오스만의 동쪽에는 여전히 칭기즈칸의 후손 티무르가 세운 칸국이 버티고 있었다. 티무르칸국은 흔히 티무르제국이라 부르는데, 차가타이칸국 출신인 티무르가 몽골제국의 재건을 기도하며 세운 국가였다. 오스만은 1402년 티무르와의 앙카라 전투에서 패배하여 한때 몰락할 지경까지 몰리기도 했다.

그런데 다행스럽게도 당시 몽골의 상황이 극도로 악화되었다. 대원제국은 중국에서 주원장이 세운 명나라에 패해 중원을 내주고 북쪽으로 달아났고, 이 때문에 티무르는 본국을 지원하기 위해 명나라로 원정을 떠났는데, 원정 도중에 그가 병사한다. 그러자 티무르칸국의 힘은 크게 약화되었고, 덕분에 오스만은 칸국의 위협에서 벗어날 수 있다.

그러자 오스만은 군대를 이끌고 동로마로 쳐들어갔다. 발칸반도의 여러 지역을 장악한 상황이라 동로마의 수도 콘스탄티노폴리스를 공략하는 것도 가능하다고 보았다. 오스만의 군대가 몰려오자, 동로마는 신성로마제국에 손을 내밀어 연합군을 형성했다. 그리고 로마 연합군과 오스만 군대는 코소보에서 일전을 치렀다. 두 차례에 걸친 전투 끝에 오스만군이 승리를 차지했다. 이에 오스만은 곧바로 콘스탄티노폴리스로 진군하여 일거에 동로마를 함락했다. 1453년 오스만은 그렇게 1,500년 로마 역사에 종지부를 찍었다.

이후로 오스만은 동로마의 나머지 영토를 모두 차지했다. 서쪽으로 더 진군하여 신성로마제국과 전투도 지속했다. 이에 기독교 국가는 모두 연합군을 형성하여 저항했다. 이후 유럽 기독교 세력과 오스만 이슬람 세력의 충돌은 지속된다(오스만제국에 대한 자세한 내용은 8장에서 별도로 언급한다).

7장

인도 대제국의
부활과
이슬람 왕조들

BC 2세기에서 15세기까지

대제국 부활의 토대를 닦은
쿠샨왕조

마우리아제국(인도 역사상 최초의 통일 제국)은 아소카가 사망한 후 급속도로 쇠퇴했다. 인도는 사분오열되었고 남부와 동부는 안드라와 칼링가, 서북 지역은 여러 이민족의 소국들, 중심부는 숭가왕조가 차지했다. 숭가왕조는 마우리아의 마지막 삼라트(황제) 브리하드라타를 살해하고 나라를 빼앗은 푸샤미트라가 창시했다. 그는 나름 마우리아의 전성기 영토를 되찾기 위해 애썼지만 사방에서 밀려드는 적들 때문에 꿈을 이루지 못하고 죽었다. 그가 죽은 후 숭가왕조는 세력이 크게 축소되었고, BC 28년에 데칸고원 지역에 형성된 사타바하나왕국에 의해 멸망했다.

숭가왕조에 이어 마우리아왕조의 전통을 이은 나라는 칸바왕조다. 하지만 칸바왕조의 영역은 북인도의 중심부에 한정되어 있었다. 다른 지역에선 수많은 소국이 서로 세력을 다투고 있었다.

그런 상황에서 칸바왕조 역시 사타바하나왕국에 의해 몰락했다.

사타바하나왕국은 마우리아 시절에도 독립적인 세력을 형성하며 데칸고원을 고수하던 나라였다. 그 때문에 인도의 본류는 아니었다. 인도의 본류는 북쪽 지방이었고, 데칸고원은 남쪽 변두리에 불과했다. 그들은 그저 고원의 험악한 지형에 의존하여 고유 영역을 지키는 데 급급했을 뿐 인도 전체를 통일하여 하나의 대제국을 이룰 꿈을 꿀 입장은 못 되었던 것이다. 그런 까닭에 인도 북부에 터전을 두고 있던 쿠샨왕국이 성장할 때까지 인도에서는 대제국이 형성되지 않았다.

BC 170년경 쿠샨왕국을 일으킨 쿠샨족이 인도 땅으로 들어왔다. 중앙아시아에서 살던 그들은 흉노족의 압박에 밀려 인도 땅으로 쫓겨 와야 했다. 중국에서는 그들을 월지족이라 불렀는데, 그들은 원래 중국 서북부 감숙성의 서쪽 끝에서 둔황 지역에 걸쳐 살고 있었다. 그런데 흉노족(훈족)이 대대적인 침략을 가해 오자, 서쪽으로 이동하여 인도 북서쪽 인더스강 유역으로 밀려들었던 것이다.

쿠샨족이 밀려든 땅은 간다라 맞은편에 위치한 박트리아왕국이라는 작은 나라였다. 쿠샨족이 밀려들자 박트리아왕국은 그들에게 땅을 나눠주고 함께 살았고, 시간이 지나면서 쿠샨족은 박트리아 5부족 중 하나가 되었다. 그리고 100여 년이 지나면서 쿠샨족은 박트리아 전체를 통일하고 쿠샨왕조라고 불리게 된다.

이후 쿠샨족은 세력을 확대하여 제국의 기틀을 형성한다. 제국의 기틀을 이룬 왕은 50년경에 왕위에 올라 30년 가까이 재위한

그리스의 영향을 받은 간다라 양식의 불상은 뚜렷한 이목구비와 옷 주름이 자연스럽게 표현된 것이 특징이다.

카드피세스 1세다. 그는 당시까지 인도에 남아 있던 그리스 세력을 완전히 소멸시키는 한편, 해상로를 장악하여 변방을 안정시켰다. 이후 그는 로마와 친선 관계를 형성하고 문화를 교류했고, 중국과는 대치했다. 당시 중국을 통일한 후한은 실크로드를 개척하여 세력을 확대하며 인도를 위협하고 있었기 때문이다.

이런 상황에서 쿠샨제국은 거듭 세력을 확대하여 지금의 타지키스탄, 카스피해, 아프가니스탄, 갠지스강 상류 지역에 이르는 광대한 영토를 확보했다.

쿠샨제국은 문화적인 면에서 그리스의 영향을 많이 받았다. 그래서 그리스 문자를 쓰고, 그리스 동전을 본떠 금화를 만들어 유통시키기도 했다. 또 그리스 미술을 받아들여 이른바 간다라 양식의 불교문화를 발전시키기도 했다. 덕분에 불교미술에 불상이 등장했다. 그리스의 조각 문화와 불교가 만난 결과였다.

쿠샨제국에서 불교가 가장 융성한 시기는 최전성기였던 카니슈카 황제(재위 127~150) 때였다. 그는 독실한 불교 신자였고, 중국과 중앙아시아 티베트 등에 불교를 전파했다. 그가 재위하던 시절에는 수도 푸르샤푸라와 카슈미르에 많은 불교 사찰과 탑이 건립되어 아직까지 그 흔적이 남아 있다. 간다라미술은 그가 재위했던 시절에 가장 융성했다.

카니슈카는 불교뿐 아니라 다른 종교도 자유롭게 허락했고, 특히 힌두교의 발전에 크게 공헌했다. 덕분에 힌두교는 이 시기에 교리가 체계화되어 인도의 민족종교로 성장할 기틀을 마련했다.

그러나 카니슈카가 죽자, 쿠샨제국은 급속도로 쇠락했다. 3세기에 페르시아 사산왕조의 샤푸르 1세에게 정복되었고, 4세기 초에 완전히 멸망하고 말았다.

인도 대제국을 부활시킨 굽타왕조

쿠샨제국이 사라진 후 새롭게 일어난 나라가 굽타제국(320~510)이다. 굽타제국은 4세기 초에 찬드라굽타 1세가 건국했으며, 6세기까지 유지된 나라로 '힌두 역사의 황금시대'로 간주된다.

찬드라굽타는 원래 굽타의 세 번째 지도자였다. 굽타왕조의 첫 번째 지도자는 스리굽타(재위 240~280)였고, 두 번째 지도자는 그의 아들 가토트카차(재위 280~319)였다. 이들 시대만 하더라도 굽타국은 일인 지배 체제가 아닌 공화국 체제였다. 또 다스리는 영역도 협소했다. 그러다 세 번째 계승자인 찬드라굽타 1세에 이르러 일인 지배 체제를 확립하고 번영의 기틀을 마련하여 왕조 국가로 거듭났다.

찬드라굽타는 319년에 즉위하여 335년까지 16년 동안 재위했는데, 마하라자드히라자(왕 중의 왕)라고 불릴 만큼 굽타왕조를 크

굽타왕조의 영토

게 성장시켰다. 그는 주변의 여러 국가를 복속했고, 중앙집권적 행정 체제도 고루 갖췄다.

이런 찬드라굽타가 닦아놓은 토대 위에서 그의 아들 사무드라 굽타(재위 335~375)는 굽타왕조의 영토를 더욱 크게 확대하여 북인도 지역 전체를 장악했다. 힌두스탄 평원을 평정하고 중앙 인도 지역을 통일했으며, 남부 인도로 세력을 뻗쳐나갔다. 그 결과 데칸고원의 여러 왕국을 병합하고, 일부 왕국은 조공국으로 삼았다. 또 인도 대륙의 대부분의 왕국이 고개를 숙이고, 그를 황제로 받들었다. 비록 마우리아대제국처럼 그들의 땅을 직접 통치하지는 않았지만 간접적인 지배력은 확보한 셈이었다.

이렇듯 사무드라굽타는 수많은 나라를 정복하고 굴복시킴으로써 사가들에게 '인도의 나폴레옹'이라는 칭송을 듣기도 한다. 그는 뛰어난 통치자일 뿐 아니라 시와 음악에 조예가 깊은 예술가였으며, 뛰어난 학자였다고 전한다.

사무드라굽타에 이어 왕위에 오른 인물은 그의 아들 찬드라굽타 2세(재위 380~415)다. 그는 데바라자(신의 왕)라고 불릴 만큼 유능하고 뛰어난 통치자였다. 그의 시대엔 데칸고원의 모든 왕국이 굽타왕조에 고개를 숙이고 조공했다. 또 영토도 확장되어 동쪽으로는 벵골만, 서쪽으로는 아라비아해에 이르는 광활한 땅을 지배하게 되었다. 찬드라굽타 2세가 왕위에 오른 것은 사마드라굽타가 죽은 375년으로부터 5년 뒤였다. 이에 대한 자세한 내막은 사서에 기록되지 않았으나 일설에는 사마드라굽타 사후에 왕위에 오른 인물은 라마굽타였는데, 라마굽타는 5년 동안 왕위에 있다가 찬드라굽타 2세와의 왕위 다툼 과정에서 살해된 것으로 전한다.

이러한 굽타왕조의 영토는 찬드라굽타 2세에 이어 왕위에 오른 쿠마라굽타(재위 415~455)의 40년 치세 때도 잘 유지되었다. 쿠마라굽타 재위 말기에 이르면 서북 인도 지역에서는 훈족이 침입하여 변방을 불안하게 했고, 푸샤미트라 등의 족속이 반란을 일으켜 내정을 불안하게 했다.

하지만 쿠마라굽타의 아들 스칸다굽타(재위 455~467)가 즉위하면서 푸샤미트라를 진압하고, 서북 변방 지역을 유린하던 훈족도

인도 고유의 불교미술 양식인 굽타 양식의 불상은 몸매가 훤히 드러나는 투명한 법의를 걸치고 순수한 인도인의 얼굴을 한 것이 특징이다.

물리쳤다. 그러나 훈족의 침입은 반복되었다. 그로 인해 국력 소비가 심했던 굽타왕조는 스칸다굽타 말기에 이르면 여러 소왕국의 독립으로 영토가 축소되고 세력이 약화된다. 그리고 스칸다굽타의 죽음과 함께 굽타왕조의 몰락도 시작되었다. 스칸다굽타가 죽자, 왕위 계승 다툼이 일어났다. 호시탐탐 왕위를 노리던 스칸다굽타의 이복동생 푸루굽타가 왕위를 계승한 쿠마라굽타 2세를 내쫓기 위해 내란을 일으키는 바람에 굽타왕조는 둘로 쪼개진다. 이후 분열은 더욱 가속화되어 결국 510년에 화려했던 굽타왕조의 역사는 종막을 고하고 말았다.

굽타왕조는 북인도를 통일하고 인도에 들어와 있던 이민족을 거의 몰아냈는데, 덕분에 인도는 이 무렵부터 본격적으로 민족의식을 갖게 되었다. 민족의식 형성에 크게 기여한 것은 힌두교였다. 힌두교의 전신인 브라만교 신자였던 사무드라굽타는 힌두교를 강화하고 불교를 억압했는데, 이 때문에 불교는 쇠퇴하게 된다. 그 여파로 굽타제국에서 밀려난 불교 승려들이 중국으로 찾아들어 중국 불교 융성의 기반을 마련하게 된다.

굽타제국이 남긴 문화적 유산으로는 십진법과 산스크리트 대서사시, 힌두 미술을 비롯해 천문학·수학·야금술 등 다양하다.

그러나 굽타제국은 6세기에 이르러 중앙아시아 유목 민족인 훈족의 침입으로 몰락한다. 굽타제국이 멸망한 후 16세기에 무굴제국이 일어날 때까지 인도에서는 대제국이 건설되지 못한다.

남인도의
또 다른 왕조들

쿠샨왕조와 굽타왕조 외에도 인도 곳곳에는 수많은 왕조가 산재해 있었다. 특히 남인도 지역에는 쿠샨왕조나 굽타왕조의 지배를 받지 않는 독립적인 왕조도 있었다. 그중 첫 번째로 언급할 왕조는 사타바하나왕국이다.

사타바하나왕국은 데칸고원에서 일어난 국가인데, BC 1세기에 시무카가 건국한 나라다. 시무카는 마가다왕조 계통의 칸바왕조와 비디샤왕조 계통의 숭가왕조를 무너뜨리고 한때 중앙 인도를 차지했으며, 그의 손자 샤타카르니 1세 시절에는 중앙 인도 전역을 지배하는 강국이 되기도 했다.

하지만 후대로 내려갈수록 사타바하나왕조는 세력이 점점 약화되었고, 그리스인과 샤카족, 파르티안인의 끊임없는 공격에 시달리다 225년 바카타카왕국에 의해 멸망했다.

사타바하나왕조를 무너뜨리고 중앙 인도를 장악한 바카타카 왕국은 250년에 빈디야샤크티가 세워 500년까지 250년 동안 존속한 국가다.

바카타카의 전성기는 빈디야샤크티의 아들 프라바세나 1세 치세였다. 그는 데칸고원의 대부분을 장악하며 명성을 떨쳤고, 굽타제국의 찬드라굽타 2세의 딸 프라바바티굽타를 며느리로 맞이하기도 했다. 그런데 그에 이어 왕위에 오른 루드라세나 1세가 일찍 죽는 바람에 굽타제국 출신의 왕비 프라바바티굽타가 섭정이 되고, 굽타제국의 속국으로 전락하여 쇠락의 길을 걷다가 6세기경 서부 데칸 지역에서 일어난 찰루키아왕조에 멸망당한다.

찰루키아왕조는 6세기에서 10세기까지 인도 남부와 중부를 지배한 나라로 6세기에 굽타제국이 쇠퇴할 무렵 데칸고원 서부에 풀라케신이 세웠다. 이후 풀라케신 2세에 의해 영토가 크게 확장되었는데, 이 무렵엔 페르시아 황제 호스로 2세와 사신을 교환할 정도로 국력이 강성해졌다. 이러한 번영기는 비크라마디트야 1세부터 비크라마디트야 2세까지 이어진다. 이 시기에는 타밀 지역의 전통적인 왕국인 판디아왕조, 촐라왕조, 체라왕조 등을 지배할 정도로 국력이 강성했다. 그러나 번영기가 끝난 뒤로 쇠락을 거듭하여 10세기에 촐라왕조에 의해 멸망했다.

찰루키아왕조를 무너뜨린 촐라왕조는 남인도의 타밀라캄 지역에 오랫동안 존재하던 나라였다. 남인도에는 촐라왕조 외에도 체라왕조와 판디아왕조가 패권 경쟁을 하며 역사를 이어오고 있었다. 그러다 촐라는 3세기경 쇠퇴하여 존재감이 약화되었다가

9세기 후반에 이르러 비자얄라야에 의해 강국의 기반을 다졌다. 그리고 13세기 초까지 남아시아 남부에서 동남아시아까지 해상제국으로 세력을 떨쳐 촐라제국이라 불리게 되었다. 촐라제국은 인도 남부와 동부 해안 지역은 물론 막강한 해군을 바탕으로 지금의 말레이시아와 인도네시아의 섬들까지 지배했다. 그러나 1251년부터 판디아왕국이 부흥했고, 결국 8년 뒤 판디아왕국에 의해 멸망했다.

촐라를 붕괴시키고 병합한 판디아는 BC 4세기에 형성되었다가 AD 3세기에 칼라브라왕국에 복속되었다. 하지만 6세기경 카두곤에 의해 칼라브라왕국을 무너뜨리고 다시 일어났다. 이후 세력을 확대하기 시작해 9세기 무렵에는 촐라제국과 대립했다. 10세기에 촐라에 의해 붕괴되어 병합되는 수모를 겪었고 3세기가 지난 1251년에 판디얀 1세가 나라를 부흥시켜 1279년에 촐라제국을 멸망시키고 제국으로 거듭났다.

하지만 그 무렵, 북인도에 이슬람 세력인 술탄국들이 일어나 여러 차례 충돌하면서 국력이 약화되었고, 결국 간신히 명맥을 이어가다 1650년에 몰락했다.

이렇듯 남인도에는 여러 왕조가 있었는데, 소개한 왕조 외에도 팔라바왕조, 체라왕조, 하르샤왕조 등이 더 있었다.

인도에 세워진
이슬람 왕조들

651년에 이슬람 세력이 사산 페르시아를 무너뜨리고 중동을 장악하자, 인도도 이슬람의 영향을 받지 않을 수 없었다. 이슬람 제국은 중앙아시아의 여러 국가를 병합하고 이어서 11세기에 이르면 인도 북서부의 펀자브 지방을 차지한다. 이로 인해 북인도 지역에는 이슬람교가 급속도로 전파되었고, 이는 인도 내부에 최초의 이슬람 왕조인 델리왕조가 창건되는 결과로 이어졌다.

델리왕조를 창건한 인물은 노예 출신 장수 아이바크다. 그는 노예 신분으로 이곳저곳에 팔려 다니다가 아프가니스탄 지역에 토대를 둔 구르왕조에서 무장 생활을 했다. 당시 그가 섬기고 있던 군주는 구르왕조의 술탄 무함마드 4세였다. 그런데 무함마드가 암살되자, 1206년에 스스로 술탄이 되어 인도 북서부 펀자브 지역에서 북동부 갠지스강에 이르는 지역을 장악하고 독립적인 왕조를 세웠다.

아이바크는 죽으면서 술탄의 지위를 자신의 노예이자 사위 일투트미시에게 물려줬는데, 일투트미시 시절에는 델리왕조가 전성기를 누렸다. 이처럼 노예 출신이 왕조를 개창하고 다시 노예출신 사위에게 술탄의 자리가 이어졌기 때문에 아이바크가 세운 델리왕조를 노예왕조라 부르기도 한다.

하지만 일투트미시 이후에는 노예에게 계승되지 않았다. 일투드미시는 여러 아들이 있긴 했지만, 아들들보다 딸 라지야를 더 신뢰했다. 그래서 라지야에게 술탄 자리를 물려주고 죽었는데, 라지야는 즉위 3년 만에 살해되고 말았다. 이후 계승권을 두고 한동안 혼란을 겪다가 일투트미시의 어린 아들 나시룻딘 마흐무드가 섭정을 맡은 재상 발반의 도움 아래 즉위하면서 계승권 다툼은 일단락되었다. 하지만 섭정인 재상 자리를 놓고 귀족들 사이에서 분쟁이 격화되면서 내란이 일어났고, 이는 결국 1290년에 노예왕조의 멸망으로 이어졌다.

노예왕조를 멸망시키고 들어선 새로운 나라는 잘라룻딘이 세운 할지왕조였다. 할지왕조는 1290년부터 1320년까지 30년 동안 유지되었는데, 비록 왕조의 치세는 짧았지만 영토는 대제국 수준이었다. 할지왕조는 대대적인 남진 정책을 펼쳐 인도 대륙의 3분의 2를 점령했다. 하지만 내분이 극심하여 술탄이 자주 바뀐 끝에 6대 30년 만에 투글라크왕조에 의해 몰락했다.

투글라크왕조는 1320년에 일어나 1412년까지 92년 동안 유지된 나라로 기야스웃딘이 세운 나라다. 투글라크왕조는 2대 무하마드 빈(재위 1325~1351) 치세에 대대적인 영토 확장 작업을 벌이고 수도를 델리에서 데오기르로 옮긴다. 그는 수도는 물론 델리의 주민도 모두 강제 이주시켰다. 이후 그는 남인도 지역을 대부분 정벌했지만, 중국과 중동 지역 원정에 실패하고 설상가상으로 남인도 지역에서 반란이 지속되어 델리로 환도하는 처지가 되었다. 그리고 급기야 그는 반란군에게 살해된다.

이후 그의 아들 피루즈가 술탄에 올라 안정을 되찾는다. 피루즈 시절에는 비록 영토는 축소되었지만 문화적으로는 융성했다. 그는 음악, 의학, 수학 등에 관한 다양한 서적을 출간하고 대대적인 공공사업을 펼쳐 운하와 다리를 건설했으며, 여러 곳에 신도시를 세웠다. 그러나 피루즈가 죽으면서 귀족들 사이에서 다시 분쟁이 격화되어 투글라크왕조는 순식간에 여러 개의 소국으로 나눠지고 말았다. 거기다 1398년에 티무르가 몽골군을 이끌고 침입하면서 거의 몰락 상태가 되었고, 이후엔 왕조의 명맥만 겨우 유지하다가 1412년에 완전히 사라지고 말았다.

투글라크왕조의 마지막 술탄 마흐무드가 죽은 뒤 나라는 로디왕조와 사이드왕조로 갈라졌다.

로디왕조의 첫 술탄은 다울라트 칸 로디로, 델리의 귀족들이 추대했다. 그런데 그가 즉위한 지 불과 몇 개월 뒤인 1414년에 몽골군을 이끌고 온 티무르에 빌붙은 키즈르 칸이 델리를 점령하고 독립을 선언했는데, 이것이 곧 사이드왕조다.

두 왕조가 동시에 들어서자, 투글라크왕조에 예속되었던 지방 세력이 우후죽순으로 일어나 독립을 선언했고, 그런 혼란 중에 사이드왕조는 몰락하고 로디왕조만 남게 된다. 이후 로디왕조는 시칸다르 술탄 시절에 잠시 번영기를 누렸다. 시칸다르는 철저한 이슬람교도였는데, 그는 힌두교를 비롯한 타 종교를 철저히 탄압했다. 하지만 학자와 문인에 대해서는 우대 정책을 폈기 때문에 문화적으로는 융성했고, 덕분에 로디왕조는 한때나마 전성기를 누렸다.

그가 죽은 뒤 장남 아브라힘이 술탄의 자리에 올랐는데, 계승권 문제로 귀족들과 심하게 반목했다. 그는 자신에게 반대하는 귀족들을 강력하게 응징했고, 이 때문에 귀족들의 강한 저항에 부딪혔다. 심지어 귀족들이 곳곳에서 반란을 일으켜 독립을 선언하는 바람에 나라는 순식간에 내란에 휩싸였다. 그런 상황에서 몽골 출신의 카불을 지배하고 있던 바부르가 쳐들어와 1526년에 로디왕조를 몰락시켰다. 이후 바부르는 무굴제국을 세워 다시 한번 인도에 대제국을 일으키게 된다.

8장

동서양의
대격변기

15세기에서 17세기까지

유럽에 불어닥친
변혁의 바람

유럽의 문화 혁신운동, 르네상스

16세기 들어 동서양은 대격변기를 맞이한다. 그 시작은 유럽에서 이뤄졌다. 그 격변의 토대가 된 것은 르네상스Renaissance로 불리는 문예부흥 또는 문화 혁신운동이었다.

르네상스의 시작은 15세기에 이탈리아에서 이뤄졌다. 이탈리아에 르네상스의 씨앗을 뿌린 사람들은 몰락한 동로마에서 이탈리아로 피란 온 학자와 기술자, 조각가, 건축가, 화가였다. 동로마는 로마 문명과 고대 그리스 문명을 함께 계승하고 유지·발전시켰는데, 이러한 풍토가 동로마의 몰락과 함께 이탈리아로 고스란히 유입되어 그리스 로마의 문명을 재발견하는 계기를 마련했다. 그리스 로마의 문명은 기독교가 로마를 지배하기 전에 형성되었

레오나르도 다빈치의 〈최후의 만찬〉은 르네상스의 고전적 양식을 최초로 표현한 작품이다.

기에 이는 자연스럽게 기독교적인 신 중심 사고에서 벗어나 사람 중심주의를 주장하는 인문주의적 경향을 낳았다. 그리고 이는 학문과 기술, 건축, 회화와 조각 등에 지대한 영향을 끼쳤다. 그래서 이 시대에 뛰어난 학자와 건축가, 예술가가 배출되었다. 이들은 조각가이면서 토목공학자나 기술자, 건축가, 화가를 겸업하는 박식하고 통섭적인 지식인이었다. 그중 가장 선구적인 인물은 피렌체 대성당을 설계하고 완성한 브루넬레스키였으며, 뒤이어 브라만테, 미켈란젤로, 다빈치, 라파엘로 등이 등장하여 인류사에 한 획을 그은 수많은 예술품과 건축물을 남겼다.

　이탈리아에서 시작된 르네상스는 곧 알프스산맥을 넘어 프랑스, 네덜란드, 독일, 폴란드, 스페인을 거쳐 섬나라 영국에까지 퍼져나갔다. 덕분에 영국의 셰익스피어와 토머스 모어, 스페인의 세르반테스와 베가, 네덜란드의 에라스뮈스 같은 대작가가 배출되어 유럽에서 인문주의의 바람을 불러일으켰다.

종교개혁과 중세시대의 종막

르네상스의 인문주의적 경향은 기독교에도 혁신을 불러일으켰다. 바로 종교개혁이었다. 르네상스의 영향으로 기독교 내부에도 그리스 철학의 영향이 강화되었고, 이는 합리주의와 인문주의로 이어졌다.

그 무렵, 로마 가톨릭교회는 권위가 땅에 떨어져 있었다. 로마교회의 권위가 무너진 것은 프랑스 국왕과 교황의 충돌에서 비롯되었다. 프랑스 국왕 필리프 4세와 교황 보니파키우스 8세가 대립한 끝에 1303년에 프랑스 군대가 이탈리아 아나니 별장에 있던 교황을 습격하여 포로로 잡아버리는 사태가 벌어졌다. 이후 교황은 그야말로 프랑스 국왕의 꼭두각시로 전락했다. 교황청이 아예 프랑스의 아비뇽으로 옮겨 가고, 무려 70년 동안 일곱 명의 교황이 그곳에서 생활하며 프랑스 왕실의 눈치를 봐야 했다. 이른바 '아비뇽의 유수'라고 불리는 이 사태는 교황과 로마교회의 권위를 완전히 짓밟아놓았다.

교황의 아비뇽 유수 생활은 그레고리오 11세가 1377년 로마로 교황청을 옮길 때까지 계속되었다. 그러나 기독교엔 또 하나의 시련이 기다리고 있었다. 이른바 '서방 교회 대분열'(1378~1417)이 일어난 것이다. 1378년 그레고리오 11세가 죽자, 로마엔 우르바노 6세, 아비뇽엔 클레멘스 7세가 각각 교황에 즉위하여 두 명의 교황이 공존하는 사태가 벌어진 것이다. 이후 교황청은 가까스로 통합되었으나, 교황의 권위는 점점 약화되었다.

교황의 권위 추락은 로마교회의 재정 악화를 불러왔다. 거기다 성직자들의 도덕적 타락도 심화되고 있었다. 이 때문에 개혁적인 성직자들이 로마교회를 비판하는 목소리가 높아지고 있었다. 그런 가운데 면죄부 사건이 터졌다.

면죄부란 이미 용서받은 죄에 따른 벌을 탕감해주는 증서를 의미한다. 그 때문에 면벌부라 부르기도 한다. 면죄부는 일찍부터 서유럽 지역에 널리 퍼진 관습이었다. 사망자가 발생하면 생전의 행실로 고인이 천국에 가지 못했을 수도 있다는 불안감을 해소하는 차원에서 성직자들이 만들어 배포하던 것이다.

그러다 11세기에 이르러 교황 우르바노 2세가 십자군 참여를 장려하는 차원에서 참전하는 군인과 군부대에 지원금을 낸 후원자들에게 교황의 권한으로 발부해주었다. 그런데 16세기에 이르러 교황 레오 10세가 교황청의 부채와 대형 성당 건립 비용을 위한 자금 확보를 위해 면죄부를 대량으로 판매했다.

당시 판매된 면죄부 가격은 0.25플로린이었는데, 이는 송아지 세 마리를 살 수 있는 돈이었다. 교황청은 목적에 따라 면죄부를 세분하여 판매하면서 한 가족이 여러 개를 구입하도록 유도했다. 덕분에 교황청에 막대한 자금이 유입되었지만, 그로 인해 민중의 삶은 더욱 찌들었다.

그러자 수도원운동을 통해 교회를 개혁하려던 마르틴 루터 등의 개혁파는 1517년에 면죄부 판매를 비롯한 교황청의 여러 문제점을 지적하며 95개조 반박문을 발표하기에 이르렀다. 이후 마르틴 루터는 1521년에 교회에서 파문당했고, 서구의 교회는 개혁파를 지지하는 세력과 반대하는 세력으로 분열되었다. 이로써 로마 교황청의 절대적 권위는 무너졌고, 그와 함께 1,000년 동안 지속된 유럽의 중세시대도 종막을 고했다. 또 유럽은 개혁파를 따르는 신교와 교황청을 따르는 구교로 분열된 뒤, 30년전쟁(1618~1648)이라는 유럽사에서 가장 처절하고 무시무시한 종교전쟁으로 치닫게 된다.

절대왕정과 시민계급의 성장

교회의 분열로 교황청으로 대표되는 기독교의 지배력이 약화되자, 각국 왕의 힘이 강화되었으며, 왕권의 강화는 자연스럽게 영주의 힘을 약화시켰다. 영주의 힘이 약화되자, 그 아래 있던 부르주아, 즉 시민의 힘이 강화되었다. 이는 결과적으로 절대왕정과 시민혁명의 기반이 되었다.

절대왕정이란 군주가 어떠한 법률이나 기관에도 구속받지 않는 절대적 권한을 가지는 정치체제를 의미하는데, 이런 체제를 가장 먼저 이룩한 왕은 영국의 헨리 8세다. 헨리 8세가 절대왕정을 추구하게 된 원인 그의 결혼 문제였다. 그는 궁녀 출신의 앤 불린과 혼인하려고 했는데, 교황 클레멘스 7세가 허락하지 않았다. 이 때문에 헨리 8세는 교황청과 갈등을 겪다가 결국 결별하고 영국 교회를 로마 가톨릭에서 분리하는 조치를 했다. 이렇게 해서 탄생한 것이 영국 성공회다.

이후 헨리 8세는 토머스 모어, 토머스 크롬웰 등 왕권에 도전하는 시종과 공신 세력을 제거하고 강력한 중앙집권 체제를 확립함으로써 절대왕정을 일궈냈다. 그리고 이는 그의 딸 엘리자베스 1세에 이르러 절정에 다다랐다.

한편 헨리 8세의 절대왕정 체제의 여파는 곧 주변국으로 퍼져갔다. 공교롭게도 당시 신성로마제국이 무너지고 있었다. 신성로마제국의 마지막 황제 카를 5세가 황위에서 물러나면서 제국의 영토는 오스트리아, 스페인, 네덜란드, 독일 등으로 쪼개졌다. 그중 스페인을 통치한 왕이 펠리페 2세였는데, 그는 강력한 지배력을 바탕으로 절대왕정을 이뤘다. 덕분에 그가 통치했던 시절의 스페인은 오스만대제국의 함대를 격파하여 무적함대라는 별칭을 얻기도 했다.

스페인에 이어 프랑스에서도 절대왕정이 시작되었다. 프랑스의 절대왕정은 앙리 4세에 의해 시작되어 루이 14세에 이르러 절정에 이른다.

이렇듯 유럽의 절대왕정은 영국, 스페인, 프랑스에서 16세기에 먼저 이뤄지고 독일의 전신인 프로이센과 북구의 대국 러시아에서는 18세기에 이르러서야 시작된다.

절대왕정으로 왕의 힘이 강화되자 영주로 대표되던 귀족의 힘은 약화되었고, 이는 새로운 세력인 부르주아, 즉 시민계급의 힘을 강화했다. 시민계급은 일반 농민과 달리 상공업 발달과 함께 새롭게 부를 축적한 중산층을 일컫는데, 이들은 절대왕정과 귀족정치를 타파하고 시민계급이 지배하는 새로운 사회를 꿈꾸었다.

그리고 이는 결국 시민혁명을 통해 실현된다.

영국의 시민혁명

시민혁명의 막을 연 것은 절대왕정 체제를 가장 먼저 실현한 영국이었으며, 영국에서 일어난 최초의 시민혁명은 청교도혁명으로 불리는 영국혁명이다.

영국혁명은 의회와 왕의 충돌에서 비롯되었다. 영국은 다른 유럽 국가에 비해 일찍 의회 제도를 두고 왕의 권한을 제한했는데, 그 상징이 바로 '마그나카르타'로 불리는 대헌장이다. 대헌장은 1215년 영국 존왕이 귀족들의 강요에 의해 서명한 문서인데, 여기에는 국왕의 권리가 명시적으로 서술되었다. 말하자면 왕은 법에 의해 행동의 제약을 받을 수 있다는 내용을 담은 것이다.

물론 이는 왕이 귀족의 힘에 굴복한 것에 불과했으나, 전제군주의 절대 권력에 처음으로 제동을 건 공식 문서라는 점에서 나름 큰 의의가 있었다. 내용상으로 보면 민주주의적 요소는 찾아볼 수 없었지만, 후대에 국왕과 대립할 때마다 국왕의 권력에 제동을 걸 수 있는 유일한 근거로 작용함으로써 결과적으로 민주주의 태동에 씨앗이 되었다고 할 수 있다.

대헌장을 민주주의와 연결한 것은 '권리청원'이었다. 권리청원은 영국의 왕 찰스 1세의 강제적인 세금 신설에 반대하기 위해 영국 의회가 내놓은 선언문이었다. 당시 찰스 1세는 프랑스나

스페인 등과의 잦은 전쟁으로 재정이 어려워지자, 그 비용을 강제 기부나 상납금 같은 것으로 충당했다. 한발 나아가 관세나 선박세 같은 세금을 신설하여 거둬들였다. 그러자 의회에서 세금을 신설하기 위해서는 의회의 동의를 받아야 한다며 찰스 1세를 비판했다. 이에 찰스 1세는 자신을 비판하는 의원들을 감옥에 넣어버렸다.

의회는 찰스의 독단적인 행동을 더 이상 참지 않고 1628년에 찰스에게 청원 형식으로 국민의 자유를 보장받기 위한 권리선언을 감행했다.

그 내용의 골자는 국민 누구도 함부로 체포되거나 구금당할 수 없고, 군법에 의해 국민에 대한 재판을 할 수 없으며, 의회의 동의가 없이는 강제 기부 또는 어떠한 과세나 증여 등을 부과하지 않는다는 것이었다.

이렇듯 의회가 강력한 의지를 드러내며 저항하자, 찰스 1세도 마지못해 권리청원 문서에 서명하게 되었다. 이로써 대헌장 이후에 또다시 왕권을 제한하는 문서가 만들어진 셈이었다.

하지만 찰스 1세는 자신이 서명한 이 약속을 지키지 않았다. 권리청원에 서명한 지 1년 만에 권리청원이 무효임을 주장하며 의회를 해산해버린 것이다. 이후 찰스 1세는 의회 없이 국정을 운영하며 독단과 전횡을 일삼았다. 그런데 뜻밖의 일이 발생했다. 잉글랜드와 스코틀랜드 사이에 전쟁이 벌어진 것이다.

두 나라 사이에 전쟁이 벌어진 것은 종교 문제 때문이었다. 당시 잉글랜드 왕 찰스 1세는 성공회 신자였는데, 스코틀랜드 개신교 칼뱅파의 장로교를 섬겼다. 그래서 찰스 1세는 스코틀랜드 왕실에 성공회를 섬길 것을 강요했고, 스코틀랜드는 이를 받아들이지 않았다. 이 때문에 분노한 찰스 1세는 1640년에 전쟁을 치르기 위해 해산된 의회를 다시 소집했다. 의회를 통해 전쟁 비용을 조달하기 위함이었다. 하지만 소집된 의회는 국민의 불만을 먼저 해소할 것을 요청했고, 찰스 1세는 의회의 요구를 거부하고 다시 의회를 해산한 후 스코틀랜드와 전쟁을 치렀다. 하지만 찰스 1세는 스코틀랜드에 패배하고 말았고, 그로 인해 거액의 전쟁배상금을 물게 되었다.

찰스 1세는 전쟁배상금을 해결하기 위해 다시 의회를 소집했지만, 의회는 순응하지 않았다. 의회는 전쟁에 찬성했던 귀족들의 처형을 요구하여 관철시킨 후, 향후 의원의 동의 없이 의회를 해산시킬 수 없도록 하는 법안을 만들어 승인하도록 강요했다. 찰스 1세는 의회의 요구를 들어줄 수밖에 없었고, 국왕이 임의로 징수한 선박세 등 세금 신설이 위법행위였다는 것도 인정해야만 했다.

하지만 의회의 압박은 거기서 그치지 않았다. 의회는 대표적인 왕당파인 스트라퍼드 백작의 처형을 요구하여 관철시켰고, 심지어 프랑스 출신의 왕비 헨리에타 마리아가 역적모의를 했다고 주장하며 폐위시킬 것을 요구하는가 하면, 찰스 1세의 실정을 규탄한 성명서를 채택했다. 이쯤 되자 찰스 1세는 더 이상 참지 못하고 직접 근위병을 거느리고 의회에 진입하여 자신을 비판한 의원들을 체포하려 했다. 하지만 먼저 첩보를 전해 들은 의원들은 피신했고, 이후 의회는 왕을 상대로 내전을 일으켰다. 이것이 곧 청교도혁명이다.

이 혁명을 청교도혁명이라고 부르는 것은 당시 의회의 중심 세력이 청교도였기 때문이다. 청교도는 전통 복음주의를 따르던 브리튼섬의 개신교 신자를 일컫는 말이었다. 이들 청교도는 신흥 중산계급과 도시 상공인, 즉 시민계급이 많았기 때문에 청교도혁명이 시민혁명의 시초로 불리는 것이다.

내전은 1642년부터 수년 동안 이어졌는데, 내전 초기에는 우수한 군대를 거느렸던 찰스 1세가 우세했다. 하지만 의회파를 이끌던 올리버 크롬웰의 군대가 1646년에 옥스퍼드를 함락시키면서 전세는 완전히 역전되었다. 패배한 찰스 1세는 1647년에 스코틀랜드로 도주했지만, 스코틀랜드는 40만 파운드를 받고 찰스 1세를 크롬웰에게 넘겨주었다. 그리고 결국 크롬웰은 찰스 1세를 참수형에 처했다.

찰스 1세가 처형되자, 그의 아들 찰스 2세는 프랑스로 망명하여 루이 14세에게 의지했다. 그 무렵, 잉글랜드는 크롬웰이 국정을 장악하고 공화정을 실시하다가 권력을 독점한 후 의회를 해산했다. 그리고 스스로 '호국경'이 되어 왕처럼 군림했다. 그의 이런 독단적인 정치는 그가 사망한 시점인 1660년까지 지속되었다. 이후 영국은 프랑스로 도주한 찰스 2세를 데리고 와 왕위에 앉히고 왕정을 복구함으로써, 최초의 시민혁명인 청교도혁명은 종결되었다.

시민혁명은 그것으로 끝나지 않았다. 영국 국왕이 되어 돌아온

월리엄 3세는 명예혁명으로 부인 메리 2세와 공동 왕위에 올랐다.

찰스 2세는 관리들에게 가톨릭을 섬길 것을 강요하며 청교도를 비롯한 개신교도를 철저히 핍박했다. 이러한 핍박은 찰스 2세의 아들 제임스 2세에게 이어졌다. 제임스 2세는 한술 더 떠서 의회까지 무시했다. 당시 의회는 왕당파인 토리당과 의회파인 휘그당이 대립하고 있었는데, 왕당파인 토리당마저 제임스 2세를 몰아내는 데 동의할 정도로 그는 신망을 잃었다. 의회는 논의 끝에 찰스 1세의 딸 메리와 결혼하여 네덜란드 총독으로 있던 오렌지 공월리엄과 연합하여 제임스 2세를 폐위시켰다. 이후 의회는 메리에게 권리장전에 서명하면 윌리엄과 메리를 공동 왕으로 인정하겠다고 제안했다.

권리장전은 국왕의 존재를 인정하는 동시에 영국의 의회와 국민만이 누릴 수 있는 권리와 자유를 규정한 법률로 선거의 자유와 의회 발언의 자유, 국민청원권을 보장하며, 의회의 동의를 거치지 않은 법률의 적용과 면제, 집행, 정지 등을 금하는 내용으로 이루어져 있다. 말하자면 입헌군주제의 기본적 요건을 갖춘 법률이었던 것이다.

메리는 권리장전에 서명하여 메리 2세로 불리며 남편 윌리엄 3세와 함께 공동 왕이 되었다.

이렇듯 피 한 방울 흘리지 않고 혁명에 성공했다고 하여 흔히 이 사건을 '명예혁명'이라고 부른다. 그리고 명예혁명은 영국의 의회 민주주의를 출범시킨 시발점이 되었다. 시민혁명이 거둔 쾌거라고 할 수 있다.

과학혁명과 무기의 발달

르네상스 이후 시민혁명과 함께 유럽을 획기적으로 변화시킨 또 하나의 원동력은 과학혁명이었다. 16세기 유럽의 과학혁명에 불을 댕긴 것은 천문학이었다. 천문학 분야에 혁명적인 전환점을 가져다준 인물은 단연 코페르니쿠스였다. 코페르니쿠스는 지구 중심설인 천동설을 거부하고 태양중심설인 지동설을 주장했다.

하지만 지동설은 당시 기독교 사회에서 결코 받아들일 수 없는 이론이었다. 기독교 세계관에서는 인류가 사는 땅이 세계의 중심이었고, 그 때문에 지동설은 기독교 세계관을 정면으로 거부하는 것으로 받아들였다.

사실 기독교가 유럽을 지배하기 전에 지동설을 주장한 사람이 있었다. 그는 바로 BC 3세기의 그리스 수학자 아리스타르코스였다. 물론 그의 주장은 가설에 불과했지만, 그는 지구가 정지해 있는 태양을 중심으로 회전한다고 믿은 최초의 인물이었다.

그러나 아리스타르코스의 가설이 증명되기도 전에 기독교가 유럽을 지배했고, 이후 거의 1,000년 동안 천동설만이 유일한 진리로 여겨졌다. 그런데 아리스타르코스의 가설이 만들어진 때부터 1,800년이 지난 16세기에 코페르니쿠스가 태양 중심 체계의 수학적 모델을 제시한 것이다.

코페르니쿠스의 태양중심설은 요하네스 케플러에 의해 정교하게 다듬어졌다. 케플러는 정확한 천문 관측 데이터를 바탕으로 행성의 운동 속도에 관한 세 가지 법칙을 발표했다. 그의 제1법칙은 '행성은 태양을 초점으로 하는 타원을 따라 돈다'는 것이며, 제2법칙은 '태양에서 행성까지 연결한 선은 동일한 시간에 동일한 면적을 쓸고 지나간다'는 것이었다. 그리고 마지막 제3법칙은 '행성 공전주기의 제곱은 궤도 긴반지름의 세제곱에 비례한다'는 것이었다.

이런 케플러의 법칙은 천체망원경을 고안한 갈릴레오 갈릴레이에 의해 보다 확실해진다. 그는 천체망원경을 통해 코페르니쿠스의 이론을 뒷받침할 만한 증거를 발견했다. 망원경을 통해 하늘에 무수히 많은 별이 있다는 것을 발견하고, 태양에도 움직임이 불규칙한 흑점이 있다는 사실을 알아냈다. 또 금성의 크기와 밝기가 주기적으로 바뀐다는 사실을 발견하고, 이것이 코페르니쿠스의 태양중심설을 뒷받침하는 강력한 증거라고 주장했다.

그러자 당시 사회는 그의 주장과 이론에 엄청난 공격을 가했다. 그는 로마 교황청을 방문하여 자신의 이론에 대해 설명했으나 교황청은 되레 그를 종교재판에 회부하여 지동설을 포기하라고 명령했다. 갈릴레이는 결국 생명의 위협을 느껴 자신의 이론을 철회하고 말았다.

그러나 과학혁명은 계속 이어졌다. 영국의 과학자 아이작 뉴턴이 1687년에 내놓은 만유인력의 법칙은 엄청난 반향을 불러일으켰다. 지구상에 존재하는 모든 물체 사이에는 서로 끌어당기는 힘이 있다는 이 법칙은 관성의 법칙, 가속도의 법칙, 작용반작용의 법칙 등 뉴턴의 세 가지 법칙으로 구체화되었다.

뉴턴은 이외에도 반사망원경을 제작했고, 수학에서는 미적분학에 기여했다. 뉴턴과 함께 미적분학에 기여한 또 한 명의 수학자는 독일의 빌헬름 라이프니츠다. 라이프니츠는 뉴턴과 별개로 무한소 미적분을 창시했다.

이들 두 사람과 함께 프랑스의 블레즈 파스칼도 수학의 발달에 크게 기여했다. 그는 세계 최초로 계산기를 발명하고, '파스칼의 정리'를 통해 기하학의 발달을 촉진했다. 또 물리학 분야에서는 '파스칼의 원리'를 통해 압력의 법칙을 설명했다.

과학혁명은 천문학과 수학 외에 무기와 선박 분야에서도 일어났다. 무기 분야에서 화승총의 출현은 인류 전쟁사에 엄청난 변화를 초래했다. 당시 대표적인 개인화기인 화승총은 1470년에 독일에서 출현하여 16세기에 유럽 전역으로 보급된다. 이후 화승총은 일본으로 전파되어 동아시아에 엄청난 파장을 불러일으켰다.

화승총은 불이 붙은 화승을 점화구에 갖다 대 총알을 발사시키는 총이다. 이후 화승총은 바퀴가 돌아가면서 마찰 스파크로 불을 붙이는 치륜총을 거쳐 17세기엔 부싯돌로 격발하는 수석총으로 발전한다.

개인화기인 총과 함께 공용화기인 대포의 발달도 이뤄졌다. 대포는 15세기에 이르러 본격적으로 발달했는데, 대포는 선박의 발달과 함께 함선에 장착되어 함포로서 엄청난 위력을 발휘한다.

유럽 함선에서 최초로 장착한 함포는 소형 대포인 팔코네트였다. 이후 대포는 화력이 더욱 세고 포신이 큰 세이커, 캐넌, 데미캐넌, 컬버린, 데미컬버린 같은 종류로 발전했다. 이런 종류의 대포는 모두 15세기에서 17세기 초에 제작되고 발전된 것이었다.

대항해시대와 유럽의 팽창

르네상스로 인한 과학의 발전은 선박의 발전을 가져왔고, 이는 또 대항해시대를 가능하게 했다. 그리고 대항해시대는 유럽의 팽창과 침략으로 이어졌다.

대항해시대를 처음으로 연 나라는 포르투갈이다. 탐험에 관심이 많았던 포르투갈의 엔히크 왕자는 아프리카 서해안에 많은 탐험선을 보내 항로를 개척했다. 그는 이를 위해 천문대와 항해 연구소를 세웠으며, 탐험 항해가를 파견하여 마데이라제도와 아조레스제도를 발견하여 식민지를 건설했다. 그러자 여러 나라에서 탐험을 후원하기 시작했다.

이런 과정에서 당대의 유명한 탐험가가 생겨났다. 크리스토퍼 콜럼버스, 바르톨로메우 디아스, 바스쿠 다가마, 페드루 알바르스 카브랄, 바스코 발보아, 존 캐벗, 예르마크 티모페예비치, 후안 폰세 데 레온, 페르디난드 마젤란, 빌럼 바렌츠, 아벌 타스만, 제임스 쿡, 빌럼 얀스존 등이 바로 그들이었다.

탐험에 대한 관심은 자연히 여러 신기술을 발달시켰다. 지도학, 항해 기술은 물론이고 화력과 조선 기술의 발달이 동반된 것이다.

당시 배들은 모두 범선이었다. 그러나 원거리를 항해하는 만큼 규모는 매우 컸고, 선체도 단단했다. 당시에 개발된 대표적인 범선은 캐러벨과 캐럭이었다.

캐러벨은 아랍제국의 범선인 다우를 응용하여 만든 포르투갈의 어선이다. 일반 어선과 달리 속도가 빨라 서아프리카를 개척하는 데 요긴하게 사용되었다.

그러나 캐럭이 등장하면서 캐러벨은 사라졌다. 캐럭은 기존 캐러벨의 단점을 수정하여 원양항해에 적합하게 설계되었으며, 배안이 깊고 넓어 대포를 장착할 수 있었다. 1492년 콜럼버스가 미국으로 타고 간 산타 마리아호도 바로 캐럭이었다.

이렇듯 선박과 항해술의 발달과 함께 대항해시대가 열리면서 유럽의 강국들은 식민지를 개척했고, 이는 결과적으로 유럽 제국주의의 시발점이 되면서 유럽의 팽창이 시작되었다.

일본의 성장과
중국 정세의 급변

서양 총의 등장과 일본의 성장

유럽이 대항해시대를 연 이후 팽창정책을 지속하면서 유럽 각국
은 동아시아 지역에도 무역선을 보내기 시작했다. 유럽의 무역선
은 인도는 물론이고 인도차이나반도와 중국을 거쳐 동아시아의
마지막 국가인 일본에까지 이르렀다.

일본에 유럽의 상선이 처음 나타난 것은 16세기 초였다. 당시
일본은 치열한 내전을 겪고 있었다. 일본은 1333년에 가마쿠라
막부시대가 종결된 후 들어섰던 무로마치 막부시대가 저물어가
고 있었다. 무로마치 막부는 아시카가 다다요시에 의해 일어났는
데, 1336년에 시작되어 1573년까지 약 240년 동안 이어진다. 유
럽의 상선이 일본에 나타난 16세기 초는 무로마치 막부의 막바

지에 해당하는 시기로 치열한 내전을 겪으며 전국시대가 전개되는 상황이었다.

일본에 전국시대가 한창 전개되고 있던 1543년에 포르투갈 상선이 난파해 표류하다가 규슈 남쪽의 다네가섬에 정박했다. 그리고 포르투갈 상선은 다네가섬의 도주 도키타카에게 화승총 두 자루를 전해줬다. 이 화승총이 바로 '조총'으로 불리는 철포였다.

시간이 흐르면서 화승총은 일본열도 전체에 퍼졌고, 일본의 전쟁 양상을 크게 바꿔놓았다. 당시 각 지역의 영주 격인 다이묘들은 앞다투어 철포 부대를 창설했고, 철포 부대의 수와 질에 따라 전쟁의 승패가 갈렸다. 따라서 일본의 전국시대는 철포 전쟁의 시대였다고 할 수 있다.

일본 다이묘들이 철포 부대를 확대할 수 있었던 배경에는 목면의 수입이 있었다. 목면은 철포의 점화 심지로 사용되어 철포의 사용과 불가분의 관계에 있었기 때문이다. 일본에 목면이 전래된 것은 15세기였다. 일본에 목면 열풍을 일으킨 것은 조선에서 수입된 무명이었다. 목면으로 만든 무명은 군복용으로 크게 각광받았고, 그래서 1492년부터는 일본에서도 목면을 재배했다. 그리고 조총이 도입되자, 목면은 조총의 점화용 심지로 활용된 것이다.

이렇듯 철포 전쟁으로 대변되는 일본의 전국시대를 종식시키고 일본열도를 통일한 인물은 당시 강력한 세력을 이루고 있던 오다 노부나가의 수장 도요토미 히데요시였다.

히데요시는 통일 이후 토지조사사업을 실시하고 무기 소유를 금지시킴으로써 경제력과 군사력을 강화했다. 또 금과 은으로 된 화폐를 제조함으로써 상업 발전의 기반을 조성하는 한편, 무사와 농민을 엄격히 구분하여 지배력을 강화했다.

히데요시의 이런 일련의 정책은 병농 분리 정책을 통한 봉건 질서의 강화를 목표로 하였다. 그러나 이 과정에서 수많은 사람의 토지가 몰수당하고, 그로 인해 불만을 품은 다이묘가 늘어났다. 히데요시는 이러한 불만을 잠재우기 위해 해외 원정을 통한 영지 확대를 꾀하는데, 이는 곧 조선에 대한 침략으로 이어졌다.

히데요시는 조선은 물론이고, 중국까지 정벌할 계획이었다. 당시 조선은 잘 훈련된 일본의 20만 병력을 상대할 여력이 되지 않았고, 중국의 명나라 또한 조총이라는 신무기로 무장한 일본군을 쉽게 막아낼 수 없을 것이라는 게 히데요시의 판단이었다.

1591년 8월, 히데요시는 오사카성에 수하들을 모아놓고 조선을 정벌한 후 명나라를 정벌할 것이라고 공언한 뒤, 30만 병력을 꾸렸다. 히데요시는 1592년 4월에 휘하 30만 병력 중 17만 병력을 동원하여 조선 정벌에 나섰다.

조일전쟁과 명나라의 참전

일본의 17만 대군이 침략하자, 조선은 속절없이 무너졌다. 조선은 이성계가 개국한 1392년 이래 큰 전쟁을 경험한 적이 없는 나라였다. 조선이 경험한 전쟁이라고는 북쪽의 여진이나 남쪽의 해적인 왜구와 몇 차례에 걸쳐 국지전을 벌인 것이 전부였다. 그 때문에 조선은 무려 200년 동안 전쟁 없는 평화시대를 유지하고 있었다.

당시 조선의 왕은 14대 왕 선조였다. 선조에 이르기까지 조선은 태종(3대)과 세종(4대) 대에 국가의 토대를 완성했고, 세조(7대)와 성종(9대) 대에 걸쳐 안정기를 구가한 이후 연산군(10대)의 폭정과 중종(11대)의 반정을 겪기도 했지만 그런대로 무난한 세월을 지내온 터였다. 그런 까닭에 무려 100년 동안의 전국시대를 끝낸 일본 군대의 침략 앞에 속수무책으로 붕괴되었다.

조선의 병력 운영은 남쪽에서는 해군이 주력부대였고, 북쪽에서는 육군이 주력부대였다. 따라서 일본군을 바다에서 막아내면 승산이 있었다. 하지만 조선은 일본군의 상륙을 쉽게 허용했고, 이후 일본군은 파죽지세로 내륙으로 파고들어 불과 상륙 20일 만에 조선의 수도 한성을 함락했다. 그나마 다행인 것은 조선의 명장 이순신이 이끄는 해군이 일본 해군을 여러 차례 격파하고 해로를 차단하고 있다는 사실 정도였다.

선조는 수도 한성을 비워놓고 북쪽으로 도주해 명나라에 원군을 요청했다. 그러나 명나라도 당시 정치적으로 매우 불안정한 상황이라 쉽게 조선에 원군을 파견하려 하지 않았다. 하지만 일본군의 위세가 대단하여 조선을 삼킨 후에 명나라로 진군해 올 것을 염려하여 원군 5만을 편성하여 조선에 파견했다.

이후 전쟁은 조명 연합군과 일본군의 대치 양상으로 전개되었다. 명나라의 개입으로 일본군은 불과 몇 달 만에 북진을 중단하고 후퇴하기 시작했고, 남쪽 바다에서는 이순신의 함대에 의해 일본 해군은 패전을 거듭했다. 설상가상으로 조선 백성이 곳곳에서 의병을 형성해 게릴라전술로 일본군을 공격하고 있었다. 그러자 일본군은 조선 영토의 동남쪽에 군대를 집결시키고 휴전 협상을 하며 시간을 끌었다. 그렇게 휴전 상태로 5년을 보내며 병력을 보강한 뒤, 일본군은 1597년에 공격을 재개했다. 하지만 이미 전쟁에 익숙해진 조선 군대와 백성, 그리고 명나라 군대의 반격에 밀려 큰 성과를 거두지 못했다. 그런 상황에서 1598년에 히데요시가 사망하자, 일본군은 전격적으로 퇴각을 결정하고 쫓겨나야 했다. 이로써 7년 동안 지속되던 조일전쟁은 종결되었다.

하지만 조일전쟁의 여파는 조선과 명, 일본에 엄청난 변화를 불러왔다. 일본에서는 히데요시 가문이 몰락하고 도쿠가와 이에야스가 권력을 차지하여 새로운 막부 정권을 형성했으며, 조선에서는 전란의 여파로 영토의 절반 이상이 폐허가 되어 국가 재정이 엉망이 되고 백성이 굶어 죽는 사태가 이어졌다. 또 명나라는 조일전쟁에 연인원 20만을 투입하고 은화 2,000만 냥을 사용했는데, 이 때문에 국가 재정에 큰 어려움을 겪게 되었다. 설상가상으로 전란을 틈타 요동 지역의 여진 세력이 성장하여 위협하자, 명은 순식간에 몰락 상황으로 치달았다.

명제국의 몰락과 여진족의 중국 통일

조선에 원군을 파견하여 일본군의 중국 대륙 침략을 저지한 명제국은 1368년에 홍건적의 수장 주원장이 몽골을 몰아내고 세운 나라다. 이후 명제국은 1644년까지 16명의 황제에 의해 276년 동안 지속된다.

명나라의 전성기는 3대 성조(재위 1402~1424)와 5대 선종(재위 1425~1435) 치세 30여 년뿐이었다. 이 시대에 명나라는 대단한 위세를 드러내며 전 세계에 중국의 존재를 알렸다. 당대 환관이었던 정화는 62척의 대선단에 선원 2만 7,800여 명을 태우고 금과 비단 및 수많은 물품을 교역하기 위해 인도와 아프리카의 홍해 및 아라비아반도까지 항해할 정도였다. 이는 콜럼버스의 아메리카 발견이나 바스쿠 다가마의 희망봉 도달보다 무려 반세기나 빠른 1430년대에 이뤄진 일이었다.

하지만 명황조는 1435년 영종(재위 1435~1449)이 즉위한 후로 쇠퇴하기 시작했고, 이후로 황실의 부패가 심화되어 전국 각지에서 농민 봉기가 이어졌다. 이 혼란의 세월이 100년 이상 지속되는 가운데 타타르의 침략이 계속되었고, 설상가상으로 1592년에 일본이 조선을 침략하여 중국 진출을 노리는 상황이 되었다. 이에 명나라는 조일전쟁에 병력을 파견하고 막대한 전쟁 비용을 지출했다. 전쟁은 7년 동안이나 이어졌고, 그 와중에 요동 지역의 여진족은 점차 세력을 확대하고 있었다.

이런 상황에서도 당시 명나라 황제 신종은 환락에 빠져 국가 재정을 거덜 내고 있었다. 그 때문에 여진의 성장을 막을 방도를 모색할 수 없었다.

당시 여진의 상황은 급변하고 있었다. 여진의 새로운 지도자 누르하치(청 태조)가 여러 개로 쪼개졌던 부족을 통일하고 강력한 군대를 형성하여 후금을 세우는 한편, 명나라를 정벌할 기회를 노리고 있었던 것이다. 이런 상황을 눈치챈 명나라는 1619년에 명군 8만 명과 조선 지원군 1만 명으로 여진을 공격했다. 하지만 누르하치는 6만 명의 병력으로 명군과 조선군을 대파했다. 이후 세력을 확대한 누르하치는 1625년에 심양으로 도읍을 옮기고, 이듬해에는 13만 명의 군대를 이끌고 명을 공격했으나, 이 전쟁에서 중상을 입고 죽고 말았다.

하지만 명에 대한 후금의 공격은 계속 이어졌다. 누르하치를 이은 홍타이지(청 태종)는 여러 차례에 걸쳐 명을 공격하며 영토를 확대했다. 그리고 1636년에 국호를 청으로 고치고 스스로 황제라 칭했다. 이후 홍타이지는 동쪽으로 조선을 공격하여 항복을 받아내고, 서쪽으로 산해관을 무너뜨리고 북경에 진입했다. 하지만 그는 명을 완전히 붕괴시키지 못하고 1643년에 병으로 죽고 말았다.

그 무렵, 명은 곳곳에서 일어난 농민 봉기로 멸망을 향해 치닫고 있었다. 농민군 중 가장 강력한 세력이었던 이자성은 스스로 왕이라 칭하고 1644년에 북경으로 진군하여 도성을 장악했고, 그 혼란 속에서 명나라의 마지막 황제 사종(숭정제)은 목을 매 자살했다. 이로써 명황조는 완전히 몰락했다.

이후 이자성 세력을 비롯한 중국 전역의 농민군들은 청나라 군대에 의해 차례로 진압되었고, 마침내 1683년에 육지는 물론 대만까지 청군에 점령됨으로써 중국 역사상 처음으로 여진족에 의한 중국 대륙의 통일이 이뤄졌다.

　청이 중국 대륙의 중심을 장악한 때는 세조 순치제 시절이었다. 순치제 이후 청황조는 성조 강희제가 1661년에 황제가 된 이래 세종 옹정제, 고종 건륭제 등을 거치면서 130여 년 동안 전성기를 구가한다. 이 시기 청나라는 세계에서 가장 강력한 나라였다. 하지만 1796년 건륭제가 사망한 뒤로부터 청황조는 쇠퇴기로 접어든다.

　청황조 몰락의 서막은 1796년부터 시작된 백련교도의 난이었다. 8년 동안 지속된 이 난은 전국을 혼란의 도가니로 몰아넣었고, 설상가상으로 이 틈을 타 서양 열강의 침투가 가속화된다. 특히 영국의 공격으로 시작된 아편전쟁은 청황조의 국력을 급속도로 약화시킨다. 이후 반란이 끊임없이 이어지는 가운데 일어난 태평천국의 난은 14년 동안이나 이어지면서 청황조를 황폐화하며 몰락을 부채질한다.

지중해의 최강자로 군림한
오스만제국

오스만제국은 1299년에 소아시아 지역인 아나톨리아 서북부의 유목민 부족장의 아들 오스만에 의해 건국된 나라다. 오스만이 나라를 세울 당시 그곳을 지배하고 있던 룸 술탄국은 붕괴되고 있었고, 오스만은 그 기회를 놓치지 않고 소아시아 지역에 남아 있던 동로마의 잔존 세력을 격파하고 국가의 기반을 다졌다. 이후 2대 술탄 오르한과 3대 무라트 1세는 유럽으로 세력을 확대했고, 7대 술탄 메흐메트 2세에 이르러 마침내 동로마를 몰락시키고 대제국으로 성장한다.

마흐메트 2세는 동로마의 수도 콘스탄티노폴리스를 함락시킨 뒤, 그곳으로 수도를 옮기고 도시 명칭을 이스탄불로 개명하여 오스만제국의 중심지로 삼았다.

이렇듯 대제국으로 발돋움한 오스만제국은 이집트의 맘루크

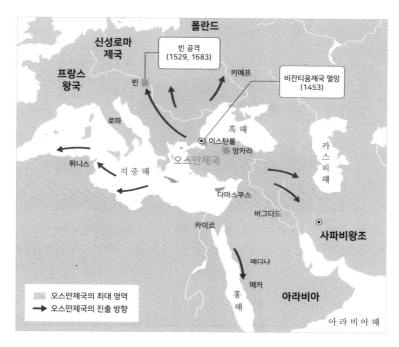

오스만제국의 영토

왕조를 무너뜨리고 아프리카 북부 해안 지역을 모두 차지했으며, 북쪽으로는 흑해와 그 주변 지역까지 세력을 확대했다. 그리고 10대 쉴레이만 1세(재위 1520~1566)에 이르면 중앙 유럽과 북아프리카를 완전히 차지함으로써 최전성기를 맞이한다.

당시 오스만제국의 위세는 유럽 모든 나라를 압도했다. 심지어 신성로마제국의 수도 빈을 1개월 이상 포위했을 정도로 유럽 제국들을 긴장시켰다. 1538년에는 프레베자 해전에서 무적함대로 불리던 스페인 함대와 베네치아공화국의 연합 함대를 대파하여 지중해 해상권 다툼에서도 승자가 되었다.

레판토 해전에서 스페인의 펠리페 2세는 교황의 요청에 따라 베네치아와 함께 오스만제국의 함대를 격파했다. 이후 스페인 함대는 무적함대라 불리며 한동안 지중해 무역과 대서양 항로를 독점했다.

그러나 쉴레이만이 사망하면서 오스만제국은 혼란에 휩싸인다. 거기다 1571년 레판토 해전에서 오스만 함대는 기독교 연합 함대에 대패하여 지중해의 해상권까지 내주고 말았다. 그럼에도 17세기까지는 유럽의 그 어느 국가도 오스만제국의 힘을 능가하지 못했다.

인도의 새로운 지배자, 무굴제국

오스만제국이 지중해를 호령하던 시기에 인도에서도 또 하나의 대제국이 탄생하고 있었다. 바로 무굴제국이었다.

무굴제국은 인도를 침입한 몽골 세력으로부터 시작되었다. 칭기즈칸의 손자 티무르는 1398년에 인도를 공격하여 장악했고, 그 기반 아래 티무르의 5대손 바부르(재위 1526~1530)가 무굴제국을 일으켰다.

바부르가 무굴제국의 기반을 닦은 뒤, 실질적으로 무굴을 대제국의 위치로 끌어올린 인물은 악바르 황제(재위 1556~1605)였다. 그는 신속한 기동력을 바탕으로 북인도 전역을 장악함으로써 아프가니스탄 지역과 아라비아해, 그리고 북인도를 아우르는 대제국을 건설했다.

악바르는 다민족국가였던 무굴을 효과적으로 통치하기 위해

무굴제국의 영토

결혼정책을 바탕으로 종족 간의 타협정책을 펼쳤다. 또 이슬람 문화와 힌두 문화가 결합된 상황에서도 악바르는 종교적인 갈등을 조정하는 데 탁월한 능력을 발휘했다.

그는 이슬람교 이외의 종교도 포용하고, 인종 간의 차별 정책을 폐지하는 등 융화책으로 일관했고, 이는 거대한 영토와 수많은 인구를 하나로 화합시키는 원동력이 되었다. 덕분에 악바르는 정치, 경제, 사회 등 전 분야에 걸쳐 확고한 토대를 마련하는 데 성공했고, 이후 4대 자항기르, 5대 샤 자한 대까지 전성기가 이어졌다.

타지마할은 무굴제국의 샤 자한 황제가 왕비를 추모하며 지은 묘당이다.

하지만 6대 아우랑제브가 1658년에 반란을 통해 황제에 오른 후로 포용 정책을 무너뜨리고 인종차별 정책과 종교 탄압 정책을 쓰는 바람에 무굴제국은 분열되기 시작했다. 그는 힌두교와 시크교를 탄압했고, 이 때문에 힌두교도들은 마라타 동맹을 맺고 반란을 일으켰다. 그런 상황에서 시크교도의 지도자가 처형되자, 시크교도 역시 대대적인 항거를 시작했다. 이에 아우랑제브는 군대를 동원하여 마라타 동맹을 맺고 저항하던 힌두교도들을 무차별 공격하다 1707년에 데칸고원에서 전사했다.

아우랑제브가 전장에서 사망한 이후 무굴제국은 극심한 혼란에 휩싸인다. 그 혼란을 틈타 인도 내부의 강력한 신흥 세력이던 마라타족이 독립을 시도했다. 당시 마라타족은 그들의 영웅이자 지도자였던 시바지(재위 1674~1680)를 중심으로 끈질긴 독립운동을 전개하고 있었고, 결국 독립을 쟁취하고 세력을 확대하기에 이르렀다.

급기야 마라타족은 1738년에 무굴제국의 중심인 델리를 공격했다. 가까스로 델리가 함락되는 것은 막았지만, 1739년 페르시아의 나디르 샤의 델리 침공으로 무굴제국은 빈껍데기만 남게 되었다.

한편 마라타는 1761년에 벌어진 아프가니스탄군과의 파니파트 전투에서 패배하여 더 이상의 세력 확장에는 실패한다. 이후 인도에서는 아프가니스탄과 무굴, 마라타 사이에 패권 경쟁이 지속되고, 이러한 혼란을 틈타 서양 세력이 밀려든다.

9장

산업혁명과
제국주의

18세기에서 19세기까지

서양 세계의 변혁을 일으킨 3대 사건

산업혁명

산업혁명은 인류 역사를 1차산업 중심인 농업시대에서 2차산업 중심인 공업시대로 전환시킨 기폭제였다. 산업혁명의 전진기지 역할을 한 나라는 영국이었다. 영국은 유럽에서 환경이 가장 열악한 섬나라였고, 프랑스나 독일 등 대륙 국가에 비해 문화적으로 뒤떨어졌다. 하지만 이러한 결핍을 극복하는 과정에서 오히려 기계문명을 발달시켜 산업혁명의 전진기지가 될 수 있었다.

산업혁명이라는 용어는 1844년 프리드리히 엥겔스가 처음 사용한 것인데, 18세기 중반에서 19세기 초반까지 약 60년에 걸쳐 기술의 혁신과 새로운 제조 공정, 그에 따른 사회 전반의 변화를 지칭한 것이다.

산업혁명의 선도 역할을 한 것은 기술혁명이었다. 특히 방적기와 증기기관의 발명이 공장의 반자동화를 촉진하면서 산업 전반의 변혁을 이끌었다.

영국에서 시작된 산업혁명은 점차 프랑스, 독일 등으로 퍼져나가 유럽 전체의 산업을 변화시켜나갔다. 산업혁명에 의한 변화는 공업 기술, 사회, 경제, 문화 등 모든 분야에서 총체적으로 일어났다.

공업 기술의 변화는 철이나 강철 같은 새로운 소재를 사용하게 만들었고, 석탄이나 증기기관, 전기, 석유 같은 새로운 에너지원을 이용하게 했으며, 공장제를 통한 기계적 대량생산을 가능케 했다.

이런 산업의 변화는 공업 인구를 늘리고 도시를 확대했다. 또 노동자가 증가해 산업 부르주아지와 임금노동자라는 대립적인 계급을 만들어냈다. 이는 결과적으로 시민계급의 힘을 강화해 군주제를 무너뜨리는 데 지대한 역할을 했고, 왕족이나 귀족의 전유물이던 정치권력이 자본가계급으로 옮겨 가는 원인이 되었다.

하지만 산업혁명은 결코 긍정적인 작용만 한 것은 아니었다. 산업혁명으로 자본가들은 부와 권력을 동시에 얻었지만, 그들 아래서 적은 임금을 받고 일하던 직원들은 빈곤과 지나친 노동에 시달려야 했다. 이 때문에 빈부 차가 극대화되었다. 거기다 산업혁명으로 자원이 부족해진 유럽의 열강들이 발달한 무기를 앞세워 아프리카와 아시아에 대한 대대적인 침략과 수탈을 감행했고, 이는 결과적으로 제국주의를 탄생시켰다.

미국의 독립

산업혁명 못지않게 18세기 서양 사회에 변화의 바람을 일으킨
또 하나의 사건은 미국의 독립이었다. 당시 미국은 북아메리카
지역에 영국이 개척한 13개의 식민지로 이뤄져 있었다. 이 13개
의 식민지가 제대로 형성된 것은 1732년이었다. 이 땅들을 식민
지로 만드는 동안 영국은 네덜란드, 스페인 등과 힘겨루기를 지
속했다.

하지만 영국이 이곳을 완전히 식민지로 정착시켰다고 생각했
을 때, 또 하나의 도전을 받아야 했다. 1760년대부터 영국의 아
메리카 식민지 주민들이 본격적으로 독립운동에 돌입했기 때문
이다. 당시 이곳에 살고 있던 식민지 인구는 아메리카 원주민을
제외하고도 약 260만 명에 달했고, 이는 영국 인구의 3분의 1 수
준이었다. 이들은 영국에 납부하던 조세를 거부하고 독립을 요구
했으며, 이후 대륙군을 창설하고 영국과 전쟁을 벌였다.

미국이 독립을 쟁취하는 과정은 결코 순탄하지 않았다. 당시
미국의 13개 식민지 중 조지아주를 제외한 12개 주는 대륙회의
를 만들고 대륙군을 창설하여 조직적으로 영국에 저항했다. 그리
고 1776년 7월 4일 대륙회의는 투표를 통해 독립을 선언하기에
이른다. 그러자 영국은 군대를 동원하여 뉴욕을 점령하고 대대적
인 공격을 감행했다. 이후 영국군과 대륙군 사이에 승패를 예측
할 수 없는 전투가 이어졌다. 그러다 1777년 9월에서 10월 사이
에 벌어진 새러토가 전투에서 대륙군이 승전함으로써 미국이 승

기를 잡았다.

이런 상황에서 영국을 견제하던 유럽 각국은 미국의 독립을 돕기 시작했다. 1778년에 프랑스가 먼저 영국과의 전쟁에 돌입했고, 이어서 스페인과 네덜란드도 참전하여 미국 독립을 지원했다.

이렇게 되자, 수세에 몰린 영국은 의회 투표를 통해 아메리카 전쟁 중단을 결정했다. 하지만 전쟁은 1783년에 미국 군대가 요크타운 전투에서 대승하고 영국의 항복을 받아낼 때까지 이어졌다. 요크타운 전투에서 패한 영국은 결국 미국의 독립을 인정하는 파리조약에 서명하고서야 전쟁을 멈췄고, 미국은 공식적으로 독립을 쟁취했다.

독립혁명에 성공한 미국은 새로운 정부를 구성하는 작업을 진행한 결과, 1789년에 민주공화국 수립을 선포했다. 계몽주의 사상을 기반으로 헌법을 만들었으며, 특히 몽테스키외의 삼권분립 이론에 따라 권력을 입법부, 사법부, 행정부로 분리했다. 이로써 인류사에 새로운 민주주의국가가 성립된 셈이었다.

프랑스대혁명

미국의 독립과 공화국 정부 수립은 유럽에도 엄청난 파장을 일으켰다. 미국이 왕정이 아닌 공화정을 통해 시민 국가를 형성하자, 유럽 각국에서도 왕정에 대한 반감이 확산되었다. 특히 미국의 독립에 가장 큰 영향을 끼친 프랑스의 시민은 미국에서 불어

A FAUT ESPERER Q'EU JEU LA FINIRA BEN TOT

신분제의 모순을 표현한 풍자화. 등에 업은 성직자와 귀족의 무게에 농민은 허리가 휜 채 곡괭이로 간신히 몸을 지탱하고 있다.

온 자유사상의 영향으로 왕정에 대해 반감을 가졌고, 한편으로 시민사회에는 장 자크 루소나 볼테르 등에 의해 민주주의에 대한 열망이 확대되고 있었다.

그런데 당시 프랑스 국가 재정은 엉망이었다. 루이 14세 말기부터 재정 상태가 악화된 후, 루이 16세에 이르면 파탄 위기에 몰린다. 루이 16세는 재정 파탄을 막기 위해 세금을 과중하게 거둬들였고, 이는 결국 왕족과 귀족에 대한 시민의 불만으로 이어졌다. 그런 가운데 프랑스 왕실은 스페인 왕위 계승 전쟁과 미국 독립 전쟁 등 여러 차례의 큰 전쟁에 가담했고, 이는 국가 재정을 더욱 어렵게 만들었다. 설상가상으로 흉년이 거듭되는 가운데 세금까지 늘어나자, 마침내 시민의 불만이 폭발하여 봉기에 이르렀다. 이것이 곧 1789년에 일어난 프랑스대혁명이다.

프랑스대혁명은 바스티유 감옥 습격으로 본격화되었다. 당시 프랑스 왕실을 지지하던 왕당파는 평민 대표로 구성된 제헌 국민 회의를 무력으로 와해하려 했고, 이를 위해 군대를 결집하고 있다는 소문이 파다하게 퍼졌다. 이 때문에 군대와 시민이 여러 차례 충돌했고, 결국 파리 시민들은 무력에 의한 혁명을 결정하고 무기를 탈취하기 위해 1789년 7월 14일에 바스티유 감옥을 습격했다.

파리 시민들이 바스티유 감옥 습격에 성공하자, 이것이 도화선이 되어 전국 각지로 혁명의 열기가 확산되어 프랑스 전국이 무정부 상태에 놓였다. 제헌 국민 의회는 이런 상황을 수습하기 위해 봉건제 폐지를 선언했다. 영주제와 농노제 등이 폐지되어 세금을 소득에 비례해서 납부하는 제도가 공표된 것이다. 거기다 주권재민, 사상의 자유, 법 앞에서의 만인 평등, 투표, 과세의 평등 등 새로운 사회질서를 약속하는 원칙이 제시되었다.

이후 프랑스는 과감하게 왕정을 무너뜨리고 공화정을 성립시켰으며 보통선거를 제도화하여 민주주의의 초석을 다졌다. 한편 당시 프랑스 왕이던 루이 16세는 1793년에 파리의 혁명 광장에서 단두대에 올라 처형되었고, 그의 왕비 마리 앙투아네트 역시 처형되었다.

나폴레옹과 유럽을 휩쓴
혁명의 불길

대혁명 이후 프랑스는 1791년 9월에 새 헌법을 공포하고 절대군주제를 폐지했다. 의회주의와 입헌군주제가 채택된 것이다. 하지만 전쟁과 혼란이 이어지면서 내전이 지속되었고, 1792년에는 입헌군주제가 폐지되고 공화제가 채택되었다. 또 1793년 1월에는 루이 16세를 단두대에 올려 처형했다. 하지만 그것으로 혼란은 종식되지 않았다. 이후 치열한 정권 다툼이 이어졌고, 1793년 10월에 급진파인 자코뱅당의 당수 로베스피에르의 혁명정부가 성립되었다. 하지만 로베스피에르는 독단적인 공포정치를 실시하다 이듬해 처형되고 말았다.

이후 새로운 권력자로 부상한 인물은 나폴레옹이었다. 나폴레옹의 등장은 프랑스에 엄청난 변화를 몰고 왔다.

24세의 젊은 나이로 장군이 된 나폴레옹은 1799년에 쿠데타

1804년 노트르담 성당에서 나폴레옹 1세의 대관식이 열렸다. 나폴레옹이 왕관을 교황에게 받지 않고 스스로 머리에 얹고 있다.

를 통해 정권을 장악했다. 이후 대대적인 개혁을 단행하여 국정을 안정시키고 국민의 지지를 확보하자, 종신 통령이 되어 권력을 독점했다. 그리고 1804년에는 국민의 투표를 통해 황제의 자리에 올랐다.

　황제에 오른 나폴레옹은 주변국에 대한 정복 전쟁을 감행하여 순식간에 유럽을 장악했다. 그 과정에서 오스트리아를 정복하여 신성로마제국을 완전히 해체하고, 독일을 공격하여 베를린에 입성했다. 하지만 섬나라 영국은 나폴레옹에게 굴복하지 않았다. 이에 나폴레옹은 1806년에 대륙봉쇄령을 내려 영국과의 교류를 원천 봉쇄했다.

　하지만 나폴레옹의 대륙봉쇄령은 자충수가 되고 말았다. 당시 프랑스를 포함한 유럽 대륙의 국가들은 영국 제품의 우수한 품질에 매료되었고, 그 때문에 대륙봉쇄령은 밀수를 성행하게 하는 결과를 낳았다. 이런 사정을 잘 알고 있던 영국은 되레 역봉쇄령을 내려 대항했고, 이는 결과적으로 유럽인이 프랑스와 나폴레옹에 반감을 품게 만들었다.

그러자 나폴레옹은 자신에게 반감을 가진 나라를 대상으로 다시 정벌전을 감행했다. 그래서 폴란드를 장악하고 스페인을 점령했다. 하지만 영국과 결탁한 포르투갈과의 전투에서 패퇴하면서 세력이 약해지기 시작했다. 거기다 결정적으로 1812년 러시아 원정에 나섰다가 패배하여 휘하 병력 대부분을 잃고 퇴각하는 바람에 나폴레옹의 군대는 재기할 수 없는 지경이 되고 말았다.

이렇게 되자, 프랑스에 반감을 가지고 있던 오스트리아와 독일의 프로이센이 러시아와 동맹을 결성하고 프랑스를 공격했다. 이미 약해질 대로 약해진 프랑스는 결국 1814년에 수도 파리가 함락되었고, 나폴레옹은 폐위되어 엘바섬으로 유배되었다.

하지만 나폴레옹은 1년 만에 엘바섬을 탈출하여 다시 황제에 올랐다. 그리고 정벌전을 감행했으나 워털루 전투에서 패배하여 또다시 아프리카의 세인트헬레나섬으로 유배되었고, 그곳에서 생을 마감했다.

나폴레옹이 죽자, 프랑스는 루이 16세의 동생 루이 18세가 왕위에 올라 왕정을 복구했다. 이후 프랑스는 다시 절대왕정으로 돌아갔고 시민들은 10여 년간 웅크리고 있다가 1830년에 다시 봉기했다.

당시 프랑스는 루이 18세에 이어 왕위에 오른 샤를 10세가 통치하고 있었다. 그는 절대왕정 시대를 복원하기 위해 시민의 선거권을 박탈하고 귀족의 특권을 부활시켰다. 심지어 칙령을 발표하여 의회를 해산하는 극단적인 조치까지 내렸다. 그러자 시민들은 이를 참지 못하고 봉기하여 샤를 10세를 폐위하고 루이 필리프를 왕으로 세웠다. 그리고 입헌군주제를 골자로 하는 헌법을 제정했다. 이른바 7월혁명이 일어난 것이다.

하지만 프랑스 시민들은 7월혁명의 성과에 만족하지 못했다. 7월혁명으로 마련된 선거법에선 재산이 많은 부르주아만 선거권을 갖는 구조였고, 이 때문에 시민들은 1848년에 선거법 개정을 요구하며 다시 봉기했다. 그리고 이번에도 시민들이 승리하여 루이 필리프 왕을 폐위시켰다. 이후 시민들은 왕정을 폐기하고 공화정을 세웠는데, 이를 2월혁명이라고 한다.

2월혁명으로 대통령이 된 인물은 나폴레옹의 조카 루이 나폴레옹이었다. 그런데 그는 공화정을 폐지하고 스스로 황제에 올라 나폴레옹 3세라고 칭했다. 이렇듯 프랑스 시민혁명은 7월혁명에 이어 2월혁명에서도 또다시 실패를 맛보고 말았다.

하지만 프랑스의 7월혁명과 2월혁명은 유럽 전역에 혁명의 불길을 일으켰다. 독일의 프로이센, 이탈리아, 헝가리, 오스트리아 등 유럽 대부분의 국가에서 민중 혁명이 일어났다. 하지만 이들 나라에서 일어난 시민혁명은 모두 실패했고, 유럽은 여전히 왕정의 그늘 아래 있어야 했다.

제국주의 깃발을 든 서양, 몰락하는 아시아 대제국

산업혁명 후 유럽의 강국들은 제국주의의 깃발을 높이 들고 약소국을 대상으로 자원을 강탈하기 위한 식민화 작업에 나섰다. 제국주의란 특정 국가가 다른 나라를 군사적, 정치적, 경제적으로 지배하려는 정책, 또는 그러한 것을 목적으로 하는 사상을 가리키는 것으로 보다 직접적으로 표현하면 자신들의 이익을 위해 무차별적으로 영역을 확대하는 것을 의미한다.

이와 같은 제국주의 노선의 선봉에 선 나라는 일찌감치 산업혁명을 통해 국력을 키운 영국이었다. 영국은 발칸반도에서 밀려난 오스만제국을 압박하며 유럽에서의 영향력을 확대하고 아프리카로 진출하여 이집트를 차지하는가 하면, 네덜란드와 보어 전쟁을 일으켜 아프리카 종단 정책을 완성했다.

이러한 영국의 제국주의 노선은 해가 더할수록 심화되었고, 아

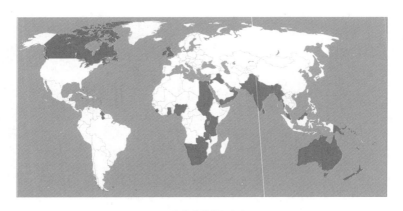

1920년대 대영제국의 판도

프리카에 이어 아시아를 침략하기 시작했다. 영국이 노린 지역은 아시아에서 가장 거대한 땅을 차지하고 있던 중국과 인도, 오스만제국이었다.

18세기 말 영국은 미국의 독립 전쟁에 막대한 재정을 쏟아부은 탓에 경제 상황이 크게 악화되어 있었다. 설상가상으로 프랑스와도 전쟁을 치른 직후였다. 그럼에도 영국 귀족들은 향락에 젖어 있었다. 당시 영국 귀족들이 가장 선호한 향락 물품은 중국의 차와 도자기, 그리고 비단이었다. 특히 그중에서도 차가 가장 인기 높았다.

영국은 중국에서 차를 수입하느라 막대한 은을 중국에 지불해야 했고, 이는 영국의 재정 상황을 더욱 악화시켰다. 영국은 중국에 대한 무역 적자를 해소하기 위한 방책을 모색하다 19세기에 이르러서는 아편을 중국에 팔기로 했다. 당시 영국의 무역을 맡고 있던 동인도회사는 인도의 상당 부분을 장악하고 있었는데,

그곳 인도에서 아편을 재배하여 중국에 밀수출했다. 그리고 아편을 팔아서 얻은 은으로 중국의 차를 수입했다.

아편은 원래 치료용으로 쓰던 약초였지만, 이것을 과용하면 마약이 되어 환각을 불러일으키고 중독에 빠지게 된다. 영국이 밀수출한 아편은 급속도로 중국인을 아편 중독자로 만들어버렸다. 19세기 초에 중국의 아편 중독자는 100만을 훌쩍 넘길 정도였다. 이렇게 되자, 중국에 쌓여 있던 은이 빠르게 영국 동인도회사로 넘어갔고, 중국에선 은 품귀 현상이 일어났다. 그 때문에 은값은 나날이 치솟았는데, 이는 중국의 국가 재정을 위협하는 상황으로 치달았다. 이에 중국의 청황조는 아편 금지령을 내렸지만, 아편 거래는 쉽게 사라지지 않았다. 결국 청황조는 아편 몰수와 수입 금지라는 극단적 조치를 내렸다. 또 영국 상인들에게는 아편을 밀매하지 않겠다는 서약서를 제출하도록 조치하고, 이를 거부하면 추방하겠다고 공언했다.

이렇게 되자, 영국 정부와 의회는 중국에 군대를 파견하여 청나라를 압박했고, 이는 전쟁으로 이어졌다. 이른바 아편전쟁의 발발이었다.

1840년에 시작된 전쟁은 2년 동안 이어지다 1842년에 영국의 승리로 종결되었다. 그리고 난징조약이 체결되어 영국은 중국에서 홍콩을 할양받고, 광둥과 상하이 등 다섯 개의 항구를 개방시켰으며, 아편 배상금 600만 달러를 비롯한 전쟁배상금 2,100만 달러를 받아냈다.

이렇듯 중국을 굴복시킨 영국은 이미 여러 지역을 식민지로 개척한 인도에 대해서도 대대적인 공세를 감행했다. 당시 인도의 무굴제국은 서양 세력에 의해 거의 몰락한 상태였다. 무굴제국은 18세기 중엽에 내란으로 혼란이 거듭되고 있었는데, 당시 인도에 진출했던 포르투갈, 네덜란드, 프랑스, 영국 등 서양 세력은 이 기회를 이용하여 인도를 장악하기 시작했다. 그 과정에서 서양 세력은 치열한 세력 다툼을 벌였는데, 영국은 그 싸움에서 최후의 승자가 되었다. 그리고 1858년 영국 정부는 공식적으로 무굴제국을 붕괴시키고 인도를 직접 통치하기 시작했다. 거기다 아프가니스탄과 버마까지 장악하여 그야말로 '해가 지지 않는' 대영제국을 건설했다.

이렇듯 영국이 식민 정책을 확대하는 동안 북유럽의 최강국 러시아는 남하 정책과 동진 정책에 박차를 가하여 오스만제국의 영향력이 약화된 발칸반도에 대한 입김을 강화했다.

러시아의 뿌리는 모스크바대공국(1283~1547)이다. 모스크바대공국은 우크라이나 지역의 키예프 루스가 세운 류리크왕조 출신 다닐 알렉산드로비치가 건국했다. 모스크바대공국은 한때 몽골의 지배를 받으며 시련기를 겪었으나 이반 3세(재위 1462~1505) 때부터 차르를 칭하며 러시아 차르국으로 변모했다. 그리고 17세기 초에 로마노프왕조에 의해 러시아제국이 성립되면서 강국 반열에 올랐다. 특히 표트르 1세(재위 1682~1725) 때 국가 체제를 강화한 후 시베리아를 합병함으로써 강대한 영토를 갖춘 대제국이 되었다.

이후 러시아는 19세기에 들어서면서 중앙아시아에까지 영토를 넓히는 한편, 동진을 지속하여 중국의 요동 지역을 차지했고, 유럽 쪽으로는 남하 정책을 추진하여 오스만제국과 여러 차례 전쟁을 치르며 영향력을 확대하고 있었던 것이다.

영국과 러시아에 이어 프랑스 역시 제국주의 대열에 합류했다. 프랑스는 아프리카에서 튀니지를 차지하기 위해 혈안이 되어 있었고, 한편으로는 마다가스카르를 차지했으며, 아시아에 대한 공략도 지속하여 베트남과 라오스를 지배하게 되었다. 거기다 오스만제국과 전쟁을 치러 승리한 덕분에 유럽에서의 입지도 강화되고 있었다.

유럽 대륙에서 러시아와 프랑스의 영향력이 확대되자, 독일은 이를 견제하기 위해 오스트리아-헝가리제국과 이탈리아를 끌어들여 3국 동맹을 맺었다. 이때 독일 역시 아프리카에서 카메룬과 위투를 차지하며 제국주의의 길을 걷고 있었다.

이러한 유럽 열강의 제국주의적 침략 행위는 중국과 인도에 이어 오스만제국으로도 확대되었다. 산업혁명과 시민혁명에 의한 유럽의 대변혁은 아시아 국가 중 유럽과 가장 근거리에 있던 오스만제국에는 치명적인 일이었다. 유럽이 변혁을 겪기 전에 오스만제국은 이미 헝가리를 잃고 유럽에 대한 영향력이 약화된 상태였다. 그런데 프랑스대혁명의 여파로 오스만의 지배를 받던 피지배 민족의 독립운동까지 이어지면서 오스만의 위상은 날로 떨어졌다.

당시 오스만제국을 지배하고 있던 마흐무트 2세와 압뒬메지트 1세는 군대를 서구화하고, 중앙집권화를 강화하는 것으로 이에 대응했지만 역부족이었다. 그래서 1830년엔 그리스의 독립을 막지 못했고, 동시에 영국과 프랑스, 러시아 등 유럽 강국의 침입에 시달리며 영토를 내줘야 했다. 시간이 지날수록 서구 열강의 침입은 가속화되었고, 동시에 오스만의 경제는 점점 유럽 열강에 잠식되고 있었다.

설상가상으로 오스만은 1878년에 러시아와의 전쟁에서 대패하였고, 그 때문에 러시아군에게 수도 이스탄불 서쪽 지역인 산스테파노를 내주는 상황까지 내몰렸다. 20세기를 앞두고 오스만 제국은 점점 몰락을 향해 치닫고 있었던 것이다.

이렇듯 18~19세기의 세계정세는 제국주의 노선을 택한 유럽 국가들의 침략에 아시아의 대제국인 중국의 청, 중동의 오스만, 인도의 무굴이 속수무책으로 무너지는 상황이었다.

무너지는 중국,
떠오르는 일본

서구열강이 아프리카와 아시아에 대한 침략 정책을 강화해가면서 중국에 대한 공략은 한층 거세졌고, 이로 인해 중국의 혼란은 가중되었다. 특히 영국은 아편전쟁을 일으켜 중국 대륙을 지배하던 청나라의 국가 기강을 뒤흔들었고, 이후로 청 황실의 권위는 무너지고 관료 사회는 혼란에 시달렸으며 민중의 불안은 심화되었다. 그런 상황에서 기독교의 영향을 받아 일어난 태평천국의 난에 의한 내전이 1851년부터 14년 동안 지속되면서 청나라의 혼란상은 극에 달했다.

혼란을 틈타 밀려든 서구 열강은 온갖 불평등조약을 맺어 이권 챙기기에 혈안이 되었고, 청나라는 국가 체계가 붕괴되어 관리들의 횡포와 착취가 일상화되었으며, 생존의 기로에 선 민중은 곳곳에서 민란을 일으켰다. 청나라는 위기를 극복하기 위해 양무운동을 벌여 스스로 강해져야 한다는 자강의 길을 모색하기에 이른다. 군대의 조직과 무기를 개선했고, 서구 문명을 배우기 위해 유학생을 떠나보냈다. 또 군수공장, 광산과 철도, 전신 시설, 방직 사업 등을 발전시켜 근대화로 나아가려 한다. 하지만 중국의 정치사회 제도를 그대로 둔 채 서양의 기계문명만 받아들이려는 '중체서용'의 한계에 부딪혀 큰 성과를 거두지 못했고, 결국 쇠락을 거쳐 망국을 향해 치달았다.

중국의 몰락과 달리 동아시아의 후진국이던 일본은 신흥 강국으로 부상했다. 일본은 미국에 강제적으로 개항당하고 불평등조약에 따라 문호를 개방했지만, 스스로 메이지유신을 단행하여 시대의 변화에 보조를 맞췄다. 일본은 서양의 기계화된 문물을 수입하고, 고루하고 폐쇄적인 사고에서 벗어나 신문명 중심의 국가체계를 형성한 덕분에 혁신적인 발전을 이룰 수 있었다. 이후 일본 역시 세계열강의 제국주의적 팽창정책을 고스란히 수입하여 주변 약소국에 대한 침략에 혈안이 되었다.

일본 제국주의의 첫 번째 제물은 류쿠, 타이완, 조선 등 주변의 약소국이었다. 일본은 메이지유신의 성공으로 서구화 작업에 소기의 성과를 거두자, 곧장 류쿠와 타이완, 조선에 대한 정벌 계획을 세우고 실행에 옮기기 시작했다. 일본은 류쿠, 타이완, 조선 순으로 국력이 약한 곳부터 정벌을 감행했고, 그 과정에서 동북아시아 지역의 맹주 청과 전쟁을 치러 승리했다. 그리고 19세기 말에 이르면 류쿠와 타이완을 차지한 뒤, 조선을 식민화하는 작업을 본격화하게 된다.

18~19세기의
한국사

이렇듯 세계는 급변해나갔지만, 당시 한국을 지배하던 조선 왕실은 세계정세에 어두워 제대로 대처하지 못했다. 조선에는 18세기 이후 기독교가 유입되고 서양 배가 출몰했지만, 근시안적이고 폐쇄적인 세계관에 사로잡혀 적극적인 대응을 하지 못했다.

설상가상으로 조선은 1800년 이래 순조, 헌종, 철종을 거치면서 60여 년 동안 외척 독재가 횡행하여 국가 기강은 무너지고 탐관오리가 판을 쳐 백성의 삶은 한층 피폐하고 곤궁해졌다. 그런 가운데 12세의 어린 고종이 즉위하고 흥선대원군이 섭정을 맡아 혁신을 감행한 끝에 외척 독재는 사라졌지만, 세계의 흐름에 역행하여 쇄국 일변도의 정책을 구사하는 바람에 변화의 시기를 놓쳤다. 10년이 흐르고 흥선대원군이 밀려나자, 신문명을 받아들여 국가를 혁신해야 한다는 목소리가 터져 나오기 시작했다.

그런 가운데 조선은 일본의 무력시위에 밀려 강화도조약을 맺고 항구를 개방하기에 이른다. 강화도조약 후 조선은 개화 정책을 실시하는 과정에서 구식 군대의 반발로 일어난 임오군란(1882)을 겪으면서 청나라 군대를 끌어들였다. 이후 청나라의 간섭과 지배가 강화되자, 이를 벗어나기 위한 급진 세력의 갑신정변(1884)이 발발했다. 하지만 갑신정변이 삼일천하로 끝나자, 조선은 더 이상의 개혁 정책을 추진하지 못하고 10년간 허송세월을 보냈다. 그 10년 동안 조선 백성의 삶은 더욱 피폐해졌고, 탐관오리의 횡포는 심화되었으며, 국가 기강은 날로 약화되었다.

결국 탐관오리의 횡포를 참지 못한 농민들이 봉기하여 동학농민운동(1894)이 전개되었고, 무능한 조정은 농민 혁명을 진압하기 위해 청나라 군대를 다시 불러들였다. 이에 갑신정변 후 청일 간에 맺은 톈진조약에 따라 자동으로 개입한 일본군이 조선으로 밀려왔으며, 이는 청일전쟁으로 이어졌다. 청일전쟁에서 승리한 일본은 조선에 대한 지배력을 강화했다. 조선 조정이 이에 반발하여 러시아의 힘을 빌리려 하자, 일본은 조선의 핵심 권력인 명성황후를 시해하는 을미사변(1895)을 일으켰고, 이에 놀란 고종이 러시아 영사관으로 몸을 피하는 아관파천(1896)이 발발했다. 이는 러시아의 영향력을 강화하는 한편, 국가 조직의 마비로 이어졌다.

그런 가운데 일본은 여전히 조선 식민화를 포기하지 않았다. 되레 일본은 수단과 방법을 가리지 않고 러시아를 공격하여 기어코 조선을 식민지화한 후 중국 대륙으로 진출할 기회를 엿보고 있었다.

10장

세계대전,
냉전시대
그리고 21세기

발칸 전쟁과
제1차 세계대전

식민지 확대에 혈안이 된 유럽 열강들은 20세기에 접어들면서 급속도로 전쟁의 소용돌이 속으로 빠져든다. 더 이상 식민지를 차지할 수 없게 되자, 서로 식민지 쟁탈전을 벌였고, 이는 전쟁으로 이어졌다.

전쟁은 발칸반도에서 시작되었다. 발칸이라는 말이 터키어로 산맥이라는 뜻이라는 사실에서 알 수 있듯이 당시 발칸반도는 오스만제국(터키의 전신)의 지배를 받고 있던 산악 지대였다. 발칸반도에는 불가리아, 세르비아, 몬테네그로, 그리스, 알바니아, 루마니아, 슬로베니아, 크로아티아, 보스니아-헤르체고비나, 마케도니아 등 10여 개의 나라가 뒤엉켜 있는 데다 종교도 이슬람교와 기독교, 그리스정교 등으로 나뉘어 있었다. 게다가 민족도 게르만계와 슬라브계로 나뉘어 갈등의 소지가 다분한 곳이었다. 그 때문에 발칸반도는 '유럽의 화약고'로 불렸다.

그런데 이 발칸반도를 지배하던 오스만제국이 이탈리아와의 전쟁에서 패배하면서 힘이 약화되자 발칸의 여러 나라는 독립을 선언하기 시작했다. 이런 상황을 지켜보던 러시아는 재빨리 불가리아, 그리스, 세르비아, 몬테네그로 등을 묶어 발칸동맹을 맺었다. 이후 발칸동맹 국가들은 오스만을 상대로 선전포고를 했다. 이것이 1912년에 벌어진 제1차 발칸 전쟁인데, 전쟁 중 독립을 염원하던 알바니아도 동맹국에 가담했다. 이 전쟁에서 러시아의 지원을 받은 동맹국들이 승리했고, 이후 오스만제국은 이스탄불 주변을 제외한 유럽의 모든 영토를 잃었다.

하지만 발칸 전쟁은 이것으로 끝나지 않았다. 전쟁에서 승리한 동맹국들 사이에 전쟁으로 얻은 영토 배분을 놓고 다시 전쟁이 벌어진 것이다. 불가리아가 마케도니아 지방에서 세르비아보다 훨씬 넓은 영토를 차지하자, 이에 불만을 품은 세르비아가 그리스, 루마니아와 연합하여 불가리아에 대항했다. 그러자 불가리아가 이참에 아예 마케도니아 지역을 모두 차지할 속셈으로 세르비아와 그리스에 선전포고를 하여 제2차 발칸 전쟁이 발발했다. 막상 전쟁이 벌어지자, 루마니아, 오스만제국, 몬테네그로까지 가세하여 불가리아를 공격했다. 결국 동시에 여러 국가를 상대하던 불가리아는 패전하고 말았다.

패전 후 불가리아는 마케도니아 지방 대부분을 세르비아와 그리스에 빼앗겼고, 도브루자 지역은 루마니아가 차지했으며, 오스만제국은 트라크야(트라키아)를 차지했다.

2차 발칸 전쟁 후 불가리아는 세르비아를 적대시하기 시작했고, 세르비아를 지원하던 러시아와도 멀어졌다. 그리고 당시 발칸반도를 노리며 동남쪽으로 영향력을 확대하고 있던 오스트리아-헝가리제국과 가까워진다. 오스트리아-헝가리제국의 전신은 합스부르크 왕가 중심의 신성로마제국이었다. 당시 오스트리아는 1908년 이후 보스니아와 헤르체고비나 땅을 차지한 상태였고, 세르비아는 세르비아계가 많이 살고 있는 두 지역을 오스트리아가 차지한 것을 매우 비난하고 있었다.

그런 가운데 1914년 6월에 오스트리아의 페르디난트 황태자 부부가 보스니아의 수도 사라예보를 방문했다. 그러자 세르비아계 대학생이 황태자 부부를 권총으로 저격하여 암살하는 사태가 벌어졌다. 이 소식을 들은 오스트리아는 당장 세르비아에 선전포고를 하고 전쟁을 개시했다. 이것이 제1차 세계대전의 시발점이었다.

당시 유럽은 삼국동맹국과 삼국협상국으로 양분되어 있었다. 삼국동맹은 독일, 오스트리아-헝가리제국, 이탈리아 등 삼국이 맺은 비밀 동맹이었다. 삼국동맹은 프랑스의 팽창에 대항하기 위해 독일을 주축으로 맺은 동맹이었는데, 이에 대한 견제 세력으로 형성된 것이 삼국협상이었다. 영국은 독일의 팽창을 견제하기 위해 러시아와 협상을 맺었고, 프랑스 또한 독일을 견제하기 위해 러시아와 동맹을 맺었다. 그리고 이들이 모두 독일을 견제하려 한다는 공통점이 있었기 때문에 결국 삼국협상으로 귀결된 것이다.

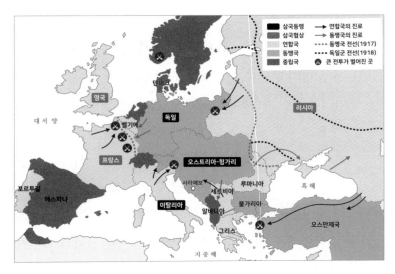

제1차 세계대전의 전개

　삼국동맹국 이탈리아는 전쟁을 지켜보기만 했다. 이에 오스트리아가 영토의 일부를 약속하며 지원을 요청하자, 삼국협상국 측은 이에 대응하여 자신들이 승리하면 오스트리아에 속한 지금의 북부 이탈리아는 물론이고 독일의 해외 식민지까지 주겠다고 제안했다. 이탈리아는 삼국동맹국을 탈퇴했고 삼국협상국의 제안을 받아들여 전쟁에 가담했다. 오스트리아-헝가리제국이 세르비아를 공격했고 세르비아와 발칸동맹을 맺은 러시아가 전쟁에 바로 개입했다. 삼국동맹국으로서 독일은 즉각 러시아에 선전포고를 했고, 삼국협상국으로서 프랑스는 러시아를 지원하고자 독일을 공격했다. 여기서 당시 전쟁의 확산을 막기 위해 노력하던 영국이 러시아 지원에 나섰고, 러시아에 원한이 있던 오스만제국은 독일 편에 섰다. 그러자 전쟁은 걷잡을 수 없이 커지고 말았다.

비록 이탈리아가 동맹 측에서 빠져 연합군에 가담했지만 전쟁 양상은 일진일퇴를 거듭하며 팽팽한 상태로 전개되었다. 양쪽 진영의 승패는 대서양의 제해권을 누가 차지하는가에 달려 있었지만 역시 영국과 독일은 서로 이겼다는 주장을 할 뿐 전력이 대등했다. 그런데 제해권을 놓고 치열한 싸움을 벌이던 중 의외의 사건이 터졌다. 독일의 잠수함이 미국의 상선을 침몰시켜버린 것이다. 이 사건은 중립을 지키고 있던 미국이 삼국협상을 지원하는 계기가 되었다.

미국이 개입하기 전까지는 유럽 전쟁에 머물렀던 전쟁은 미국의 개입으로 세계대전으로 확대되었다. 또 미국의 개입으로 양쪽의 팽팽한 균형이 깨지면서 전쟁은 연합군의 승리로 끝났다.

1차대전의 승전국들은 파리강화회의를 통해 패전국에 대한 일련의 조치를 취하고 국제연맹을 발족했다. 이 과정에서 패전국들은 매우 가혹한 처분을 받아야 했다.

독일은 베르사유조약에 따라 일본과 영국, 프랑스에 식민지를 모두 빼앗겼고, 전쟁 중 발생한 모든 민간인의 피해를 보상해야 했다. 이에 대해 독일인은 강하게 반발하며 분노했다. 이는 훗날 독일이 다시 군국주의의 길을 걷는 배경이 되기도 한다.

독일과 함께 패전국이 된 오스트리아 역시 가혹한 처분을 감내해야 했다. 오스트리아 – 헝가리제국이 해체되고, 인구는 35%로 줄었으며, 체코슬로바키아, 유고슬라비아, 루마니아 등에 많은 영토를 내줘야 했다.

주요 패전국 중 하나인 오스만제국 역시 해체되었다. 세브르조약을 따라 1914년 이전의 영토를 대부분 상실했다. 유럽과 중동, 아프리카에서 떨치던 대제국의 위상은 사라졌고 소아시아와 유럽의 일부, 현재의 터키 땅으로 영토가 축소되었다.

소비에트연방의
등장

1차 세계대전이 막바지에 이른 1917년, 북유럽의 강국 러시아에서 또 하나의 역사적인 사건이 일어났다. 흔히 10월혁명이라고 불리는 볼셰비키혁명이었다. 이는 카를 마르크스의 사상에 기반한 최초의 공산주의 혁명이었다.

혁명의 중심이 되었던 볼셰비키는 블라디미르 레닌이 인솔한 러시아 사회민주노동당의 과격파였다. 당시 사회민주노동당은 과격파인 볼셰비키와 온건파인 멘셰비키로 나뉘어 대립하고 있었는데, 과격파가 정권을 장악한 것이다.

볼셰비키가 10월혁명을 일으킬 당시 러시아에는 공화주의자들에 의해 혁명정부가 꾸려진 상태였다. 8개월 전에 일어난 2월혁명으로 로마노프왕조의 니콜라이 2세가 폐위되고 케렌스키 임시정부가 수립되었던 것이다. 이 정부는 기존 의회의 정치인과 사회주의 세력이 연합하여 만들었는데, 볼셰비키 세력은 극소수만 참여할 수 있었다. 또 볼셰비키를 이끌던 레닌은 케렌스키에 의해 스파이로 몰려 외국에 망명한 상태였다. 이에 레닌은 은밀히 러시아로 잠입하여 다시 한번 혁명을 시도한 끝에 마침내 성공했고, 그 와중에 케렌스키는 여장을 하고 미국 대사관으로 망명함으로써 임시정부 체제는 붕괴되었다.

하지만 혁명의 성공이 곧바로 소비에트 정부를 탄생시키지는 못했다. 정치 세력 간에 내전이 일어났기 때문이다. 흔히 러시아 내전으로 불리는 이 전쟁은 1917년 11월부터 1922년 10월까지 무려 5년 동안이나 지속되었다.

내전 세력은 크게 셋으로 나뉘었다. 첫째는 레닌이 이끄는 사회주의 볼셰비키를 지지하는 붉은 군대였고, 두 번째는 군주제와 자본주의, 사회민주주의 및 반민주주의 연합 세력을 형성한 백군이었으며, 세 번째는 이념이 없는 녹색 군단과 사회주의에 반대하는 여러 군벌이었는데, 이들은 백군과 붉은 군대를 모두 적으로 간주했다.

러시아 내전에는 1차 세계대전에서 연합군을 형성한 프랑스, 영국 등의 8개국과 이에 맞선 독일제국도 개입했다. 그 때문에 단순한 내전의 차원을 넘어 국제 전쟁의 양상을 보였고, 결국 러시아 내전은 1,000만 명의 사상자를 낼 정도의 참혹한 전쟁으로 기록되었다.

5년 동안 진행된 이 전쟁은 결국 붉은 군대의 승리로 끝났고, 1922년 12월 30일 러시아, 자카프카스, 우크라이나, 벨라루스 등의 소비에트 세력이 통합되어 소비에트사회주의공화국연방, 즉 소련이 탄생했다. 그리고 소련은 공산당 일당 체제를 채택했고, 레닌은 소련의 국가원수가 되었다.

레닌의 집권은 오래가지 못했다. 불행히도 그는 1923년 1월에 사망했고, 소련의 실권은 이오시프 스탈린이 잡았다. 스탈린은 이후 1953년까지 무려 30년 동안 장기 집권한다.

대공황과
제2차 세계대전

1차 세계대전이 끝난 지 10년이 지났을 때, 세계경제는 대공황이라는 또 하나의 위기에 직면했다. 대공황의 진원지는 신흥 강대국이자 1차 대전의 최대 수혜국인 미국이었다.

미국은 1차 대전에서 승리한 이후 경제적 호황을 누리며 성장을 지속했다. 이에 따라 기업들은 생산량을 늘리기 시작했는데, 지나치게 늘어난 생산량은 공급 과잉을 유발했다. 공급 과잉의 주범은 컨베이어시스템의 도입이었다. 컨베이어는 물건을 연속적으로 실어 나르는 자동화된 기계장치인데, 이를 공정에 도입하면서 부품을 분업적으로 공급하고 조립할 수 있게 됨으로써 동일 제품에 대한 대량생산이 가능하게 되었다. 컨베이어시스템은 1913년에 미국의 포드자동차가 처음 도입했는데, 이후 이 시스템이 10여 년 동안 모든 공장으로 확산됨으로써 급격한 공급 과

대공황은 미국을 중심으로 발생한 세계적인 경제 공황으로, 과잉생산, 실업자 증가, 소비 저하로 사회불안과 정치 위기가 야기되면서 발생했다.

잉 현상에 맞닥뜨린 것이다.

공급 과잉이 일어나면 당연히 상품의 값은 떨어질 수밖에 없고, 그로 인해 공장은 경영난을 겪을 수밖에 없다. 그러자 공장주는 직원을 줄여서라도 경영난을 극복하려 했고, 이는 엄청난 실업자를 양산한다. 대량 실업자가 발생하면 소비는 더 위축되고, 소비 위축에 따라 상품 판매는 더욱 줄어들어 공장은 또다시 경영난에 시달리게 된다. 그 때문에 수많은 공장이 줄도산을 했고, 엄청난 실업자 양산으로 이어졌다. 이런 악순환이 결국 대공황을 유발했다.

1929년에 시작된 대공황은 불과 3년 만에 미국의 공업 생산량을 절반으로 떨어뜨렸고, 그 여파로 1,300만 명의 실업자가 발생했다. 또 값싼 미국 제품이 전 세계로 흘러들면서 유럽에도 대공황의 해일이 밀려들었다. 대공황의 여파는 이후로도 10년이나 지속되었는데, 이 때문에 각국에서는 국수주의가 판을 쳤다. 특히 1차 세계대전 패전국인 독일에서는 히틀러의 주도 아래 극우세력인 나치가 정권을 잡고 다시금 유럽 전쟁을 일으켰다.

그 무렵 동아시아에서는 뒤늦게 식민지 경쟁에 뛰어든 일본이 자원 확보에 혈안이 되어 중국을 침략했고, 급기야 태평양 연안 국가들의 자원을 독점하기 위해 미국을 공격하여 태평양전쟁을 일으켰다. 이후 소련을 비롯한 전 세계의 강국들이 모두 전쟁에 가담하면서 2차 세계대전이 전개되었다. 전쟁은 엄청난 물자를 요구했고, 아이러니하게도 이런 파괴적인 전쟁은 공급 과잉 문제를 해소했다. 전쟁이 대공황의 여파를 잠식한 셈이다.

6년 동안 지속된 전쟁은 미국과 손을 잡은 소련, 영국, 프랑스 등의 승리로 종결되었다. 이후 승전국들은 식민국을 해방시키기 시작했다. 더 이상 자원 확대 정책이 필요 없게 된 것이다. 공급 과잉으로 대공황을 겪은 서구 강국은 이제 생산보다도 시장을 더 중시하는 방향으로 정책을 전환했고, 그것은 곧 공업시대가 완전히 저물고 제3차 산업시대인 상업시대가 본격화되었음을 의미했다.

본격화된 상업시대와
냉전 체제

상업시대는 말 그대로 상품 매매를 통해 생산자와 소비자 사이에서 재화를 주고받으며 이익을 얻는 경제활동을 의미한다. 따라서 상업시대의 가장 중요한 요소는 이익 창출이며, 이를 위해서는 상품을 판매할 시장을 확대하고 관리하는 것이 경제의 중심이 된다.

상업시대는 생산의 확대보다 시장의 확대와 안정에 주력하는 경제구조를 띤다. 외부 시장은 확대하고 내부 시장은 안정시키는 것이 성장의 요체이기 때문이다. 말하자면 시장을 제대로 관리하는 것이 경제의 핵심이 된 셈이다.

그런데 시장 관리 방법을 두고 자본주의 체제와 사회주의 체제는 견해가 달랐다. 자본주의 체제는 시장의 원리, 즉 공급과 수요의 법칙에 맡겨두면 된다는 입장이었지만, 사회주의 체제는 국가가 시장을 관리해야 한다는 입장이었다. 이것이 곧 시장경제와 계획경제의 대립이었다. 이러한 체제 간의 대립은 세계 무역 시장을 양분했다. 소련을 중심으로 한 사회주의국가 시장과 미국을 중심으로 한 자본주의 시장으로 갈라진 것이다. 그래서 유럽은 서구와 동구가 갈라지고, 아시아에서도 사회주의와 자본주의가 대립했다. 이후로 양쪽 진영은 진영 내부에서 서로 동맹을 맺고 정치, 경제, 사회, 문화 등 모든 면에서 다른 길을 걸었다. 이른바 냉전시대의 도래였다.

그런 냉전의 대립 속에서 미국과 서유럽은 GATT(관세 및 무역에 관한 일반 협정)를 출범시켰다. GATT의 창설 목적은 보호무역의 장벽을 제거하는 데 있었다. 자유무역을 방해하는 관세 및 각종 비관세 장벽을 허물어 시장경제를 확대하기 위한 조치였던 것이다.

GATT 창설 논의는 1944년 미국 뉴햄프셔주의 브레턴우즈에서 개최된 '브레턴우즈 회의'에서 시작되었다. 이후 1947년에 스위스 제네바에서 23개국이 모여 관세와 무역에 관한 일반 협정을 체결하면서 1948년부터 GATT가 본격적으로 가동되었다. 이후 시장경제를 추구하는 미국 중심의 GATT 체제와 계획경제를 추구하는 소비에트 체제가 대립하는 양상이 전개되었고, 이는 1991년 소련이 붕괴될 때까지 지속된다.

냉전 체제가 낳은
미니 세계 전쟁, 한국전쟁

자본주의와 사회주의의 대립을 의미하는 냉전 체제 속에서 미국과 소련으로 대변되는 강국들은 식민지에서 막 벗어난 약소국을 분단시켰고, 이는 다시 전쟁을 유발하여 엄청난 희생을 낳았다. 대표적인 사례가 바로 한국전쟁이다.

한국전쟁은 미국과 소련이 한반도를 분할하여 점령한 때부터 예고된 일이었다. 한반도 분할 이후 남과 북에는 각각 자본주의 정부와 사회주의 정부가 들어섰고, 설상가상으로 소련과 미국이 치열한 대립 구도를 형성하면서 한반도는 완전히 분단되고 말았다. 이후 남한과 북한은 국지전을 지속하며 체제 경쟁을 벌였고, 이는 결국 전쟁으로 이어지고 말았다.

전쟁은 1950년 6월 25일 북한의 일방적인 공격으로 시작되었다. 전쟁은 비록 한국 땅에서 벌어졌지만 수십 개 나라가 직간접적으로 참전했다. 그야말로 한국전쟁은 동서 냉전 체제를 압축한 작은 세계 전쟁이나 다름없었다. 북한의 뒤에는 소련은 물론이고 1949년에 공산화된 중국이 버티고 있었고, 남한의 뒤에는 미국과 서유럽 세력이 버티고 있었다. 양대 세력이 한국에서 대리전을 벌인 셈이다.

전쟁의 양상은 우선 선전포고도 없이 선제공격을 감행한 북한에 유리하게 돌아갔다. 북한은 순식간에 밀고 내려와 남한의 수도 서울을 장악한 뒤 공세를 펴기 시작했다. 그 바람에 남한 정부는 한반도 최남단 부산까지 쫓겨 가는 처지가 되었다.

하지만 전세는 미군과 UN군의 개입에 의해 3개월 만에 역전되었다. 이후 북한군은 후퇴를 거듭했고, 급기야 북한의 수도 평양이 함락되는 지경에 이르렀다. 그리고 중국과 국경을 접하고 있는 압록강까지 쫓겨 갔다.

그런 상황에서 중국군이 개입했다. 수십만 중국군이 인해전술로 밀고 내려오자, 미군과 남한군은 다시 서울을 내주고 남쪽으로 후퇴해야 했다.

이후 양쪽 군대는 일진일퇴를 거듭했고, 전쟁은 교착 상태에 빠졌다. 그런 가운데 남한군은 가까스로 서울을 되찾았고, 양쪽은 38선을 중심으로 지루한 영토 싸움을 지속했다. 그리고 한편에서는 휴전 협상이 이어졌다.

휴전회담은 무려 2년 이상 지속되었다. 그 바람에 한국 국민에게는 전쟁이 일상이 되어버렸고, 남북 가릴 것 없이 한반도는 초토화되었다.

1953년 7월 27일 지리멸렬한 휴전 협상에 종지부를 찍었을 때, 전쟁으로 인한 물질과 인명의 손실은 통계조차 내기 힘들 정도로 엄청났다. 남북 총인구 3,000만에 280만 명이 죽거나 실종되었고, 360만 명이 부상을 입었다. 전체 국민의 20%가 전쟁 사상자였다.

외국 군대의 희생도 엄청났다. 유엔군 측 사망자 및 실종자가 4만 3,000여 명, 부상자가 71만 5,000여 명, 중국군 측 사망자 및 실종자가 20만 6,000여 명, 부상자가 72만 명에 육박했다.

물적 피해도 인적 피해에 뒤지지 않았다. 북한은 산업 생산 시설의 80%가 사라졌고, 남한도 60% 정도의 국가 기반 시설이 사라졌다.

단일 국가의 내전에서 이토록 많은 희생을 낳은 전쟁은 없었다. 또 전쟁에 직접 군대를 보낸 국가가 20개 국가에 이르고, 물품 조달 등 간접 참여국까지 포함하면 단순한 내전이 아니라 세계 전쟁이라고 해도 과언이 아닐 정도였다.

한국의 남북전쟁은 단순히 이런 통계만으로는 계산할 수 없는 아픔과 갈등도 가속화했다. 전쟁 중 형제가 남북의 군대에서 싸우기도 했고, 마을이 좌와 우로 갈라져 서로 죽고 죽였으며, 사상이 뭔지도 모르는 사람들이 이유도 모르고 목숨을 잃기도 했다. 이 때문에 어제의 이웃이 불구대천의 원수로 돌변했고, 혈육이 남북으로 갈라져 소식조차 모르고 지내야 했다.

또 하나의 냉전의 산물, 베트남전쟁

미국과 소련 중심의 동서 냉전 체제는 한국전쟁에 이어 또 하나의 비극적인 전쟁을 낳았다. 바로 베트남 전쟁이었다.

베트남 역시 한국처럼 식민지 상태에서 벗어난 뒤 남북으로 분단된 국가였다. 북쪽에는 사회주의 정부가 들어서고 남쪽에는 자본주의 정부가 들어섰다. 그런 상황에서 1964년 5월 2일 사이공에 정박해 있던 미국 수송선이 베트콩에 격침되었다. 8월 2일과 4일에는 연속적으로 미국의 구축함이 두 차례 공격을 당했다. 이 사건을 흔히 통킹만 사건이라고 하는데, 이 사건은 미군의 조작으로 이뤄졌을 가능성이 높다.

미국이 통킹만 사건을 조작한 것은 참전 명분을 얻기 위함이었다. 베트남은 2차 세계대전 이전에 프랑스의 식민지였다가 성장하고 있는 일본의 지배를 받았다. 그러다 2차 세계대전이 연합군의 승리로 막을 내리자, 승전국인 미국은 베트남을 다시 프랑스의 지배 아래 두려 했다. 하지만 베트남 독립 세력은 프랑스의 지배를 거부했고, 호치민이 이끌던 공산주의자들은 북베트남을 근거지로 삼아 독립을 선언했다. 이에 프랑스가 하이퐁 지역을 폭격하면서 북베트남과 프랑스 사이에 전쟁이 발발했다. 하지만 프랑스는 막강한 화력에도 전술의 실패와 지역적 한계를 극복하지 못하고 패전했고, 결국 1954년 7월 21일 제네바회담을 통해 북위 17도선을 휴전선으로 설정함으로써 베트남은 남북으로 분단되었다. 당시 제네바회담에서는 1956년에 남북 통합 선거를 통해 베트남을 통일시키기로 했으나 남베트남의 허수아비 황제 바오다이가 총선거 이행을 거부함으로서 분단 상태가 이어졌다.

미국은 당시 프랑스와 북베트남의 전쟁에 깊숙이 개입하여 프랑스를 지원하고 있었고, 프랑스가 남베트남에서 물러난 뒤에는 프랑스를 대신하여 남베트남의 배후 세력이 되었다. 이런 상황에서 남베트남은 부정과 부패가 넘쳐났고, 급기야 미국의 후원 아래 쿠데타가 일어나 군부 정권이 들어섰다. 이에 이른바 베트콩이라고 불리는 남베트남 통일전선이 형성되어 남베트남을 공산화하려 하자, 미국은 베트남의 공산화가 인도차이나반도 전체로 확산될 것을 우려하여 전쟁을 계획하게 된 것이다.

통킹만 사건을 빌미로 미국은 1964년 8월에 2척의 항공모함을 급파하여 월맹의 유류 저장고에 집중적인 공격을 개시함으로 전쟁을 일으켰다. 이후 전쟁은 1973년 3월까지 무려 9년 동안 지속되었다.

베트남전쟁도 한국전쟁과 마찬가지로 국제 전쟁 양상을 띠었으며, 전형적인 체제 대립 형태를 띠었다. 북베트남은 소련과 중국은 물론 북한 같은 사회주의 세력의 지원을 받았고, 남베트남은 미국과 한국, 호주, 뉴질랜드, 필리핀, 태국, 대만 등 자본주의 세력의 지원을 받았다.

9년간 지속된 전쟁인 만큼 베트남전도 엄청난 인명 피해를 낳았다. 전쟁을 일으킨 미군은 전사자 5만 6,000여 명, 부상자 20만여 명이었으며, 남쪽 군대인 월남군은 전사자 20만여 명, 부상자 50만여 명이었다. 한국을 비롯한 외국 군대의 피해도 만만치 않았다. 그리고 북쪽 군대인 월맹군은 전사자만 90만여 명에 이르렀다. 여기에 민간인 피해자는 사망자 150만여 명, 부상자 300만여 명 등으로 집계되었다. 물론 베트남 영토는 완전히 초토화되었다. 그런 엄청난 피해를 내고 1973년에 미군은 철수했고, 이후 북베트남은 남베트남을 무너뜨리고 영토를 하나로 통일했다. 결과적으로 미군이 패전한 전쟁이었다.

소비에트연방의 해체와
냉전 체제의 완전 종식

베트남전쟁이 막바지에 이른 1969년, 미국의 닉슨 대통령은 더 이상 아시아의 전쟁에 참전하지 않겠다고 선언했다. 이른바 '닉슨 독트린'으로 불리는 이 선언은 베트남 전쟁에서 패전 위기에 몰렸던 미국의 위상을 회복하기 위한 시도였다. 또 사회주의 진영을 향한 화해의 손길이기도 했다. 그러자 소련과 중국은 미국이 내민 화해의 손길을 받아들였고, 덕분에 닉슨은 1972년에 소련의 모스크바와 중국의 베이징을 차례로 방문하는 성과를 올렸다. 이와 함께 유럽 냉전 체제의 상징으로 여겨지던 분단국 독일에서는 동독과 서독이 불가침 협정에 서명했다. 그리고 1973년에 동독과 서독은 동시에 UN에 가입했다. 서로가 독립된 국가임을 인정한 셈이었다.

이렇듯 냉전 체제가 서서히 허물어져가는 상황에서 사회주의 체제의 종주국 소련에서 새로운 바람이 불었다. 그 바람의 선두에는 소련의 새로운 지도자 고르바초프가 있었다. 그는 개혁을 의미하는 페레스트로이카, 개방을 의미하는 글라스노스트를 슬로건으로 내세우는 인물이었다. 그리고 1985년 3월에 그는 공산당 서기장에 선출되어 본격적으로 이 노선을 실천에 옮기기 시작했다.

고로바초프가 내세운 개혁, 개방의 핵심은 사유재산 제도의 허용을 통한 경제 발전이었다. 이를 위해서는 내부적으로는 마르크스와 레닌주의를 포기하고, 외부적으로는 사상 투쟁에 의한 냉전 체제를 종식해야 한다고 주장했다. 그는 이를 실천하기 위해 1989년 미국 대통령 부시와 만나 군비 축소와 협력 강화를 약속하는 몰타 선언에 합의했다.

이 합의는 곧 동서 냉전 체제의 종식을 의미하는 것이었고, 그 공로로 고르바초프는 노벨 평화상을 수상했다.

이렇듯 소련에서 개혁과 개방의 열풍이 불자, 그 영향으로 유럽에서도 엄청난 사건이 일어났다. 1990년 10월 3일, 유럽의 냉전시대를 상징하는 독일의 동서 분단시대가 종결된 것이다. 과거 독일민주공화국에 속했던 동독의 주들이 서독의 독일연방공화국에 가입하는 형식으로 독일의 통일이 이뤄졌다. 그 결과 베를린장벽이 무너지고, 독일은 일약 유럽의 중심 국가로 부상했다.

그 무렵 소련에서는 고르바초프의 개혁 정책에 대한 내부 반발이 극대화되고 있었다. 급기야 반발 세력은 1991년 8월에 쿠데타를 일으켜 고르바초프를 내쫓았다. 그러나 그들의 쿠데타는

3일 만에 진압되었다. 쿠데타 세력을 무너뜨린 배경에는 보리스 옐친으로 대표되는 급진 개혁 세력이 있었다. 그들은 과감하게도 기존 소비에트연방 체제의 해체를 주장했고, 1991년 12월 벨라베자 조약을 통해 이를 실천으로 옮겼다. 마침내 공식적으로 소비에트연방이 해체된 것이다.

냉전 체제의 종식은 소련과 함께 대표적인 사회주의 노선을 걷던 중국에도 개혁, 개방의 열풍을 일으켰다.

중국은 1970년 말부터 시장경제 제도를 일부 도입하여 개혁 정책을 진행하는 중이었다. 이 과정에서 화교나 서구 자본을 끌어들이기도 했고, 기업의 경영자 주권을 확대하기도 했다. 하지만 이는 도시와 농촌의 빈부 격차를 심화하고 관료의 부정부패를 낳았으며, 결과적으로 많은 실업자와 인플레이션을 유발했다. 이 때문에 공산당에 대한 불만이 커져 1989년에 톈안먼사건이 발생했다. 이 여파로 일시적이나마 개혁, 개방 열풍이 사그라졌으나, 소련의 해체 이후 개혁의 바람이 다시 불었다.

이렇듯 소련이 해체되고 중국의 개혁과 개방이라는 이름으로 자본주의 열풍이 불게 됨으로써 동서 냉전 체제는 완전히 종식되었다.

WTO 창설과
OEM 방식의 유행

소련과 사회주의국가에 개혁, 개방이라는 이름으로 자본주의 열
풍이 불자, 자본주의 시장경제를 대변하는 GATT의 영향력이 점
점 확대되었다. 1979년 도쿄라운드에 이르면 가입국이 102개국
으로 확대되고, 1991년에 소련이 완전히 붕괴되고 냉전 체제가
종식되면서 GATT에 가입한 회원국 수는 120개국을 넘어섰다.

그러자 더 이상 GATT 체제로는 비대해진 세계 무역 시장을
관리할 수 없는 상황이 되었다. 자유무역의 확대로 관세 중심의
시장 관리는 무의미해진 것이다. 그래서 새로운 국제기구가 요구
되었고, 결국 1995년에 76개국이 참여한 WTO(세계무역기구)가 창
설된다. 이후 WTO 회원국은 160여 개국으로 늘어났다. 본격적
인 자유무역시대의 전개를 의미했고, 상업시대가 절정에 도달한
셈이다.

이후로 국가 간의 자유무역협정FTA이 늘어나고 자본의 이동이 자유로워졌다. 또 경제의 중심이 시장의 확대에서 자본의 확대로 전환되기 시작했다. 이는 곧 무역 시장에서 국경을 무너뜨리는 결과를 초래했고, 국가의 개념도 무너뜨렸다. 지구촌시대가 본격화된 것이다.

자본의 확대를 위해서는 이윤을 극대화해야 했고, 이윤의 극대화는 생산 비용의 최소화를 요구했다. 생산 비용 중 가장 많은 부분을 차지하는 것이 임금이었다. 이 때문에 기업들은 노동력이 싼 국가를 찾아 생산지를 옮겨 다니기 시작했다. 거기다 비용 절감을 위해 생산 방식의 변화도 꾀했다. OEM 방식이 유행하기 시작한 것이다.

OEM은 주문자상표부착생산Original Equipment Manufacturing의 약자로 말 그대로 주문자의 상표명으로 부품이나 완제품을 생산하는 방식이다. 이 경우 노동력이 값싼 나라에서 제품을 생산하지만 완제품 자체는 주문자인 유명 브랜드의 이름으로 판매된다.

이러한 기업들의 생산 비용 절감 정책은 결과적으로 임금이 높은 선진국의 경제구조를 변화시켰다. 노동력 중심의 제조업 비중을 줄이고 고급 기술과 지식이 필요한 정보 지식산업 육성에 집중한 것이다. 이후 경제의 중심은 정보, 의료, 교육, 서비스 산업 등 지식 집약 형태의 4차산업으로 이행하기 시작했고, 이는 세계 경제구조가 상업시대에서 지식 정보시대로 변화되고 있음을 의미했다.

지식시대로 접어든
21세기

지식시대란 지식 정보산업이 세계경제의 중심이 되는 시대를 말한다. 지식시대는 정보산업의 기반이 된 퍼스널 컴퓨터의 대중화에서 시작되었다. 퍼스널 컴퓨터의 대중화는 1995년 WTO의 출범과 함께 본격화된다. 냉전시대의 종식으로 인한 자유무역 시장의 확대와 컴퓨터 대중화는 경제를 빠른 속도로 지식시대에 진입시킨 것이다.

지식시대를 선도한 분야는 컴퓨터, 반도체, 통신 기기를 비롯한 하드웨어 산업, 소프트웨어 산업, 정보처리업, 정보 통신업 등 컴퓨터와 직간접으로 관련된 정보 기술 산업이었다. 그런데 컴퓨터의 발달은 정보 기술 산업의 범위를 점차 확대하기 시작했다. 의료, 교육, 서비스 분야에 컴퓨터가 본격적으로 도입되면서 이 분야까지 모두 정보 기술 산업의 영역으로 들어간 것이다. 거기다 인터넷의 대중화로 지식의 축적과 탐색, 보완, 확산이 용이해지면서 정보산업과 지식산업이 하나로 결합되었고, 이는 엄청난 시너지 효과를 일으켰다. 컴퓨터, 인터넷, 지식, 이 세 가지 요소가 하나로 융합되어 '지식 정보 융합 산업'이라는 새로운 경제 영토를 만들어낸 것이다. 이를 줄여 흔히 정보산업 또는 지식산업이라고 한다.

지식산업이 확대되자 1·2·3차산업이 모두 컴퓨터와 인터넷으로 빨려 들어갔다. 말하자면 모든 경제가 분야를 막론하고 지식산업의 영향력 아래 놓이게 된 것이다. 마침내 지식산업이 주도하는 4차 산업시대가 도래했다.

시장도 모두 지식산업의 기반 위에서 움직이는 상황이라 세계 무역 시장도 지식산업의 한 분야로 흡수되었다. 그런 까닭에 지식산업이 무역에서 가장 큰 비중을 차지하는 분야가 되었다. 시장에서 가장 영향력 있는 기업도 모두 마이크로소프트, 애플, 삼성, 구글, 페이스북 등의 지식 정보산업체였다. 이제 세계경제와 무역은 그들이 주도하는 형국이 되었다.

지식시대의 가장 중요한 경제활동은 지식 가공이다. 지식이 가장 중요한 먹거리가 된 셈이다. 따라서 인류는 이제 지식을 어떻게 하면 좋은 상품으로 가공할지 골몰하는 상황에 처했다. 단순히 지식을 간직하는 것으로는 상품이 될 수 없기 때문에 구매자가 사용하기 좋은 지식으로 가공해야 하는 것이다. 치열한 지식 정보 경쟁은 필연적이다. 이는 곧 엄청난 정보 홍수를 일으킨다. 그야말로 정보 전쟁의 시대인 것이다.

이런 지식 가공 산업의 형태는 세 가지로 나눌 수 있다. 첫째는 정보 기술업, 둘째는 지식 플랫폼 역할을 하는 웹사이트, 셋째는 지식 콘텐츠업이다. 말하자면 지식산업의 핵심 요소가 정보 기술, 웹사이트, 콘텐츠, 세 가지라는 것이다. 따라서 이 세 분야를 선도하는 쪽이 시장을 장악하게 된다.

지식산업의 발달은 지구 전체에 판로를 둔 글로벌 기업과 소수의 창업자가 중심이 된 스타트업 기업의 발달을 촉진한다. 정보 기술과 유통망 덕분에 지식 기업은 세계 어디에나 영향력을 확대할 수 있게 되었고, 소수의 엘리트가 세계를 지배할 수 있게 된 것이다. 이에 따라 전 세계의 자본은 극소수가 장악했다. 지구 전체의 돈 중 90% 이상을 1,000명 이하의 소수가 차지하는 것도 가능하다. 상상하기 힘들 정도의 엄청난 빈부 격차가 현실로 닥치고 있는 셈이다.

지식시대의 미래는 예측하기 쉽지 않다. 국가의 개념을 무력화할 수도 있고, 이웃과 친구와 지역 사회의 개념도 변화시킨다. 가족과 가정의 틀도 바꿀 수 있고, 공간과 시간의 개념도 달라진다. 시공을 초월하는 사건이 시시각각 일어나는 까닭이다. 가상 국가와 가상 세계, 가상 기업, 가상 화폐가 국가와 기업, 인류를 지배할 수도 있다. 가상이 현실이 되고 현실이 가상이 되는 상황에 처할 수 있다. 심지어 의사, 법관, 교사, 변호사, 기술자, 경비원, 가사 도우미 등등 모든 직업의 틀을 바꾸는 한편, 새로운 직업이 속출할 것이다. 이미 그런 일은 현실이 되고 있고, 인류는 그 현실에 빠르게 적응하는 중이다.

저서

세계사

로저 레윈, 박선주 역,《인류의 기원과 진화》, 교보문고, 1992.

아놀드 J. 토인비, 강기철 역,《세계사》, 일념, 1991.

자와할랄 J. 네루,《세계사 편력》전 3권, 일빛, 2004.

수잔 와이즈 바우어, 이계정 역,《교양있는 우리 아이를 위한 세계 역사 이야기 1》고
　　대 편, 꼬마이실, 2004.

수잔 와이즈 바우어, 최수민 역,《교양있는 우리 아이를 위한 세계 역사 이야기 2》중
　　세 편, 꼬마이실, 2004.

수잔 와이즈 바우어, 최수민 역,《교양있는 우리 아이를 위한 세계 역사 이야기 3》근
　　대 편, 꼬마이실, 2004.

이강무·우경윤,《청소년을 위한 세계사》전 2권, 휴머니스트, 2014.

김상훈,《외우지 않고 통으로 이해하는 통세계사》전 2권, 다산에듀, 2009.

중국·중앙아시아사

범문란, 박종일 역,《중국통사》전 2권, 인간사랑, 2009.

진순신, 박현석 역,《진순신의 이야기 중국사》전 7권, 살림, 2011.

그룹 그르지마일로, 김기선·조혜경 역,《몽골과 오랑캐 유목제국사》, 민속원, 2008.

피터 B. 골든, 이주엽 역,《중앙아시아사》, 책과함께, 2021.

추원초, 박찬구 외 역,《중국역대황제》전 3권, 박이정.

노신, 임대근 역, 《격동의 100년 중국》, 일빛, 2005.

이병갑, 《중국역사사전》, 학민사, 1995.

한국사

사회과학원역사연구소, 《발해사》, 한마당, 1989.

사회과학원역사연구소, 《조선고대사》, 한마당, 1989.

유득공, 송기호 역, 《발해고》, 홍익출판사, 2000.

한국사사전편찬회 편, 《한국고중세사사전》, 가람기획, 1995.

박영규, 《한권으로 읽는 고구려왕조 실록》, 웅진지식하우스, 2004.

박영규, 《한권으로 읽는 백제왕조 실록》, 웅진지식하우스, 2004.

박영규, 《한권으로 읽는 신라왕조 실록》, 웅진지식하우스, 2004.

박영규, 《한권으로 읽는 고려왕조 실록》, 웅진지식하우스, 2004.

박영규, 《한권으로 읽는 조선왕조실록》, 웅진지식하우스, 2017.

박영규, 《한권으로 읽는 일제강점실록》, 웅진지식하우스, 2017.

일본사

김희영, 《이야기 일본사》, 청아출판사, 2006.

전국역사교사모임, 《처음 읽는 일본사》, 휴머니스트, 2018.

아사오 나오히로, 이계황 외 역, 《새로 쓴 일본사》, 창작과비평사, 2003.

중동사

조르주 루, 김유기 역, 《메소포타미아의 역사》 전 2권, 한국문화사, 2013.

제임스 헨리 브레스테드, 김태경 역, 《고대 이집트의 역사》 전 2권, 한국문화사, 2020.

유흥태, 《고대 페르시아의 역사》, 살림, 2008.

김경미, 《위대한 유산 페르시아》, 계명대학교출판부, 2020.

오가사와라 히로유키, 노경아 역, 《오스만 제국》, 까치, 2020.

톰 홀랜드, 이순호 역,《이슬람 제국의 탄생》, 책과함께, 2015.

그리스·로마사

제임스 롬, 정영목 역,《알렉산드로스 제국의 눈물》, 섬섬, 2015.

토마스 R. 마틴, 이종인 역,《고대 그리스의 역사》, 가람기획, 2003.

폴 카트리지, 이은숙 역,《스파르타 이야기》, 어크로스, 2011.

신선희·김상엽,《이야기 그리스 로마사》, 청아출판사, 2020.

배리 스트라우스, 최파일 역,《로마 황제 열전》, 까치, 2021.

사이먼 베이커, 김병화 역,《처음 읽는 로마의 역사》, 웅진지식하우스, 2008.

게오르크 오스트로고르스키, 한정숙·김경연 역,《비잔티움 제국사》, 까치, 1999.

서양사

윤선자,《이야기 프랑스사》, 청아출판사, 2020.

김복래,《프랑스사》, 대한교과서, 2005.

안병억,《하룻밤에 읽는 영국사》, 페이퍼로드, 2020.

김현수,《이야기 영국사》, 청아출판사, 2006.

박래식,《이야기 독일사》, 청아출판사, 2006.

닐 맥그리거, 김희주 역,《독일사 산책》, 옥당, 2016.

이구한,《이야기 미국사》, 청아출판사, 2020.

한국미국사학회 편,《사료로 읽는 미국사》, 궁리, 2006.

전국역사교사모임,《처음 읽는 미국사》, 휴머니스트, 2018.

헤이르트 마크, 강주헌 역,《유럽사 산책》전 2권, 옥당, 2011.

마크 칼레오티, 이상원 역,《짧고 굵게 읽는 러시아 역사》, 미래의 창, 2021.

인도사

조길태,《인도사》, 민음사, 2012.

이광수,《인도사에서 종교와 역사 만들기》, 산지니, 2019.

전국역사교사모임,《처음 읽는 인도사》, 휴머니스트, 2018.

김형준,《이야기 인도사》, 청아출판사, 2020.

발레리 베린스탱, 변지현 역,《무굴 제국》, 시공사, 1998.

사전

두산백과

브리태니커백과

위키백과

한국민족문화대백과

찾아보기

이미지 출처